内蒙古自治区于洪兵技能大师工作室建设成果

汽车维修职业技能推广使用手册

于洪兵　杜秀波　孙　丽　沈盛军◎编著

中国铁道出版社有限公司
CHINA RAILWAY PUBLISHING HOUSE CO., LTD.

内 容 简 介

本书依据教育部职业教育专业教学标准编写，结合国内外汽车维修行业发展趋势和市场需求，特别强调新能源汽车和智能网联汽车的维修技术。内容涵盖传统燃油车、新能源汽车和智能网联汽车的维修技能，包括故障诊断、实操案例和职业技能大赛知识，覆盖从初级工、中级工到高级工的技能鉴定标准和实操试题。

本书实用性强、技术新颖，包含大量实操图片和故障诊断流程图，便于读者理解和掌握。

本书适合作为高等职业院校汽车维修技术等专业的教材，也可供汽车维修工程人员参考。

图书在版编目(CIP)数据

汽车维修职业技能推广使用手册 ：内蒙古自治区于洪兵技能大师工作室建设成果 / 于洪兵等编著. -- 北京 ：中国铁道出版社有限公司，2025. 6 -- ISBN 978-7-113-32276-2

Ⅰ. U472. 4-62

中国国家版本馆 CIP 数据核字第 2025GW1607 号

书　　名：汽车维修职业技能推广使用手册

作　　者：于洪兵　杜秀波　孙　丽　沈盛军

策　　划：何红艳　　**编辑部电话：**(010) 63560043

责任编辑：何红艳　杨万里

封面设计：刘　颖

责任校对：安海燕

责任印制：赵星辰

出版发行：中国铁道出版社有限公司（100054，北京市西城区右安门西街 8 号）

网　　址：https://www.tdpress.com/51eds

印　　刷：北京铭成印刷有限公司

版　　次：2025 年 6 月第 1 版　2025 年 6 月第 1 次印刷

开　　本：787 mm×1 092 mm 1/16　**印张：**25.75　**字数：**658 千

书　　号：ISBN 978-7-113-32276-2

定　　价：79.80 元

前言

在汽车工业迅猛发展的今天，汽车维修技术人才的需求日益增长。为了满足市场对高技能汽车维修人才的需求，提升汽车维修行业的整体技术水平，我们编写了这本《汽车维修职业技能推广使用手册》。本书旨在为汽车维修技术人才的培养提供一套系统、全面的培训学习资料，同时该著作也是内蒙古自治区于洪兵技能大师工作室建设的重要成果。

本书依据教育部职业教育专业教学标准，结合国内外汽车维修行业的发展趋势和市场需求，以及内蒙古自治区汽车维修行业的实际情况编写。随着汽车技术的不断进步，特别是新能源汽车和智能网联汽车的快速发展，汽车维修技术人才需要掌握的新知识、新技术越来越多。因此，本书在内容设置上，既包括传统的燃油汽车维修技能，也涵盖了新能源汽车和智能网联汽车的维修技术，力求与时俱进，满足行业发展的需求。

本书涵盖传统油车及新能源汽车、智能网联汽车维修内容，通过对迈腾 B8（高职国赛汽车技术赛项指定用车）起动机不转、发动机无法运转、发动机运转不良、灯光及信号系统故障诊断与排除，力求使读者掌握燃油车常见故障诊断与排除思路；同时还介绍新能源汽车吉利几何 G6（中职国赛新能源汽车维修赛项指定用车）高压不上电、不能行驶、不能充电等故障诊断与排除方法，使读者既学到汽车维修方法，又掌握职业技能大赛的相关知识，从而使汽车维修职业技能得到推广；另外，本书内容紧密贴合高等职业院校汽车检测与维修及相关专业课程教学要求，涵盖了汽车维修从初级工、中级工到高级工的职业技能鉴定标准和实操试题，强调对实践操作能力的培养，使读者依据本书掌握汽车维修职业技能。

本书包含大量的实操图片、故障诊断流程图和参考波形图，使读者能够直观地理解和掌握汽车维修的各个环节。本书力求简洁明了，便于读者理解。同时，本书还提供了大量的图表和附录，以便于读者在实际操作中进行参考。

本书由包头职业技术学院于洪兵，鄂尔多斯职业学院（内蒙古自治区杜秀波技能大师工作室）杜秀波，包头职业技术学院孙丽、沈盛军编著，参加编著的还有包头职业技术学院郝魁、张呼努斯图、李超、吕凯、王晨、崔广磊、杨文忠、黄大江、吴娟、高鹤、吕斌、朱颖，通辽技师学院（通辽市段凤刚汽车运用与维修技能大师工作室）段凤刚，内蒙古机电职业技术学院吴政。本书由郝魁协助主编统稿。具体编著分工如下：于洪兵负责编著第二篇中的“吉利几何 G6 轿车高压不上电故障诊断与排除”；杜秀波负责编写第一篇中的“迈腾 B8 轿车起动机不转故障诊断与排除”“迈腾 B8 轿车发动机无法起动故障诊断与排除”、第二篇中的“吉利几何 G6 轿车不能行驶故障诊断与排除”；孙丽负责编著的第一篇中的“迈腾 B8 轿车灯光及信号系统故障诊断与排除”；沈盛军负责编著第一篇中的“迈腾 B8 轿车发动机运转不良故障诊断与排除”、第四篇中的“汽车维修工职业技能鉴定（初级工）实操试题”、第五篇中的“汽车维修工职业技能鉴定（中级工）理论试题”；郝魁负责编著第三篇中的“汽车维修工职业技能大赛技术文件及评分标准”；杨文忠、郝魁负责编著第三篇中的“智能网联汽车技术职业技能大赛技术文件及评分标准”；张呼努斯图负责编著第四篇中的“汽车维修工职业技能鉴定（中级工）实操试题”；张呼努斯图、孙丽负责编著第五篇中的“汽车维修工职业技能鉴定（高级工）理论试题”；崔广磊、李超负责编著第二篇中的“吉利几何 G6 轿车不能充电故障诊断与排除”；吕凯、王晨负责编著第三篇中的“新能源汽车维修职业技能大赛技术文件及评分标准”；段凤刚、黄大江、郝魁负责编著第四篇中的“汽车维修工职业技能鉴定（高级工）实操试题”；吴政、吴娟负责编著第五篇中的“汽车维修工职业技能鉴定（初级工）理论试题”；崔广磊、李超负责编著附录 A“威朗轿车参考波形”；高鹤、吕斌、朱颖负责编著附录 B“迈腾 B8 轿车参考波形”。在此，特别感谢内蒙古自治区于洪兵技能大师工作室的大力支持和指导。此外，还要感谢所有参与实践操作拍摄和资料整理的工作人员，他们的辛勤工作保证了本书的实用性和准确性。

我们希望通过这本《汽车维修职业技能推广使用手册》的出版，能够为汽车维修技术人才的培养提供有力的支持，为汽车维修行业的发展贡献一份力量。同时，我们也期待读者能够通过本书的学习，提升自己的专业技能，成为汽车维修领域的专家。

最后，我们衷心希望广大读者能够喜欢这本书，并提出宝贵的意见和建议，以便我们在未来的工作中不断改进和完善。

编　者

2024 年 12 月

目录

第一篇　燃油汽车维修职业技能推广

第二篇　新能源汽车维修职业技能推广

第三篇　汽车维修职业技能大赛推广

第四篇　汽车维修工职业技能鉴定实操试题

第五篇　汽车维修工职业技能鉴定理论试题

附　　录

第一篇

燃油汽车维修职业技能推广

迈腾 B8 轿车起动机不转故障诊断与排除

杜秀波

迈腾 B8 轿车起动机不运转，大致可能由以下故障引发，如一键起动开关 E378 信号 1 线路虚接 400 Ω；J965-15#(1)、S 线路虚接 1 000 Ω；车内前部天线 1 线路断路；驱动 CAN-H 线路对接地线路短路；J623 端驱动 CAN-L 线路虚接 100 Ω；J743 供电熔丝(俗称保险丝)SB13 断路；J623 接地线路虚接 100 Ω；J623 的 15#电源线路虚接 1 000 Ω；制动开关 F 信号 T91/60 对应线路断路与 SB6 断路；仪表控制单元 J285 供电保险丝 SC17 断路；起动许可信号线路虚接 2 500 Ω；起动继电器线圈端供电保险丝 SC49 虚接 100 Ω；起动机控制线路 SB23 断路。以上的故障点存在，都会引发轿车起动机运转不良的故障现象。

任务 1　一键起动开关 E378 信号 1 线路虚接 400 Ω

一、故障现象

(1)无钥匙进入功能正常；

(2)拉开车门、进入车内、关闭车门，钥匙指示灯正常闪烁，E378(一键起动开关)背景灯点亮，仪表能正常显示车门状态；

(3)打开 E378 时，钥匙指示灯不闪烁，方向盘不解锁，仪表不能正常点亮；

(4)踩下制动踏板，车后部的制动灯正常点亮；

(5)按住 E378、踩住制动踏板，起动机不转；应急起动同样失败。

二、现象分析

一键起动时钥匙指示灯未闪烁，说明“E378→J965(通过 CAN)→J285 与 J965→室内天线→钥匙”工作异常。

但无钥匙进入时，仪表上的转向指示灯闪烁正常，说明“车外门把手触摸传感器→J965(通过唤醒线、CAN)→J519(通过 CAN)→J285 与 J965→室外天线→钥匙→J519”工作正常。

E378 背景指示灯点亮，说明“J965(通过一根导线)→E378 背景指示灯→接地”工作正常。

根据车辆技术特点，车内前部天线属于主天线，如果其出现故障，车外无钥匙进入失效，现在无钥匙进入时钥匙指示灯正常闪烁，说明室内天线肯定没有问题；由此可以推出，E378 与 J965 之间信号线路存在故障。一键起动开关故障诊断流程，如图 1-1 所示。

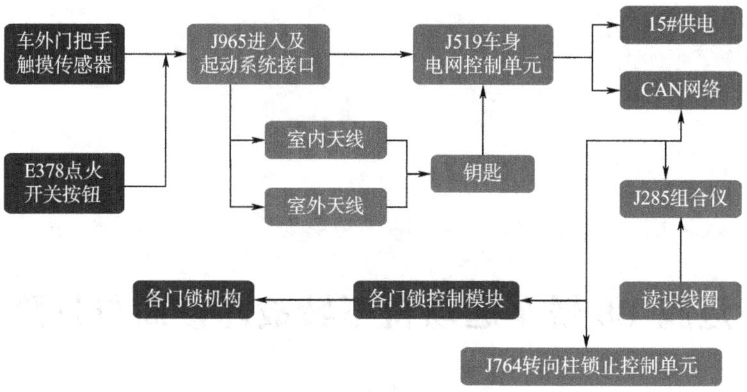

图 1-1 一键起动开关故障诊断流程

具体的故障表现包括:E378 自身故障;E378 到 J965 之间的信号线路故障;J965 局部故障。

三、诊断过程

(1)打开 E378,用万用表测量 J965 的 T40/7、T40/19 对地电压,正常为+B→0 V,实测值:T40/7 为+B→4. 8 V(可能会有偏差),显示异常,说明测试点与接地之间线路虚接;实测 T40/19 为+B→0 V,正常。

(2)打开 E378,用万用表测量 E378 的 T6as/3 对地电压,正常为+B→0 V,实测为+B→0 V,正常。综合上一步测试结果,说明 J965 的 T40/7 至 E378 的 eT6as/3 之间对应线路虚接。

(3)关闭 E378,拆下蓄电池负极接线,断开 J965、E378 插接器,用万用表测量 J965 的 T40/7 至 E378 的 T6as/3 之间线路的阻值,正常近乎为 0 Ω,实测为 400 Ω,说明 J965 的 T40/7 至 E378 的 T6as/3 之间信号线路虚接。

(4)排除 J965 的 T40/7 至 E378 的 T6as/3 之间信号线路虚接故障,系统恢复正常。一键起动开关故障诊断电路图,如图 1-2 所示。

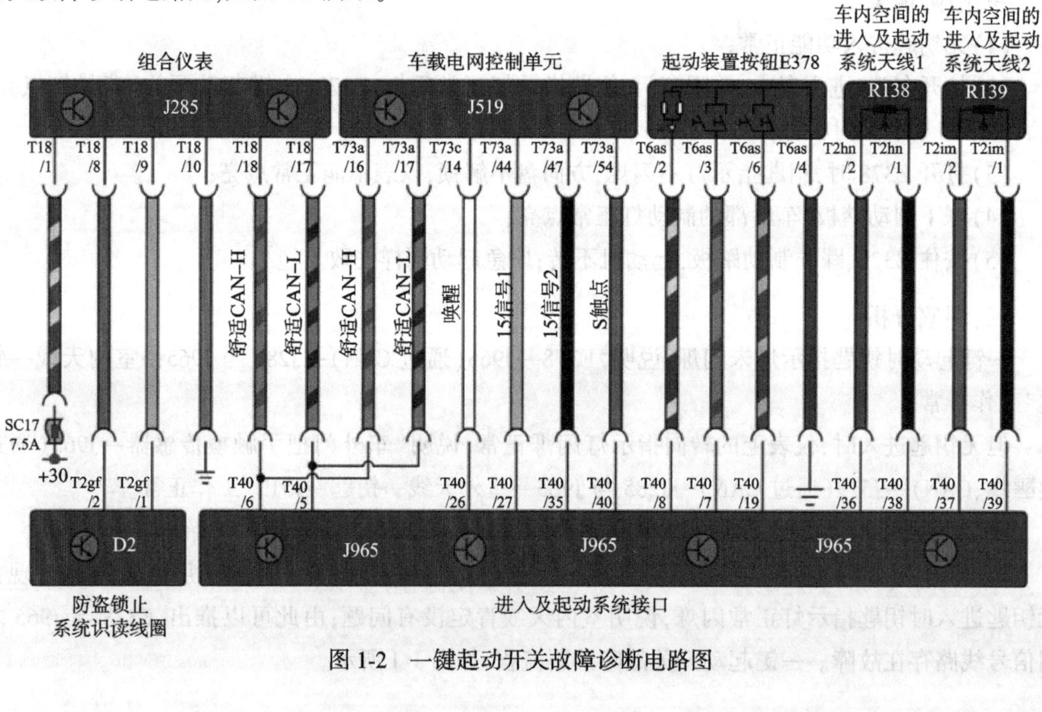

图 1-2 一键起动开关故障诊断电路图

四、故障机理

由于 J965 的 T40/7 至 E378 的 T6as/3 之间信号线路虚接，导致 J965 无法正常识别到 E378 是否被按下（只有 J965 的 T40/7、T40/19 两个信号线路同时被拉低到零），所以打开 E378 后，方向盘不解锁、仪表不能正常点亮、起动机不转。

任务 2　J965-15#（1）、S 线路虚接 1 000 Ω

一、故障现象

（1）无钥匙进入功能正常；

（2）拉开车门，仪表能正常显示车门状态；

（3）打开 E378，钥匙指示灯正常闪烁，转向有助力，但仪表不能正常点亮，起动机不转。

二、现象分析

点火开关打开时仪表不能正常点亮，说明“E378→J965（通过唤醒线、2 根 15#、S#、CAN）→J519（通过 CAN）→J285”、“J965（通过 CAN）→J285”、“J965→车内天线→钥匙→J519”工作异常；但操作点火开关时钥匙指示灯闪烁正常，说明“E378→J965（通过 CAN）→J285”、“J965→车内天线→钥匙”工作正常；所以打开点火开关，仪表不能正常点亮的原因就在于 J519 没有对点火开关打开的信号做出反应，诊断流程如图 1-3 所示。具体表现在：

（1）J519 自身故障；

（2）J519 与 J965 之间 15#（两根）、S#信号线路故障；

（3）J965 自身故障。

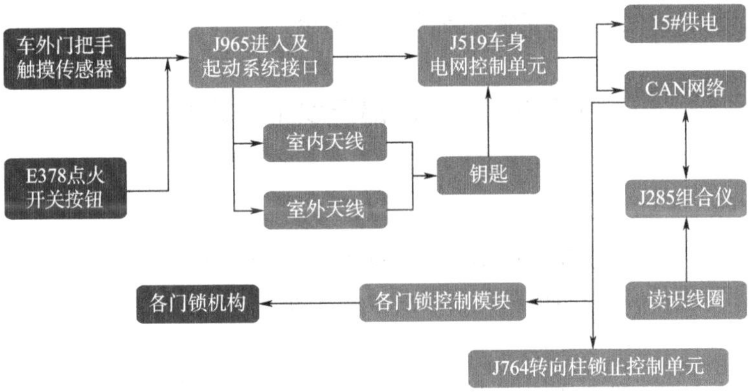

图 1-3　J965-15#（1）、S 线路虚接故障诊断流程

三、诊断过程

打开 E378，用万用表分别测量 J519 的 T73a/44、T73a/47、T73a/54 对地电压，正常均为 0 V→+B，实测为：T73a/44、T73a/54 均为 0 V→5 V（可能存在差异），显示异常；T73a/47 为 0 V→+B，正常。

打开 E378，用万用表分别测量 J965 的 T40/27、T40/40 对地电压，正常均为 0 V→+B，实测均为 0 V→+B，正常，说明 15#（1）、S 线路虚接。

关闭 E378，拆下蓄电池负极接线，断开 J965、J519 的连接器，用万用表测量 J965 的 T40/27 到 J519

的 T73a/44、J965 的 T40/40 到 J519 的 T73a/54 之间线路阻值，正常为 0 Ω，实测为 1 000 Ω，显示异常。

排除 15#(1)、S 线路虚接故障，系统恢复正常，诊断电路图如图 1-4 所示。

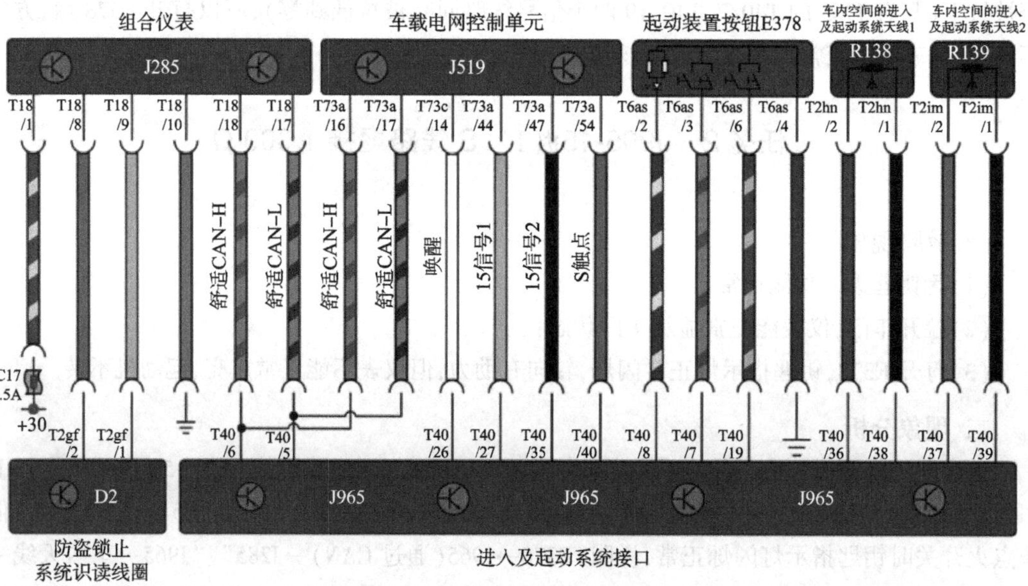

图 1-4 J965-15#(1)、S 线路虚接故障诊断电路图

四、故障机理

由于 15#(1)、S 线路虚接，导致 J519 无法收到来自 J965 的完整的一键起动开关打开信号(系统要求 15#(1)、15#(2)、S 三个信号必须至少有两个正常)，J519 没有发出上电指令，所以打开 E378 后，转向有助力，但仪表不能正常点亮，起动机不转。

任务 3 车内前部天线 1 线路断路

一、故障现象

(1)无钥匙进入功能失效，触摸门把手时，钥匙指示灯不闪烁，但遥控钥匙解锁正常；

(2)拉开车门、进入车内、关闭车门，钥匙指示灯不闪烁，E378 背景灯正常点亮，仪表能正常显示车门状态；

(3)打开 E378，钥匙指示灯不闪烁，仪表不能正常点亮且提示“未找到遥控钥匙”，起动机不转；

(4)应急模式可以正常起动发动机。

二、现象分析

打开点火开关时钥匙指示灯不能闪烁，说明“E378→J965→车内主天线 R138→钥匙”、“J965(通过 CAN)→J519→J285”工作异常，但所有车门无钥匙进入时钥匙指示灯均能闪烁，说明“各车门触摸传感器→J965→室外天线→钥匙”工作正常；应急模式可以打开点火开关，说明“E378→J965(通过 CAN)→J285 与 J519”工作正常，诊断流程如图 1-5 所示。

综上所述，故障原因可能存在于遥控钥匙没有对室内天线做出响应，加之室内前部天线 1 为主

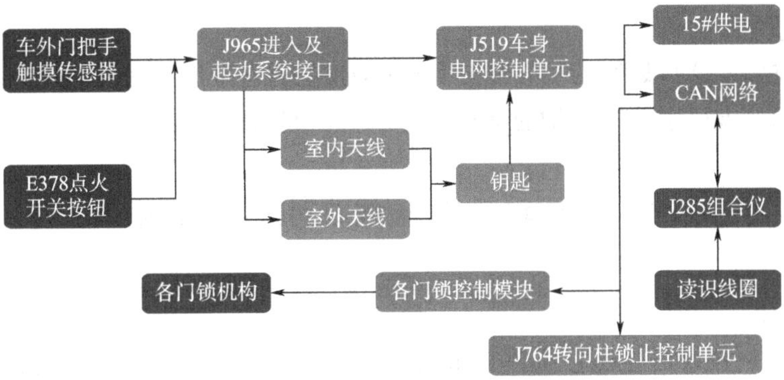

图 1-5　车内前部天线 1 线路断路诊断流程图

天线，其故障会导致所有天线功能失效，而其余天线故障不会造成系统瘫痪，所以造成上述故障的可能原因为室内前部天线 1 存在故障，具体表现为：

(1) J965 局部故障；

(2) 车内主天线 R138 到 J965 之间的线路故障；

(3) R138 自身故障。

三、诊断过程

打开 E378，用示波器测量室内前部天线 T2hn/1 与 T2hn/2 之间的工作波形，实测波形为一直线，显示异常。

打开 E378，用示波器测量 J965 端 T40/36、T40/38 的相对信号波形，实测有波形输出，说明 J865 与天线 1 之间线路存在断路。

关闭 E378，拆下蓄电池负极接线，断开天线 1 及 J965 的插接器，用万用表测量室内前部天线与 J965 之间的线路阻值，正常为 0 Ω，实测天线 1 的 T2hn/1 到 J965 的 T40/39 之间线路阻值为无穷大。诊断电路图如图 1-6 所示。

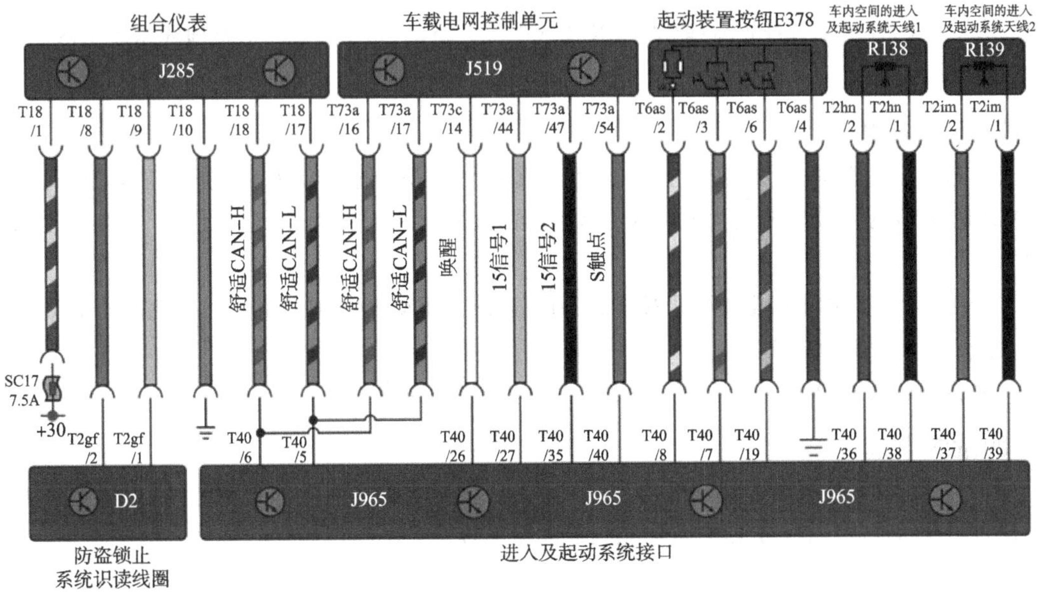

图 1-6　车内前部天线 1 线路断路诊断电路图

四、故障机理

由于室内前部天线 1 线路断路，导致天线无法向遥控钥匙发送查询码，所以无钥匙功能失效，打开 E378 后，钥匙指示灯不亮，一键起动开关无法打开，起动机不转。

任务 4 驱动 CAN-H 线路对接地线路短路

一、故障现象

(1)打开 E378，仪表正常点亮，但不显示挡位信息，制动指示灯在自检完成后自动熄灭(应点亮)，发动机故障指示灯闪烁一下后长亮；如果车辆设置为 EPC 指示灯在打开点火开关、J623 与 J285 彼此认证通过后点亮，此时仪表上还会出现 EPC 指示灯不能正常点亮现象；

(2)E313 背景灯异常闪烁，无法换挡；

(3)踩下制动踏板，车辆后部的制动灯正常点亮；

(4)踩住制动踏板，按住 E378，仪表熄灭，起动机不转。

二、现象分析

(1)仪表上 EPC 指示灯不亮，说明"J623(通过驱动 CAN)→J533(通过舒适 CAN)→J285"通信异常。

(2)仪表不显示挡位信息，说明"E313(通过驱动 CAN)→J533(通过舒适 CAN)→J285"通信异常或者需要优先认证的驱动系统模块认证失败。

(3)仪表显示制动踏板状态不亮，说明"F→J623(通过驱动 CAN)→J533(通过舒适 CAN)→J285"通信异常。

(4)选挡杆 E313 背景灯异常闪烁，说明其与驱动 CAN 总线通信异常。

(5)但仪表可以正常显示车门状态，说明舒适 CAN 工作正常，基于故障概率，F、E313、J623 同时损坏的几率不高，而问题应在驱动 CAN 总线存在系统性故障。

可能原因为：J533 自身故障；驱动 CAN 总线故障。驱动 CAN-H 线路对接地线路短路诊断电路图如图 1-7 所示。

三、诊断过程

(1)打开 E378，用示波器测量 J623 端(或其余模块)的驱动 CAN 总线对地波形，发现 CAN-H 的隐形电压被拉低到大约 0 V，CAN-L 的隐性电压大约为 0.5 V，说明 CAN-H 对接地短路。

(2)关闭 E378，拆下蓄电池负极接线，用万用表测量驱动 CAN-H 线路与接地之间的阻值，正常为无穷大，实测近乎为 0 Ω。

(3)排除驱动 CAN-H 线路对接地短路故障，系统恢复正常。

四、故障机理

由于驱动 CAN-H 线路对接地短路，导致驱动系统各模块之间无法正常通信，所以打开 E378 后，仪表不显示挡位信息(或 EPC 灯不亮)，起动机不转。

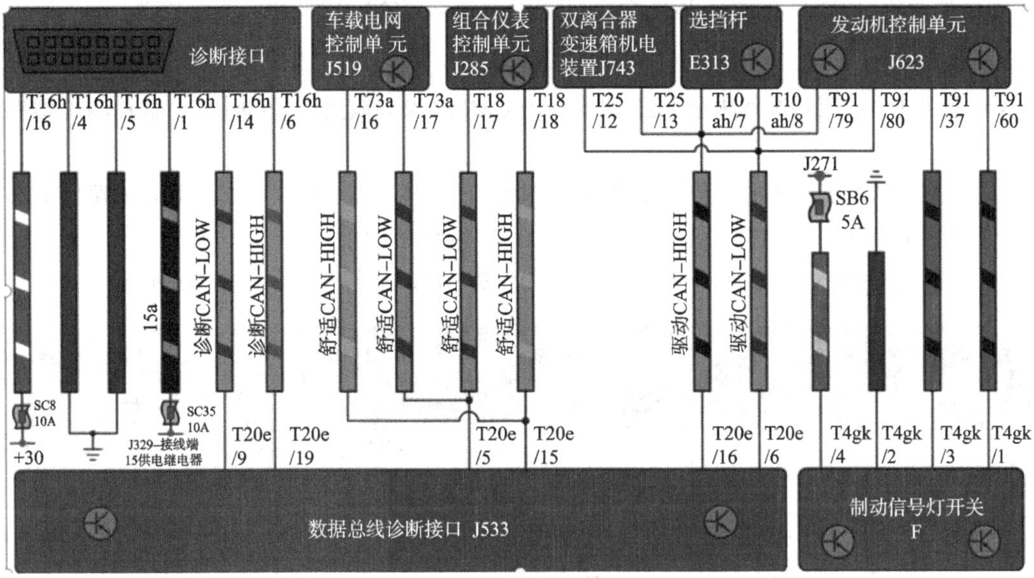

图 1-7　驱动 CAN-H 线路对接地线路短路诊断电路图

任务 5　J623 端驱动 CAN-L 线路虚接 100 Ω

一、故障现象

(1)无钥匙进入正常,拉开车门时未感受到油泵运转;

(2)打开 E378,转向有助力,仪表正常点亮,挡位信息显示正常,但制动指示灯在自检完成后自动熄灭(应点亮),未感受到油泵运转;不踩制动踏板便可以换挡;如果车辆设置为 EPC 指示灯在打开点火开关、J623 与 J285 彼此认证通过后点亮,此时仪表上还会出现 EPC 指示灯不能正常点亮现象;

(3)踩下制动踏板,车辆尾部制动灯正常点亮;

(4)按住 E378,仪表熄灭,但起动机不转。

二、现象分析

(1)仪表上 EPC 指示灯不亮,说明"J623(通过驱动 CAN)→J533(通过舒适 CAN)→J285"通信异常。

(2)仪表显示制动踏板状态不亮,说明"F→J623(通过驱动 CAN)→J533(通过舒适 CAN)→J285"通信异常。

(3)仪表可以正常显示车门状态,说明舒适 CAN 工作正常,如果可以参考 EPC 指示灯的信息,结合以上两个分析的重合部分,说明 J623 与 J533 之间的 CAN 通信有故障。

(4)如果 EPC 指示灯的信息无法参考,则结合油泵不转、制动指示灯异常进行综合分析,均可以得出问题应在 J623 与 J533 之间的 CAN 通信有故障。

(5)仪表可以正常显示挡位信息,说明 J533 端驱动 CAN 没有问题。那问题的症结就在于 J623 不具备通信条件。

可能原因为:J623 自身故障;J623 端的 CAN 总线故障;J623 电源(30#)线路故障。

三、诊断过程

(1)打开 E378,用示波器测量 J623 端的驱动 CAN 总线对地波形,发现 J623 端 CAN-L 线路可能虚接。

(2)关闭 E378,拆下蓄电池负极接线,断开 J623、J533 连接器,用万用表测量 J623 端的 T91/80 与 J533 端的 T20e/6 之间线路的阻值,正常为 0 Ω,实测为 100 Ω。

(3)排除 J623 端 CAN-L 线路虚接故障,系统恢复正常。诊断电路图如图 1-8 所示。

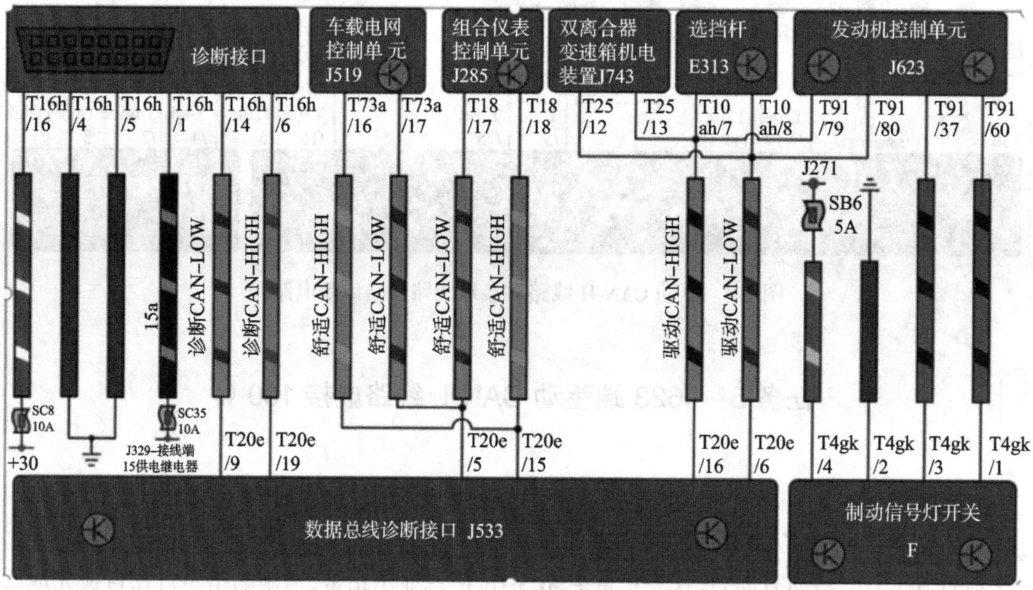

图 1-8 J623 端驱动 CAN-L 线路虚接 100 Ω 故障诊断电路图

四、故障机理

由于 J623 端 CAN-L 线路虚接,导致 J623 与其他模块之间无法正常通信,所以打开 E378 后,仪表不显示制动踏板状态(或 EPC 灯不亮),起动机不转。

任务 6 J743 供电保险丝 SB13 断路

一、故障现象

(1)打开 E378,仪表正常点亮,但不显示挡位信息,发动机故障指示灯常亮;

(2)踩下制动踏板,仪表上的制动指示灯熄灭,车辆后部的制动灯正常点亮;

(3)E313 背景灯异常闪烁,无法换挡;

(4)踩住制动踏板,按住 E378,仪表熄灭,但起动机不转。

二、现象分析

(1)仪表不显示挡位信息,说明“E313(通过驱动 CAN)→J533(通过舒适 CAN)→J285”通信异常或者需要优先认证的驱动系统模块认证失败。

(2)选挡杆 E313 背景灯异常闪烁,说明其与驱动 CAN 总线通信异常。

(3)仪表可以正常显示车门状态,说明舒适 CAN 工作正常。

(4)仪表可以显示 EPC 指示灯或制动踏板的状态,说明“J623(通过驱动 CAN)→J533(通过舒适 CAN)→J285”通信正常,问题应在 E313 端的驱动 CAN 总线或者之前的模块认证失败。

可能原因为:E313 自身故障;E313 端的驱动 CAN 总线故障;J743、ABS 等模块通信故障。

三、诊断过程

(1)打开 E378,用示波器测量 E313 端的 CAN 总线波形,未发现异常,由于 E313 背景灯闪烁,所以不考虑 E313 电源问题,优先考虑需要优先认证的驱动系统模块是否认证通过。

(2)打开 E378,用示波器测量 E313 端的 CAN 总线波形,未发现异常,由于 E313 背景灯闪烁,所以不考虑 E313 电源问题,优先考虑需要优先认证的驱动系统模块是否认证通过。

(3)打开 E378,用万用表测量 J743 的供电端子对地电压,正常情况下,T25/8、T25/9、T25/24、T25/25 分别为 0 V、+B、0 V、+B,实测值分别为 0 V、0 V、0 V、0 V。

(4)打开 E378,用万用表测量 J743 的供电保险丝 SB13 两端对地电压,正常均为+B,实测一端为 0 V,一端为+B,说明 SB13 断路。

(5)关闭 E378,拔下 SB13,目视或用万用表测量保险丝阻值,实测为无穷大。

(6)更换 SB13,系统恢复正常。诊断电路图如图 1-9 所示。

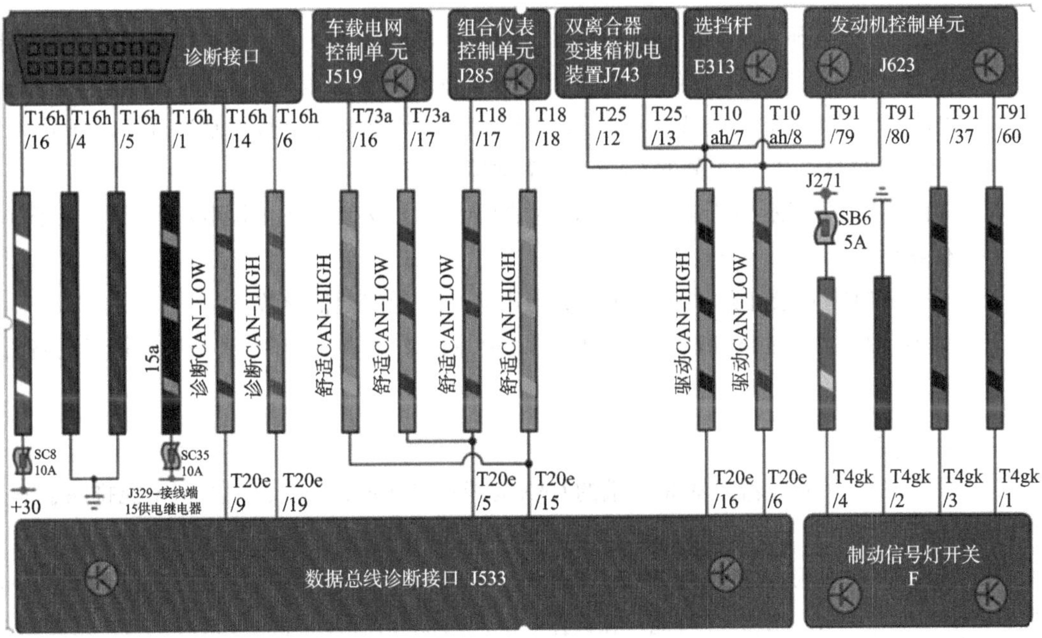

图 1-9 J743 供电保险丝 SB13 断路故障诊断电路图

四、故障机理

由于 SB13 断路,导致 J743 供电异常,与其他模块之间无法正常通信,导致 J743 与 J285 的相互认证失败,模块认证终止,随后的 E313 等模块都没有认证通过,所以打开 E378 后,仪表不能和 E313 进行有效通信,仪表不显示挡位信息,E313 背景灯闪烁,起动机不转。

任务7　J623接地线路虚接100 Ω

一、故障现象

(1)无钥匙进入正常,拉开车门时未感受到油泵运转;

(2)打开E378,转向有助力,仪表正常点亮,挡位信息显示正常,但制动指示灯在自检完成后自动熄灭(应点亮),未感受到油泵运转;不踩制动踏板便可以换挡;如果车辆设置为EPC指示灯在打开点火开关、J623与J285彼此认证通过后点亮,此时仪表上还会出现EPC指示灯不能正常点亮现象;

(3)踩下制动踏板,车后的制动灯正常点亮;

(4)踩住制动踏板,按住E378,仪表熄灭,但起动机不转。

二、现象分析

(1)仪表上EPC指示灯不亮,说明"J623(通过驱动CAN)→J533(通过舒适CAN)→J285"通信异常。

(2)仪表上EPC指示灯不亮,说明"J623(通过驱动CAN)→J533(通过舒适CAN)→J285"通信异常。

(3)仪表可以正常显示车门状态,说明舒适CAN工作正常,如果可以参考EPC指示灯的信息,结合以上两个分析的重合部分,说明J623与J533之间的CAN通信有故障。

(4)如果EPC指示灯的信息无法参考,则结合油泵不转、制动指示灯异常进行综合分析,均可以得出问题应在J623与J533之间的CAN通信有故障。

(5)仪表可以正常显示挡位信息,说明J533端驱动CAN没有问题。那问题的症结就在于J623不具备通信条件。

(6)选挡杆E313背景灯异常闪烁,说明其与驱动CAN总线通信异常。

可能原因:J623自身故障;J623端的CAN总线故障;J623电源(30#)线路故障。诊断电路图如图1-10所示。

三、诊断过程

(1)打开E378,用示波器测量J623端的CAN总线信号波形,未发现异常,但不能排除J623自身电源故障。

(2)用万用表分别测量J623端的T91/86、T91/50、T91/1、T91/2对地电压,正常值分别为+B、+B、0 V、0 V,实测为+B、+B、5 V(可能存在偏差)、5 V(可能存在偏差),说明J623的接地线路断路。

(3)关闭E378,拆下蓄电池负极接线,断开J623的连接器,用万用表测量J623线束端T91/1、T91/2对地与蓄电池负极接线之间的电阻,正常为0 Ω,实测为100 Ω。

(4)排除J623接地线路虚接故障,系统恢复正常。

四、故障机理

由于J623接地线路断路,导致J623与其他模块之间无法正常通信,所以打开E378后,仪表不显示制动踏板状态(或EPC灯不亮),起动机不转。

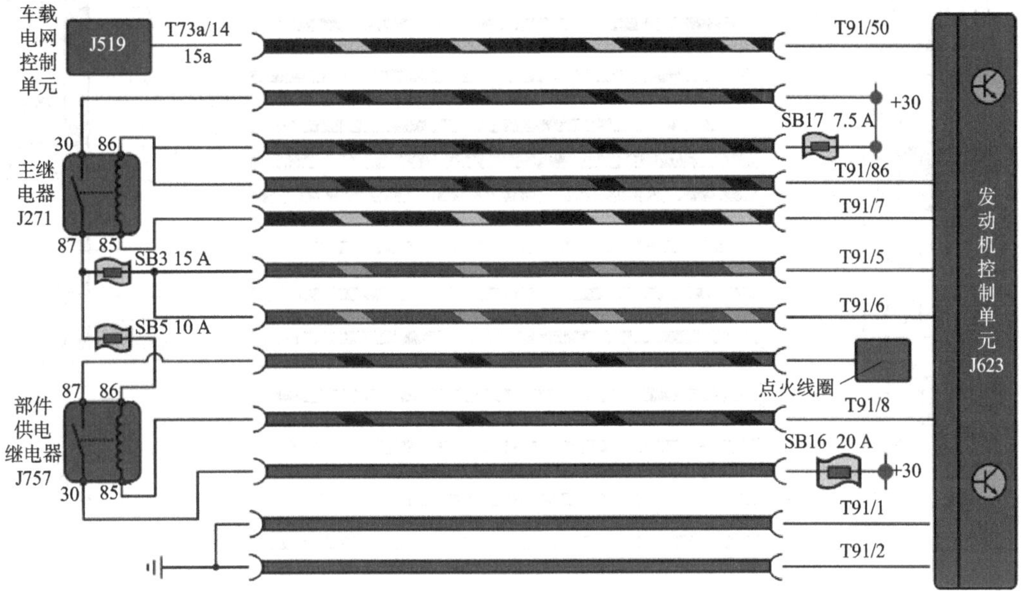

图 1-10　J623 接地线路虚接 100 Ω 故障诊断电路图

任务 8　J623 的 15#电源线路虚接 1 000 Ω

一、故障现象

(1)无钥匙进入正常,拉开车门时偶然可以感受到油泵运转;

(2)打开 E378,转向有助力,仪表正常点亮,挡位信息显示正常,但制动指示灯在自检完成后自动熄灭(应点亮),未感受到油泵运转;不踩制动踏板便可以换挡;如果车辆设置为 EPC 指示灯在打开点火开关、J623 与 J285 彼此认证通过后点亮,此时仪表上还会出现 EPC 指示灯不能正常点亮现象;

(3)踩下制动踏板,车辆尾部制动灯正常点亮;

(4)按住 E378,仪表熄灭,但起动机不转。

二、现象分析

仪表上 EPC 指示灯不亮,说明“J623(通过驱动 CAN)→J533(通过舒适 CAN)→J285”通信异常。

仪表显示制动踏板状态不亮,说明“F→J623(通过驱动 CAN)→J533(通过舒适 CAN)→J285”通信异常。

但仪表可以正常显示车门状态,说明舒适 CAN 工作正常;拉开车门时油泵转动,说明“车门微动开关→J386→J533→J623→J538→油泵”工作正常。那造成以上症结的原因就在于 J623 没有被 15#电源线路激活。

可能原因为:J623 自身故障;J623 电源(15#)线路故障。诊断电路图如图 1-11 所示。

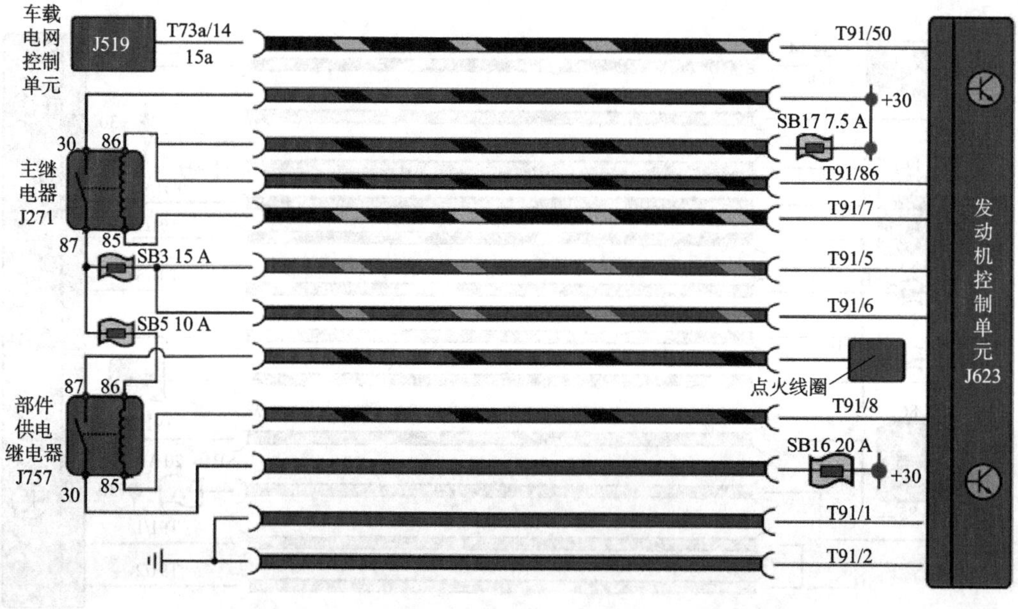

图 1-11 J623 的 15#电源线路虚接 1 000 Ω 故障诊断电路图

三、诊断过程

(1)打开 E378,用示波器测量 J623 端的 CAN 总线信号波形,未发现异常,但不能排除 J623 自身电源故障。

(2)用万用表分别测量 J623 端的 T91/86、T91/50、T91/1、T91/2 对地电压,正常值分别为+B、+B、0 V、0 V,实测为+B、3 V、0 V、0 V,说明 J623 的 15#线路虚接。

(3)打开 E378,用万用表测量 J519 的 T73a/14,正常为+B,实测为+B,正常,说明 J623 的 T91/86 至 J519 的 T73a/14 之间线路虚接。

(4)关闭 E378,拆下蓄电池负极接线,断开 J623 的连接器,用万用表测量 J623 的 T91/86 至 J519 的 T73a/14 之间线路电阻,正常为 0 Ω,实测为 1 000 Ω。

(5)排除 J623 的 15#电源线路虚接故障,系统恢复正常。

四、故障机理

由于 J623 的 15#电源线路虚接,导致 J623 与其他模块之间无法正常通信,所以打开 E378 后,仪表不显示制动踏板状态(或 EPC 灯不亮),起动机不转。

任务 9 制动开关 F 信号 T91/60 对应线路断路与 SB6 断路

一、故障现象

(1)踩制动踏板,仪表上的制动指示灯不灭,同时车后的制动灯不亮;

(2)打开 E378,起动机不转,但仪表熄灭。

二、现象分析

(1)踩制动踏板时,仪表制动指示灯不灭,说明"F→J623(通过驱动 CAN)→J533(驱动舒适

CAN)→J285”工作异常。

(2)踩制动踏板时,后部制动灯不亮,说明“F→J519→制动灯”工作异常。

(3)综合以上两种故障分析的重叠部分,说明最大可能是制动踏板信号异常导致。

故障原因为:开关自身损坏;开关线路故障。故障诊断电路图如图 1-12 所示。

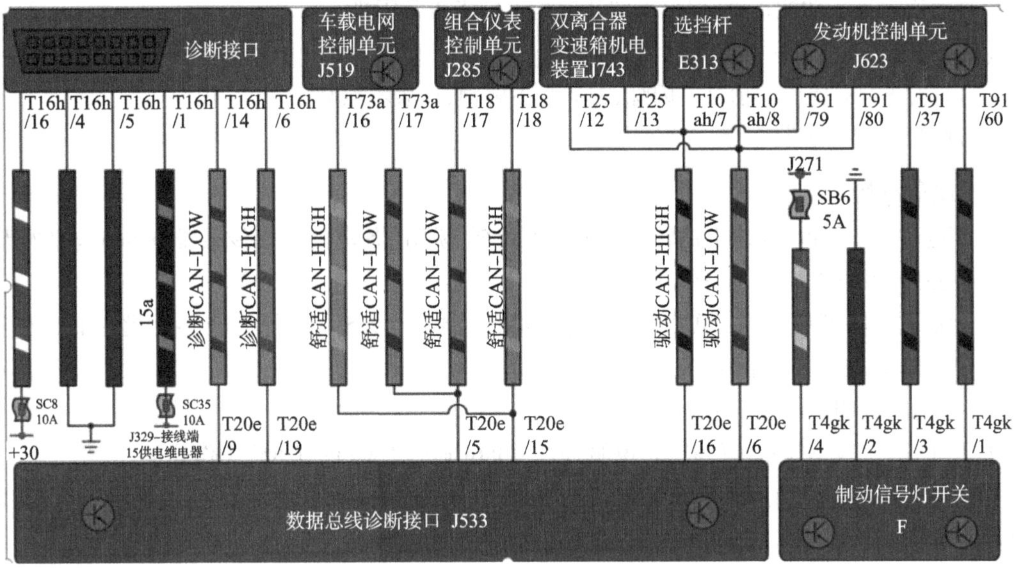

图 1-12　制动开关 F 信号 T91/60 对应线路断路与 SB6 断路

三、诊断过程

(1)打开 E378,踩制动踏板,用万用表测量 J623 的 T91/60、T91/37 的对地电压,T91/60 正常为+B→0,实测为+B 不变,异常,说明测试点通过 F 到接地之间断路;T91/37 正常为 0→+B,实测低电压不变,显示异常,说明测试点通过 F 到+B 之间断路。

(2)打开 E378,踩制动踏板,用万用表测量 F 的 T4gk/1、T4gk/3 的对地电压,T4gk/1 正常为+B→0,实测为悬空电压→0,说明 J623 的 T91/60 到 F 的 T4gk/1 之间线路断路;T4gk/3 正常为 0→+B,实测低电压不变,显示异常,说明测试点通过 F 到+B 之间断路。

(3)打开 E378,踩制动踏板,用万用表测量 F 的 T4gk/4 的对地电压,正常为+B,实测为 0,说明 F 的 T4gk/4 供电异常。

(4)打开 E378,用万用表测量 SB6 两端对地电压,正常均为+B,实测为输出 0 V,输入+B,说明 SB6 断路损坏。

(5)关闭 E378,拔下 SB6 保险丝,目视或用万用表测量保险丝的电阻,发现电阻为无穷大。

(6)更换保险丝 SB6,排除 T91/60 对应线路断路故障,系统恢复正常。

四、故障机理

由于制动开关 T91/60 对应线路断路、供电保险丝断路,导致制动开关不能发出正常的制动信号,所以踩下制动踏板后,制动灯不亮,起动机不转。

任务10 仪表控制单元 J285 供电保险丝 SC17 断路

一、故障现象

(1)无钥匙进入功能正常,但仪表的转向指示灯未正常闪烁;

(2)拉开车门,仪表不显示车门状态;

(3)打开 E378,钥匙指示灯不闪烁,方向盘不解锁,仪表不点亮;

(4)应急模式起动失效。

二、现象分析

无钥匙进入车辆时,仪表上的转向指示灯不闪烁,说明"各车门触摸传感器→J965→室外天线→钥匙→J519(通过 CAN)→J285"工作异常。

而无钥匙车辆解锁正常,说明"各车门触摸传感器→J965→室外天线→钥匙→J519(通过 CAN)→J386 与 J387"工作正常。

两者对比,说明故障在于 J285 与 J519 之间。

拉开车门,仪表不显示车门状态,说明"F2→J386(通过 CAN)→J285"工作异常。

打开 E378 时钥匙指示灯不能闪烁,说明"E378→J965(通过 CAN)→J285、J965→室内天线→钥匙"工作异常。

打开 E378 时钥匙指示灯不能闪烁,说明"E378→J965(通过 CAN)→J285、J965→室内天线→钥匙"工作异常。仪表控制单元 J285 供电保险丝 SC17 断路故障诊断流程如图 1-13 所示。

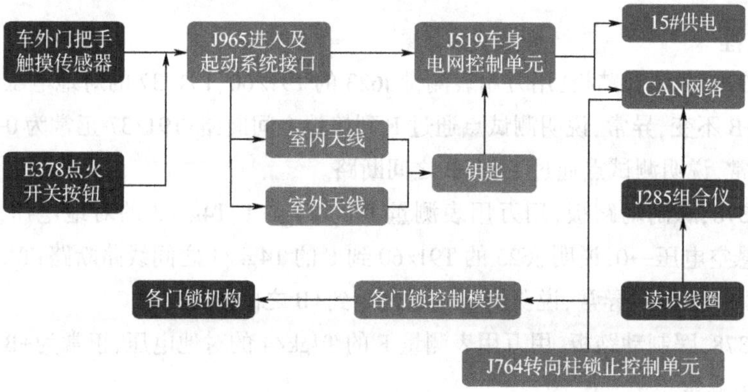

图 1-13 仪表控制单元 J285 供电保险丝 SC17 断路故障诊断流程

综合以上三种分析结果,其中都涉及 J285,根据故障概率,可能的故障原因为:J285 自身损坏;J285 电源及通信线路故障。

三、诊断过程

(1)用示波器分别测量 J285 的 T18/18、T18/17 对地波形,未发现异常,但不能排除 J285 自身及电源故障可能。

(2)用万用表测量 J285 的 T18/1 对地电压,正常为+B,实测为 1.7 V(可能存在偏差),显示异常。

(3)用万用表测量 SC17 两端对地电压,正常均为+B,实测输出 1.7 V,输入 12.4 V,显示异常。

(4)拔下 SC17 保险丝,目视或用万用表测量保险丝的电阻,发现 SC17 断路。

(5)更换保险丝 SC17 后,系统恢复正常。

四、故障机理

由于 SC17 断路,导致 J285 供电异常,不能与其他模块进行通信,所以在无钥匙进入,拉开车门时仪表无显示;打开 E378 后,仪表不能正常点亮,起动机不转。

任务 11　起动许可信号线路虚接 2 500 Ω

一、故障现象

(1)踩住制动踏板,按住 E378,起动机不转,未听到起动继电器的吸合声;

(2)其余正常。

二、现象分析

未听到继电器吸合声,所以故障可能存在于两个继电器的公共部分(电磁圈正极电源及其控制),或者是起动条件(P/N、起动许可、BOO 三个信号)不满足。

主要表现在:

(1)起动继电器线圈电源故障;

(2)起动条件(P/N、起动许可、BOO 三个信号)不满足;

(3)J623 自身故障。

三、诊断过程

(1)踩住制动踏板,按住 E378,用万用表测量 J623 端的 J906(或 J907)的控制端信号:T91/87 对地电压,正常为+B→0 V,实测为+B→+B,电压始终维持在蓄电池正极电压水平,没有发生变化,说明存在异常;(或检查 T91/88 对地电压:正常为+B→0 V,实测为+B→+B,显示异常)。说明故障可能在于 J623 自身或者起动条件不满足,但由于仪表显示挡位信息正常、踩下制动踏板时仪表上的制动指示灯正常熄灭,说明 P/N、BOO 存在故障的概率较小,所以优先对 J965 发出的起动许可信号进行测量。起动许可信号线路虚接 2 500 Ω 故障电路图如图 1-14 所示。

(2)踩住制动踏板,按住 E378,用示波器测量 J623 的 T91/68 对地波形,正常为 0 V→+B,实测为 0 V→5 V 直线(可能存在偏差),显示异常。

(3)踩住制动踏板,按住 E378,用示波器测量 J965 的 T40/15 对地波形,正常为 0 V→+B,实测正常,说明 J965 到 J623 之间的起动许可信号线路虚接。

(4)关闭 E378,拆掉蓄电池负极,断开 965、J623 连接器,测量 J965 的 T91/68 到 J623 的 T40/15 的线路阻值,正常近乎为零,实测为 2 500 Ω,说明 J623 的 T91/68 至 J965 的 T40/15 之间线路虚接。

(5)排除 J623 的 T91/68 至 J965 的 T40/15 之间线路虚接故障,系统恢复正常。

四、故障机理

由于 J623 的 T91/68 至 J965 的 T40/15 之间线路虚接,导致 J623 无法收到来自 J965 正确的起动许可信号,起动条件不满足,所以起动后,起动继电器不吸合,起动机不转。

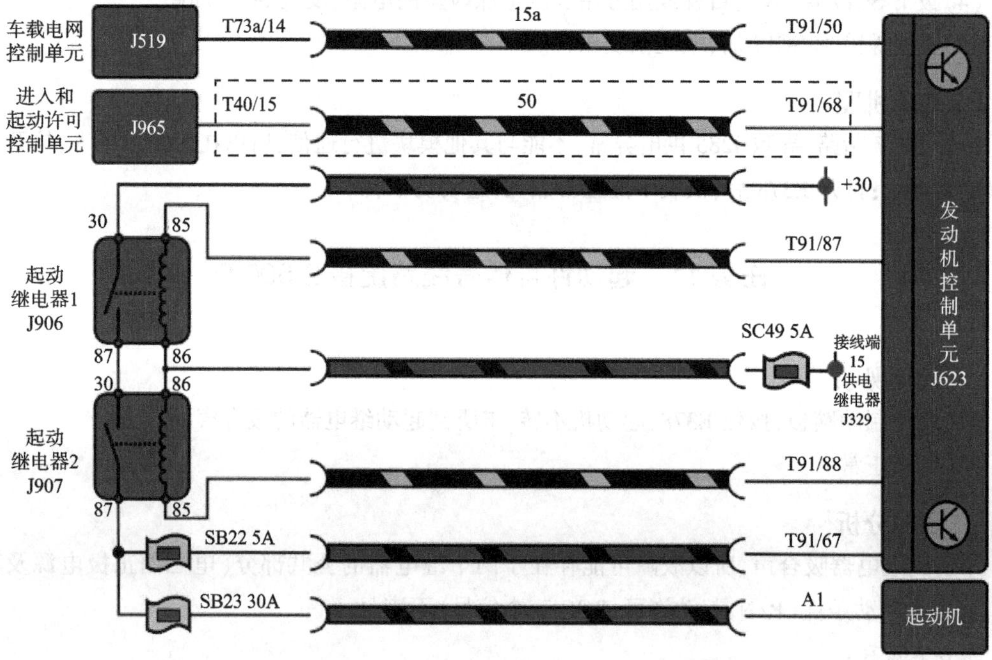

图 1-14 起动许可信号线路虚接 2 500 Ω 故障电路图

任务 12 起动继电器线圈端供电保险丝 SC49 虚接 100 Ω

一、故障现象

(1)踩住制动踏板,按住 E378,起动机不转,未听到起动继电器的吸合声;

(2)其余正常。

二、现象分析

未听到继电器吸合声,所以故障可能存在于两个继电器的公共部分(电磁圈正极电源及其控制),或者是起动条件(P/N、起动许可、BOO 三个信号)不满足。诊断电路图如图 1-15 所示。

主要表现在:起动继电器线圈电源故障;起动条件(P/N、起动许可、BOO 三个信号)不满足;J623 自身故障。

注意:按照故障树理论,应该优先测量继电器的 86#端子电压,但基于测量方便的原则,可以直接测量 SC49 保险丝的输出是否正常。

三、诊断过程

(1)踩住制动踏板,按住 E378,用万用表测量 SC49 两端电压,正常为+B,实测一端为+B,一端为 5 V(可能会有偏差),显示异常。

(2)关闭 E378,拔下 SC49,目视或用万用表测量 SC49 阻值,正常为 0 Ω,实测为 100 Ω,说明 SC49 电阻过大。

(3)排除 SC49 电阻过大故障,系统恢复正常。

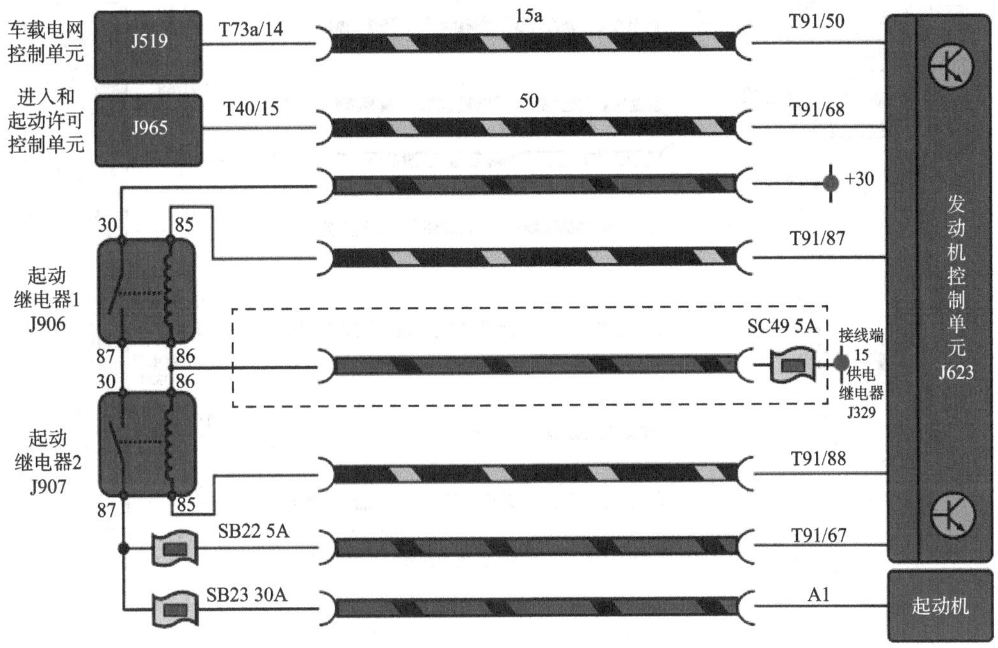

图 1-15　起动继电器线圈端供电保险丝 SC49 虚接 100 Ω 故障诊断电路图

四、故障机理

由于 SC49 电阻过大,导致起动继电器线圈供电异常,所以起动后,起动继电器不吸合,起动机不转。

任务 13　起动机控制线路 SB23 断路

一、故障现象

(1)踩住制动踏板,按住 E378,起动机不转,但可以听到起动继电器的吸合声;

(2)其余正常。

二、现象分析

可以听到继电器吸合声,说明起动条件已满足。那起动机不能运转的可能原因为:

(1)起动机自身故障;

(2)起动机接地及正极电源线路故障;

(3)起动机控制线路故障。

主要表现在:起动继电器线圈电源故障;起动条件(P/N、起动许可、BOO 三个信号)不满足;J623 自身故障。故障诊断电路图如图 1-16 所示。

可以听到继电器吸合声,说明起动条件已满足。

起动机不能运转的可能原因为:起动机自身故障;起动机接地及正极电源线路故障;起动机控制线路故障。

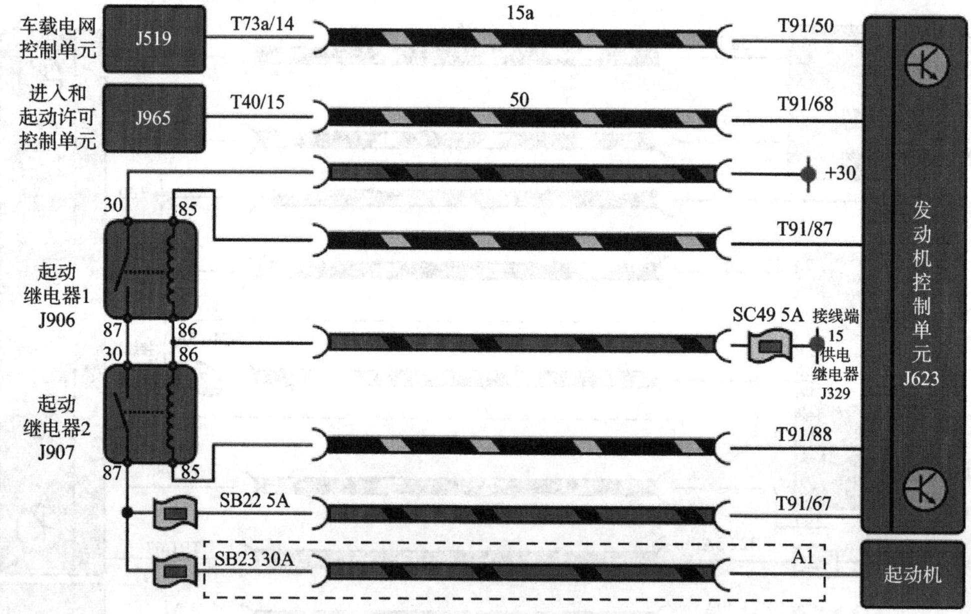

图 1-16　起动机控制线路 SB23 断路故障诊断电路图

三、诊断过程

注意:按照故障树理论,应该优先测量起动机的 A1 端子电压,但基于测量方便的原则,可以直接测量 SB23 保险丝的输出是否正常。

(1)踩住制动踏板,按住 E378,用万用表测量 SB23 的两端对地电压:正常为某个特定的低电压(该电压来自 J623 的 T91/67 输出,各车辆不完全相同)→+B,实测为一端会出现+B 电压,而另外一端始终为某个特定的低电压不变,显示异常,说明 SB23 保险丝断路。

(2)拔下 SB23,目视或用万用表测量保险丝的电阻,正常为 0 Ω,实测为无穷大。

(3)更换 SB23,系统恢复正常。

四、故障机理

由于 SB23 断路,导致起动后,起动机没有收到起动控制信号,所以起动机不转。

迈腾 B8 轿车发动机无法起动故障诊断与排除

杜秀波

迈腾 B8 轿车发动机无法起动可能由以下几个故障造成：J271 主继电器线圈虚接 500 Ω；J623 模块大功率供电电源线路虚接 1 000 Ω；点火线圈供电线路对地短路；J757 继电器触点端供电保险丝 SB16 虚接 50 Ω；燃油泵控制模块 J538 正极电源 SB10 虚接 500 Ω；CKP 与排气侧 CMP 信号线路均对地短路。

任务 1　J271 主继电器线圈虚接 500 Ω(附加电阻断路)

一、故障现象

(1)踩住制动踏板，按住 E378，起动机运转，未感受到油泵运转；

(2)发动机无任何着车征兆，无法起动(注意：本案例是在彻底排空高压燃油系统燃油的前提下进行的)。

二、现象分析

未感受到油泵运转，说明燃油供给系统存在故障。

可能的原因为：油泵电机及线路故障；J538 自身及线路故障；J623 局部故障。故障诊断电路图如图 1-17 所示。

三、诊断过程

(1)打开 E378 或踩住制动踏板、按住 E378，用示波器测量油泵电机 G6 端的 T5aw/1 与 T5aw/5 的相对波形，正常为+B→0 V 的方波，实测为 0 V 的一条直线，显示异常，说明油泵电机没有接收到驱动信号。

(2)打开 E378 或踩住制动踏板、按住 E378，用示波器测量 J538 端的 T5ax/1 与 T5ax/2 的相对波形，正常为+B→0 V 的方波，实测为 0 V 的一条直线，显示异常，说明 J538 没有发出驱动信号。

(3)打开 E378 或踩住制动踏板、按住 E378，用示波器测量 J538 端的 T5ax/5 的对地波形，正常为+B→0 V 的方波，实测始终为 0 V。说明 J538 损坏或信号线路对地短路。

(4)打开 E378，用万用表分别测量 J538 的 T5ax/3、T5ax/4 对地电压，正常情况下分别为+B、0 V，实测均为 0 V，说明故障为 J538 供电异常。

(5)打开 E378，用万用表分别测量 SB10 两端对地电压，正常情况下分别为+B、+B，实测均为

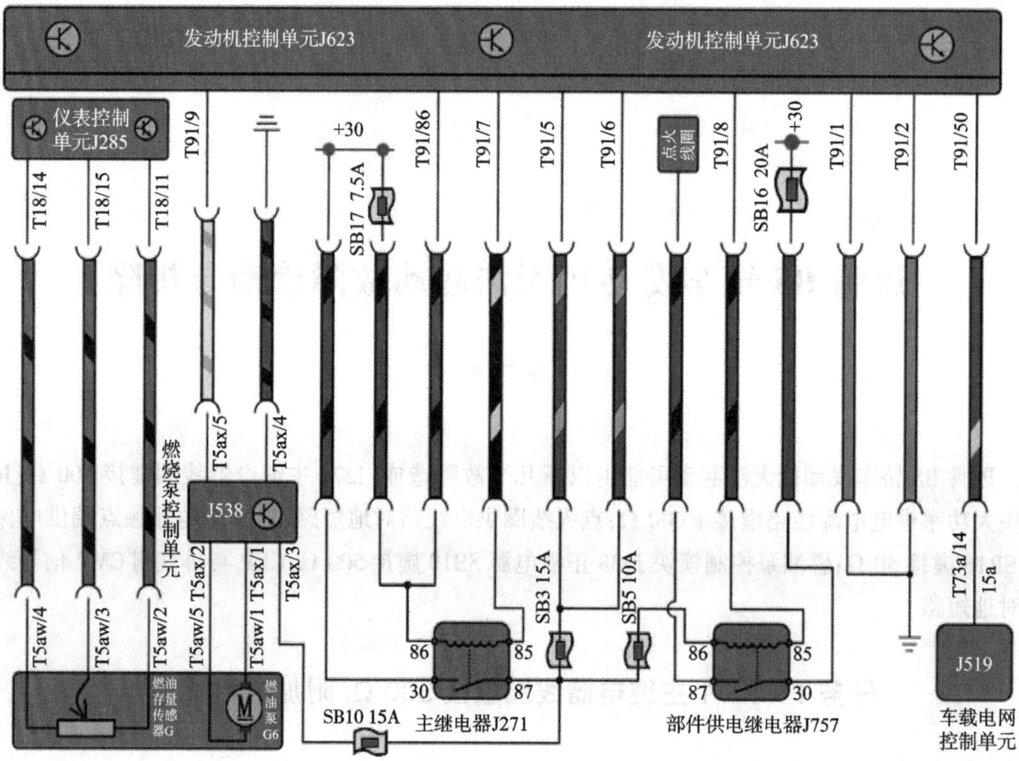

图 1-17 J271 主继电器线圈虚接 500 Ω 故障诊断电路图

0 V,说明 SB10 供电异常。

(6)打开 E378,用万用表分别测量 J271 的 87#对地电压,正常情况下分别为+B,实测均为 0 V,说明 J271 工作异常。

(7)打开 E378,用万用表分别测量 J271 的 30#、85#、86#对地电压,正常情况下分别为+B、+B→0 V、+B,实测为+B、+B→0 V、+B,正常,说明 J271 损坏。

(8)拔下 J271,用万用表测量线圈端电阻,正常为 60～120 Ω,实测为 600 Ω,显示异常。

(9)更换 J271,系统恢复正常。

四、故障机理

由于 J271 继电器线圈虚接,导致 J271 继电器无法吸合,J623 及点火线圈等供电异常,所以在起动时,发动机无任何着车征兆。

任务 2 J623 模块大功率供电电源线路虚接 1 000 Ω

一、故障现象

(1)踩住制动踏板,按住 E378,起动机运转,油泵运转;

(2)发动机无任何着车征兆,无法起动。

二、现象分析

发动机无任何着车征兆,说明气缸内没有混合气在燃烧。可能的故障原因:燃油系统故障;点火系统故障;发动机机械故障。

三、诊断过程

(1)踩住制动踏板,按住 E378,用尾气分析仪测量排气管内的尾气,发现几乎检测不到太多的 CH,说明所有喷油器没有喷射出燃油,而所有喷油器均不工作,与 J623 自身、功率电源、转速信号输入有关。

(2)打开 E378(或踩住制动踏板,按住 E378),用万用表(或示波器)测量 J623 的 T91/5 或 6 对地电压,正常均为+B,实测约为 10 V(可能有偏差,来自模块输出),显示异常。

(3)打开 E378(或踩住制动踏板,按住 E378),用万用表(或示波器)分别测量 SB3 两端对地电压,正常为+B,实测为+B,正常。

(4)关闭 E378,断开蓄电池负极接线,拔下 SB3 保险丝和 J623 连接器,测量 T91/5 或 6 与 SB3 之间线路的阻值,正常为 0 Ω,实测为 1 000 Ω。

(5)排除 J623 的 T91/5 或 6 与 SB3 之间线路虚接故障,系统恢复正常。故障诊断电路图如图 1-18 所示。

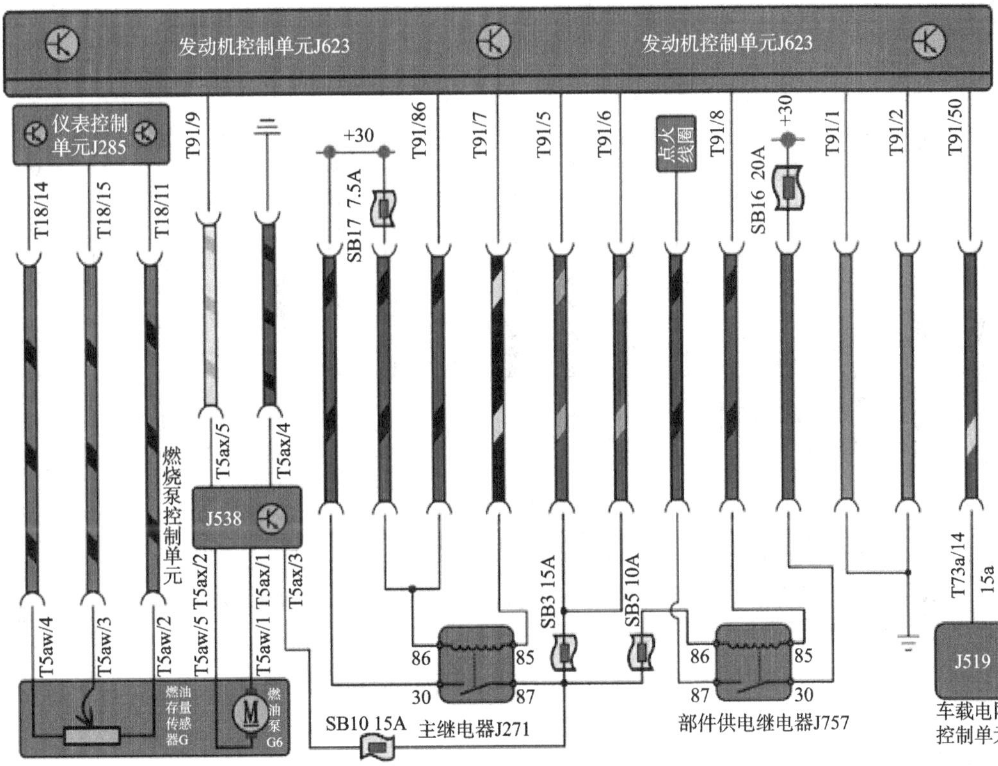

图 1-18　J623 模块大功率供电电源线路虚接 1 000 Ω 故障诊断电路图

四、故障机理

由于 J623 的 T91/5 或 6 与 SB3 之间线路虚接,导致 J623 大功率供电缺失,喷油器等大功率用电器无法正常工作,所以在起动时,发动机无任何着车征兆。

任务3 点火线圈供电线路对地短路

一、故障现象

(1)发动机无任何着车征兆,说明气缸内没有混合气在燃烧;

(2)发动机无任何着车征兆,无法起动(注意:本案例是在未排空高压燃油系统燃油的前提下进行的)。

二、现象分析

发动机无任何着车征兆,说明气缸内没有混合气在燃烧。可能的故障原因:燃油系统故障;点火系统故障;发动机机械故障。故障诊断电路图如图1-19所示。

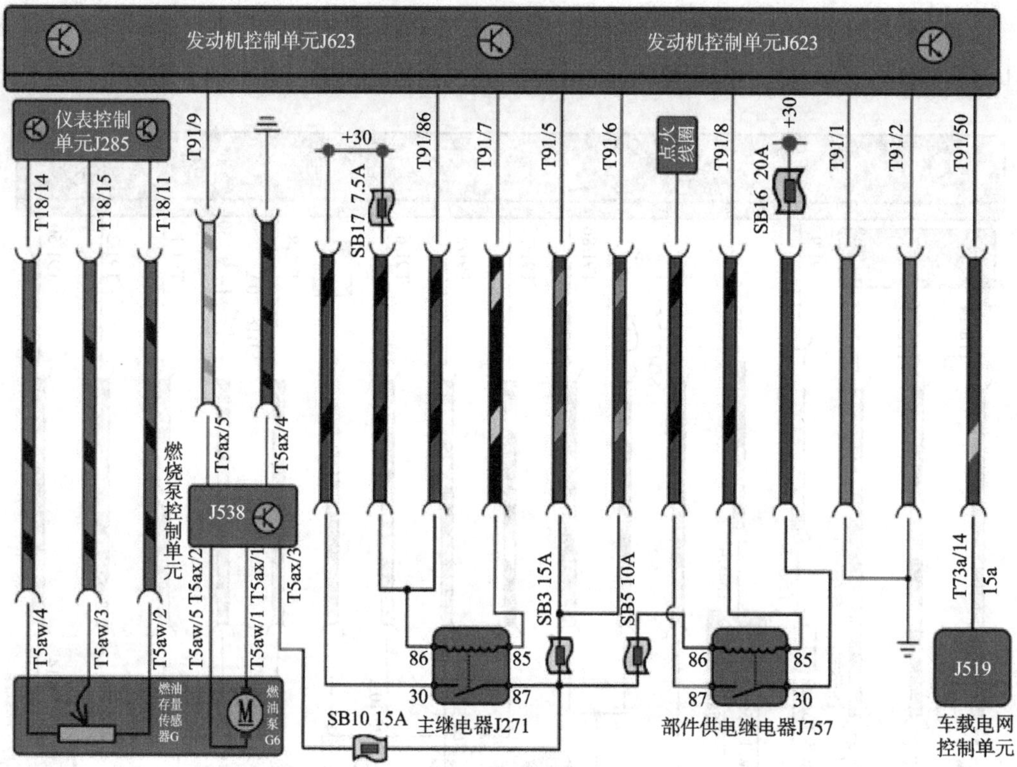

图1-19 点火线圈供电线路对地短路故障诊断电路图

三、诊断过程

(1)踩住制动踏板,按住E378,用尾气分析仪测量排气管内的尾气,发现可以检测到足够的CH,说明喷油器可以喷射出燃油,但没有燃烧迹象,说明点火系统存在故障。

(2)火花塞试火发现所有气缸火花塞不点火,故障可能在点火系统公共部分,即点火线圈正极电源。

(3)踩住制动踏板,按住E378,用示波器(或万用表)测量J757的87#(或等电位端子)对地电压,正常为+B,实测为0 V,显示异常。

(4)踩住制动踏板,按住 E378,用示波器(或万用表)测量 J757 的 30#、85#、86#端子对地电压,正常分别为+B、+B→0 V、+B,实测分别为 0 V、+B→0 V、+B,说明 J757 继电器触点供电异常。

(5)踩住制动踏板,按住 E378,用示波器(或万用表)测量 SB16 两端对地电压,正常两端均为+B,实测一端为+B,一端为 0 V,显示异常。

(6)关闭 E378,拔下 SB16,目视或用万用表测量 SB16 电阻,正常为 0 Ω,实测无穷大,SB16 断路。

(7)测量 SB16 下游线路对地电阻,应大于+B/20 A,实测发现 J757 下游对地电阻近乎为零,说明线路对地短路。

(8)排除 SB16 下游线路对地短路故障,系统恢复正常。

四、故障机理

由于 SB16 下游线路对地短路,导致点火线圈供电异常,所以在起动时,火花塞不点火,发动机无任何着车征兆。

任务 4　J757 继电器触点端供电保险丝 SB16 虚接 50 Ω

一、故障现象

(1)踩住制动踏板,按住 E378,起动机运转,油泵运转;

(2)发动机无任何着车征兆,无法起动(注意:本案例是在未排空高压燃油系统燃油的前提下进行的)。

二、现象分析

发动机无任何着车征兆,说明气缸内没有混合气在燃烧。可能故障原因为:燃油系统故障;点火系统故障;发动机机械故障。故障诊断电路图如图 1-20 所示。

三、诊断过程

(1)踩住制动踏板,按住 E378,用尾气分析仪测量排气管内的尾气,发现可以检测到足够的 CH,说明喷油器可以喷射出燃油,但没有燃烧迹象,说明点火系统存在故障。

(2)火花塞试火发现所有气缸火花塞不点火,故障可能在点火系统公共部分,即点火线圈正极电源。

(3)踩住制动踏板,按住 E378,用示波器(或万用表)测量 J757 的 87#(或等电位端子)对地电压,正常为+B,实测为略小于+B→1 V 的方波信号(幅值可能存在偏差),显示异常。

(4)踩住制动踏板,按住 E378,用示波器(或万用表)测量 J757 的 30#对地电压,正常为+B,实测为略小于+B→1 V 的方波信号,显示异常。

(5)踩住制动踏板,按住 E378,用示波器(或万用表)测量 SB16 两端对地电压,正常均为+B,实测一端为+B,另外一端为略小于+B→1 V 的方波信号,显示异常。

(6)关闭 E378,拔下 SB16,目视或用万用表测量 SB16 电阻,正常为 0 Ω,实测值 50 Ω,SB16 电阻过大。

(7)更换 SB16,系统恢复正常。

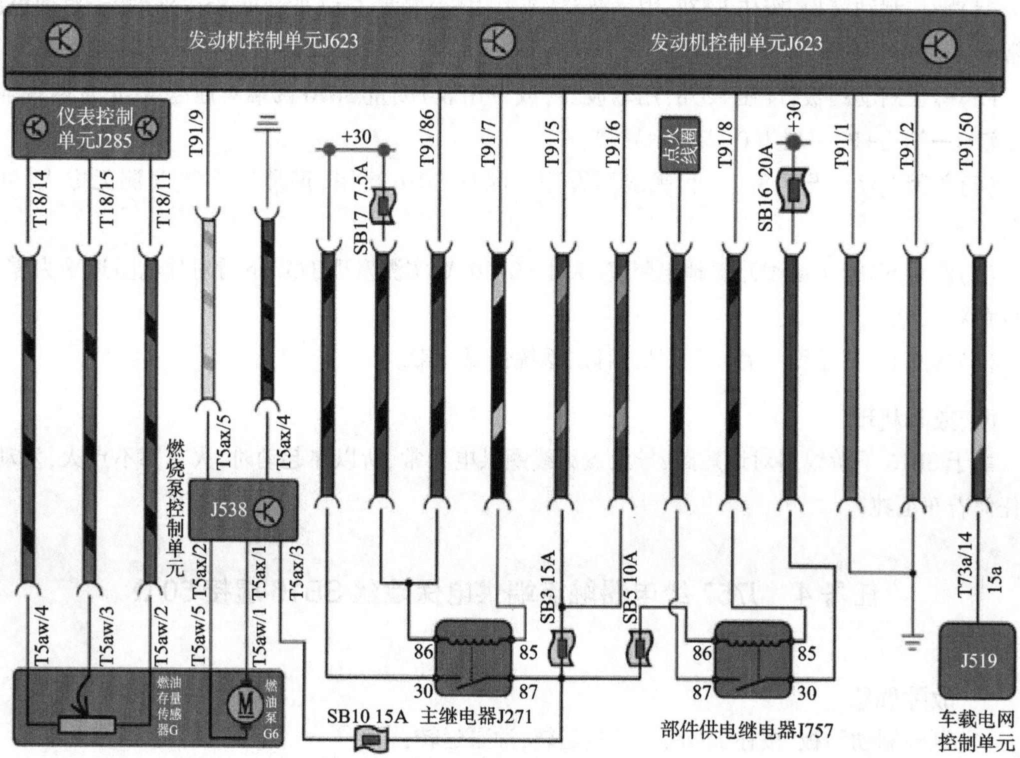

图 1-20 J757 继电器触点端供电保险丝 SB16 虚接 50 Ω 故障诊断电路图

四、故障机理

由于 SB16 虚接，导致点火线圈供电异常，所以在起动时，火花塞不点火，发动机无任何着车征兆。

任务 5 燃油泵控制模块 J538 正极电源 SB10 虚接 500 Ω

一、故障现象

(1)踩住制动踏板，按住 E378，起动机运转，未听到油泵有运转声；

(2)发动机无任何着车征兆，无法起动(注意：本案例是在彻底排空高压燃油系统燃油的前提下进行的)。

二、现象分析

未听到油泵有运转声，说明燃油系统存在故障。可能故障原因为：J538 自身故障；J538 线路故障；J623 电源(30#)线路故障；油泵电机故障；J623 局部故障。故障诊断电路图如图 1-21 所示。

三、诊断过程

(1)打开 E378 或踩住制动踏板、按住 E378，用示波器测量油泵电机 G6 端的 T5aw/1 与 T5aw/5 的相对波形，正常为+B→0 V 的方波，实测为 0 V 的一条直线，显示异常，说明油泵电机没有接收到驱动信号。

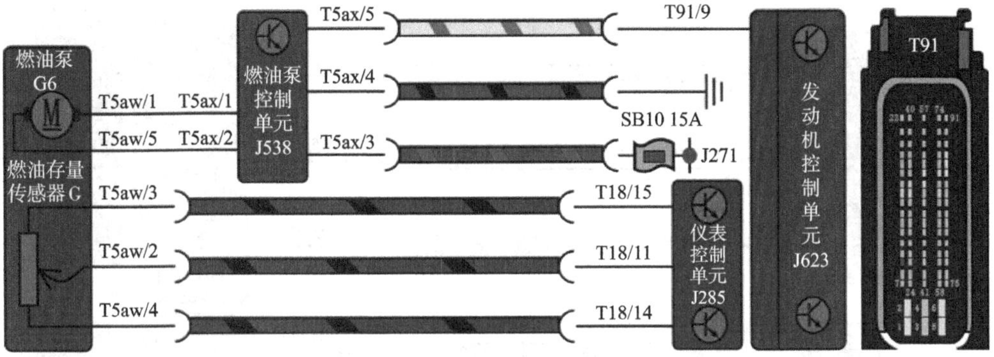

图 1-21　燃油泵控制模块 J538 正极电源 SB10 虚接 500 Ω 故障诊断电路图

(2)打开 E378 或踩住制动踏板、按住 E378,用示波器测量 J538 端的 T5ax/1 与 T5ax/2 的相对波形,正常为+B→0 V 的方波,实测为 0 V 的一条直线,显示异常,说明 J538 没有发出驱动信号。

(3)打开 E378 或踩住制动踏板,按住 E378,用示波器检查 J538 的 T5ax/5 对地波形,正常为+B→0 V 的方波,实测为 3 V→0 V 的方波,可能原因为测试点对地虚接或者 J538 工作异常。

(4)打开一键起动开关,用万用表测量 BMC 的 BK45B/8 对地电压,正常为 0 V→+B,实测为 4 V(可能会有偏差),显示异常。

(5)打开一键起动开关,用万用表测量 F1/34 两端对地电压,实测均为+B,正常,说明 F1/34 至 BK45B/8 之间的线路虚接。

(6)断开线路的插接器,用万用表测量 F1/34 至 BK45B/8 之间线路的阻值为 500 Ω。

(7)排除 BMC 的 IG3 电源线路虚接故障,系统恢复正常。

四、故障机理

由于 J538 供电保险丝 SB10 虚接,导致油泵不转,无法正常供油,所以起动后,发动机无法起动。

任务 6　CKP 与排气侧 CMP 信号线路均对地短路

一、故障现象

踩住制动踏板,按住 E378,起动机转,但无着车征兆,未听见油泵工作声,仪表转速指针异常跳动。

二、现象分析

由于油泵的运转与发动机转速有关系,未听见油泵工作声,且发动机转速不稳定,说明转速传感器存在故障。可能的故障原因:

转速传感器自身故障;相关线路故障;J623 局部故障。故障诊断电路图如图 1-22 所示。

三、诊断过程

(1)踩住制动踏板,按住 E378,用示波器测量 J623 端的 G300、G40、G28 的信号波形,实测发现 G28 与 G300 波形始终为 0 V 直线,说明测试点到 J623 之间线路断路、传感器电源故障或者测试点

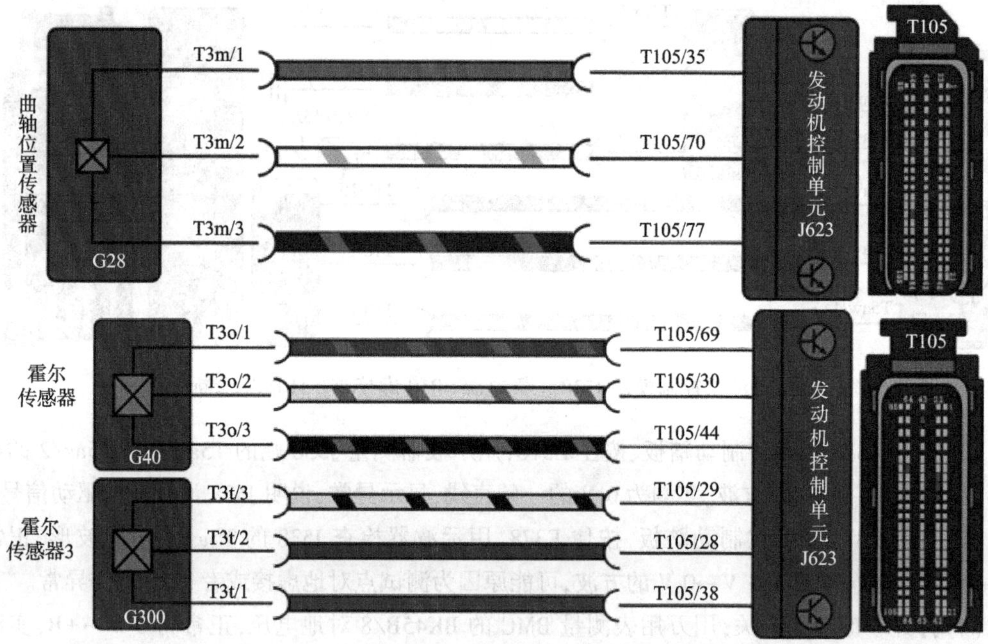

图 1-22 CKP 与排气侧 CMP 信号线路均对地短路故障诊断电路图

与接地之间短路。

(2)踩住制动踏板,按住 E378,用示波器测量 G300、G28 端的信号波形,实测发现 G28 与 G300 波形均为 0 V,显示异常,说明信号线路断路的概率较低。

(3)打开 E378,用万用表测量 G28 与 G300 的电源线路对地电压,实测均正常,说明故障可能是 G28 与 G300 的信号线路对地短路。

(4)关闭 E378,拆下蓄电池负极接线,断开 J623、G28、G300 插头,用万用表测量 G300、G28 与 J623 之间信号线路的对地阻值,正常为无穷大,实测为 0 Ω。

(5)排除 G28 与 G300 信号线路对地短路故障,系统恢复正常。

四、故障机理

由于 G28 与 G300 信号线路对地短路,导致 J623 接收到异常的转速信号,所以起动时,起动机转,但无着车征兆。

迈腾 B8 轿车发动机运转不良故障诊断与排除

沈盛军

迈腾 B8 轿车发动机运转不良可能由以下故障造成：一缸喷油器正负极之间虚接 10 Ω；一缸点火线圈信号线路虚接 1 000 Ω；节气门位置传感器信号线路反接；节气门电机控制 3#端子线路虚接 200 Ω；燃油压力传感器信号线路对地短路；燃油压力调节阀 2#线路虚接 3 Ω；加速踏板位置传感器信号线路同时对地短路；进气歧管风门电磁阀 N180 控制线路虚接 100 Ω。

任务 1　一缸喷油器正负极之间虚接 10 Ω

一、故障现象

(1)发动机起动正常，但怠速抖动，同时发动机故障指示灯点亮；

(2)故障代码：P10B100 气缸一喷射阀监控，识别到故障或者类似的信息。

二、现象分析

根据故障现象，无法确定故障具体部位。而根据故障代码，可能的故障原因为：喷油器自身故障；喷油器线路故障；J623 局部故障。故障诊断电路图如图 1-23 所示。

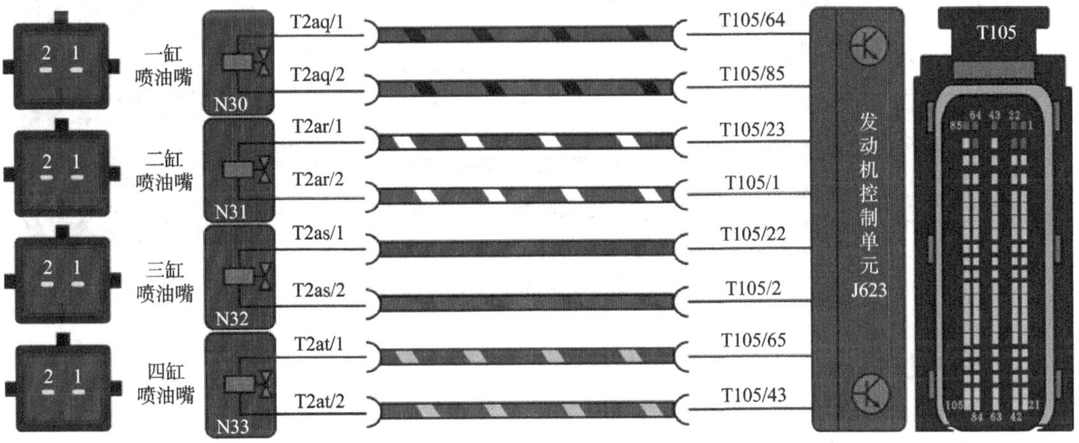

图 1-23　一缸喷油器正负极之间虚接 10 Ω 故障诊断电路图

三、诊断过程

(1)起动发动机维持怠速运转,用示波器测量一缸喷油器两个端子之间的信号波形,实测发现测试点之间线路电阻变小。

(2)关闭 E378,拆下蓄电池负极接线,拔掉 J623 连接器,测量 J623 线束端一缸喷油器对应两个端子之间的电阻,发现明显减小。

(3)拔掉喷油器连接器,测量喷油器电阻,发现正常。

(4)测量喷油器线束间电阻,发现阻值为 20 Ω。

(5)排除一缸喷油器线束之间虚接故障,系统恢复正常。

四、故障机理

由于一缸喷油器线束之间虚接,导致喷油器无法正常打开,所以在起动后,一缸不能正常工作,发动机抖动。

任务2　一缸点火线圈信号线路虚接 1 000 Ω

一、故障现象

(1)发动机起动正常,但怠速抖动,同时发动机故障指示灯点亮;

(2)读取故障码:一缸失火。

二、现象分析

根据故障现象,无法确定故障具体部位。而根据故障代码,可能的故障原因为:一缸点火系统故障;一缸喷油系统故障;一缸机械故障。故障诊断电路图如图 1-24 所示。

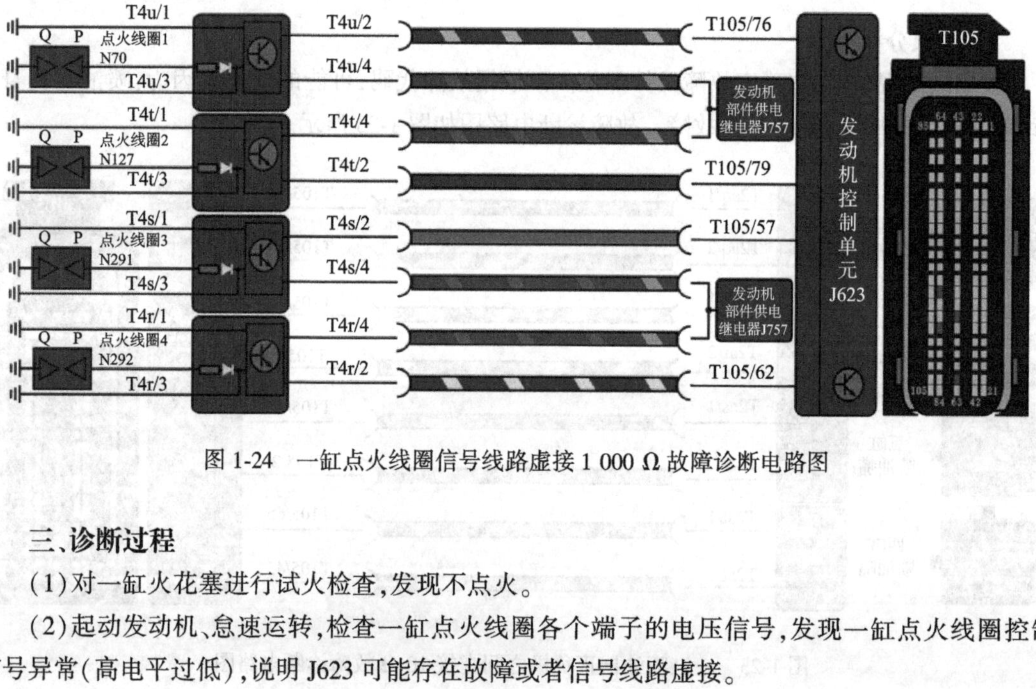

图 1-24　一缸点火线圈信号线路虚接 1 000 Ω 故障诊断电路图

三、诊断过程

(1)对一缸火花塞进行试火检查,发现不点火。

(2)起动发动机、怠速运转,检查一缸点火线圈各个端子的电压信号,发现一缸点火线圈控制信号异常(高电平过低),说明 J623 可能存在故障或者信号线路虚接。

(3)起动发动机、怠速运转,检查 J623 端一缸点火线圈控制信号,发现正常,说明信号线路存在虚接。

(4)关闭 E378,断掉蓄电池负极接线,拔掉 J623、一缸点火线圈连接器,测量 J623、一缸点火线圈之间信号线电阻,正常近乎为零,实测为 1 000 Ω。

(5)排除一缸点火线圈信号线路虚接故障,系统恢复正常。

四、故障机理

由于一缸点火线圈信号线路虚接,导致一缸点火线圈无法正常工作,所以起动后,一缸不能正常点火,发动机抖动。

任务 3　节气门位置传感器信号线路反接

一、故障现象

(1)发动机起动正常,怠速运转平稳;但加速不良,最高转速 2 000 r/min 以内,发动机排放警告灯点亮;

(2)读取故障代码:P012200 节气门/踏板位置传感器 A 电路–低输入;P022200 节气门/踏板位置传感器 B 电路–低输入;P154500 节气门阀控制系统故障。

二、现象分析

发动机怠速基本正常,而在加速时转速不能超过 2 000 r/min,说明在加速过程中发动机功率不能跟进,这与加速时的混合气的质或量以及燃烧效果不合要求有关,但根据故障现象无法确定故障原因,需要借助诊断仪进行辅助诊断,发现节气门位置传感器信号异常,故障诊断电路图如图 1-25 所示。

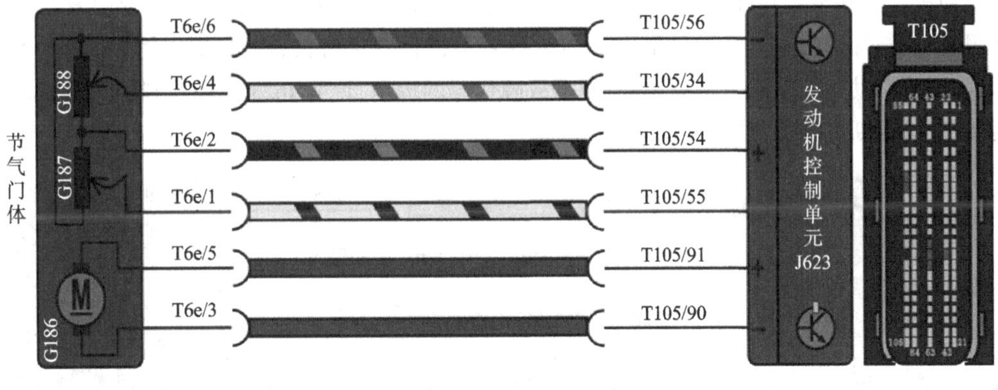

图 1-25　节气门位置传感器信号线路反接故障诊断电路图

三、诊断过程

(1)打开 E378,慢慢踩下加速踏板,用解码器读取 GX3 数据流,发现节气门位置绝对值为 83.1%不变,说明位置 1 异常;节气门位置 2 保持 83.1%不变,说明位置 2 异常。

(2)打开 E378,慢慢踩下加速踏板到最大深度,用示波器分别测量 J623 的 T105/34、T105/55 对地电压信号,T105/55 正常为 4.2 V,T105/34 正常为 0.9 V,实测发现信号电压和标准数据正好相反,可能存在信号线路错接。

(3)打开E378,慢慢踩下加速踏板到最大深度,用示波器分别测量G188的T6e/4、G187的T6e/1对地波形,T6e/1正常为4.2 V,T6e/4正常为0.9 V,实测正常,说明确实存在错接。

(4)关闭E378,断掉蓄电池负极接线,断开两端连接器,测量线路的导通性,发现线束相互交叉(错接)。

(5)排除节气门位置传感器信号线路反接故障,系统恢复正常。

四、故障机理

由于节气门位置传感器信号线路反接,导致J623没有收到正确的节气门位置信号,进而不能正确控制节气门电机的工作,所以在加速时最高转速被限制在2 000 r/min以内。

任务4　节气门电机控制3#端子线路虚接200 Ω

一、故障现象

(1)发动机起动正常,怠速运转平稳;但加速不良,最高转速2 000 r/min以内,同时发动机排放警告灯点亮。

(2)读取故障代码:

05445 节气门控制功能失效;

05464 EPV 节气门驱动-G186 线路电气故障;

08454 节气门控制单元-J338 由于系统故障功率受限;

05445 节气门控制功能失效。

二、现象分析

发动机怠速基本正常,而在加速时转速不能超过2 000 r/min,说明在加速过程中发动机功率不能跟进,这与加速时混合气的质量以及燃烧效果不符合要求有关,但根据故障现象无法确定故障原因,需要借助诊断仪进行辅助诊断,根据故障代码的提示,说明J623无法控制节气门驱动电机的运转,故障诊断电路图如图1-26所示。

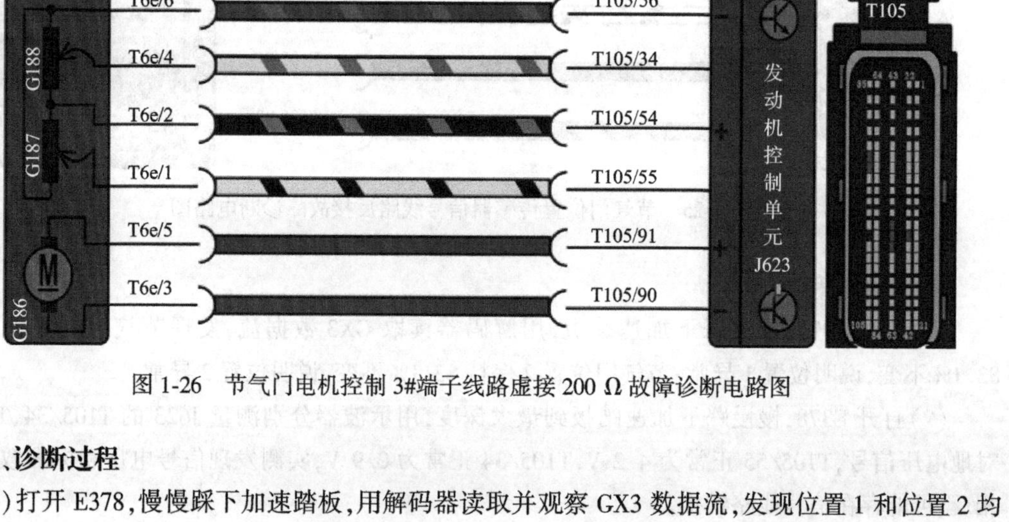

图1-26　节气门电机控制3#端子线路虚接200 Ω故障诊断电路图

三、诊断过程

(1)打开E378,慢慢踩下加速踏板,用解码器读取并观察GX3数据流,发现位置1和位置2均没有变化。

(2)打开 E378 瞬间，用示波器测量 GX3 的 T6e/3、5 之间的相对信号波形，正常为 0 V→+B 的方波，显示异常，说明线路可能存在虚接(注意：如果节气门模块存在故障，打开 E378 后节气门会进入保护模式，J623 不再驱动节气门电机工作，所以需在打开 E378 后的 3 s 内捕捉节气门电机的自检波形)。

(3)打开 E378 瞬间，用万用表测量 J623 的 T105/90、T105/91 相对波形，正常，说明 J623 与 GX3 之间线路存在虚接。

(4)打开 E378 瞬间，用示波器分别测量 GX3 的 T6e/3、T6e/5 对地波形，发现 T6e/3 对应线路虚接。

(5)关闭 E378，断掉蓄电池负极接线，拔掉 J623、GX3 的连接器，测量 J623 的 T105/90 到 GX3 的 T6e/3 之间线路的导通性，正常应近乎为零，实测发现电阻为 200 Ω。

(6)排除节气门电机控制线路虚接故障，系统恢复正常。

四、故障机理

由于节气门电机控制线路虚接，导致 J623 不能控制节气门工作，所以在加速时最高转速被限制在 2 000 r/min 以内。

任务 5　燃油压力传感器信号线路对地短路

一、故障现象

(1)起动发动机并怠速运转，EPC(如果该车型有)和发动机排放故障指示灯点亮(需多次试验)；

(2)读取故障代码：P019000 油轨压力传感器 A 电路——主动/静态。

二、现象分析

根据故障现象无法确定故障部位，只能借助诊断仪进行辅助诊断，根据故障代码提示，可能的故障原因为：燃油压力传感器 G247 自身及其相关线路故障，故障诊断电路图如图 1-27 所示。

图 1-27　燃油压力传感器信号线路对地短路故障诊断电路图

三、诊断过程

(1)起动发动机，用诊断仪读取 G247 数据流，显示为 0，显示异常。

(2)关闭后再打开 E378，用万用表测量 J623 的 T105/49 对地电压，正常为 0.5～1.5 V，实测为 0 V，说明测试点到 J623 之间线路存在故障或对地短路。

(3)关闭 E378，拆下蓄电池负极接线，用万用表测量 J623 的 T105/49 与接地之间的阻值，正常为无穷大,实测为 0 Ω,说明信号线路对地之间短路。

(4)排除燃油压力传感器信号线路对地短路故障,系统恢复正常。

四、故障机理

由于燃油压力传感器信号线路对地短路故障,导致 J623 没有接收到正确的燃油压力信号,所以起动后,EPC 和发动机排放故障指示灯点亮。

任务 6　燃油压力调节阀 2#线路虚接 3 Ω

一、故障现象

(1)起动发动机,但起动时间变长,怠速时发动机偶尔抖动,加速时转速能不超过 3 000 r/min。

(2)读取故障代码:08852,燃油压力调节阀断路。

二、现象分析

发动机怠速时偶尔抖动,加速不良,说明发动机驱动不足,与混合气的状态有关系,但无法确定故障所在。根据故障代码的提示,说明燃油压力调节阀存在故障,而燃油压力不正常会影响到混合气的浓度。所以可能的故障原因:燃油压力调节阀 N276 自身故障;N276 线路故障;J623 局部故障,故障诊断电路图如图 1-28 所示。

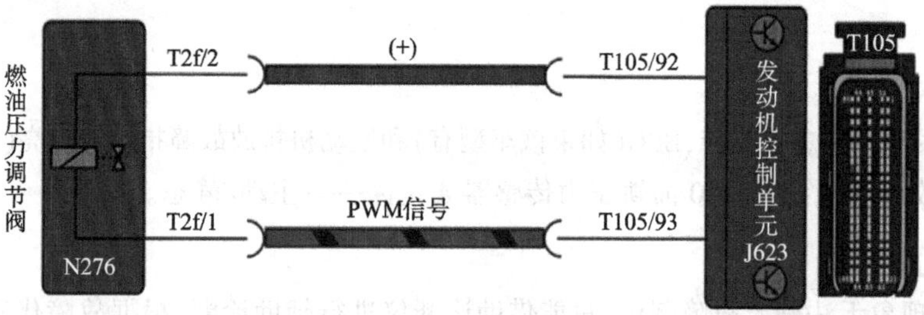

图 1-28　燃油压力调节阀 2#线路虚接 3 Ω 故障诊断电路图

三、诊断过程

(1)起动发动机并怠速运转,用示波器测量 N276 两端的工作波形,显示异常,说明电磁阀两端电压减小。

(2)起动发动机并怠速运转,用示波器测量 N276 两端的分别对地波形,说明 N276 正极信号电压降低。

(3)踩住制动踏板,按住 E378,用示波器测量 J623 的 T105/92 对地波形,结合上一步测试结果,说明 N276 的 T2f/2 到 J623 的 T105/92 之间线路虚接。

(4)关闭 E378,拆下蓄电池负极接线,断开 J623、N276 插头,用万用表测量 N276 的 T2f/2 到 J623 的 T105/92 之间线路阻值,正常为 0 Ω,实测为 3 Ω。

(5)排除 N276 的 T2f/2 到 J623 的 T105/92 之间线路虚接故障,系统恢复正常。

四、故障机理

由于 N276 的 T2f/2 到 J623 的 T105/92 之间线路虚接,导致 N276 无法正常工作,燃油系统没有建立正常的油压,所以起动后加速不良。

任务7　加速踏板位置传感器信号线路同时对地短路

一、故障现象

(1)起动发动机,怠速运转正常;仪表上的EPC灯点亮;踩踏加速踏板,发动机转速没有变化。

(2)读取故障代码:15224 节气门/踏板位置传感器 1/2 G79+G185,不可信信号,主动/静态;15220 节气门/踏板位置传感器 2,过小信号,主动/静态。

二、现象分析

结合故障现象和故障代码,说明加速踏板位置传感器信号可能异常。可能的故障原因为:加速踏板位置传感器自身故障;加速踏板位置传感器线路故障;J623 局部故障,故障诊断电路图如图 1-29 所示。

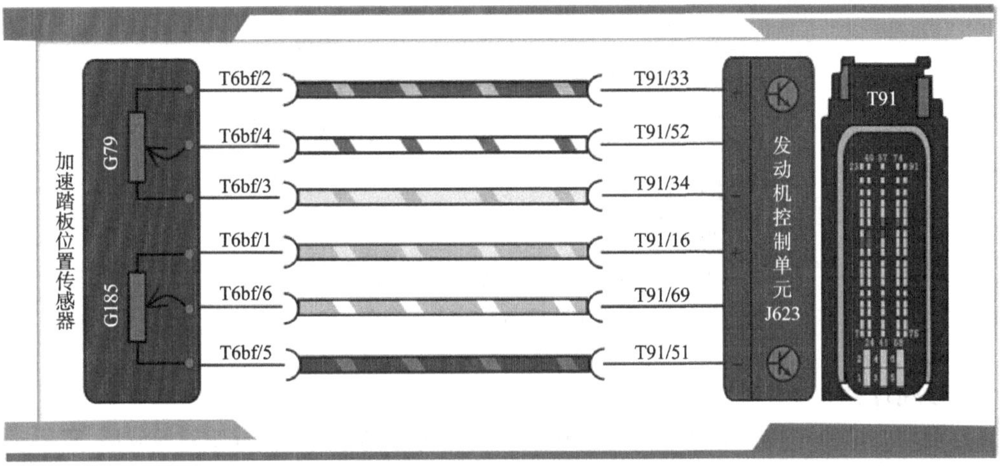

图 1-29　加速踏板位置传感器信号线路同时对地短路故障诊断电路图

三、诊断过程

(1)打开 E378,反复踩下及松开加速踏板,读取诊断数据流,正常情况下显示:14%～79%;实测为0%,显示异常。

(2)打开 E378,反复踩下及松开加速踏板,用示波器测量 J623 的 T91/69 与 T91/52 信号波形,均为 0 V 直线,说明测试点与地短路,两传感器或其电源线路存在故障。

(3)打开 E378,反复踩下及松开加速踏板,用示波器测量 GX2 的 T6bf/4、T6bf/6 信号波形,均为 0 V 直线。

(4)打开 E378,用万用表检查加速踏板位置传感器其他线路电压,均正常,说明信号线路存在对地短路。

(5)关闭 E378,拆下蓄电池负极接线,断开 J623、GX2 插头,用万用表测量 J623 线束端的 T91/69 与 T91/52 对地阻值,正常为无穷大,实测为 0 Ω,说明信号线路对地短路。

(6)排除加速踏板位置传感器信号线路对地短路故障,系统恢复正常。

四、故障机理

由于加速踏板位置传感器信号线路对地短路，导致 J623 接收到错误的踏板信号，所以在起动后，踩踏加速踏板，发动机无法正常加速。

任务 8　进气歧管风门电磁阀 N180 控制线路虚接 100 Ω

一、故障现象

(1)发动机起动正常，但仪表上的发动机故障指示灯点亮。

(2)读取故障代码：P200800 进气管流道控制(IMRC)，电气故障。

二、现象分析

结合故障现象，无法确定故障所在。只能借助诊断仪进行辅助诊断，结合故障代码，可能的故障原因为：N180 线路故障；N180 故障；J623 局部故障。故障诊断电路图如图 1-30 所示。

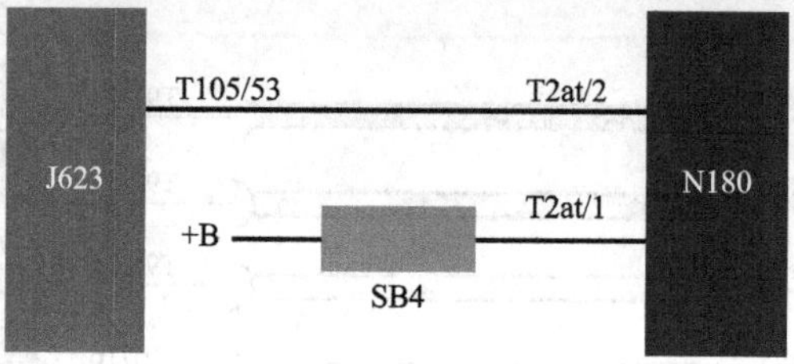

图 1-30　进气歧管风门电磁阀 N180 控制线路虚接 100 Ω 故障诊断电路图

三、诊断过程

(1)起动发动机并怠速运转，然后急加速，用示波器测量 N180 的 T2at/2 对地波形，实测为低电平被抬高，说明测试点到 J623 之间线路虚接。

(2)起动发动机并怠速运转，然后急加速，用示波器测量 J623 的 T105/53 端子对地波形，实测正常，结合上一步测试结果，说明信号线路虚接。

(3)关闭 E378，拆下蓄电池负极接线，断开 J623、N180 插头，用万用表测量 J623 的 T105/53 到 N180 的 T2at/2 之间线路的阻值，正常应为 0 Ω，实测为 100 Ω。

(4)排除 N180 的控制线路虚接故障，系统恢复正常。

四、故障机理

由于 N180 的控制线路虚接，导致 J623 不能正常控制 N180 工作，所以起动后发动机故障指示灯点亮。

迈腾 B8 轿车灯光及信号系统故障诊断与排除

孙　丽

迈腾 B8 轿车的灯光及信号系统故障大致可分为远光灯故障、近光灯故障、示宽灯故障、转向及危险警告灯故障、雾灯故障等。远光灯不亮：当变光开关设置为远光灯挡位时，如果所有远光灯不亮，可能涉及的故障部件包括变光开关内超车开关及线路、转向柱电子装置控制单元 J527 及线路、车载电网控制单元 J519 及线路、至左右远光灯控制信号线路、左右远光灯 LED、左右远光灯接地线路、仪表及仪表内部远光指示灯。近光灯失效：故障可能原因为近光灯灯泡自身故障、近光灯灯泡与 J519 之间线路问题、J519 局部故障。雾光灯失效：故障可能原因为 LIN 线故障、灯光开关故障、保险丝故障等。

任务 1　迈腾 B8 轿车远光灯故障诊断

一、故障现象

(1)无钥匙进入功能正常；

(2)远光灯系统发生常见的、稳定的故障现象，灯光开关开至远光灯挡位，所有远光灯不亮；

(3)灯光开关开至远光灯挡位，一侧远光灯不亮；

(4)灯光开关开至超车挡位，所有远光灯不亮。

二、现象分析

迈腾 B8 轿车远光灯控制系统控制逻辑如图 1-31 所示。从中可以看出，整个系统由车载电网控制单元 J519 集中控制，系统包含灯光旋转开关、车灯变光开关、左前照灯总成、右前照灯总成、转向柱电子装置控制单元 J527、数据总线诊断接口 J533、组合仪表控制单元 J285、车载电网控制单元 J519 等元器件。

分析过程和思路如下：

(1)向上拉动变光开关至超车挡，前照灯左右远光灯点亮、仪表上远光指示灯点亮，否则以下位置的一个或多个可能存在故障：变光开关内超车开关及线路；转向柱装置控制单元；车载电网控制单元；左右远光灯；左右远光灯搭铁；仪表及仪表内部远光指示灯；数据总线。

(2)打开点火开关，观察仪表是否有故障提示。

(3)打开点火开关或起动发动机，旋转灯光开关至近光灯位置，观察前部左、右近光灯是否点

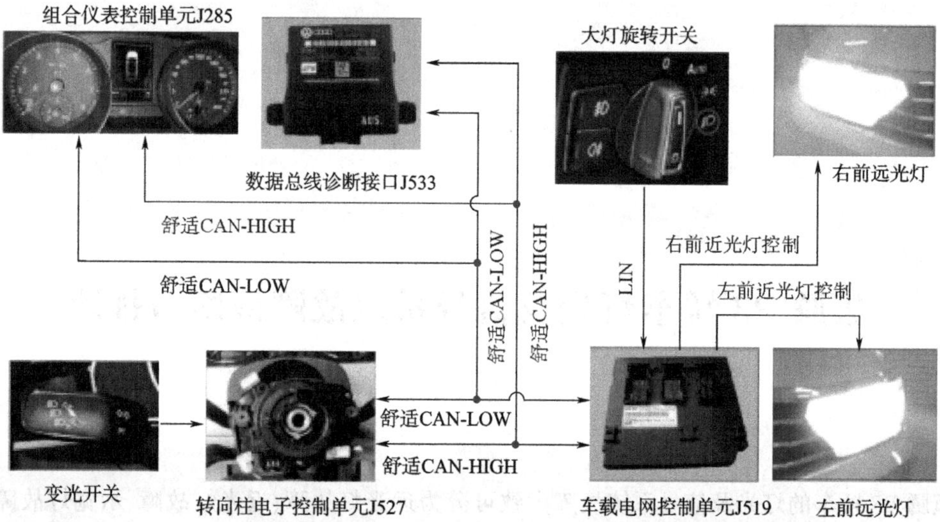

图 1-31 迈腾 B8 轿车远光灯控制系统控制逻辑

亮,否则以下位置的一个或多个可能存在故障:旋转灯光开关以及线路;车载电网控制单元 J519 电源线路;至左、右近光灯控制信号及线路;左、右近光灯 LED;左、右近光灯搭铁以及线路。

(4)接着按下变光开关,观察仪表信息,观察前部左、右远光灯是否点亮,仪表上远光指示灯是否点亮,否则以下位置的一个或多个可能存在故障:变光开关及线路;转向柱控制单元;车载电网控制单元 J519 电源线路;至左、右远光灯控制信号及线路;左、右远光灯 LED;左、右近光灯搭铁以及线路;仪表及仪表内部远光指示灯;数据总线。

三、诊断过程

(1)确认+B 大于 11.5 V;

(2)向上拉动变光开关至超车挡位,前照灯、左右远光灯点亮、仪表上远光指示灯点亮;

(3)打开点火开关至 ON 挡,仪表显示正常点亮;

(4)小灯、前大灯没有点亮;

(5)观察仪表上没有外部灯光故障提示;

(6)按下变光开关至远光挡位,观察前部左、右远光灯是否点亮,仪表上远光指示灯是否点亮;连接故障诊断仪器,读取故障代码。

根据实施维修里故障代码进行诊断、维修,结合维修手册、线路图对所有远光灯控制、搭铁线路进行电压、通断测量;故障检验,维修完成。

注意:由于该灯泡和近光灯合用搭铁线路(板),所以在诊断时应考虑近光灯的工作状况,如果合用搭铁的两个灯泡均工作异常,说明搭铁线路故障的概率较高;如果只是远光灯泡工作异常,则暂时不考虑搭铁线路故障。对于迈腾灯光系统而言,控制模块对很多灯泡都具有热监控的功能,当发现灯泡无法正常工作的时候,控制模块不会继续输出电压信号,因此对具有热监控功能的灯泡进行测量时,一定要先接测试设备,再打开相应的控制开关进行测量,否则很可能会招致错误的测试结果。

注意:完成诊断修理后,某些 DTC 需要将点火开关旋至 OFF 挡位,然后旋回至 ON 挡位之后,故障诊断仪功能才会清除 DTC。因此需要读取并清除 DTC,踩下制动踏板,打开点火开关,车辆仪表显示正常,测试所有灯光工作正常,维修结束。

四、故障机理

迈腾 B8 轿车远光灯故障的机理主要涉及以下几个方面。

1. 电路故障

远光灯控制信号线路可能存在虚接现象,导致远光灯无法获得足够的电源而无法正常工作。例如,在一辆迈腾 B8 轿车中,通过故障诊断发现左侧远光灯接线口端子 T14AF/11 的搭铁电压为 0. 8 V,而供电侧的电压(J519 的 T46B/39 端子)在 0 V 至+B 之间变化,表明线路存在问题。进一步测量显示 T14AF/11 与 T46B/39 之间的导线电阻为 1 200 Ω,表明存在电路虚接。

2. 控制单元故障

车载电网控制单元(J519)可能出现故障,影响远光灯的正常控制。在另一例故障中,通过故障诊断仪读取静态时的故障码,发现 U10300 本地数据总线电气故障,以及 B149BO1 右侧 LED 电源模块电气故障,这些故障最终通过更换保险丝 SC23 得到解决。

3. 灯光开关故障

灯光开关可能自身存在故障,或者与 J519 之间的线路出现问题,导致无法正确传递灯光信号。在第三例故障中,通过示波器检测 LIN 线波形,发现 LIN 线对正极断路或短路,最终更换灯光开关 EX1 解决了问题。

任务 2　迈腾 B8 轿车近光灯控制系统及检修

一、故障现象

灯光开关开至近光灯挡位,所有近光灯不亮;灯光开关开至近光灯挡位,一侧近光灯不亮;灯光开关开至近光灯挡位,某近光灯亮度不够;打开点火开关,所有近光灯常亮。

二、现象分析

迈腾 B8 轿车近光灯控制系统控制逻辑

如图 1-32 所示,迈腾近光灯的控制方式属于单输入双输出,根据电路图来理解。当 E1 处于近光灯挡位时,车载电网控制单元 J519 就收到了一个来自 E1 的电压信号,当 J519 接到信号后,开始为两个前近光灯灯泡 M29 及 M31 通电,再通过各个的负极搭铁点形成回路,进而近光灯点亮。

所以根据电路图控制逻辑分析,故障范围应在:

(1)近光灯灯泡自身故障;

(2)近光灯灯泡与 J519 之间线路问题;

(3)J519 局部故障。

分析过程和思路如下:

(1)将点火开关置于 ON 挡位,观察仪表显示是否正常;观察小灯、前照灯是否异常亮起。

(2)旋转灯光开关至近光灯位置,观察仪表及前部左、右近光灯是否点亮,如果左、右近光灯全部显示异常,则可能存在以下故障的一个或多个:灯光旋转开关本身、供电及线路损坏;车载电网控制单元本身、供电及线路损坏。

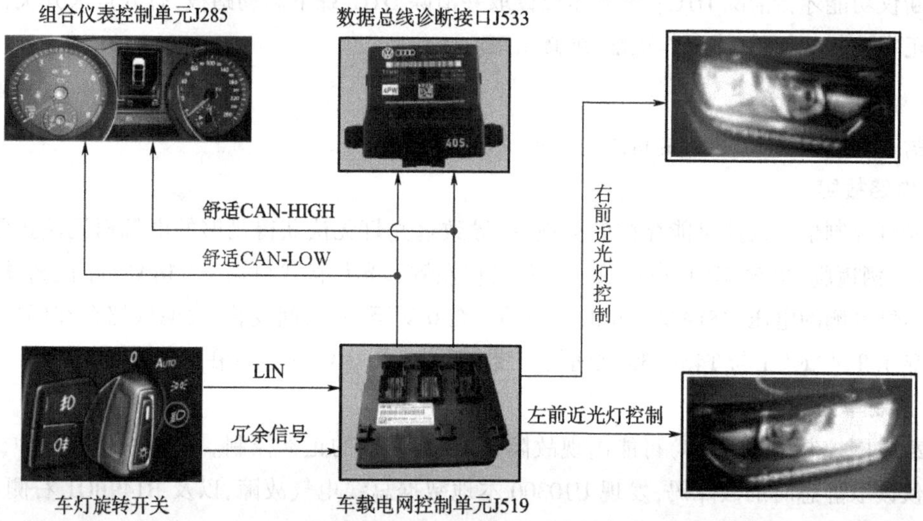

图 1-32　迈腾 B8 轿车近光灯控制系统控制逻辑

如果只是某一侧近光灯显示异常，则可能存在以下故障的一个或多个：车载电网控制单元 J519 某前近光灯控制故障；车载电网控制单元 J519 至某前近光灯控制信号线路故障；某前照灯里 LED 故障；某前照灯搭铁以及线路故障。

像迈腾近光灯这种单输入双输出的控制方式，如果只有一个灯泡不能正常点亮。那就应该从灯泡自身起开始检查，如果原件检查正常，接着检查线路、插接口、控制模块等问题。一步步诊断，一个个排除，这样才能找出最终引起电路故障的根本原因。

三、诊断过程

(1)确认+B 大于 11.5 V。

(2)打开点火开关至 ON 挡，仪表显示应正常点亮；小灯、前大灯没有点亮。

(3)灯光开关旋至近光灯挡位，前照灯左、右近光正常亮起。

(4)观察仪表上没有外部灯光故障提示。

(5)连接故障诊断仪器，读取故障代码。

(6)根据实施维修里故障代码进行诊断、维修。

(7)结合维修手册、线路图对所有近光灯控制、搭铁线路进行电压、通断测量。

(8)故障检验，维修完成。

四、故障机理

迈腾 B8 轿车近光灯故障的可能机理主要包括以下几种情况。

1. 灯光开关故障

灯光开关自身可能存在故障，或者至 J519 的信号线路存在故障。这可能导致 J519 无法收到正常的灯光开关信号，从而使近光灯无法正常工作。

2. LIN 线故障

根据故障分析，可能存在 LIN 线对正极短路或断路的情况。这种故障会导致灯光开关无法将准确的灯光信号传递给 J519，造成部分灯光失效，包括近光灯。

3. 灯光开关内部故障

如车灯开关内部的金属滑片与电路板接触不良，或表面存在大量污垢，也可能导致近光灯常亮。这种物理性的接触不良可能是由于环境问题（如污染）或维护不当造成的。

综上所述，迈腾 B8 轿车近光灯的故障机理主要涉及到灯光开关及至 J519 的信号线路问题，以及可能的 LIN 线故障。在维修过程中，应重点检查这些部分，以确保故障得到彻底排除。

任务 3　迈腾 B8 轿车示宽灯控制系统及检修

一、故障现象

灯光开关开至示宽灯挡位，所有示宽灯不亮；灯光开关开至示宽灯挡位，一侧示宽灯不亮；灯光开关开至示宽灯挡位，某一个示宽灯不亮。

二、现象分析

迈腾 B8 轿车示宽灯控制系统控制逻辑，如图 1-33 所示，灯光旋转开关旋至示宽灯挡位时，灯光旋转开关模块接收到示宽灯开启信号，模块将接收到的模拟电压信号转换为数字信号，通过开关 LIN 数据线将此信号发送至车载电网控制单元 J519。控制单元 J519 接收到此信号后，进行以下操作：

（1）分别接通左前、右前、左后、右后示宽灯控制信号，示宽灯点亮；

（2）车载电网控制单元（J519）将此信号通过舒适 CAN 总线发送至组合仪表控制单元 J285、左侧车门控制单元 J386、右侧车门控制单元 J387、空调控制单元 J255，这些控制单元接收到此信号后接通开关或面板上的照明灯；

（3）左侧车门控制单元 J386、右侧车门控制单元 J387 通过各自的 LIN 局域网将示宽灯开启信号传至左后车门控制单元 J388、右后车门控制单元 J389，后门控制单元分别接通各自开关上的照明指示灯；

（4）控制单元 J519 将信号通过舒适 CAN 总线发送至数据总线诊断接口 J533，诊断接口 J533 将数据处理后，通过信息娱乐系统 CAN 总线发送至前部信息系统显示和操纵控制单元 J685，控制单元 J685 点亮面板上的照明灯；

（5）控制单元 J519 将信号通过舒适 CAN 总线发送至数据总线诊断接口 J533，诊断接口 J533 将数据处理后，通过驱动系统 CAN 总线发送至选挡杆 E313 控制单元，E313 控制单元点亮面板上的照明灯。

分析过程和思路如下：

（1）将点火开关置于 ON 挡位，观察仪表显示是否正常。

（2）旋转灯光开关至示宽灯位置，观察仪表上氛围灯、门窗玻璃开关、音响面板、选挡杆 E313 面板、空调控制面板指示灯是否点亮？如果上边全部显示异常，则可能存在以下故障的一个或多个：灯光旋转开关本身、供电及线路损坏；车载电网控制单元 J519 本身、供电及线路损坏。如果上边某一项显示异常，则可能存在以下故障的一个或多个：舒适数据总线故障；驱动数据总线故障；信息娱乐数据总线故障；LIN 数据总线故障；对应控制单元电源、自身故障；指示灯故障；插接件故障。

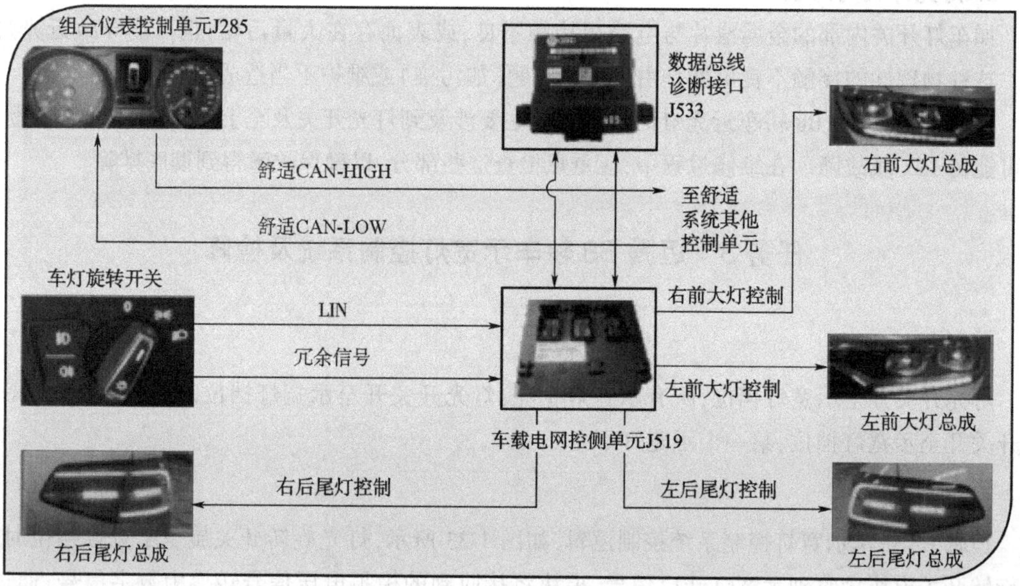

图 1-33 迈腾 B8 轿车示宽灯控制系统控制逻辑

(3)接上步,观察仪表是否提示示宽灯系统故障。如果仪表提示外部示宽灯故障,说明自身以及线路正常;J519 供电电源、自身(检测功能)正常。

(4)观察前、后总成的左、右示宽灯是否点亮。如果示宽灯全部不亮,则可能是车载电网控制单元 J519 故障,但概率很低。如果只是某个示宽灯不亮,则可能存在以下故障的一个或多个:J519 某个示宽灯控制输出故障;某个示宽灯 LED 故障;J519 至某个示宽灯控制线路故障;某个示宽灯搭铁线路故障。

三、诊断过程

1. 读取故障码

使用故障诊断仪 KT720 读取静态时的故障码。具体操作包括“进入 KT720→一汽大众→普通模式→系统选择→电气系统→读取故障码(DTC)”。例如,读取到的 DTC 09(J519)→U10300 本地数据总线电气故障。

2. 读取数据流

将点火开关打至 ON 挡,灯光开关 EX1 先后由 0 挡→1 挡→2 挡依次变换,用故障诊断仪 KT720 读取 EX1 灯光开关数据组。测试结果可用于进一步检测 LIN 线状态。

3. 读取波形

使用示波器读取 LIN 线波形(EX1 端和 J519 端)。例如,EX1 端 LIN 线波形约为 13 V 的一条直线,判断 LIN 线对正极断路或断路。J519 端 LIN 线波形也约为 13 V 的一条直线,与 EX1 端相同,拔下插头后进一步检测 J519 端发出的 LIN 线波形,波形正常。

4. 故障排除

更换灯光开关 EX1,再次检查车辆状况,所有灯光恢复正常。

这个诊断过程确保了对示宽灯故障的精确定位和有效修复,从而恢复了车辆的正常功能。

四、故障机理

迈腾 B8 轿车示宽灯的故障诊断机理涉及多个方面，以下是一些关键点。

如果迈腾 B8L 的 BCM（车身控制模块）软件出现问题，可能导致在打开近光灯时示宽灯不亮。这种情况下，可以通过在线软件刷新来解决。具体操作包括进入诊断页面，选择控制单元软件配置，并进行在线连接和软件刷新。刷新完成后，检测功能是否正常。

示宽灯不亮可能与灯光开关 EX1 及线路有关。例如，开关内部超车开关或线路故障，或者 LIN 线对正极短路，都可能导致示宽灯无法正常工作。此外，转向柱电子装置控制单元 J527 及线路、车载电网控制单元 J519 及线路、左右侧远光灯控制信号线路的异常也可能影响示宽灯的正常工作。

任务 4　迈腾 B8 轿车转向灯、警告灯控制系统及检修

一、故障现象

打开点火开关，将转向灯开关拨至左转向挡位，左侧转向灯全部不亮；打开点火开关，将转向灯开关拨至左转向挡位，左侧转向灯个别不亮；打开点火开关，将转向灯开关拨至右转向挡位，右侧转向灯全部不亮；打开点火开关，将转向灯开关拨至右转向挡位，右侧转向灯个别不亮；按下应急灯开关，所有转向灯全部不亮。

二、现象分析

迈腾 B8 轿车转向灯、警告灯控制系统控制逻辑，如图 1-34 所示。主要依赖于控制单元之间的信号传递和电压供应来控制。当变光开关向上拉动时，开关内部会接通超车灯控制触点，将模拟信号传递到转向柱控制单元 J527。控制单元 J527 将模拟信号转换为数字信号，通过舒适 CAN 总线将数据传递给 J519 和组合仪表控制单元 J285。J519 接收到信号后，会给左前、右前远光灯提供 12 V 的电压，使远光灯点亮。松开变光开关后，信号被切断，远光灯熄灭。J285 接收到信号后，仪表板上的远光灯指示灯会亮起。将灯光旋转开关旋至近光灯挡位，旋转开关通过 LIN 线将数据信号传递给 J519。同时，变光开关向下拨动，开关内部接通超车灯控制触点，将模拟信号传递到 J527。J527 将模拟信号转换为数字信号，通过舒适 CAN 总线将数据传递给 J519 和 J285。J519 接收到 LIN 线和 J527 的信号后，给左前、右前远光灯提供 12 V 的电压，使远光灯点亮。J285 接收到信号后，仪表上的远光灯指示灯亮起。

这些控制逻辑确保了转向灯系统的准确性和可靠性，能够在不同的操作条件下正确反映车辆的转向意图。

迈腾 B8 轿车的警告灯电路控制逻辑主要涉及以下几个部分，迈腾 B8 轿车的灯光供电由车载电网控制单元 J519 集中供电。灯光的控制信号通过信号输入装置（如灯光开关）传递给 J519，J519 接收到信号后控制灯光的点亮或熄灭。

当变光开关被向上拉动时，开关内部会接通超车灯控制触点，将模拟信号传递到转向柱控制单元 J527。J527 将模拟信号转换为数字信号，通过舒适 CAN 总线将数据传递给 J519 和组合仪表控制单元 J285。J519 接收到信号后，给左前、右前远光灯供电，使远光灯点亮；松开变光开关后，信号被切断，远光灯熄灭。同时，J285 接收到信号后，仪表板上的远光灯指示灯会亮起。

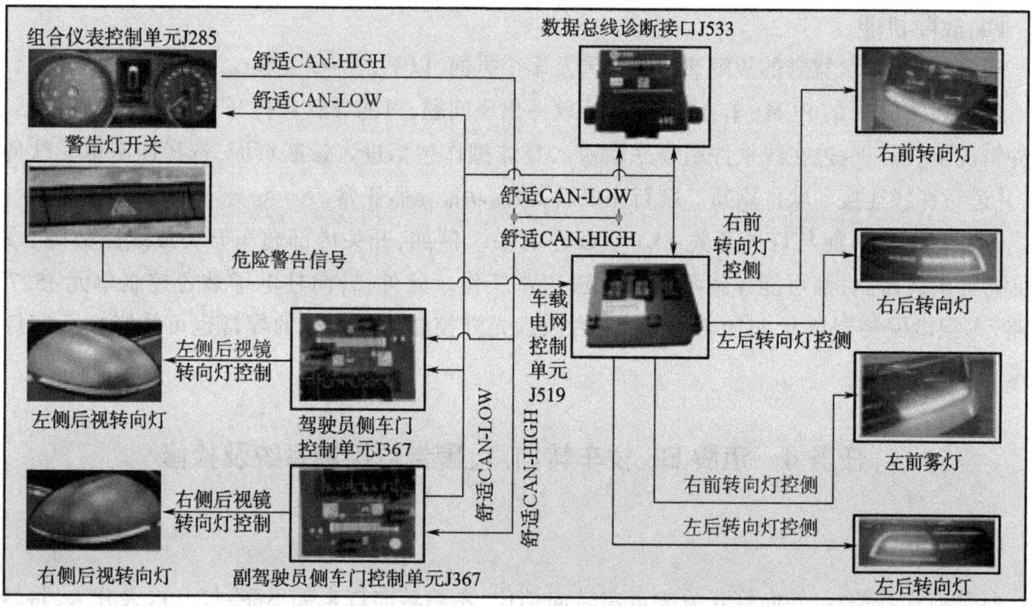

图1-34 迈腾B8轿车转向、警告灯控制系统控制逻辑

当灯光旋转开关旋至近光灯挡位,并通过LIN线将数据信号传递给J519;同时,变光开关向下按动,开关内部接通超车灯控制触点,将接触点的模拟信号传递到J527。J527将这一模拟信号转换为数字信号,通过舒适CAN总线将数据传递给J519和J285。J519接收到信号后,给左前、右前远光灯供电,使远光灯点亮。

如果警告灯常亮,可能的原因包括倒车灯灯泡断路、倒车灯开关故障、控制模块J519故障或相关线路故障。通过检查倒车灯开关到J519的线路,以及测量相关电压和电阻,可以进一步确定故障原因。

综上所述,迈腾B8轿车的警告灯电路控制逻辑涉及灯光供电与控制、变光开关和灯光旋转开关的共同控制。在维修时,应依据这些控制逻辑进行故障分析和定位。

分析过程和思路如下:

(1)将点火开关置于ON挡位,观察仪表显示是否正常。

(2)拨动转向灯开关手柄至左(右)转向灯位置,观察左(右)侧转向灯、仪表上左(右)侧转向指示灯是否闪烁正常。

(3)按下危险警告灯开关,观察车外所有转向灯是否闪烁正常,仪表上左、右两侧转向指示灯是否闪烁正常。如果异常,则以下部件的一个或多个可能存在故障:危险警告灯开关及线路;车载电网控制单元;舒适总线;至左右侧各个转向灯控制信号线路;左右侧转向灯;左右侧各转向灯搭铁线路。

注意:一侧转向灯异常,可通过打开危险警告灯开关,开启危险警告灯,让全部转向灯工作。

(4)如果在危险警告灯开启状态下,所有转向灯正常,则可能存在以下故障的一个或多个:转向灯开关机线路;转向柱电子装置控制单元J527电源线路;舒适数据总线;J519内部故障。

(5)如果在危险警告灯开启状态下,该侧转向灯仍异常,则以下部件的一个或多个可能存在故障:该侧转向灯控制信号及线路;该侧转向灯LED;该侧转向灯搭铁。

三、诊断过程

(1)确认故障现象。在打左转向灯时,发现副驾驶后视镜上的转向灯不亮,其他转向灯工作正常。

(2)使用专用电脑检测。检测各系统均没有故障码,说明初步的电子检查没有发现问题。

(3)检查电路。根据电路图测量副驾驶后视镜转向灯至车门控制单元的线路,确认线路无短路或断路。

(4)排查可能的原因。排除线路故障后,考虑其他可能的原因,如车门控制单元故障、控制单元编码问题或线路接触不良。

(5)进一步测试。尝试更换车门控制单元或重新编码,如果问题依旧存在,可能需要更详细的线路检查或专业诊断。

四、故障机理

迈腾 B8 轿车的转向灯和警告灯的故障机理可能涉及多个方面,包括电路问题、控制单元故障或传感器故障等。

转向灯的故障可能表现为某个转向灯无法正常闪烁或常亮。这类故障的原因可能有以下几个方面:

1. 线路问题

转向灯的线路可能存在断路或短路,导致信号传输不良或无法正常工作。

2. 控制单元故障

车辆的控制模块(如车身控制单元 J519)可能出现故障,导致转向灯的控制信号输出异常。

警告灯的故障可能表现为警告灯常亮或闪烁,指示系统存在故障。这类故障的原因可能有以下几个方面:

1. 传感器故障

如机油油位温度传感器 G266 的线束破损,导致传感器无法正常工作,进而影响警告灯的点亮。

2. 电源问题

例如保险丝 SC3 熔断,可能是由于动力转向控制单元 J500 或其他用电设备过载引起的。

解决方法如下:

1. 检查线路

对转向灯和警告灯的线路进行全面检查,确认是否存在断路或短路。

2. 检查控制单元

使用专业的诊断工具检查车身控制单元 J519 及其他相关控制单元是否存在故障代码,必要时进行更换。

3. 检查传感器

逐一检查各传感器,如机油油位温度传感器 G266,确认其功能是否正常。

4. 检查电源和保险丝

检查各保险丝是否正常,检查电源线是否完好,无短路或过载情况。

通过以上步骤,可以初步定位和解决迈腾 B8 轿车的转向灯和警告灯的故障。

任务5 迈腾B8轿车雾灯控制系统及检修

一、故障现象

E1开至小灯或近光灯挡位,按下前雾灯开关,一侧前雾灯不亮。E1开至小灯或近光灯挡位,按下前雾灯开关,所有前雾灯不亮。E1开至小灯或近光灯挡位,按下前雾灯开关,前雾灯正常点亮,按下后雾灯开关,后雾灯不亮。E1开至小灯或近光灯挡位,按下前雾灯开关,前雾灯不亮;按下后雾灯开关,近光灯异常点亮(个别车辆在近光灯挡位时,后雾灯可能会点亮)。

二、现象分析

迈腾B8轿车雾灯控制系统控制逻辑,如图1-35所示。迈腾B8轿车的雾灯控制逻辑涉及多个控制单元和信号传递过程。

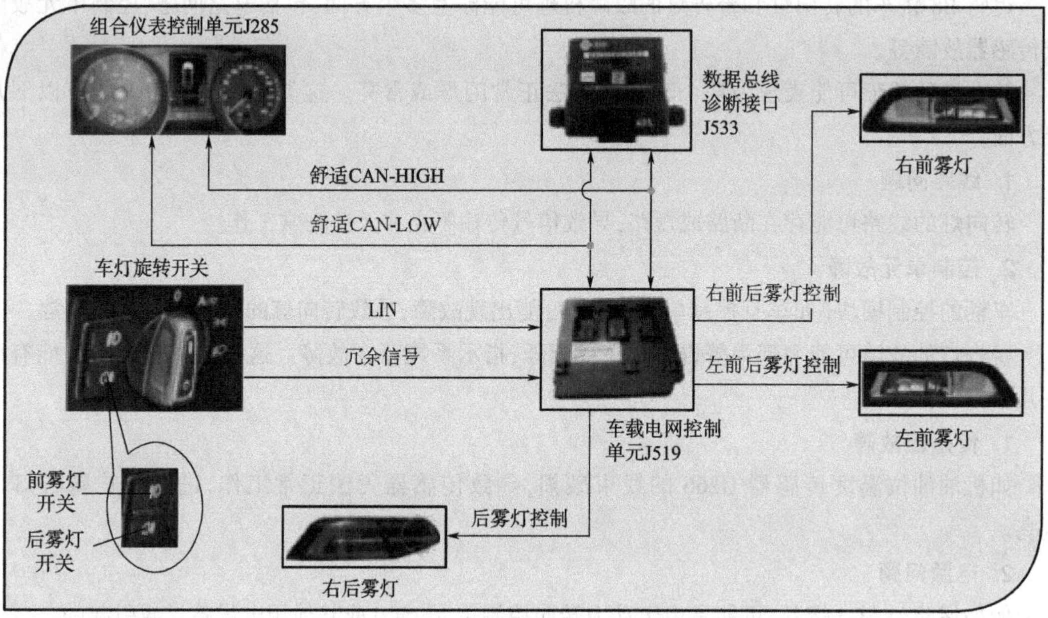

图1-35 迈腾B8轿车雾灯控制系统控制逻辑

(1)变光开关控制逻辑

当变光开关向上拉动时,开关内部会接通超车灯控制触点,将模拟信号传递到转向柱控制单元J527。J527将模拟信号转换为数字信号,通过舒适CAN总线将数据传递给J519和组合仪表控制单元J285。控制单元J519接收到信号后,给左前、右前远光灯提供12 V的电压,远光灯点亮;松开变光开关,信号被切断,远光灯熄灭。J285接收到信号后,仪表板上的远光灯指示灯会亮起。

(2)灯光旋转开关控制逻辑

灯光旋转开关旋至近光灯挡位时,旋转开关通过LIN线将数据信号传递给J519。同时,变光开关向下按动,开关内部接通超车灯控制触点,将模拟信号传递到J527。J527将这一模拟信号转换为数字信号,通过舒适CAN总线将数据传递给J519和J285。控制单元J519接收到LIN线和J527的信号后,给左前、右前远光灯提供12 V的电压,远光灯点亮。控制单元J285接收到信号后,仪表上的远光灯指示灯亮起。

这些控制逻辑确保了迈腾 B8 轿车在操作不同的灯光开关时，能够正确地控制车灯的状态，包括雾天的特殊行车需求。在诊断及处理相关故障时，这一系列的控制措施可以帮助维修人员有条理地定位问题并采取相应的修复措施。

分析过程和思路如下：

(1)将点火开关置于 ON 挡位，观察仪表显示是否正常。

(2)旋转灯光开关至示宽灯挡位，观察仪表上氛围灯、门窗玻璃开关、音响面板、选挡杆 E313 面板、空调控制面板指示灯以及外部示宽灯是否点亮。

(3)开启前雾灯开关，观察前雾灯开关以及仪表上前雾灯开启指示灯是否亮起，如果指示灯异常，则可能存在以下故障的一个或多个：前雾灯开关自身及线路异常；前雾灯开关信号至 J519 线路故障；舒适系统 CAN 总线故障；指示灯及其线路故障；仪表自身故障。

(4)接上步观察仪表上是否提示灯光系统故障。观察左前、右前雾灯是否点亮。如果前雾灯全部不亮，则可能存在以下故障的一个或多个：前雾灯开关电源、自身及线路异常；J519 至前雾灯信号线故障；前雾灯灯泡故障；前雾灯搭铁线路故障。

(5)如果只是一侧前雾灯不亮，则可能存在以下故障的一个或多个：J519 某前雾灯控制输出故障；J519 至某前雾灯控制线路故障；前部一侧雾灯灯泡故障；前部一侧雾灯搭铁线路故障。

(6)开启后雾灯开关，观察后雾灯开关以及仪表上后雾灯开启指示灯是否亮起。如果指示灯异常，则可能存在以下故障的一个或多个：后雾灯开关电源、自身以及线路异常；后雾灯开关信号至 J519 线路故障；指示灯及其线路故障。

(7)接上步观察仪表是否提示灯光系统故障。

(8)观察左后雾灯是否点亮。

如果左后雾灯不亮，则可能存在以下故障的一个或多个：J519 左后雾灯控制输出故障；J519 至左后雾灯控制线路故障；左后雾灯 LED 故障；左后雾灯搭铁线路故障。

三、诊断过程

迈腾 B8 轿车的雾灯诊断过程涉及几个关键的故障排查步骤，以下是具体的诊断过程。

1. 确认故障现象

打开雾灯开关，雾灯首先亮一下后变暗然后熄灭。仪表上出现灯光报警提示。

2. 检查故障码

检测故障码显示为左后雾灯 L46 电路电气故障，状态为静态。

3. 读取数据流

读取雾灯的相关数据流，初始显示为 92%，然后变为 0%，此时雾灯熄灭。

4. 故障分析

雾灯熄灭时，控制电压从 8 V 降低至 0 V，说明问题可能在于 J519 本身控制或雾灯线路。雾灯通过左侧后叶子板的连接盒和 J519 连接，检查此处与雾灯之间为导通状态。

5. 检查线路

检查雾灯线路，明确故障点

6. 清理和修复

清理和修清理与倒车影像相关的外部接线，恢复正常。倒车影像的接地线错误地接入了雾灯控制线。雾灯不亮的原因是由于改装倒车影像导致的接地线错误接入雾灯控制线。恢复正常连接后,雾灯正常工作。

四、故障机理

迈腾 B8 轿车的雾灯故障机理可以参考以下几个方面。

1. LIN 线故障

一种可能的故障机理是 LIN 线(本地互联网络)对正极断路或短路。这种情况下,J519(车载电网控制单元)无法正确接收来自灯光开关 EX1 的信号,导致雾灯无法点亮。

2. 灯光开关故障

另一个可能的故障原因是灯光开关 EX1 本身存在故障,导致无法向 J519 发送正确的信号,从而使得雾灯无法正常工作。

3. 保险丝故障

SC23 保险丝断路也可能导致右侧端子电压供应问题,进而影响雾灯的正常工作。

解决办法如下:

针对 LIN 线故障,建议检查 LIN 线的连接情况,确保没有断路或短路。

对于灯光开关 EX1 的故障,可能需要更换开关。

对于保险丝断路问题,检查相关电路的保险丝,确保其处于良好的工作状态。

通过上述措施,可以有效解决迈腾 B8 轿车的雾灯故障问题。在进行维修时,建议参考车辆的电路图和维修手册,以确保准确快速地找到并解决问题。

第二篇

新能源汽车维修职业技能推广

吉利几何 G6 轿车高压不上电故障诊断与排除

于洪兵

对吉利几何 G6 轿车高压不上电故障进行诊断与排除，首先介绍了几何 G6 轿车上电控制逻辑，然后分析几何 G6 轿车 DTC，接着对几何 G6 轿车高压不上电故障原因进行概述，并对防盗系统引起高压不上电故障进行概述，诊断 CAN 总线故障引起的高压不上电故障，诊断高压互锁故障造成不上高压电故障并进行排除。

任务 1　几何 G6 轿车上电控制逻辑

当车身防盗解除，打开驾驶员侧车门，车身控制模块 BCM 接收到驾驶员侧车门打开信号，随即激活整车 CAN，BCM 发送高压上电请求信号。

整车控制器 VCU、动力蓄电池管理系统 BMS、驱动电机控制器 MCU 等通过总线激活后接收到高压上电请求信息并自检，各模块正常，无故障信息，BMS 执行高压上电流程，依次控制主负、预充、主正继电器吸合，进行整车高压上电。

当踩下制动踏板后，BCM 接收到制动信号后闭合 ACC、IG1、IG2 继电器，为 BMS、网关、VCU、MCU、换挡杆、热管理模块、组合仪表等提供 15 V 供电。换挡杆得 15 V 电且挂入行驶挡位后通过动力 HB-CAN 总线发送挡位状态信息至 VCU，VCU 得 15 V 电且接收到换挡杆信号后通过动力 HB-CAN 总线发送至网关，网关得 15 V 电且收到报文后通过 IF-CAN 总线发送至组合仪表，组合仪表得 15 V 电且仪表点亮“READY”指示灯，同时电子转向系统解除电机制动功能。吉利几何 G6 高压上电控制逻辑具体流程如图 2-1 所示。

如果此时自检出现严重故障代码、单体电芯(温度、电压)、CAN 通信、高压绝缘、高压互锁等有一项异常，将停止上电流程，且生成并存储故障代码。在以上检测完成且正常后，BMS 闭合主负继电器，并对以上信息持续检测。同时对主负继电器断路、预充电阻断路、预充继电器粘连、主正继电器粘连进行检测，如果检测成功，闭合预充接触器。

由于电动机及高压线路中包含容性、感性元件，为防止过大的电流对这些元件造成冲击，当主负继电器闭合后检测成功，即闭合预充继电器，进入预充电状态。在预充阶段，BMS 对预充继电器断路、整车高压绝缘进行检测。如果此时 BMS 检测预充继电器断路或整车高压绝缘异常，将停止上电流程，且生成并存储故障代码。当预充电阻两端电压达到母线电压的 90% 时，BMS 闭合主正继电器，并对主正继电器断路进行检测。如果检测通过，断开预充继电器进入放电模式。如果此时BMS检测主正继电器异常，将停止上电流程，且生成并存储故障代码。

目前纯电动轿车的低压电源一般由12 V的铅酸低压蓄电池提供，不仅要为低压控制系统供电，还需为助力转向电动机、刮水器电动机、安全气囊及后视镜调节电动机等提供电源。为保证低压蓄电池能持续为整车控制系统供电，低压蓄电池需有充电电源，而DC-DC直流转换器即可满足这一需求。因此，当车辆上电或车辆充电时，主正继电器闭合后，即高压上电完成后起动DC-DC直流转换器，以保证低压电源持续供电。

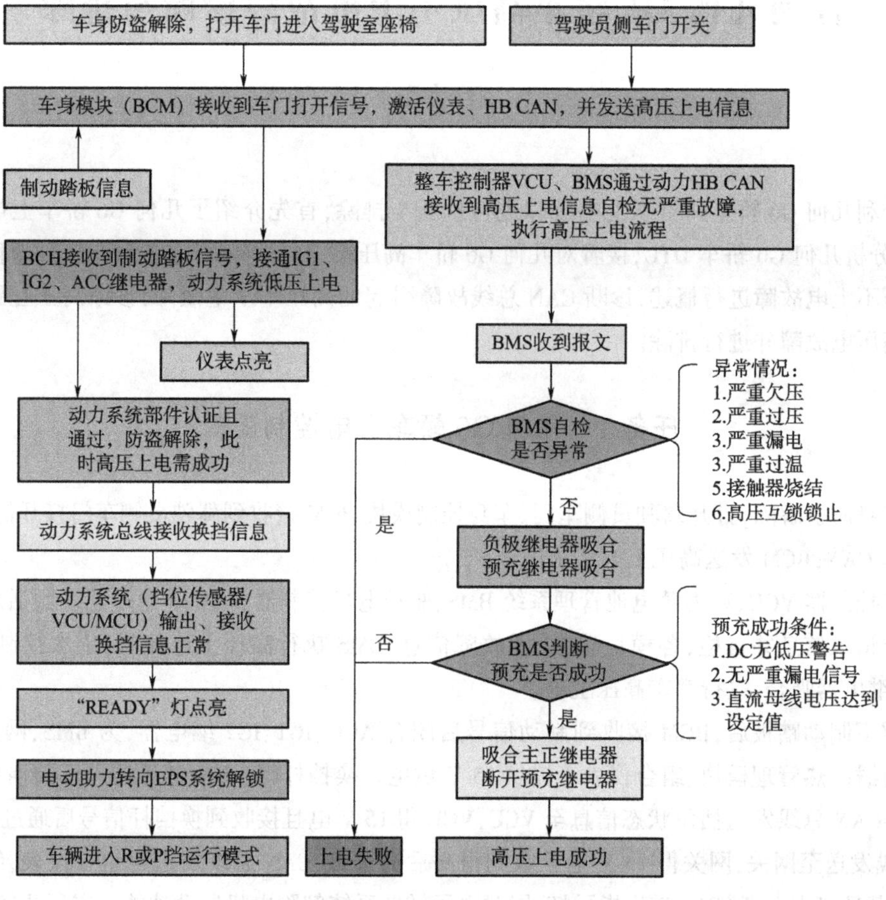

图2-1 几何G6轿车高压上电控制逻辑

任务2 几何G6轿车的DTC分析

一、故障代码诊断的重要性

在现代汽车维修中，故障代码诊断具有不可替代的重要性。随着汽车电子技术的飞速发展，汽车的电子控制系统日益复杂，发动机、变速箱、车身电子系统等都广泛采用了电子控制单元（ECU）。这些系统通过各种传感器和执行器来实现对车辆的精确控制，但同时也增加了故障发生的可能性。当车辆出现故障时，传统的维修方法往往难以快速准确地找到问题所在，而故障代码诊断则提供了一种高效、科学的诊断手段。

故障代码诊断能够帮助维修人员快速定位故障范围，大大缩短维修时间。例如，当发动机故障指示灯亮起时，维修人员可以通过读取故障代码，迅速确定是传感器故障、执行器故障还是控制单元故障。据统计，使用故障代码诊断可以将故障诊断时间缩短 50% 以上，这对于提高维修效率、降低维修成本具有重要意义。此外，故障代码诊断还可以提高维修的准确性，避免误判和漏判。通过准确的故障代码解读和验证，维修人员可以更有针对性地进行维修操作，减少不必要的零部件更换，提高维修质量。

二、DTC 的定义与作用

DTC(diagnostic trouble code，诊断故障代码)是汽车电子控制系统中用于标识故障信息的代码。它是由汽车的电子控制单元(ECU)在检测到系统异常时生成的，通常由一系列字母和数字组成，每个代码都有其特定的含义。DTC 的主要作用是帮助维修人员快速识别故障类型和故障位置。

DTC 的格式通常遵循一定的标准，DTC 由 SPN(suspect parameter number，可疑参数编号)、FMI(failure mode identifier，故障模式标识符)和 OC(occurrence counter，发生计数器)等元素构成。SPN 表示发生故障的参数或部件，FMI 表示故障的性质和类型，OC 则记录该故障发生的次数。这种结构化的代码使得故障信息更加清晰明了，便于维修人员理解和分析。

DTC 的作用不仅局限于故障诊断，它还可以用于车辆的维护和保养。通过定期读取故障代码，维修人员可以及时发现潜在的故障隐患，提前进行维护，从而延长车辆的使用寿命，提高车辆的可靠性和安全性。例如，某些 DTC 可能表示某个传感器的信号偏差，虽然在短期内不会导致车辆故障，但如果长期不处理，可能会引发更严重的故障。通过及时清除故障代码并修复相关问题，可以有效避免故障的发生。

三、故障代码诊断的发展历程

故障代码诊断的发展历程与汽车电子技术的发展密切相关。在早期，汽车的电子控制系统相对简单，故障诊断主要依靠维修人员的经验和简单的检测工具。随着电子技术在汽车上的广泛应用，故障诊断的需求也日益增加。20 世纪 80 年代，随着 OBD(on-board diagnosis，车载诊断系统)技术的出现，故障代码诊断开始逐渐普及。

OBD 系统最初是为了满足美国环保局(EPA)对汽车尾气排放的严格要求而开发的。它通过监测发动机的运行状态，确保尾气排放符合规定标准。OBD 系统的核心是故障代码，当检测到排放相关的故障时，系统会生成相应的故障代码，并点亮故障指示灯。维修人员可以通过读取这些故障代码，快速找到故障原因并进行修复。随着技术的不断发展，OBD 系统逐渐从 OBDI 发展到 OBDII，其功能也从单纯的排放监测扩展到对发动机、变速箱、车身电子等多个系统的全面监测。

进入 21 世纪，随着汽车电子技术的进一步发展，故障代码诊断也变得更加智能化和精准化。现代汽车的 ECU 数量不断增加，各系统之间的通信更加复杂，故障代码的数量和种类也大幅增加。同时，诊断工具也不断升级，从简单的手持式诊断仪发展到功能强大的电脑诊断系统。这些诊断工具不仅可以读取故障代码，还可以进行数据流分析、在线测量、参数调整等多种操作，为维修人员提供了更全面、更准确的诊断支持。

随着物联网和大数据技术的发展，故障代码诊断也在向远程诊断和智能诊断方向发展。通过车辆的网络连接，维修人员可以远程读取故障代码，提前了解车辆的故障情况，为维修做好准备。同时，利用大数据分析技术，可以对大量的故障代码数据进行分析，挖掘潜在的故障规律，为车辆的设计改进和维修策略优化提供依据。未来，故障代码诊断将更加智能化、自动化，为汽车的维修和保养提供更加高效、精准的支持。

四、几何 G6 轿车 DTC 分析基础

1. 几何 G6 轿车的电子系统架构

几何 G6 轿车的电子系统架构较为复杂且先进，其采用了多层级的 CAN 总线网络拓扑结构，以满足不同系统之间的通信需求。这种架构可以有效提高车辆的智能化水平和运行效率，同时也为故障诊断提供了基础。

动力系统：作为车辆的核心部分，其电子控制系统包括发动机管理系统、电机控制系统等。这些系统通过高优先级的 CAN 总线与中央控制单元相连，确保数据传输的实时性和可靠性。例如，发动机管理系统会实时监测发动机的转速、负荷、燃油喷射量等参数，一旦出现异常，如燃油喷射压力不足，就会生成相应的 DTC 代码，如 P0235，提示维修人员发动机燃油泵可能存在故障。

车身控制系统：涵盖车门、车窗、座椅、灯光等部件的控制。这些系统对实时性的要求相对较低，但需要保证信息的准确传递。车身控制系统通常通过中优先级的 CAN 总线与中央控制单元通信。例如，当车门控制模块检测到车门未完全关闭时，会生成 B1002 故障代码，提醒驾驶员检查车门状态。

底盘控制系统：包括制动系统、转向系统等关键部件。这些系统对车辆的行驶安全至关重要，因此其电子控制系统也采用了高优先级的 CAN 总线通信。例如，制动系统中的 ABS 控制单元会监测车轮的转速和制动压力，当检测到制动压力传感器故障时，会生成 C1234 故障代码，提示维修人员检查制动系统。

信息娱乐系统：如导航系统、音响系统等，虽然对实时性要求不高，但随着车载以太网技术的应用，其数据传输速度和稳定性也在不断提高。这些系统通过低优先级的 CAN 总线或 LIN 总线与中央控制单元相连。例如，当导航系统无法正常接收 GPS 信号时，可能会生成 U0123 故障代码，提示维修人员检查导航系统的通信线路。

几何 G6 轿车的电子系统架构采用了模块化设计思想，将功能相关的子系统集成在一起，共享相同的通信线路。这种设计不仅提高了通信效率，还降低了成本。例如，车身控制模块可以同时控制车门、车窗和座椅等多个部件，减少了通信线路的数量和复杂性。同时，几何 G6 的 CAN 总线网络还采用了星形拓扑和环形拓扑的混合结构，提高了网络的冗余性和鲁棒性。即使部分线路发生故障，数据仍然可以通过其他路径传输，确保车辆在极端情况下的可靠运行。

2. 常见 DTC 代码及其含义

几何 G6 轿车的 DTC 代码通常由一个字母和四个数字组成，字母表示故障所属的系统，数字则具体指示故障的类型和位置。了解常见 DTC 代码及其含义，对于快速准确地诊断车辆故障至关重要。

(1)发动机系统(P0xxx)

P0301：发动机第 1 缸失火。这可能是由于火花塞故障、燃油喷射问题或点火线圈故障引起

的。维修人员可以通过检查火花塞的间隙、燃油喷射压力和点火线圈的工作状态来确定具体原因。

P0420:催化转换器效率低于阈值。这通常表示催化转换器的性能下降,可能需要更换。维修人员可以通过检测催化转换器的前后氧传感器数据来判断其效率是否正常。

P0171:燃油系统过稀。这可能是由于燃油压力不足、进气量过多或燃油喷射量不足引起的。维修人员需要检查燃油泵的工作状态、进气系统是否存在泄漏以及燃油喷射系统的参数设置是否正确。

(2)车身系统(B0xxx)

B0001:驾驶员侧安全气囊展开回路故障。这可能是由于安全气囊传感器故障、线路短路或断路引起的。维修人员需要检查安全气囊传感器的工作状态和线路连接情况。

B1001:座椅位置传感器故障。这可能是由于传感器本身损坏或线路故障引起的。维修人员可以通过检查传感器的供电电压、信号输出和线路连接来确定故障原因。

B0021:左前车门开关故障。这可能是由于车门开关损坏或线路故障引起的。维修人员需要检查车门开关的工作状态和线路连接情况。

(3)底盘系统(C0xxx)

C0035:左前轮速度传感器故障。这可能是由于传感器本身损坏、线路故障或传感器安装位置不正确引起的。维修人员可以通过检查传感器的信号波形、线路连接和安装位置来确定故障原因。

C1234:制动压力传感器故障。这可能是由于传感器损坏、线路故障或传感器校准不正确引起的。维修人员需要检查传感器的信号输出、线路连接和校准参数。

C0130:转向角度传感器故障。这可能是由于传感器本身损坏、线路故障或传感器校准不正确引起的。维修人员可以通过检查传感器的信号输出、线路连接和校准参数来确定故障原因。

(4)网络通信系统(U0xxx)

U0100:与发动机控制模块失去通信。这可能是由于 CAN 总线故障、发动机控制模块故障或线路短路或断路引起的。维修人员需要检查 CAN 总线的通信线路、发动机控制模块的工作状态和线路连接情况。

U0121:与防抱死制动系统失去通信。这可能是由于 CAN 总线故障、防抱死制动系统控制模块故障或线路短路或断路引起的。维修人员需要检查 CAN 总线的通信线路、防抱死制动系统控制模块的工作状态和线路连接情况。

U0401:与车身控制模块失去通信。这可能是由于 CAN 总线故障、车身控制模块故障或线路短路或断路引起的。维修人员需要检查 CAN 总线的通信线路、车身控制模块的工作状态和线路连接情况。

任务 3　几何 G6 轿车的高压不上电故障原因分析

吉利几何 G6 轿车高压不上电的故障原因,如图 2-2 所示。主要的故障原因包括防盗系统、车身控制模块 BCM 及线路、动力蓄电池管理系统 BMS 及线路、整车控制器 VCU 及线路、CAN 及 LIN 总线数据通信、高压系统绝缘故障、高压互锁线路、网关及线路等。

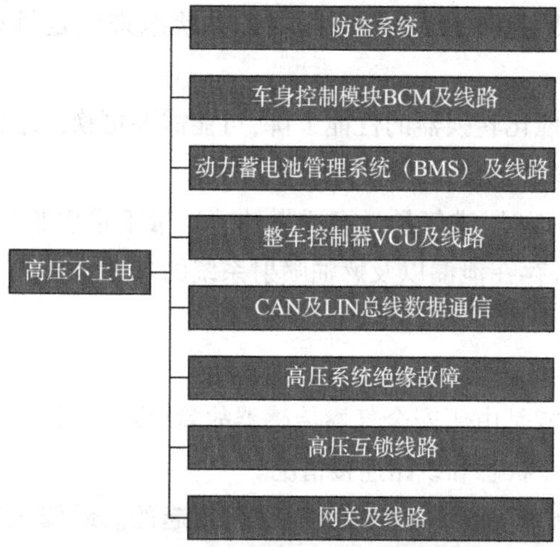

图 2-2　吉利几何 G6 轿车高压不上电的故障原因

一、故障现象概述

吉利几何 G6 轿车出现高压不上电故障时，通常表现为车辆无法正常起动，仪表盘显示异常，如仪表白屏、刮水器自动工作无法关闭等，且车辆无法进入 READY 状态，无法正常行驶。这种故障不仅影响车辆的正常使用，还可能给车主带来诸多不便和安全隐患，因此对故障原因进行深入分析并及时排除至关重要。

二、故障原因分析

1. 防盗系统故障

防盗系统是车辆安全的重要组成部分，其正常工作对于防止车辆被盗至关重要。在吉利几何 G6 轿车上，防盗系统出现故障可能导致车辆无法正常上电。例如，防盗模块与车身控制模块（BCM）之间的通信出现问题，或者防盗系统检测到异常信号，会阻止车辆的高压系统上电，以防止车辆被盗。防盗模块可能因内部芯片故障、软件错误或通信线路故障而无法正常工作。当防盗模块无法与 BCM 正常通信时，BCM 无法接收到正确的防盗验证信号，进而无法起动高压系统的上电流程。此外，如果车辆的钥匙电池电量不足或钥匙损坏，也可能导致防盗系统无法正常识别钥匙，从而触发防盗功能，阻止车辆上电。

2. 车身控制模块（BCM）及线路故障

BCM 是车辆控制系统的重要组成部分，它负责协调车辆的多种功能，包括高压系统的上电。如果 BCM 模块本身出现故障，如内部芯片损坏、软件故障等，或者 BCM 与相关模块之间的线路存在断路、短路等问题，都会导致高压系统无法正常上电。例如，BCM 与网关模块之间的通信线路故障，会导致车辆的高压系统无法接收到正确的上电信号。BCM 内部的芯片故障可能导致其无法正确处理和传输上电指令，而线路故障则可能使上电信号在传输过程中丢失或受到干扰。此外，BCM 的电源线路故障也可能导致其无法正常工作，进而影响高压系统的上电。

3. 动力蓄电池管理系统（BMS）及线路故障

BMS 是管理电动汽车动力电池的重要系统，它负责监测电池的状态，确保电池的安全和正常运行。如果 BMS 出现故障，如通信故障、硬件故障、软件故障等，会导致车辆无法准确判断电池的状态，从而无法正常上电。例如，BMS 的通信线路故障，会导致车辆无法与 BMS 进行正常通信，进而影响高压系统的上电。此外，BMS 内部的硬件故障，如传感器损坏、控制芯片故障等，也可能导致车辆无法正常上电。BMS 的传感器用于监测电池的电压、电流、温度等关键参数，如果传感器损坏，BMS 无法获取准确的电池状态信息，可能会误判电池存在故障，从而阻止高压系统的上电。控制芯片故障则可能导致 BMS 无法正常处理和传输数据，影响车辆的上电控制。

4. 整车控制器（VCU）及线路故障

VCU 是电动汽车的核心控制单元，它负责协调车辆的各个系统，包括高压系统的上电。如果 VCU 出现故障，如内部芯片损坏、软件故障等，或者 VCU 与相关模块之间的线路存在断路、短路等问题，都会导致高压系统无法正常上电。例如，VCU 与网关模块之间的通信线路故障，会导致车辆的高压系统无法接收到正确的上电信号。VCU 内部的芯片故障可能导致其无法正确处理和传输上电指令,而线路故障则可能使上电信号在传输过程中丢失或受到干扰。此外,VCU 的电源线路故障也可能导致其无法正常工作,进而影响高压系统的上电。

5. CAN 及 LIN 总线数据通信故障

CAN 及 LIN 总线是车辆内部各模块之间进行数据通信的重要通道。如果 CAN 及 LIN 总线出现故障,如线路断路、短路、干扰等,会导致车辆的各个模块之间无法正常通信,从而影响高压系统的上电。例如,CFCAN 线路故障,会导致车辆的网关模块与 BCM 模块、热管理控制模块等无法正常通信,进而导致车辆无法正常上电。在吉利几何 G6 轿车上,CFCAN 网络连接了多个关键模块,如低速报警控制器、热管理控制模块、电子转向柱锁、BCM 模块等。如果 CFCAN 线路存在故障,如线路断路、短路或受到电磁干扰,这些模块之间的通信将受到严重影响,导致车辆无法完成正常的上电流程。此外,LIN 总线故障也可能影响车辆的某些功能模块的通信,进而间接影响高压系统的上电。

6. 高压系统绝缘故障

高压系统的绝缘性能对于车辆的安全运行至关重要。如果高压系统出现绝缘故障,如绝缘电阻下降、漏电、绝缘件损坏等,会导致车辆的安全系统判断高压系统存在安全隐患,从而阻止车辆的高压系统上电。例如,电机内部的绝缘故障,会导致车辆无法正常上电。高压系统的绝缘故障可能导致电流泄漏,不仅会降低电池的使用寿命,还可能引发短路、火灾等严重安全事故。车辆的安全系统会实时监测高压系统的绝缘状态,一旦检测到绝缘电阻低于安全阈值,就会立即切断高压电源,以防止事故发生。

7. 高压互锁线路故障

高压互锁线路是电动汽车高压系统的重要组成部分,它用于确保高压系统的安全连接和断开。如果高压互锁线路出现故障,如线路断路、短路、接触不良等,会导致车辆的安全系统判断高压系统存在安全隐患,从而阻止车辆的高压系统上电。例如,空调压缩机高压互锁线路端子退针导致断路,会导致车辆无法进入 READY 状态,无法正常上电。高压互锁线路通过检测高压部件之间的连接状态,确保在高压系统运行时,所有的高压部件都处于安全的连接状态。如果高压互锁线路存在故障,车辆的安全系统会认为高压系统存在潜在的安全风险,从而阻止高压系统的上电。

8. 网关及线路故障

网关模块是车辆内部各模块之间进行数据通信的重要枢纽。如果网关模块出现故障,如内部芯片损坏、软件故障等,或者网关模块与相关模块之间的线路存在断路、短路等问题,都会导致车辆的各个模块之间无法正常通信,从而影响高压系统的上电。例如,网关模块与 BCM 模块之间的通信线路故障,会导致车辆的高压系统无法接收到正确的上电信号。网关模块的内部芯片故障可能导致其无法正确处理和传输数据,而线路故障则可能使通信信号在传输过程中丢失或受到干扰。此外,网关模块的电源线路故障也可能导致其无法正常工作,进而影响车辆的通信系统和高压系统的上电。

三、故障诊断与排除方法

1. 故障诊断流程

①初步检查:首先确认车辆的低压蓄电池供电是否正常,检查车辆的保险丝是否烧坏,以及相

关的继电器是否正常工作。如果低压供电存在问题,可能会导致车辆的控制系统无法正常工作,进而影响高压系统的上电。

②故障代码读取:使用故障检测仪连接车辆的诊断接口,读取车辆各控制模块的故障代码。故障代码可以为诊断故障提供重要的线索,帮助维修人员快速定位故障范围。例如,如果读取到与防盗系统相关的故障代码,应重点检查防盗系统及其相关线路;如果读取到与CAN总线通信相关的故障代码,应检查CAN总线线路及相关模块的通信接口。

③系统功能测试:根据故障代码提示,对相关系统进行功能测试。例如,如果怀疑是BCM模块故障,可以尝试通过诊断仪对BCM模块进行功能测试,检查其是否能够正常响应和执行相关指令。同时,检查车辆的仪表盘显示是否正常,以及车辆的其他功能模块是否能够正常工作,以进一步判断故障范围。

④线路检查:使用万用表等工具对相关线路进行检查,包括线路的导通性、电阻值、电压值等。检查线路是否存在断路、短路、虚接等问题。例如,对于CAN总线线路,应检查其线路的电阻值是否符合规定要求,以及线路是否存在破损、接触不良等情况。对于高压系统的线路,应重点检查其绝缘性能是否良好,是否存在漏电现象。

⑤模块检查:如果线路检查未发现明显问题,应进一步检查相关控制模块。检查模块的外观是否有损坏,如烧蚀、变形等,检查模块的插接件是否牢固,以及模块的电源和接地线路是否正常。必要时,可以使用诊断仪对模块进行深度诊断,检查其内部芯片和软件是否正常工作。

⑥综合分析:根据上述检查结果,综合分析故障原因。如果存在多个故障点,应根据故障现象的严重程度和故障发生的先后顺序,确定主要故障点和次要故障点,并制定相应的维修方案。

2. 具体故障排除方法

(1)防盗系统故障排除

检查钥匙电池电量是否充足,如电量不足,应及时更换钥匙电池。

使用诊断仪对防盗系统进行初始化操作,清除防盗系统的故障代码,并重新匹配钥匙。

检查防盗模块与BCM之间的通信线路,确保线路连接正常,无断路、短路现象。如有必要,更换损坏的线路。

如果防盗模块本身出现故障,应考虑更换防盗模块,并进行相应的初始化设置。

(2)车身控制模块(BCM)及线路故障排除

检查BCM模块的电源和接地线路,确保其供电正常。如有必要,更换损坏的保险丝或修复线路。

使用诊断仪对BCM模块进行功能测试,检查其是否能够正常响应和执行相关指令。如果BCM模块无法正常工作,应考虑更换BCM模块。

检查BCM模块与网关模块、高压系统控制模块等之间的通信线路,确保线路连接正常,无断路、短路、虚接现象。如有必要,更换损坏的线路。

(3)动力蓄电池管理系统(BMS)及线路故障排除

检查BMS的传感器是否正常工作,包括电压传感器、电流传感器、温度传感器等。如有必要,更换损坏的传感器。

检查BMS的通信线路,确保其与车辆的其他控制模块能够正常通信。如有必要,更换损坏的通信线路。

使用诊断仪对BMS进行深度诊断,检查其内部芯片和软件是否正常工作。如果BMS内部存在故障,应考虑更换 BMS,并进行相应的初始化设置。

(4)整车控制器(VCU)及线路故障排除

检查 VCU 的电源和接地线路,确保其供电正常。如有必要,更换损坏的保险丝或修复线路。

使用诊断仪对 VCU 进行功能测试,检查其是否能够正常响应和执行相关指令。如果 VCU 无法正常工作,应考虑更换 VCU。

检查 VCU 与网关模块、高压系统控制模块等之间的通信线路,确保线路连接正常,无断路、短路、虚接现象。如有必要,更换损坏的线路。

(5)CAN 及 LIN 总线数据通信故障排除

检查 CAN 总线线路的电阻值是否符合规定要求,以及线路是否存在破损、接触不良等情况。如有必要,更换损坏的线路。

使用诊断仪对 CAN 总线网络进行诊断,检查各模块之间的通信是否正常。如果发现通信故障,应根据诊断结果进行相应的修复。

对于 LIN 总线故障,检查 LIN 总线线路的连接是否正常,以及相关模块的 LIN 总线接口是否损坏。如有必要,更换损坏的线路或修复模块接口。

(6)高压系统绝缘故障排除

使用绝缘电阻测试仪检查高压系统的绝缘电阻值,确保其符合安全标准。如果绝缘电阻值低于规定值,应进一步检查高压系统的绝缘情况。

检查高压电缆的绝缘层是否破损、老化,如有必要,更换损坏的高压电缆。

检查高压系统的连接点是否牢固,是否存在松动、虚接现象。如有必要,重新紧固连接点。

(7)高压互锁线路故障排除

检查高压互锁线路的连接是否正常,包括高压部件之间的连接点、高压互锁开关等。如有必要,更换损坏的连接点或修复线路。

使用万用表检查高压互锁线路的导通性,确保线路无断路、短路现象。如有必要,更换损坏的线路。

检查高压互锁线路的端子是否松动、退针,如有必要,重新插接端子。

(8)网关及线路故障排除

检查网关模块的电源和接地线路,确保其供电正常。如有必要,更换损坏的保险丝或修复线路。

使用诊断仪对网关模块进行功能测试,检查其是否能够正常响应和执行相关指令。如果网关模块无法正常工作,应考虑更换网关模块。

检查网关模块与各模块之间的通信线路,确保线路连接正常,无断路、短路、虚接现象。如有必要,更换损坏的线路。

吉利几何 G6 轿车高压不上电的故障原因较为复杂,涉及多个系统和模块。在实际维修过程中,需要根据车辆的具体故障现象,结合故障检测仪读取的故障代码,对相关系统和模块进行逐一排查。通过严谨的故障诊断逻辑和科学的检测方法,可以快速准确地确定故障原因,并采取相应的维修措施,使车辆恢复正常运行。维修人员应具备扎实的专业知识和丰富的实践经验,熟练掌握车辆各系统的结构和工作原理,以及故障诊断和排除的方法。同时,维修人员还应注重安全操作，严格遵守高压系统的维修安全规范，确保维修过程的安全可靠。

在日常使用中，车主也应注意车辆的维护和保养，定期检查车辆的低压蓄电池电量、保险丝状态、高压系统的绝缘性能等，避免因车辆维护不当导致故障的发生。此外，车主还应妥善保管车辆钥匙，避免钥匙损坏或丢失，以免影响车辆的正常使用。

任务4　防盗系统引起高压不上电故障分析

一、防盗系统

遥控器钥匙匹配成功，驾驶员进入车内，坐上座椅，关闭车门，此时驾驶员踩制动踏板，车身控制模块BCM监测到制动踏板传感器信号变化时，通过车内前部、中部、后部天线发送一个查询码（125 kHz低频信号）给已匹配的钥匙，授权钥匙识别到该查询码后发送一个433 MHz高频应答器数据信号。

433 MHz高频应答器数据信号被高频接收模块中的高频接收器捕捉并解析，解析完成后通过LIN总线将数据发送至车身控制模块BCM中的防盗主控模块，防盗主控模块验证其数据的有效性，数据有效，BCM发送部件身份认证信息至动力HB-CAN。动力系统参与认证的模块主要为整车控制器VCU和电机控制器MCU。VCU和MCU接收到部件身份认证信息后，发送其身份签名信息至BCM，BCM验证所有参与签名的模块身份信息，匹配成功后，签名成功，模块认证通过，BCM发送动力系统防盗解除信息至动力HB-CAN，动力系统防盗解除，车辆准备进入行驶运行模式，如果认证失败，车辆处于禁行模式。

防盗系统部件出现故障会造成防盗不通过，致使车辆无法起动行驶，分析故障原因如，如图2-3所示。

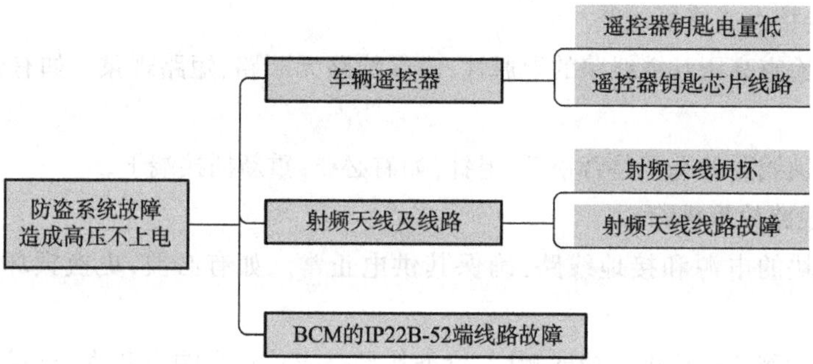

图2-3　吉利几何G6轿车防盗系统故障

二、射频天线可设置故障

射频天线是防盗系统的重要组成部分，若其损坏会造成遥控器不能开锁，防盗系统不能通过，但可通过强制上高压电。

由于射频天线与BCM的IP22B-52端相连，故在BCM内部可设置多个故障，具体可参见射频天线故障列表2-1。

表 2-1 射频天线故障列表

序号	可设故障部位	故障性质
1	与 S0409-6(射频接收模块)之间	断路、虚接
2	与 IP22B-20(ACC 电源)之间	短路、虚接
3	与 IP20-52(室外灯电源 2)之间	短路、虚接
4	与 IP20-45 端(对地)之间	短路、虚接
5	与 IP22B-34(另一端为 IG1 继电器 CR02-85 端)之间	短路、虚接
6	与 SO101A-24 中部天线正之间	短路、虚接
7	与 SO101A-11 中部天线负之间	短路、虚接
8	与 BCM 的 IP20-3(制动灯开关)之间	短路、虚接
9	与 IP22B-41(CAN-L)之间	短路、虚接
10	与 IP22B-42(CAN-H)之间	短路、虚接
11	与 IP21B-2(左前组合灯 DRL 端)之间	短路、虚接
12	与 IP20-46(左近光灯信号输出)之间	短路、虚接
13	与 IP21B-9(左远光灯信号输出)之间	短路、虚接
14	与 IP21B-5(节电继电器输出)之间	短路、虚接
15	与 IP22B-19(环境光传感器信号)之间	短路、虚接
16	与 IP21B-17(左位置灯信号输出)之间	短路、虚接
17	与 IP22B-29(车窗 LIN)之间	短路、虚接
18	与 SO101A-9A 门锁状态开关(除驾驶员侧)之间	短路、虚接
19	与 SO101A-20 端(驾驶员门锁状态开关)之间	短路、虚接
20	与 IP20-47(中控闭锁信号)之间	短路、虚接
21	与 BCM 的 IP20-51(前洗涤泵电动机电源)之间	短路、虚接
22	与 IP20-18(前刮水器停止位开关输入)之间	短路、虚接
23	与 IP20-14(前舱盖接触开关信号)之间	短路、虚接

三、BCM 各个端子含义及信号电压

吉利几何 G6 轿车 BCM 控制模块的端子定义及信号电压等信息，见表 2-2。

表 2-2 BCM 控制模块的含义和信号电压列表

序号	端 子 号	端子号含义	点火开关 OFF/V	点火开关 ON/V
1	IP22B-34	IG1 继电器控制	0	12.92
2	IP20-2	IG1 电源	0	14
3	IP22B-25	ACC 继电器控制	0	13.95
4	IP22B-20	ACC 电源	0	14.235

续表

序号	端 子 号	端子号含义	点火开关 OFF/V	点火开关 ON/V
5	IP22B-24	IG2 继电器控制	0	13.75
6	IP22B-21	IG1 电源	0	14.235
7	IP20-52	室外灯电源 2	14.075	14.075
8	IP21B-21	室外灯电源 1	0.320	0.320
9	IP21B-22	B+电源	0	6
10	SO101A-24	中部天线正	0	17.733
11	SO101A-11	中部天线负	0	13.137
12	IP22B-42	CFCAN-H	3.71(显性)	2.539(隐性)
13	IP22B-41	CFCAN-L	2.539	1.406
14	IP20-45	接地 2	0	0
15	IP21B-19	接地 1	0	0
16	IP20-3	制动灯常开信号	0	14.235
17	IP20-1	起动信号	0	0
18	SO101A-37	后部天线正	0	17.572
19	SO101A-50	后部天线负	0	11.364
20	SO101A-25	尾部天线正	0	2.018
21	SO101A-12	尾部天线负	0	1.086
22	SO101A-39	左前部天线正	0	0
23	SO101A-52	左前部天线负	0	0
24	IP22B-52	射频天线 LIN	0	12.955
25	IP21-2	B+电源		
26	IP21B-21	室外灯电源 1	14.075	14.075
27	IP20-46	左近光灯信号输出	0.320	13.915
28	IP21B-9	左远光灯信号输出	0.320	13.755
29	IP20-45	接地 2		
30	IP21B-19	接地 1		
31	IP21B-20	右近光灯信号输出	0	13.86
32	IP21B-1	右远光灯信号输出	0	14.075
33	IP21B-5	节电继电器输出	0	14.235
34	IP21B-19	接地 1		
35	IP22B-42	CFCAN-H	0	2.670
36	IP22B-41	CFCAN-L	0	2.292

续表

序号	端 子 号	端子号含义	点火开关 OFF/V	点火开关 ON/V
37	IP21B-21	室外灯电源 1		
38	IP20-52	室外灯电源 2		
39	IP21B-2	左日间行车灯信号输出	0. 320	0. 320
40	IP21B-16	右日间行车灯信号输出	0. 320	0. 320
41	IP20-45	接地 2		
42	IP21A-19	接地 1		
43	IP21B-22	B+电源	0	12. 955
44	IP21B-6	后雾灯信号输出	0. 160	14. 075
45	IP22B-45	后雾灯开关信号		
46	IP21B-23	转向灯电源	0	14. 394
47	IP20-21	危险警告灯开关信号	6. 078	6. 078
48	IP22B-1	危险警告工作指示灯	0	3. 519
49	SO101A-21	转向灯故障反馈(行李箱侧后组合灯)	5. 918	5. 918
50	IP21B-15	左转向灯信号输出	0	0
51	SO101A-7	转向灯故障反馈(车身侧后组合灯)	6. 717	6. 717
52	IP20-24	转向灯点亮信号输出	4. 318	4. 318
53	IP21B-14	右转向灯信号输出	0	0
54	IP20-13	左前、右前转向灯故障反馈	7. 037	7. 037
55	IP22B-47	左转向灯开关信号	0	5
56	IP22B-33	右转向灯开关信号	0	5
57	IP21B-4	高位制动灯信号输出	0	13. 615
58	IP21B-7	制动灯信号输出	0	13. 915
59	IP21B-8	倒车灯信号输出	0	0
60	IP21B-10	阅读灯	0	13. 755
61	SO101A-20	驾驶员门锁状态开关	0	0
62	SO101A-9	门锁状态开关(除驾驶员侧)	0	0
63	IP22B-4	灯效信号	0	0
64	IP21B-12	右位置灯信号输出	0	0
65	IP21B-17	左位置灯信号输出	0	0
66	IP22B-18	行李箱灯信号输出	0	0
67	SO101A-6	行李箱门控状态开关信号	0	11. 56
68	IP21B-13	背光灯信号输出	0	0

续表

序号	端 子 号	端子号含义	点火开关 OFF/V	点火开关 ON/V
69	SO101A-31	开关公共地	0	0
70	IP20-14	前舱盖接触开关信号	0	0
71	IP20-47	中控闭锁信号	0	0
72	IP20-42	驾驶员侧门锁电机解锁信号	0	0
73	SO101A-20	驾驶员门锁状态开关	0	0
74	SO101A-30	中控解闭锁开关信号	0	12
75	IP22B-14	中控锁开关状态指示灯	0	0
76	SO101A-35	驾驶员门控开关信号	0	0
77	SO101A-20	驾驶员门锁状态开关	0	0
78	IP20-44	中控解锁信号(除驾驶员门)	0	0
79	IP20-47	中控闭锁信号	0	0
80	SO101A-22	左后门门控开关信号	0	11.196
81	SO101A-19	右后门门控开关信号	0	11.196
82	IP21B-3	行李箱门锁电机解锁	0	0
83	SO101A-29	行李箱外部释放开关信号	0	12.46
84	IP20-28	雨刮低速继电器控制	0	14.12
85	IP20-29	雨刮高速继电器控制	0	14.439
86	IP20-49	前洗涤电源	0	12.36
87	IP22B-29	车窗 LIN	0	9.72
88	SO101A-2	前雨刮喷水控制	0	0
89	IP20-18	前雨刮停止位开关输入	0	0
90	IP20-51	前洗涤电机电源	0	12
91	IP22B-19	环境光传感器信号	0	5

四、射频天线故障设置及波形分析

1. IP22B-52 端正常波形

(1)按压遥控器后,在正常工作时,射频天线会接收到遥控器发出高频率射线,IP22B-52 端的波形为 LIN 线波形,LIN 总线上数据与其他局域网通信及数据交换是由控制单元通过 CAN 数据总线实现的。LIN 总线系统是单线式总线,该线的横截面面积为 0.35 mm^2,无须屏蔽,如图 2-4 所示。

时基选择:1 ms/格。

测量电压:5 V/格。

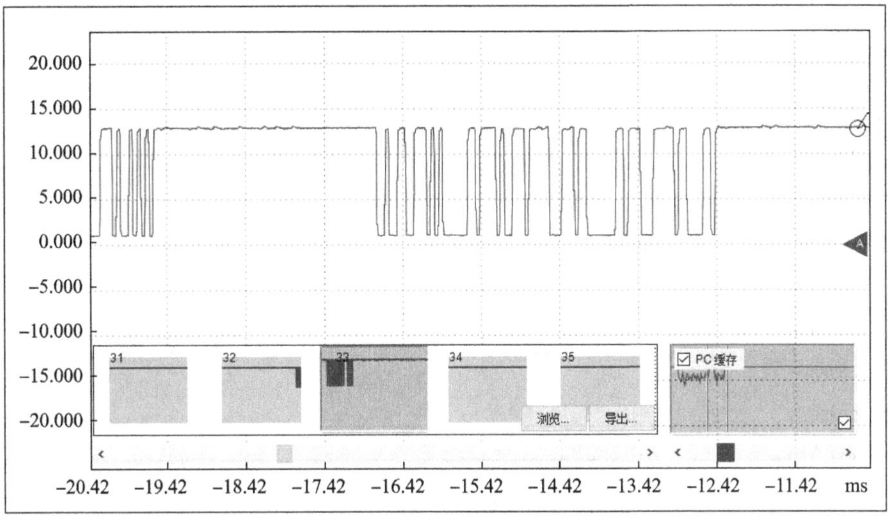

图 2-4　按压遥控器射频天线的波形

(2)未按压遥控器时的波形。

在正常工作时,未按压遥控器时 IP22B-52 端电压为 11 V 左右,其波形为一直线,如图 2-5 所示。

时基选择:2 ms/格。

测量电压:1 V/格。

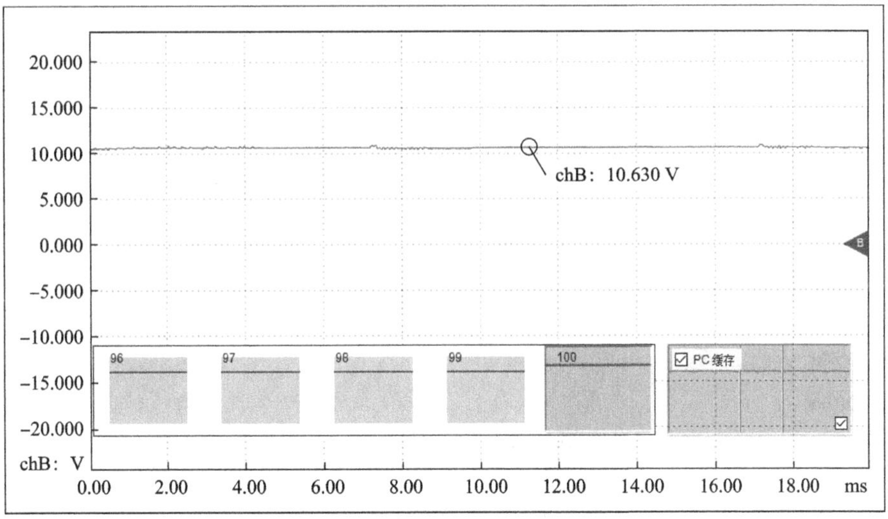

图 2-5　未按压遥控器射频天线的波形

2. IP22B-52 端与射频接收模块 S0409-6 之间断路

由于 BCM 的 IP22B-52 端射频天线与射频接收模块 S0409-6 之间断路,故 IP22B-52 端为蓄电池电压,防盗不通过,不上高压电,波形如图 2-6 所示。

时基选择:2 ms/格。

测量电压:5 V/格。

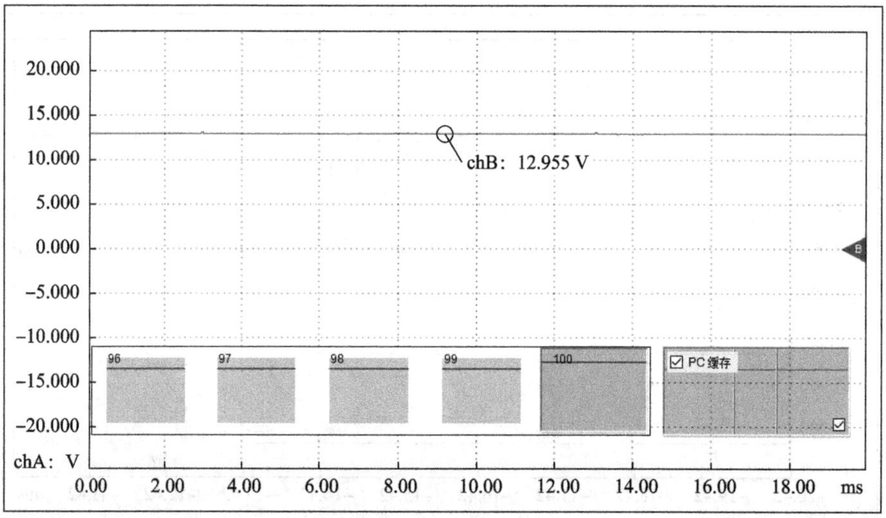

图 2-6　故障波形

3. IP22B-52 端与 IP22B-20(ACC 电源)之间虚接

(1)正常工作时。

打开点火开关后,其端电压为蓄电池端电压,关闭点火开关后,电压下降到 0 V,波形如图 2-7 所示。

时基选择:2 s/格。

测量电压:5 V/格。

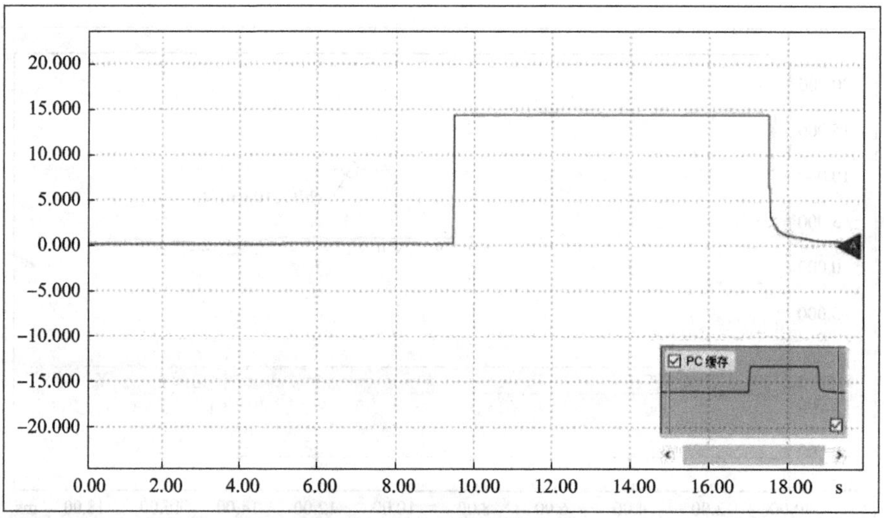

图 2-7　正常工作的波形

(2)IP22B-52 与 IP22B-20(ACC 电源)之间虚接 100 Ω。

IP22B-52 与 IP22B-20 虚接 100 Ω 后,另一端为 CF19,为 ACC 继电器通电,其电压在 ACC 继电器工作后为 12 V,视频天线端电压为 9 V 左右,在其两端虚接 100 Ω 后,IP22B-52 端电压 5.1 V 左右,防盗不通过,不上高压电,故障波形如图 2-8 所示。

时基选择:2 ms/格。

测量电压:1 V/格。

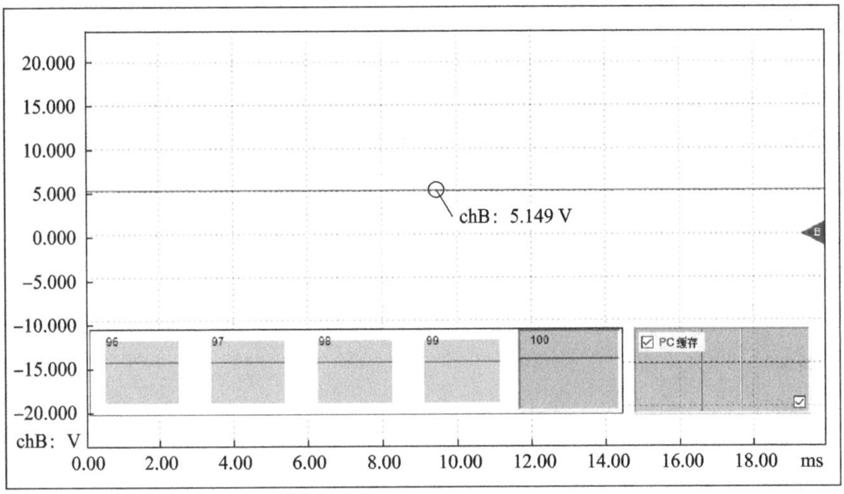

图 2-8　故障波形 1

与 IP22B-20 虚接电阻不断增加后，防盗状态见表 2-3。

表 2-3　增加虚接电阻的防盗状态

序号	虚接电阻值	IP22B-52 端电压/V	说　　明	防盗状态	是否可以上高压电
1	500 Ω	6. 3	与虚接 100 Ω 或短接类似	不通过	否
2	1 000 Ω	7. 3	与虚接 100 Ω 或短接类似	不通过	否
3	100 kΩ	11. 1	与虚接 100 Ω 或短接类似	不通过	否

结论：故随着虚接电阻增加，IP22B-52 端电压上升。

4. IP22B-52 端与 IP20-52（室外灯电源 2）端之间虚接 10 Ω

（1）IP22B-52 端与 IP20-52 端之间虚接 10 Ω，该导线的另一端为常火 CF02。

EF02 为 BCM 的 IP20-52 端常火供电端，其电压为 12 V，视频天线端电压为 10 V 左右，在其两端虚接 10 Ω 后，IP22B-52 端电压为 10. 63 V 左右，防盗不通过，不上高压电，波形如图 2-9 所示。

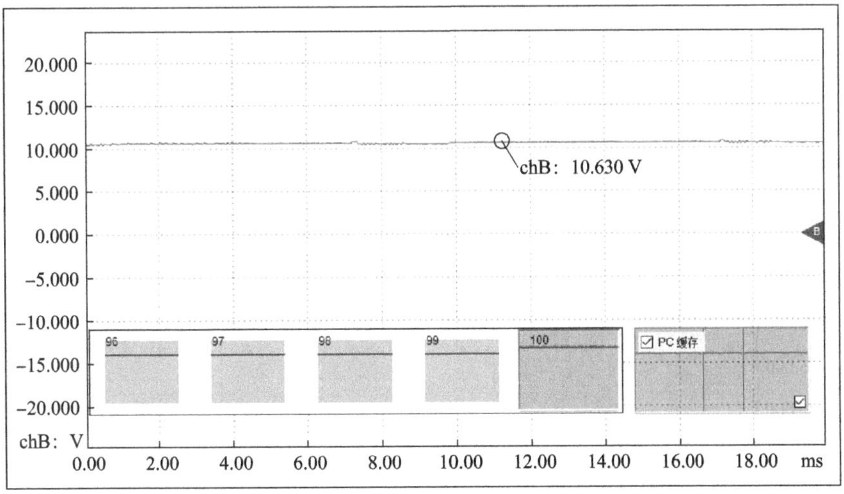

图 2-9　故障波形 2

时基选择:2 ms/格。

测量电压:1 V/格。

(2)IP22B-52 端与 IP20-52 端(该导线的另一端为常火 CF02)短路虚接 50 Ω。

在其两端虚接 50 Ω 后,IP22B-52 端电压为 11.72 V 左右,防盗不通过,不上高压电,波形如图 2-10 所示。

时基选择:2 ms/格。

测量电压:1 V/格。

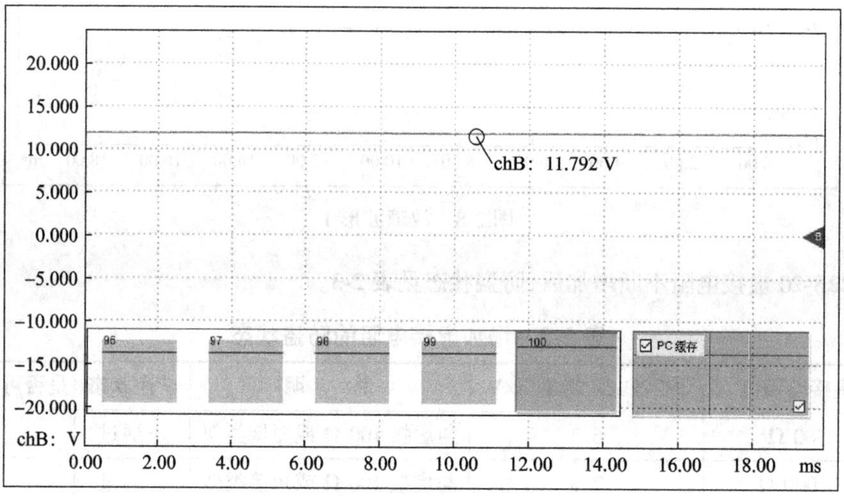

图 2-10 故障波形 3

故随着虚接电阻增加,IP22B-52 端电压上升。

5. IP22B-52 端与 IP20-45 端(对地)虚接 10 Ω

在对地虚接 10 Ω 后,IP22B-52 端电压为 0.16 V 左右,防盗不通过,不上高压电,波形如图 2-11 所示。

时基选择:2 ms/格。

测量电压:1 V/格。

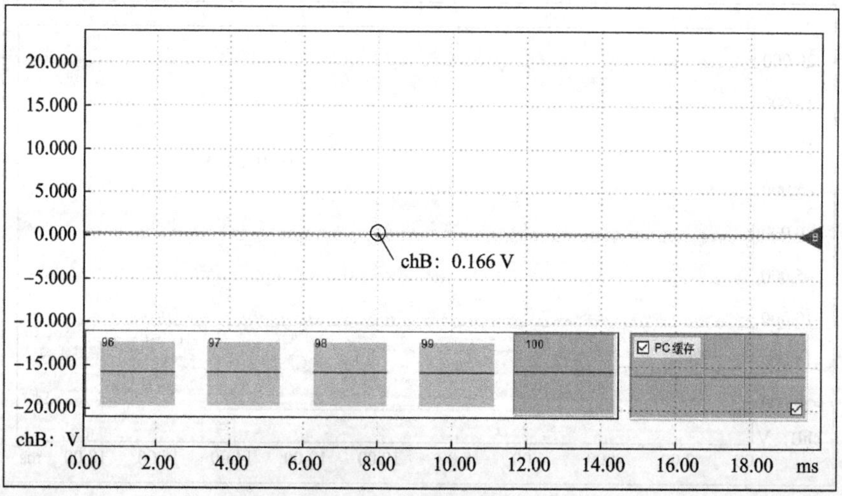

图 2-11 故障波形 4

IP22B-52 端与 IP20-45 端(对地)虚接电阻不断增加后,防盗状态见表 2-4。

表 2-4　增加虚接电阻的防盗状态

序号	虚接电阻值/Ω	IP22B-52 端电压/V	说　明	防盗状态	是否可以上高压电
1	50	0.66	与虚接 10 Ω 或短接类似	不通过	否
2	100	0.99	与虚接 10 Ω 或短接类似	通过	否
3	500	3.65	与虚接 10 Ω 或短接类似	通过	否
4	1 000	5.31	与虚接 10 Ω 或短接类似	通过	否

结论:在 1 000 Ω 以内,随着对地虚接电阻的增加,IP22B-52 端电压上升,防盗不通过,不上高压电。

6. IP22B-52 端与 IP22B-34(另一端为 IG1 继电器 CR02-85 端)短路

(1)BCM 的 CR02 继电器的 IP22B-34 脚正常工作波形,如图 2-12 所示。

时基选择:2 s/格。

测量电压:5 V/格。

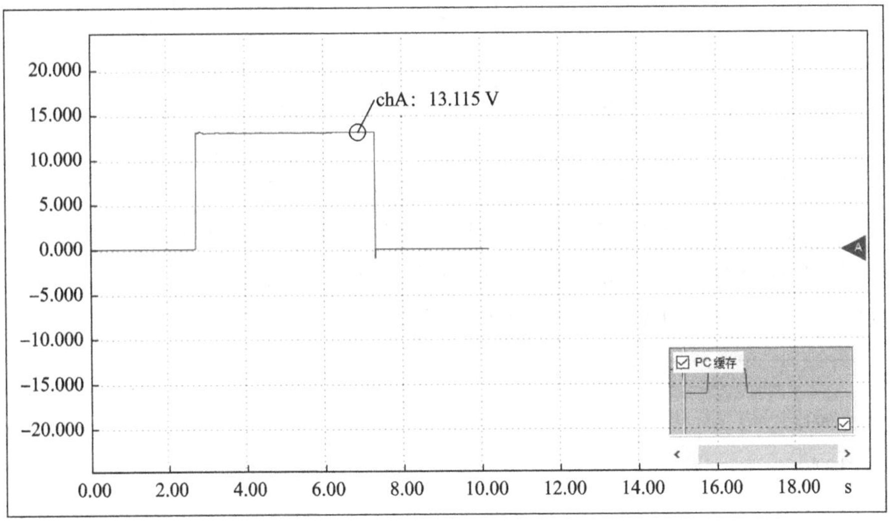

图 2-12　正常波形

(2)IP22B-52 端与 IP22B-34(另一端为 IG1 继电器 CR02-85 端)短路。

IP22B-34 端为 BCM 控制继电器 IG1-CR02 的线圈搭铁端,其电压为 0 V,在其两端短接后,IP22B-52 端电压为 0.83 V 左右,防盗不通过,不上高压电,波形如图 2-13 所示。

时基选择:1 ms/格。

测量电压:1 V/格。

IP22B-52 端与 IP22B-34(另一端为 IG1 继电器 CR02-85 端)短路,并增加虚接电阻后,防盗状态见表 2-5。

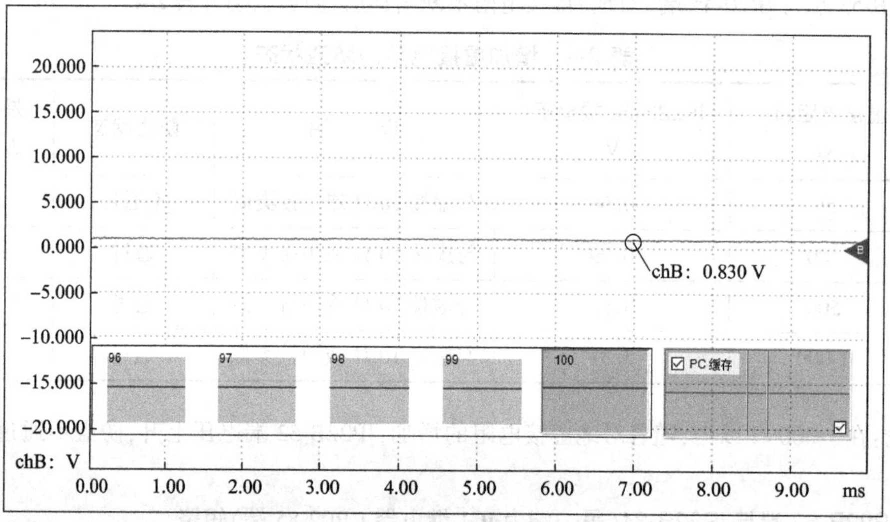

图 2-13 故障波形

表 2-5 增加虚接电阻的防盗状态

序号	虚接电阻值/Ω	IP22B-52 端电压/V	说 明	防盗状态	是否可以上高压电
1	50	1. 33	与虚接 10 Ω 或短接类似	不通过	否
2	100	1. 66	与虚接 10 Ω 或短接类似	通过	否
3	500	3. 98	与虚接 10 Ω 或短接类似	通过	否
4	1 000	5. 65	与虚接 10 Ω 或短接类似	通过	否

故随着对地虚接电阻的增加，IP22B-52 端电压上升，防盗不通过，不上高压电。

7. IP22B-52 端与 BCM 的中部天线的 SO101A-24 端之间短路

(1)按压遥控器后，SO101A-24 脚正常工作波形如图 2-14 所示。

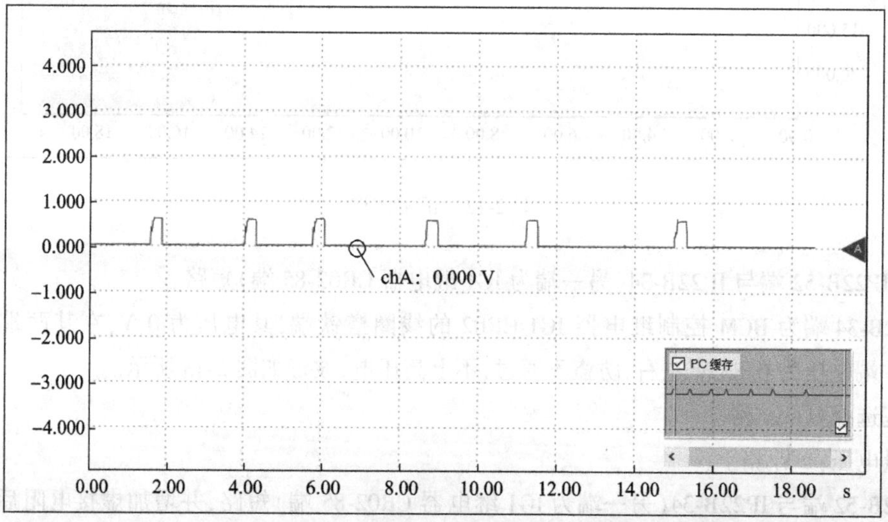

图 2-14 正常波形

时基选择:2 s/格。

测量电压:1 V/格。

(2) IP22B-52 端与中部天线 SO101A-24 端短路时,IP22B-52 端在打开点火开关时,电压为 14 V 左右,此时 DC/DC 正常工作,按压遥控器开锁键时,会有连续的三次下拉电压,电压下降至 8 V 左右,打开点火开关时,该端电压为上升、下降、连续上升两次、下降的一个过程,按压遥控器锁车键时,会有连续七次的下拉电压。波形为按下钥匙开锁键,打开点火开关的信号波形,工作波形如图 2-15 所示。

时基选择:2 s/格。

测量电压:5 V/格。

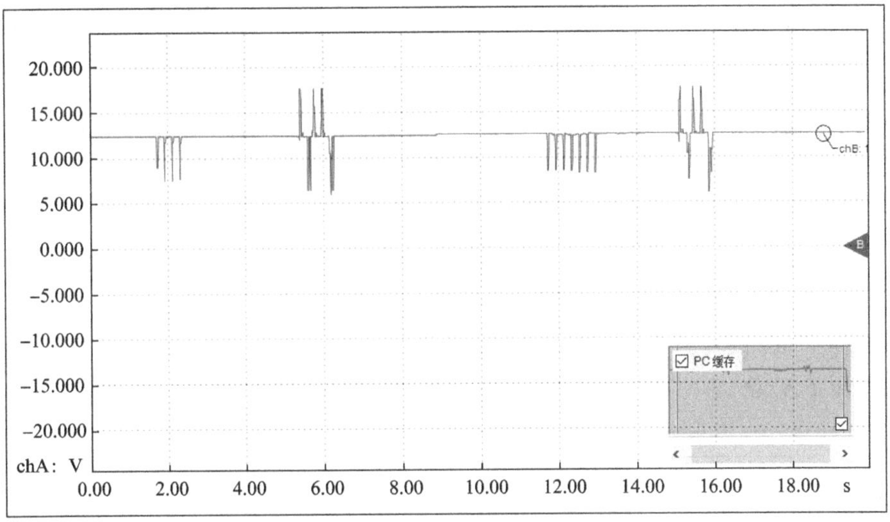

图 2-15　工作波形 1

IP22B-52 端与中部天线 SO101A-24 端短路,电压为 11. 036 V,防盗通过,不上高压电。当与中部天线 SO101A-24 端短路,并增加虚接电阻后,防盗状态见表 2-6。

表 2-6　增加虚接电阻的防盗状态

序号	虚接电阻值/Ω	IP22B-52 端电压/V	说　明	防盗状态	是否可以上高压电
1	50	8. 797	与虚接 10 Ω 或短接类似	不通过	否
2	100	8. 637	与虚接 10 Ω 或短接类似	通过	否
3	500	12. 475	与虚接 10 Ω 或短接类似	通过	否
4	1 000	12. 475	与虚接 10 Ω 或短接类似	通过	否

8. IP22B-52 端与中部天线 SO101A-11 端之间短路/虚接 10 Ω

(1) 中部天线 SO101A-11 端正常工作。当按压遥控器开锁键和锁车键时,中部天线 SO101A-11 端会有 0. 5 V 左右的上拉电压。BCM 的中部天线的 SO101A-11 脚正常工作波形如图 2-16 所示。

时基选择:2 s/格。

测量电压:1 V/格。

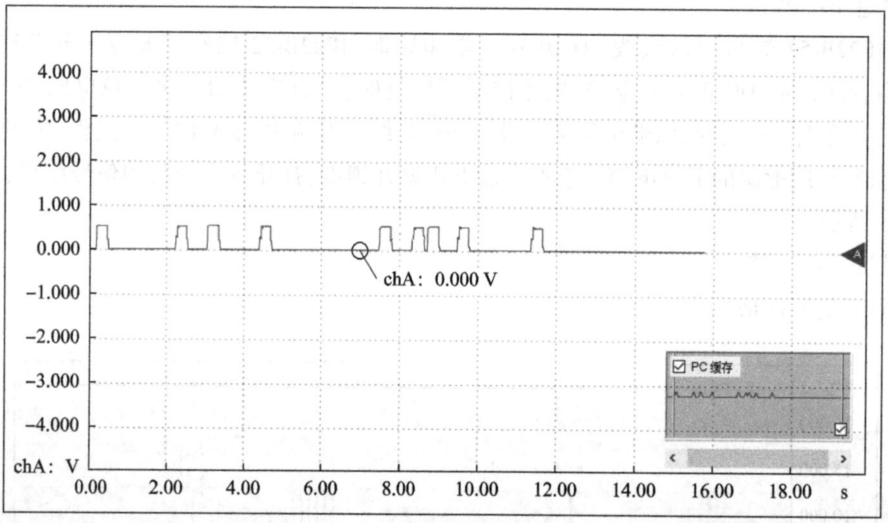

图 2-16 工作波形 2

(2)IP22B-52 端对中部天线 SO101A-11 端短路时,防盗可以通过,但是不上电,工作波形如图 2-17 所示。

时基选择:2 ms/格。

测量电压:5 V/格。

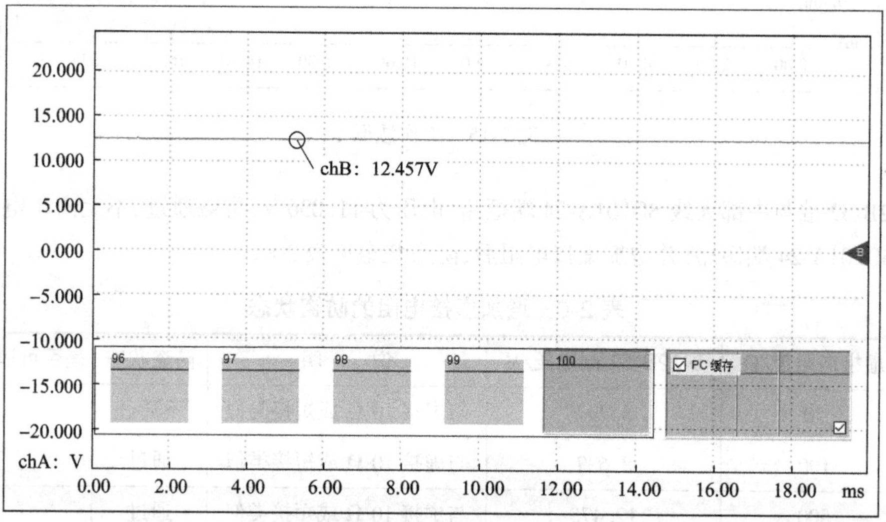

图 2-17 工作波形 3

(3)IP22B-52 端与中部天线 SO101A-11 端虚接 10 Ω。当与中部天线 SO101A-11 端虚接 10 Ω,电压为 12.475 V,防盗通过,但高压不上电,工作波形如图 2-18 所示。

时基选择:2 ms/格。

测量电压:5 V/格。

当 IP22B-52 端与中部天线 SO101A-11 端虚接电阻,并增加虚接电阻后,防盗状态见表 2-7。

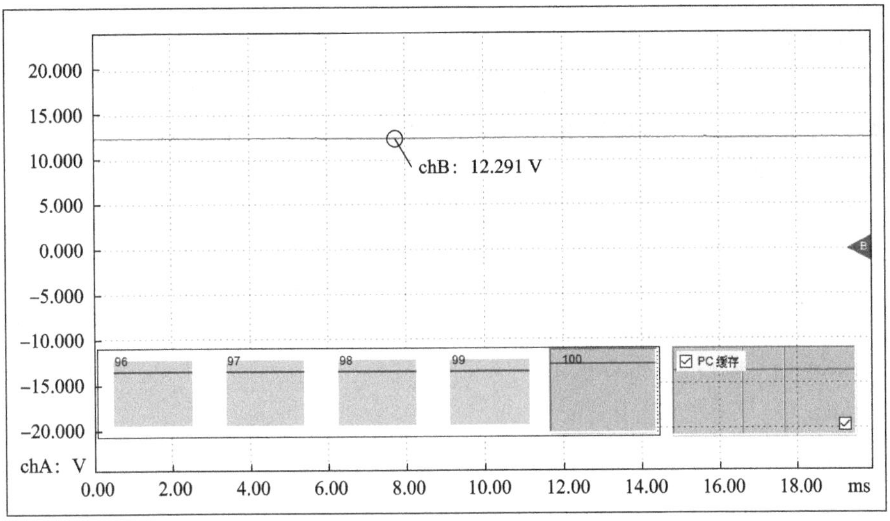

图 2-18　工作波形 4

表 2-7　增加虚接电阻的防盗状态

序号	虚接电阻值/Ω	IP22B-52 端电压/V	说　　明	防盗状态	是否可以上高压电
1	50	12. 457	与虚接 10 Ω 或短接类似	通过	否
2	100	12. 635	与虚接 10 Ω 或短接类似	通过	否
3	500	12. 635	与虚接 10 Ω 或短接类似	通过	否
4	1 000	12. 475	与虚接 10 Ω 或短接类似	通过	否

9. IP22B-52 端与 BCM 的 IP20-3(制动灯开关)之间短路/虚接

(1)IP20-3 制动灯常开信号正常工作时,BCM 的 IP20-3(制动灯开关)脚踩下制动踏板,正常工作波形如图 2-19 所示。

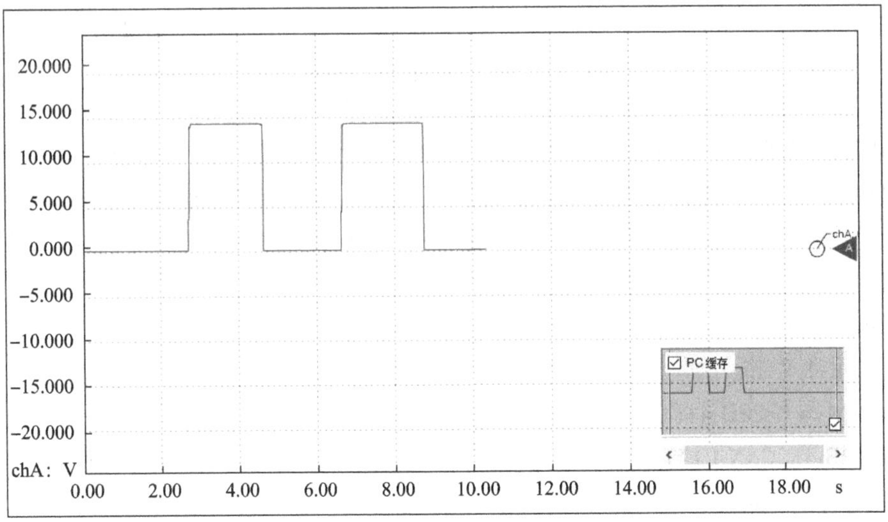

图 2-19　工作波形 5

时基选择:2 s/格。

测量电压:5 V/格。

(2)IP22B-52 端与制动灯开关 IP20-3 短路。当不踩制动踏板时信号电压为 5 V,当踩制动踏板时制动灯能正常点亮,工作波形如图 2-20 所示,防盗不通过,不能上高压电。

时基选择:2 s/格。

测量电压:1 V/格。

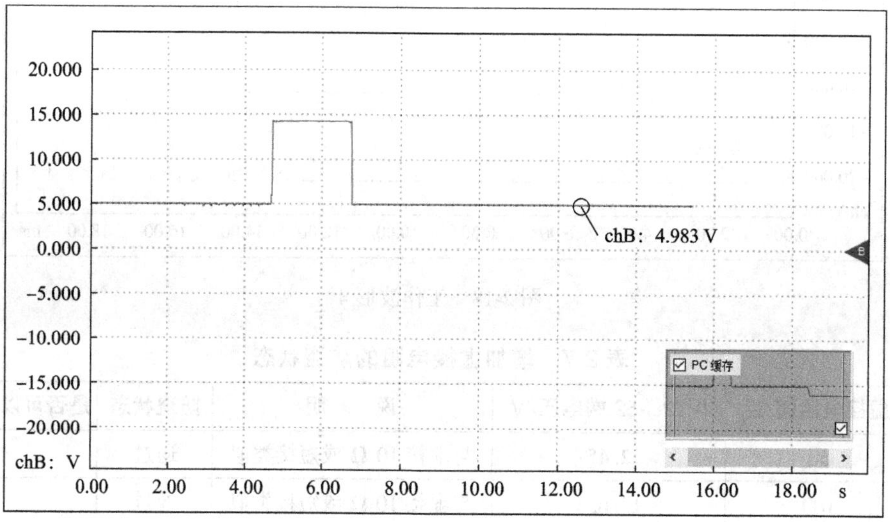

图 2-20　工作波形 6

当 IP22B-52 端与制动灯开关 IP20-3 电路虚接电阻,并增加虚接电阻后,防盗状态见表 2-8。

表 2-8　增加虚接电阻的防盗状态

序号	虚接电阻值/Ω	IP22B-52 端电压/V	说　明	防盗状态	是否可以上高压电
1	10	4.32	与虚接 10 Ω 或短接类似	不通过	否
2	50	4.48	与虚接 10 Ω 或短接类似	不通过	否
3	100	4.658	与虚接 10 Ω 或短接类似	不通过	否

(3)IP22B-52 端与制动灯开关 IP20-3 虚接 500 Ω。与制动灯开关 IP20-3 虚接 500 Ω 时,有 5.979 V 的信号波形,踩住制动踏板可以解除防盗,能上高压电,制动灯能正常使用,踩制动踏板会有信号波形,通过测量,与制动灯开关 IP20-3 虚接大于 500 Ω 就可以解除防盗,可以上高压电。工作波形如图 2-21 所示。

时基选择:2 s/格。

测量电压:1 V/格。

10. BCM 与 IP22B-41(CAN-L)短路/虚接电阻

(1)IP22B-41(CAN-L)与 IP22B-42(CAN-H)正常工作时,工作波形如图 2-22 所示。

时基选择:0.1 ms/格。

测量电压:2 V/格。

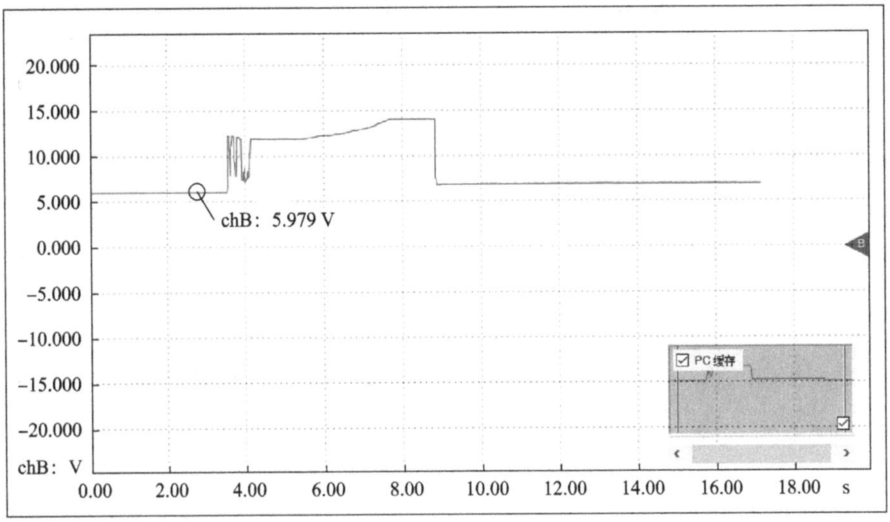

图 2-21 工作波形 7

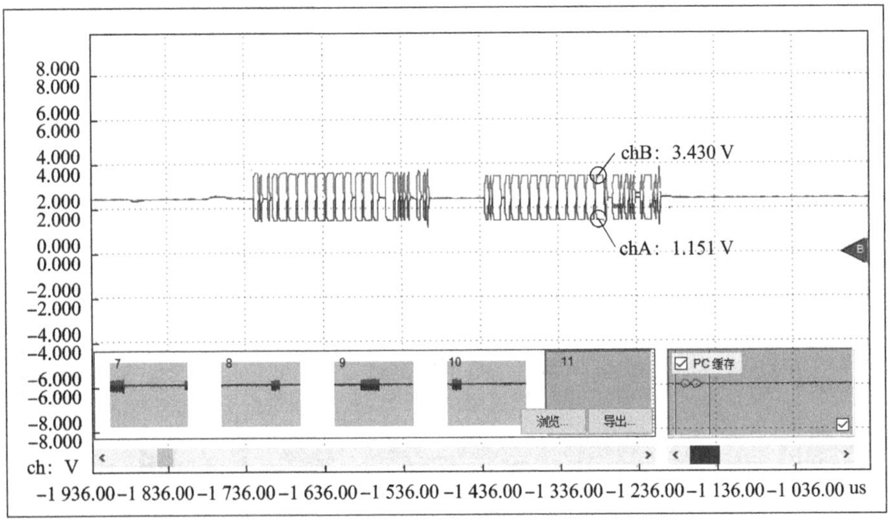

图 2-22 工作波形 8

(2)BCM 与 IP22B-41(CAN-L)短路时,防盗不通过,不能上高压电,工作波形如图 2-23 所示。

时基选择:5 ms/格。

测量电压:2 V/格。

(3)当 BCM 与 IP22B-41(CAN-L)虚接 10 Ω,IP22B-52 端电压为 9.533 V,按压遥控器开锁键时会有连续 3 次的下拉电压,防盗不通过,不能上高压电,故障波形如图 2-24 所示。

时基选择:20 ms/格。

测量电压:2 V/格。

当 BCM 与 IP22B-41(CAN-L)虚接 50 Ω,电压为 9.63 V 左右,防盗不通过,不能上高压电;当 BCM 与 IP22B-41(CAN-L)虚接 100 Ω,IP22B-52 端电压为 9.63 V 左右,防盗不通过,不能上高压电。

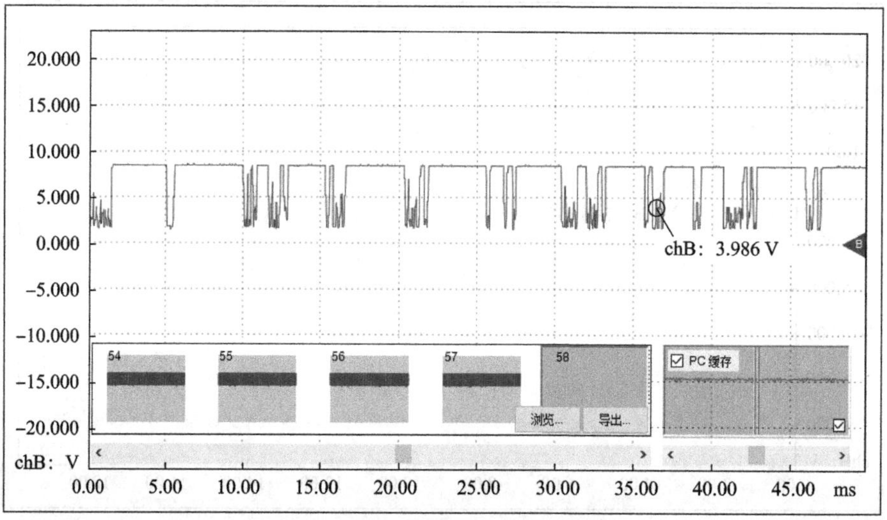

图 2-23 工作波形 9

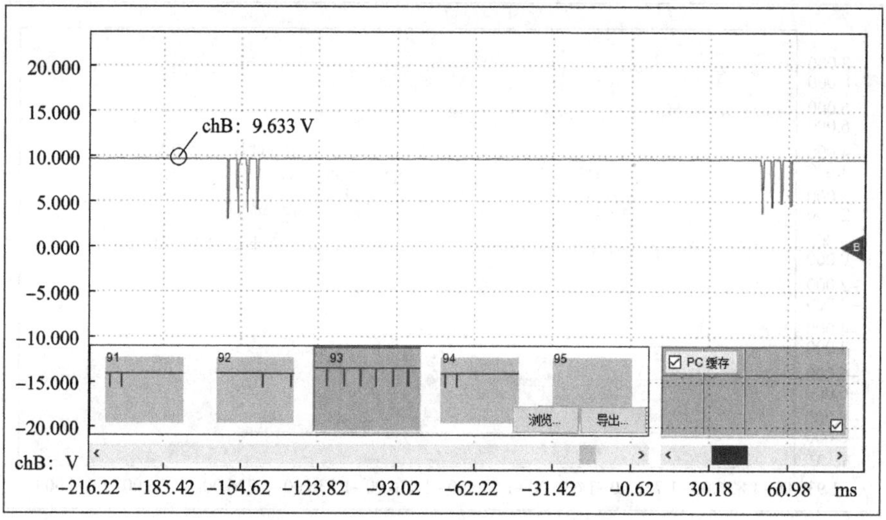

图 2-24 故障波形 1

(4)当 BCM 与 IP22B-41(CAN-L)虚接 500 Ω,故障波形如图 2-25 所示,防盗可以通过一次,能上一次高压电,下电后再不能上高压电。

时基选择:20 ms/格。

测量电压:2 V/格。

当 BCM 与 IP22B-41(CAN-L)虚接 1 000 Ω,防盗可以通过,可以上高压电。

11. BCM 与 IP22B-42(CAN-H)之间短路/虚接电阻

(1)当 BCM 与 IP22B-42(CAN-H)之间短路,防盗不通过,不能上高压电。故障波形如图 2-26 所示。

时基选择:20 ms/格。

测量电压:2 V/格。

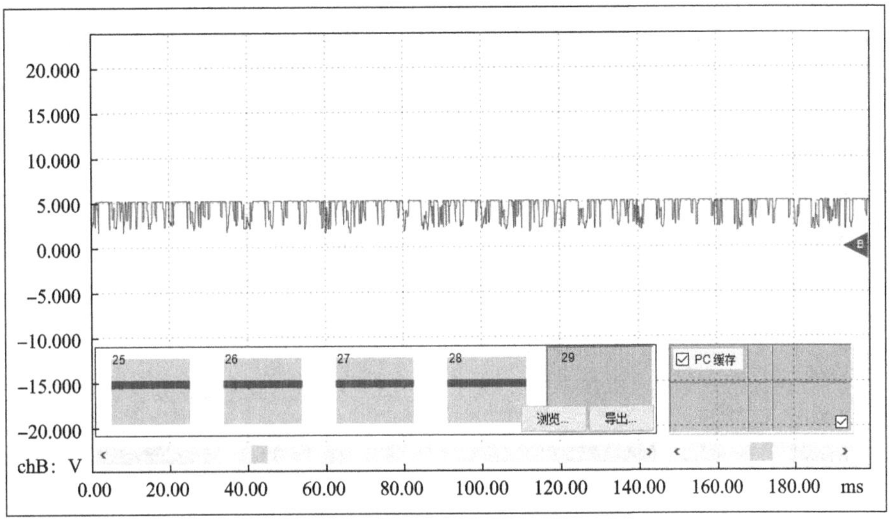

图 2-25　故障波形 2

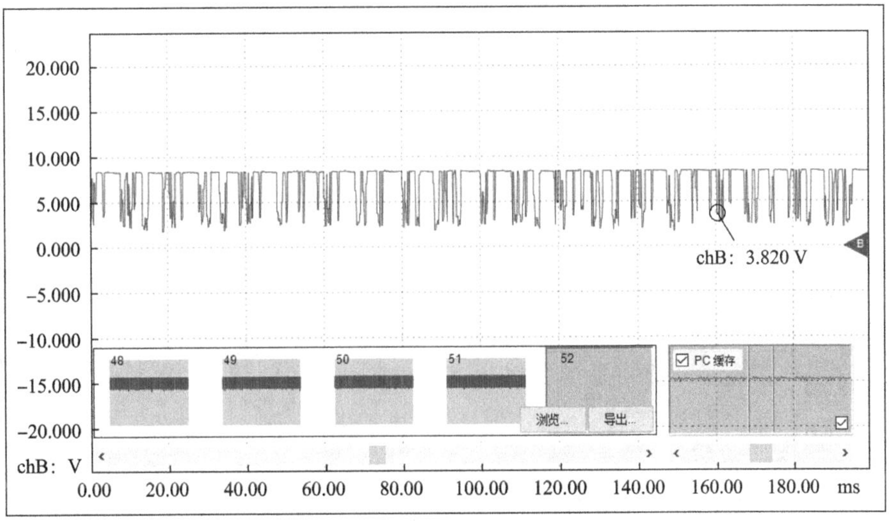

图 2-26　故障波形 3

(2)当 BCM 与 IP22B-42(CAN-H)之间虚接 10 Ω,IP22B-52 端电压为 7. 30 V 左右,按压遥控器开锁键时会有连续四次的下拉电压,防盗不通过,不能上高压电,故障波形如图 2-27 所示。

时基选择:20 ms/格。

测量电压:2 V/格。

(3)BCM 与 IP22B-42(CAN-H)之间虚接 50 Ω,电压为 9. 79 V 左右,防盗不通过,不能上高压电,故障波形如图 2-28 所示。

时基选择:20 ms/格。

测量电压:2 V/格。

与 IP22B-42(CAN-H)之间虚接 100 Ω,电压为 9. 79 V 左右,防盗不通过,不能上高压电。

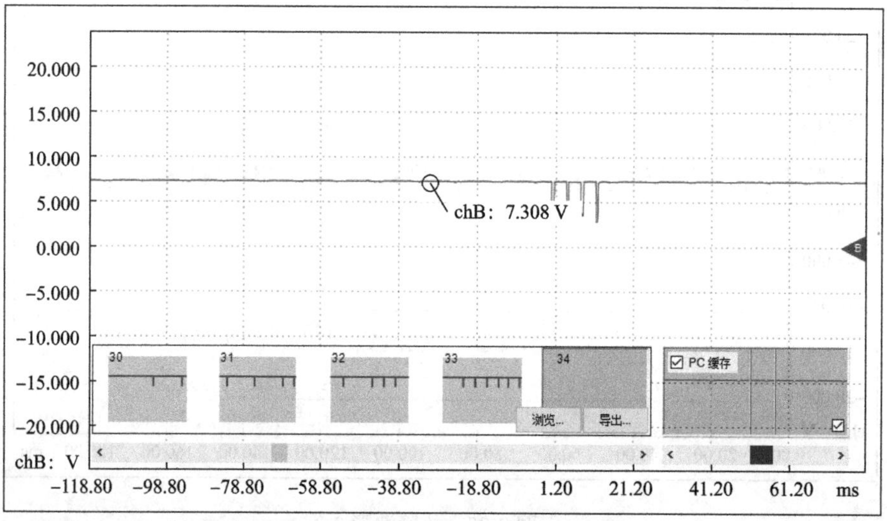

图 2-27 故障波形 4

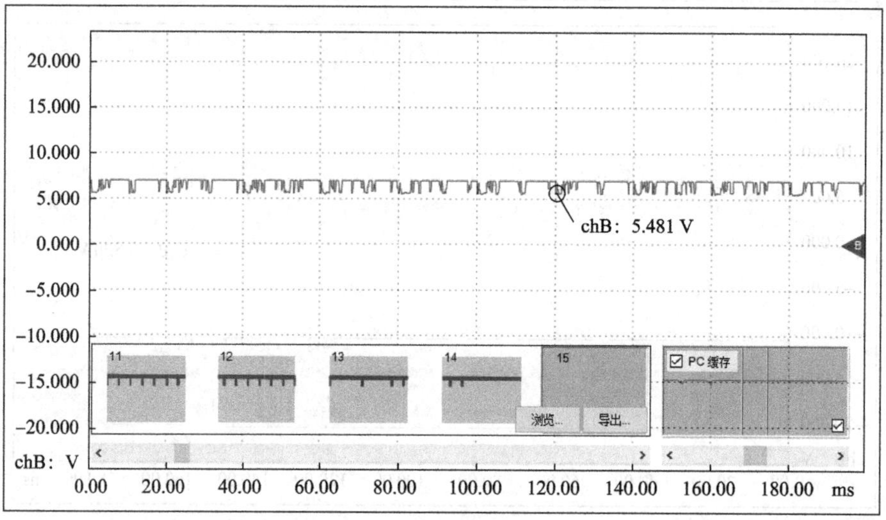

图 2-28 故障波形 5

与 IP22B-42(CAN-H)之间虚接 500 Ω,防盗可以通过一次,能上一次高压电,下电后再不能上高压电。

与 IP22B-42(CAN-H)之间虚接 1 000 Ω,防盗可以通过,可以上高压电。

12. IP22B-52 与 IP21B-2(左前组合灯 DRL 端之间)短路/虚接

(1)IP21B-2 正常工作时,BCM 的 IP21B-12(右侧灯 RPOSILP)工作波形如图 2-29 所示。在正常工作时,打开点火开关,左侧日间行车灯会亮起,该波形为打开点火开关,信号电压为 13.785 V,后关闭点火开关,信号电压为 0 V,再打开点火开关,信号电压为 13.785 V。

时基选择:2 s/格。

测量电压:5 V/格。

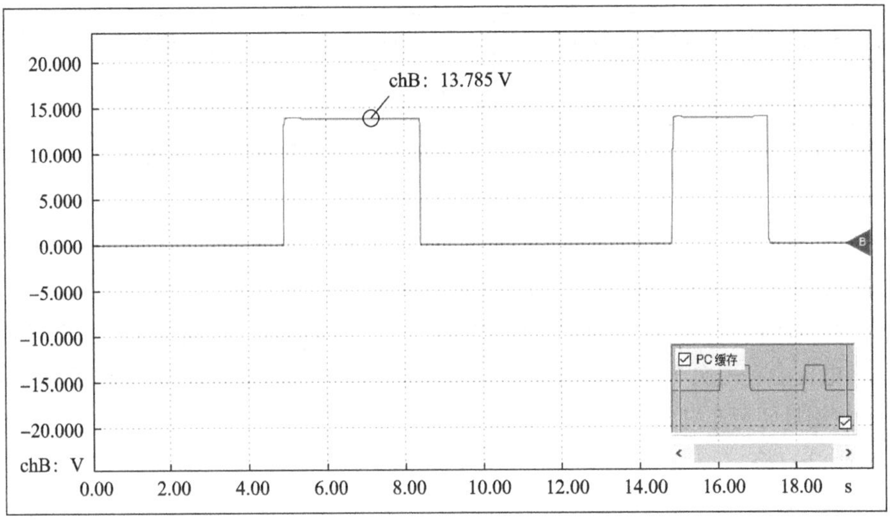

图 2-29　正常波形

(2)当与 IP21B-2 短路时,打开车门左侧日间行车灯亮,右侧不亮,防盗不通过,不上高压电,故障波形如图 2-30 所示,图中下拉波形为按压遥控器开锁键时射频天线端会有连续四次的下拉电压,但是防盗不通过。

时基选择:20 ms/格。

测量电压:2 V/格。

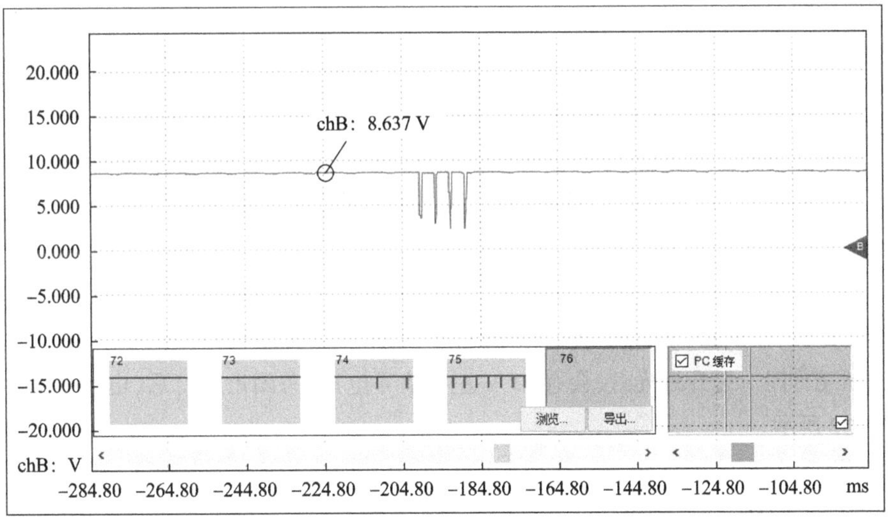

图 2-30　故障波形 1

(3)当与 IP21B-2 虚接 10 Ω 时,IP22B-52 端电压为 8. 63 V,打开车门,左侧日间行车灯亮,右侧日间行车灯不亮,防盗不通过,高压不上电。

增加虚接电阻后,防盗状态见表 2-9。

表 2-9 增加虚接电阻的防盗状态

序号	虚接电阻值/Ω	IP22B-52 端电压/V	说　　明	防盗状态	是否可以上高压电
1	50	8.80	与虚接 10 Ω 或短接类似	不通过	否
2	100	8.96	与虚接 10 Ω 或短接类似	不通过	否
3	500	11.12	与虚接 10 Ω 或短接类似	不通过	否

(4)当与 IP21B-2 虚接 1 000 Ω 时,故障波形如图 2-31 所示。按下遥控器开锁键,会有四次下拉信号电压,打开车门后,会有连续两次的防盗通过信号电压以及一次信号下拉电压,随之打开点火开关,信号电压会有一次下拉,随之正常,两侧日间行车灯亮,防盗通过,能上高压电,下电后关闭点火开关后左侧日间行车灯常亮。

时基选择:2 s/格。

测量电压:2 V/格。

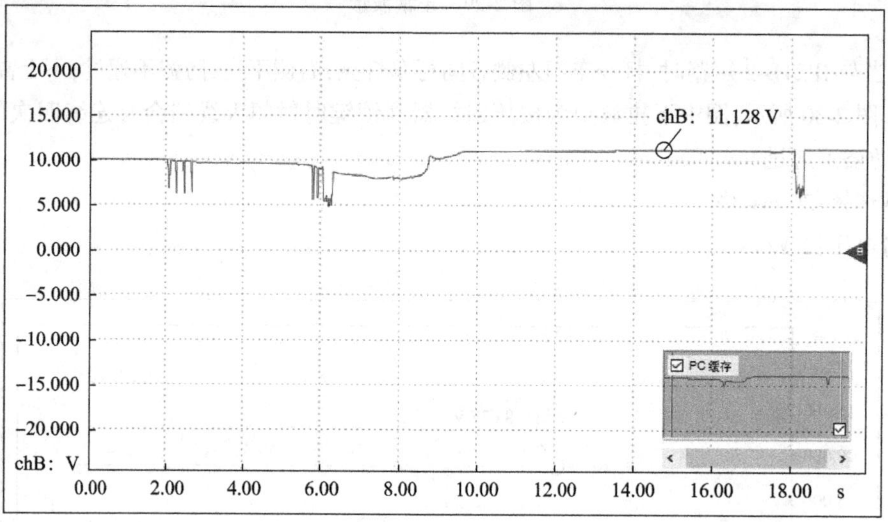

图 2-31 故障波形 2

13. IP22B-52 与 IP20-46(左近光灯信号输出)虚接

(1)正常工作时。打开近光灯,会有 13 V 左右信号电压,关闭近光灯后,电压变为 0 V。正常波形如图 2-32 所示。

时基选择:2 s/格。

测量电压:5 V/格。

(2)与 IP20-46 端虚接 10 Ω,测量 IP22B-52 端电压为 2.99 V,打开近光灯开关,近光灯不亮,防盗不通过,不能上高压电。故障波形如图 2-33 所示。

时基选择:2 s/格。

测量电压:2 V/格。

并增加虚接电阻后,防盗状态见表 2-10。

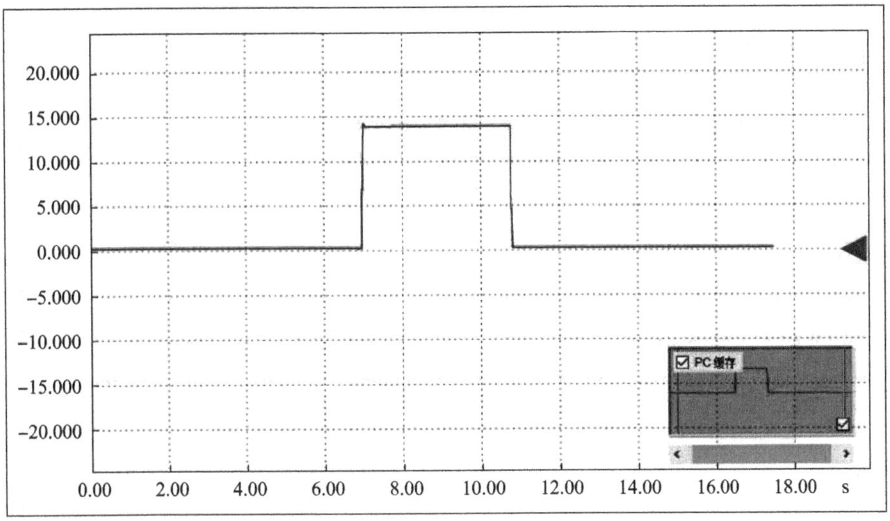

图 2-32　正常波形

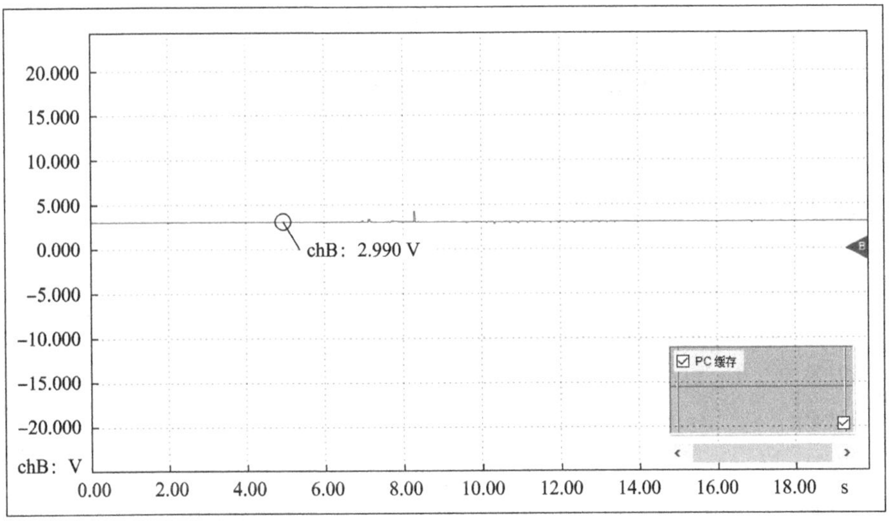

图 2-33　故障波形 1

表 2-10　增加虚接电阻的防盗状态

序号	虚接电阻值/Ω	IP22B-52 端电压/V	说　　明	防盗状态	是否可以上高压电
1	50	3. 32	与虚接 10 Ω 或短接类似	不通过	否
2	100	3. 82	与虚接 10 Ω 或短接类似	不通过	否
3	500	5. 979	与虚接 10 Ω 或短接类似	不通过	否

(3)与 IP20-46 端虚接 1 000 Ω。打开点火开关,IP22B-52 端电压为 9. 8 V 左右,打开近光灯开关,电压为 13. 619 V,近光灯正常工作,防盗通过,可以上高压电。故障波形如图 2-34 所示。

时基选择:2 s/格。

测量电压:2 V/格。

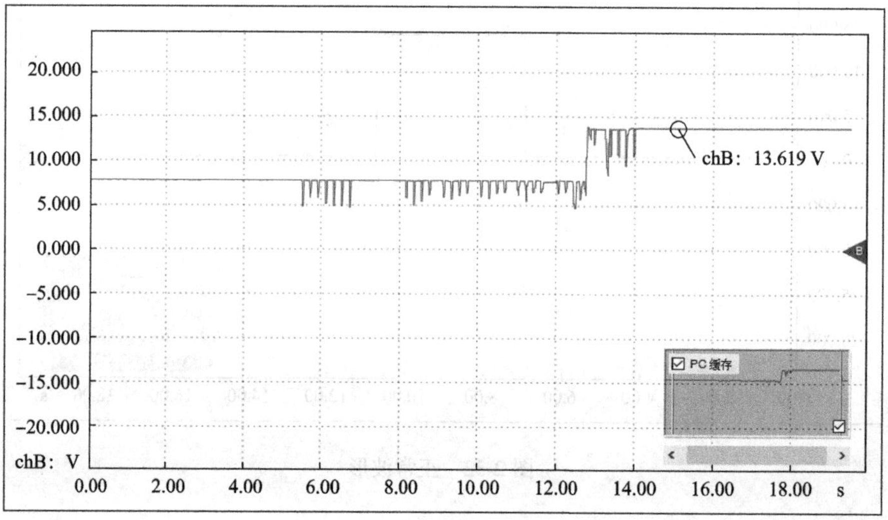

图 2-34 故障波形 2

14. IP22B-52 与 IP21B-9(左远光灯信号输出)短路/虚接

(1)正常工作波形。打开远光开关,远光正常点亮,会有一个 16 V 左右的上拉电压,关闭近光灯后变为 0 V。正常工作波形如图 2-35 所示。

时基选择:2 s/格。

测量电压:5 V/格。

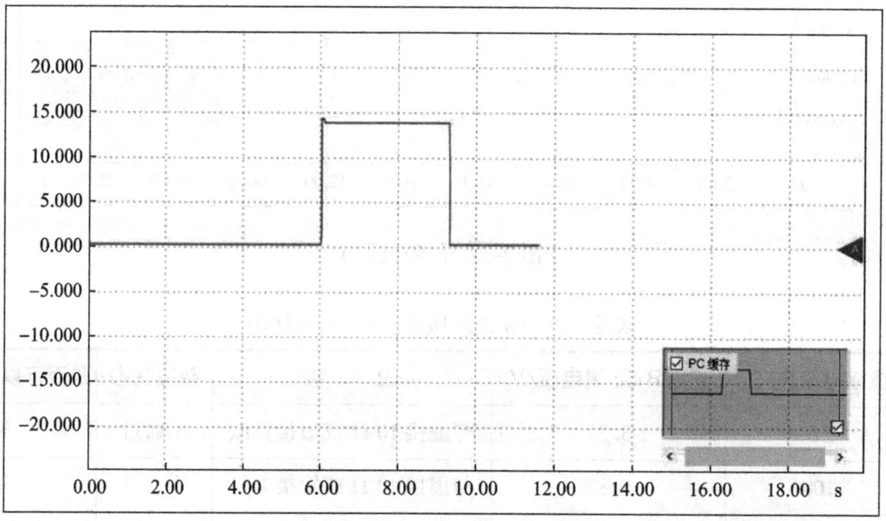

图 2-35 正常波形

(2)对 IP21B-9 短路。打开远光,远光灯不亮,拨动变光开关进行远近光切换,会有相应的下拉波形,但防盗不通过,不能上高压电。故障波形如图 2-36 所示。

时基选择:2 s/格。

测量电压:2 V/格。

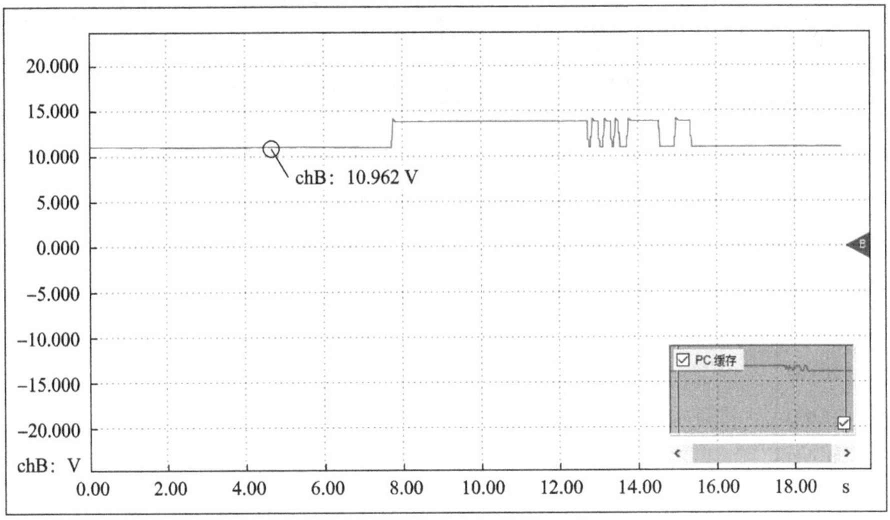

图 2-36　故障波形 1

(3)与 IP21B-9 虚接 10 Ω,IP22B-52 端电压为 10. 962 V,打开远光,远光灯不亮,拨动变光开关进行远近光切换,会有相应的下拉波形,但防盗不通过,不能上高压电。故障波形如图 2-37 所示。

时基选择:2 s/格。

测量电压:2 V/格。

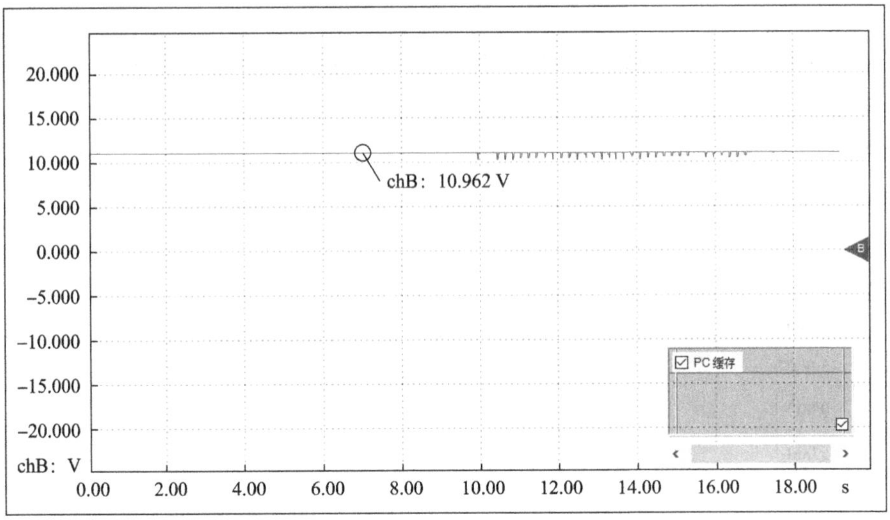

图 2-37　故障波形 2

增加虚接电阻后,防盗状态见表 2-11。

表 2-11 增加虚接电阻的防盗状态

序号	虚接电阻值/Ω	IP22B-52 端电压/V	说 明	防盗状态	是否可以上高压电
1	50	10.962	与虚接 10 Ω 或短接类似	不通过	否
2	100	9.633	与虚接 10 Ω 或短接类似	不通过	否
3	500	9.633	与虚接 10 Ω 或短接类似	不通过	否

(4)与 IP21B-9 虚接 1 000 Ω。防盗通过,能上高压电,左侧远光灯自动亮。故障波形如图 2-38 所示。

时基选择:2 s/格。

测量电压:2 V/格。

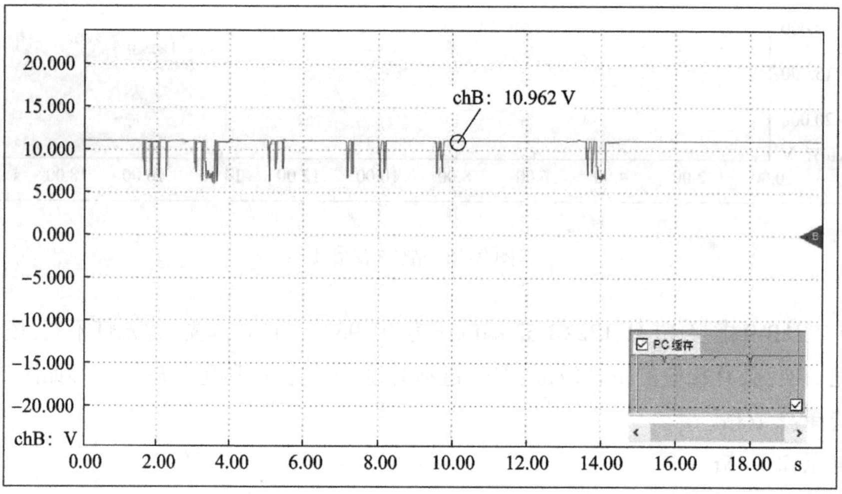

图 2-38 故障波形 3

(5)与 IP21B-9 虚接 100 kΩ,防盗通过,能上电,远光灯能够点亮。故障波形如图 2-39 所示。

时基选择:2 s/格。

测量电压:2 V/格。

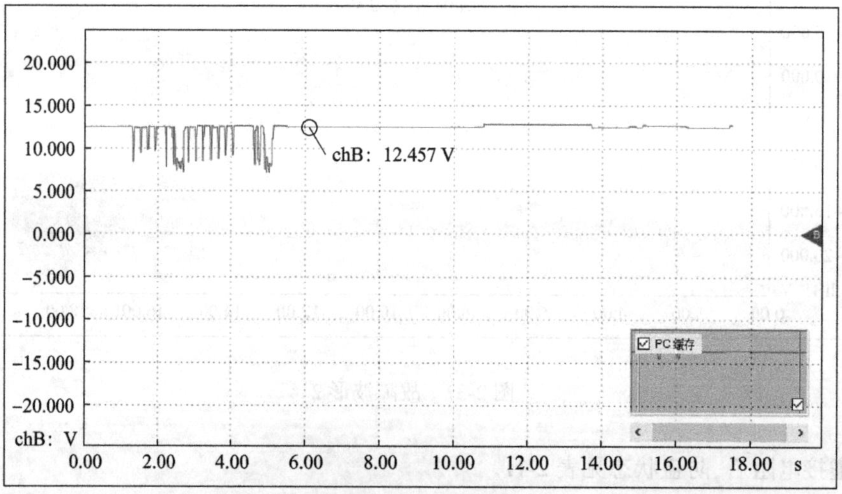

图 2-39 故障波形 4

15. IP22B-52 与 IP21B-5(节电继电器)输出之间短路/虚接

(1)IP21B-5 正常工作波形。打开点火开关后,IP21B-5 的端电压为蓄电池电压,随着 DC/DC 开始工作,IP21B-5 的端电压会上升到 14 V 左右。IP21B-5 正常工作波形如图 2-40 所示。

时基选择:2 s/格。

测量电压:5 V/格。

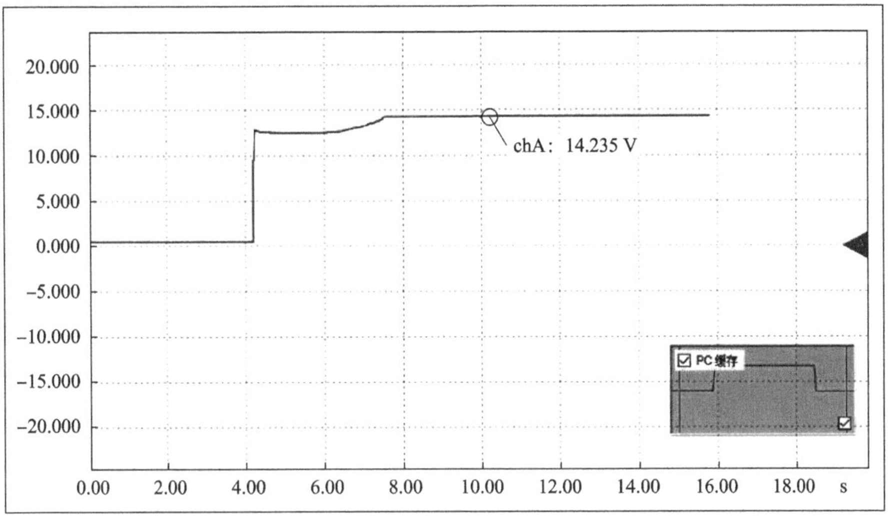

图 2-40　正常波形

(2)与 IP21B-5 短路或虚接。与 IP21B-5 短路后,IP22B-52 端电压上升到 9.8 V 左右,打开点火开关,电压变为蓄电池电压,随着 BCM 等模块唤醒,IP22B-52 端电压会随着 DC/DC 的工作上升到 14 V 左右,但是防盗不能通过,不能上高压电。故障波形如图 2-41 所示。

时基选择:2 s/格。

测量电压:2 V/格。

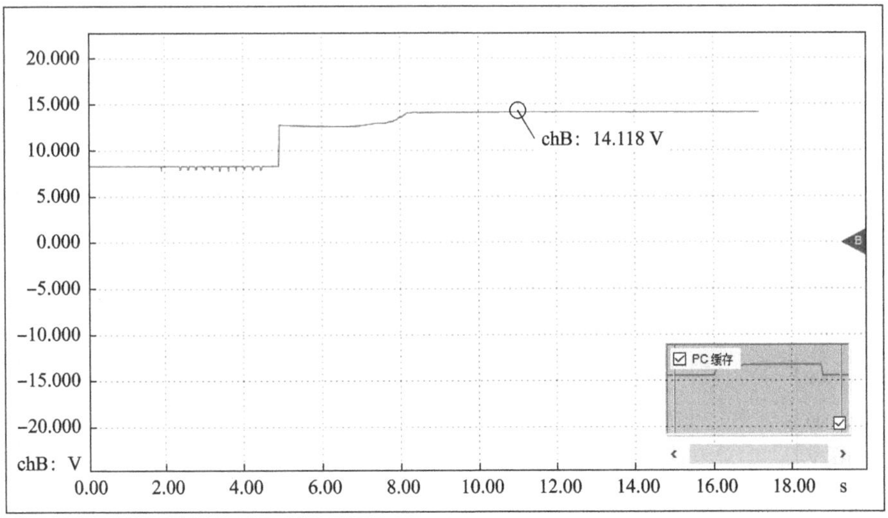

图 2-41　故障波形 1

与 IP21B-5 之间虚接 10 Ω、50 Ω、100 Ω,其波形与短路类似,防盗均不通过,不能上高压电。

(3)与 IP21B-5 虚接 500 Ω。虚接 500 Ω 后,IP22B-52 电压在 10 V 左右,按压遥控器,可接收到遥控器的信号,打开点火开关后,电压上升到蓄电池电压,打开车门后,会有下拉电压,BCM 等模块被唤醒,防盗解除,可以上高压电。故障波形如图 2-42 所示。

时基选择:2 s/格。

测量电压:2 V/格。

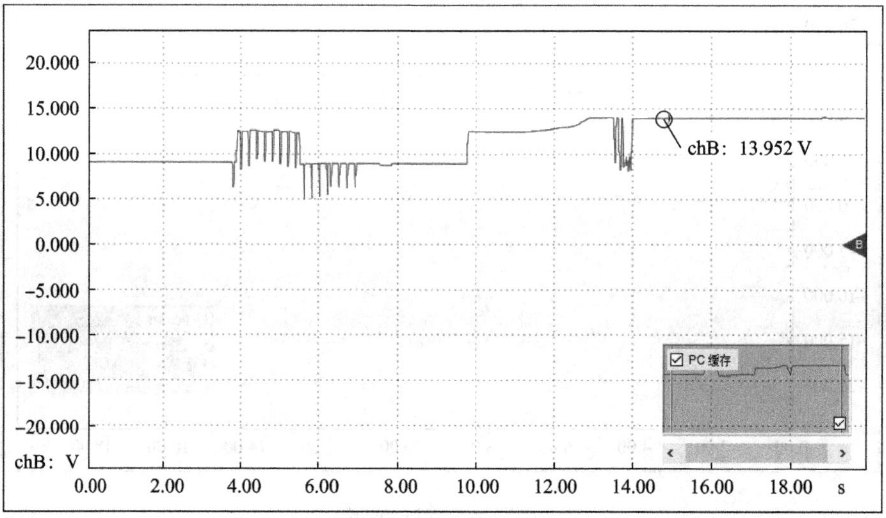

图 2-42 故障波形 2

通过实验,在 IP21B-5 两端虚接 500 Ω、1 000 Ω、100 kΩ 电阻,防盗均通过,均能上高压电。

16. IP22B-52 与 IP22B-19(环境光传感器信号)之间短路/虚接

(1)正常工作波形。没有阳光照射情况下,其电压为 5 V,在强光照射下,其端电压会下降到 0 V。BCM 的 IP22B-19 工作波形(在阳光照射和不在阳光照射的情境下)如图 2-43 所示。

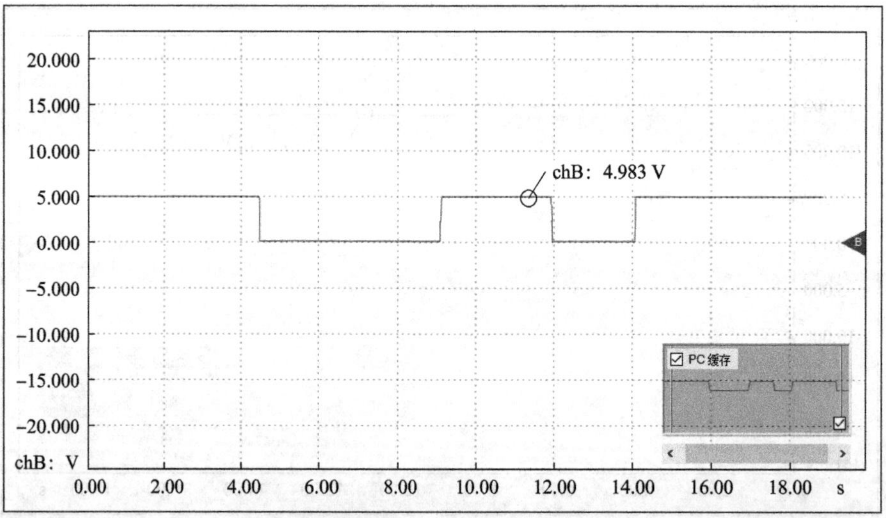

图 2-43 正常波形

时基选择:2 s/格。

测量电压:5 V/格。

(2)与 IP22B-19 之间短路。打开点火开关后,其端电压会上升到 8.47 V 左右,防盗不能通过,不能上高压电。故障波形如图 2-44 所示。

时基选择:2 s/格。

测量电压:2 V/格。

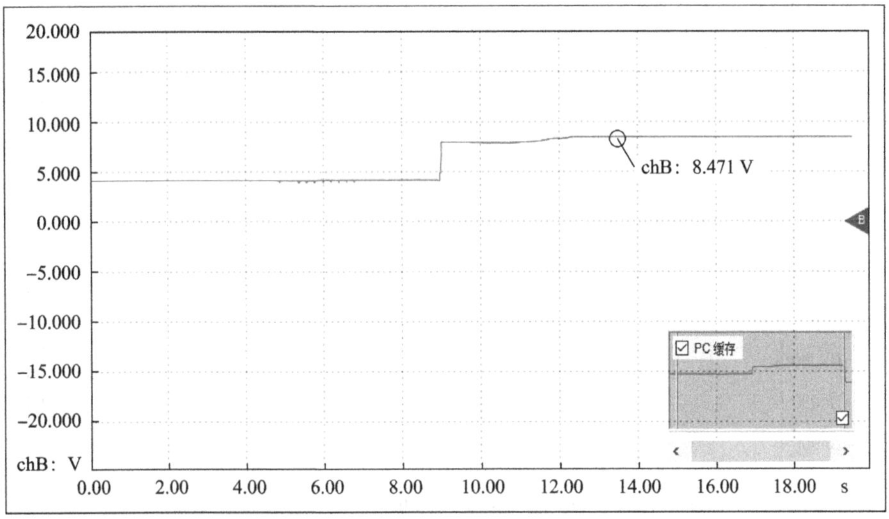

图 2-44　故障波形 1

(3)与 IP22B-19 之间虚接 10 Ω,其端电压为 8.637 V,防盗不通过,不能上高压电。故障波形如图 2-45 所示。

时基选择:2 s/格。

测量电压:2 V/格。

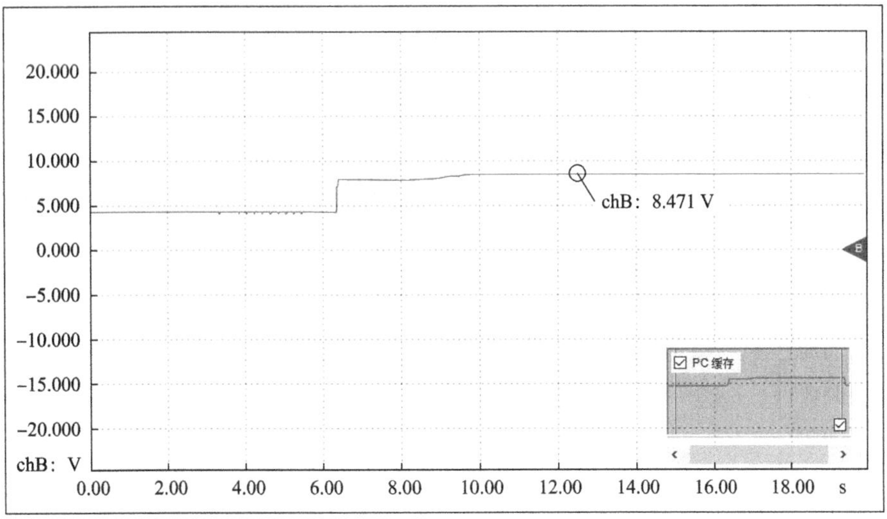

图 2-45　故障波形 2

与 IP22B-19 之间虚接 100 Ω,其端电压为 8. 80 V,防盗不通过,不能上高压电。

(4)与 IP22B-19 之间虚接 500 Ω。与 IP22B-19 之间虚接 500 Ω,按压遥控器,防盗不通过,不上高压电,打开车门后,BCM 被唤醒,其端电压达到 9. 3 V 左右,此时防盗通过,可以上高压电;上电后按下遥控器开锁或锁车键,其端电压下拉到 7 V 左右,防盗不通过,不能再上高压电;但打开车门后防盗又通过,如此循环此过程。故障波形如图 2-46 所示。

时基选择:2 s/格。

测量电压:2 V/格。

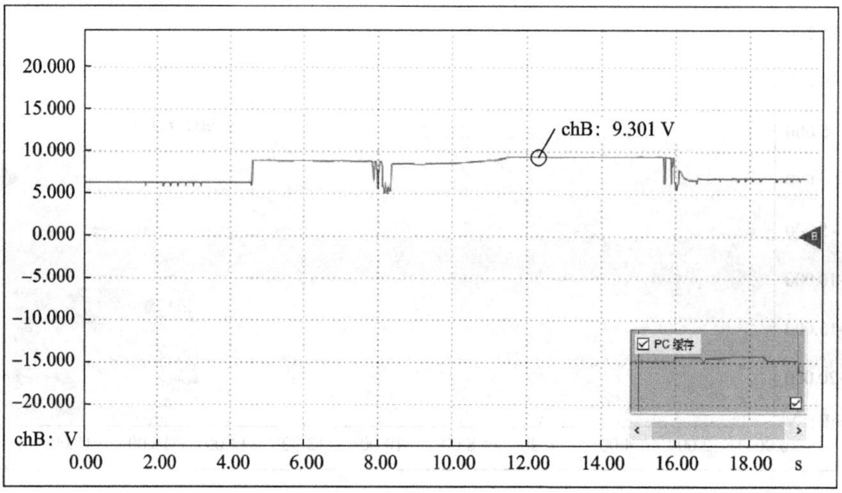

图 2-46　故障波形 3

(5)与 IP22B-19 之间虚接 1 000 Ω。虚接 1 000 Ω 后,可以接收到遥控器按压信号,打开车门后其端电压会下降到 9 V 左右,BCM 等模块被唤醒,防盗通过,可以上高压电。故障波形如图 2-47 所示。

时基选择:2 s/格。

测量电压:2 V/格。

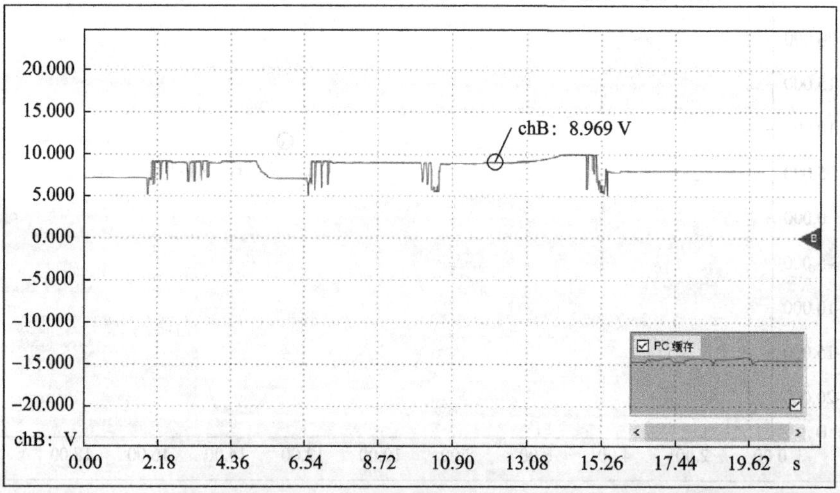

图 2-47　故障波形 4

17. IP22B-52 与 IP21B-17(左位置灯信号输出)之间短路/虚接

(1)正常工作波形。打开点火开关,打开日间行车灯,或大灯开关在 AUTO 位置,打开点火开关后其端电压会上升到蓄电池电压,DC/DC 工作后给蓄电池充电,DC/DC 工作时的电压波形如图 2-48 所示。

时基选择:2 s/格。

测量电压:5 V/格。

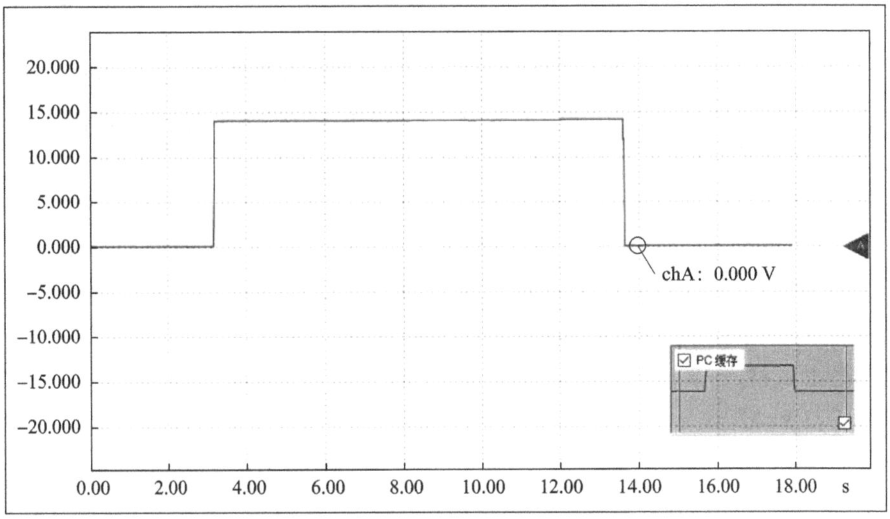

图 2-48 正常波形

(2)与 IP21B-17 短路及虚接 1 000 Ω 以内,打开点火开关,打开日间行车灯,或大灯开关在 AUTO 位置,打开点火开关后其端电压会上升到蓄电池电压,防盗不通过,不上高压电。故障波形如图 2-49 所示。

时基选择:2 s/格。

测量电压:2 V/格。

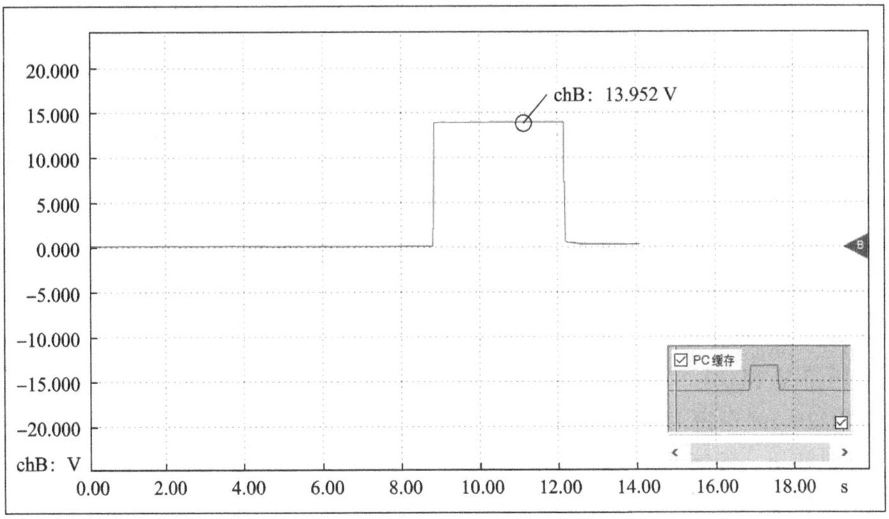

图 2-49 故障波形 1

与IP21B-17之间虚接10 Ω,IP22B-52端在打开点火开关时电压为0 V左右,打开日间行车灯,其波形与短路类似,峰值为蓄电池电压,关闭点火开关后为0 V,防盗均不通过,不能上高压电。当与IP21B-17端虚接电阻,并增加虚接电阻后,防盗状态见表2-12。

表2-12　增加虚接电阻的防盗状态

序号	虚接电阻值/Ω	IP22B-52端电压/V	日间行车灯状态	说　明	防盗状态	是否可以上高压电
1	50	0.664	正常工作	与虚接10 Ω或短接类似	不通过	否
2	100	1.163	正常工作	与虚接10 Ω或短接类似	不通过	否
3	500	3.820	正常工作	与虚接10 Ω或短接类似	不通过	否
4	1 000	5.813	正常工作	与虚接10 Ω或短接类似	不通过	否

结论:在短路或虚接1 000 Ω以内,左位置灯可以正常使用,防盗不通过,不上高压电。

(3)与IP21B-17虚接100 kΩ。打开点火开关,IP22B-52端电压为蓄电池电压,按压遥控器会接收到高频信号,打开车门,BCM等模块被唤醒,防盗解除,上高压电。工作波形如图2-50所示。

时基选择:2 s/格。

测量电压:2 V/格。

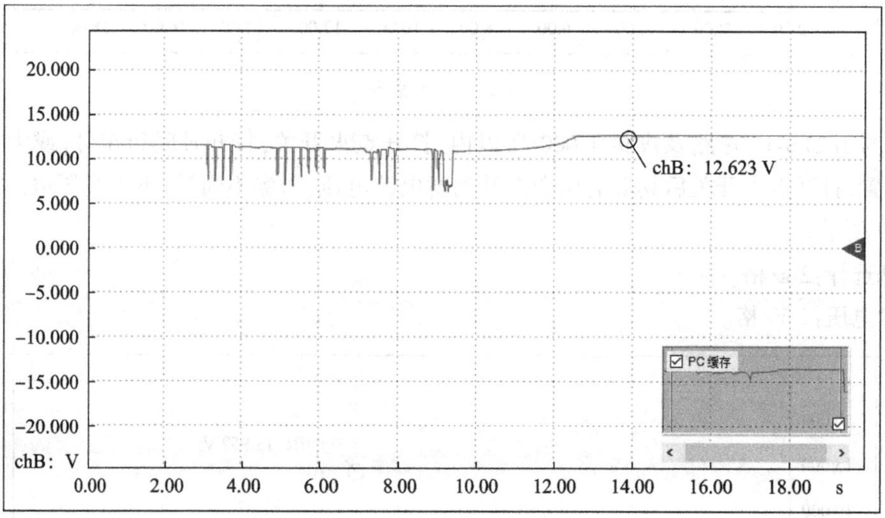

图2-50　故障波形2

18. IP22B-52与IP22B-29(车窗LIN、门锁等)之间短路/虚接

(1)正常工作时,波形如图2-51所示。

时基选择:1 ms/格。

测量电压:5 V/格。

(2)与IP22B-29(车窗LIN)之间短路。防盗通过一下,不上电,隔一段时间防盗又可以通过一下,仍旧不上高压电。故障波形如图2-52所示。

时基选择:2 ms/格。

测量电压:5 V/格。

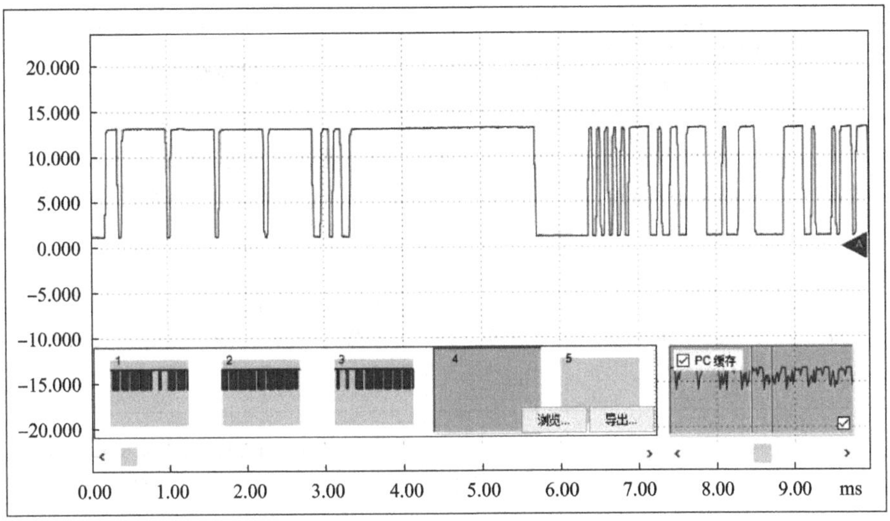

图 2-51　正常波形

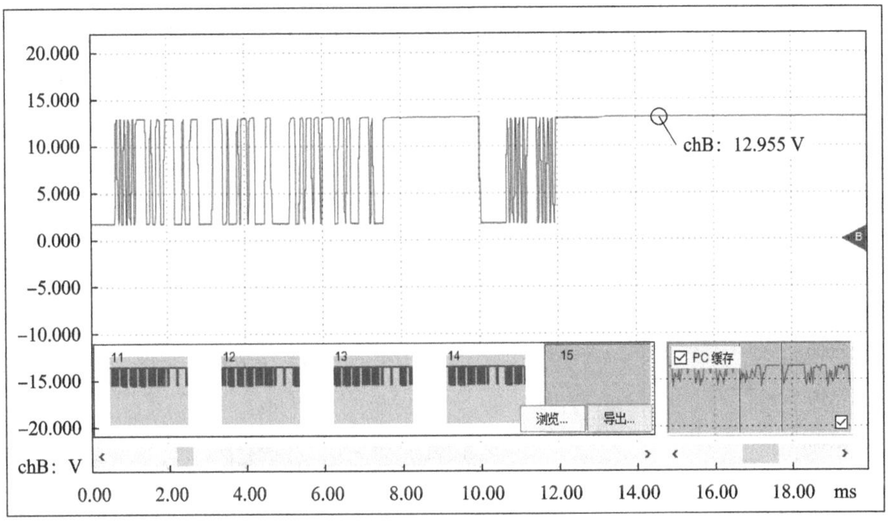

图 2-52　故障波形 1

(3)与 IP22B-29(车窗 LIN)之间虚接 10～500 Ω。与 IP22B-29(车窗 LIN)之间虚接 10～500 Ω电阻,并增加虚接电阻后,防盗状态见表 2-13。

表 2-13　增加虚接电阻的防盗状态

序号	虚接电阻值/Ω	IP22B-52 端电压/V	波　　形	防盗状态	是否可以上高压电
1	10	0～10.630	与短接类似	防盗通过一下,打开点火开关或按压遥控器又不通过,隔一段时间又通过一下,如此循环	否

续表

序号	虚接电阻值/Ω	IP22B-52 端电压/V	波　形	防盗状态	是否可以上高压电
2	50	0.5～10.630	与短接类似	防盗通过一下,打开点火开关或按压遥控器又不通过,隔一段时间又通过一下,如此循环	否
3	100	4.5～10.630	与短接类似	防盗通过一下,打开点火开关或按压遥控器又不通过,隔一段时间又通过一下,如此循环	否
4	500	5～10.630	与短接类似	防盗通过一下,打开点火开关或按压遥控器又不通过,隔一段时间又通过一下,如此循环	否

(4)与 IP22B-29(车窗 LIN)之间虚接 1 000 Ω,LIN 线波形一段时间在 5～10.630 V 之间变化,一段时间在 0.2～0.630 V 之间变化,波形高低不断变化;按压遥控器或打开车门,防盗通过一下,打开点火开关或按压遥控器又不通过,隔一段时间又通过一下,不上高压电,如此循环。故障波形如图 2-53 所示。

时基选择:2 ms/格。

测量电压:5 V/格。

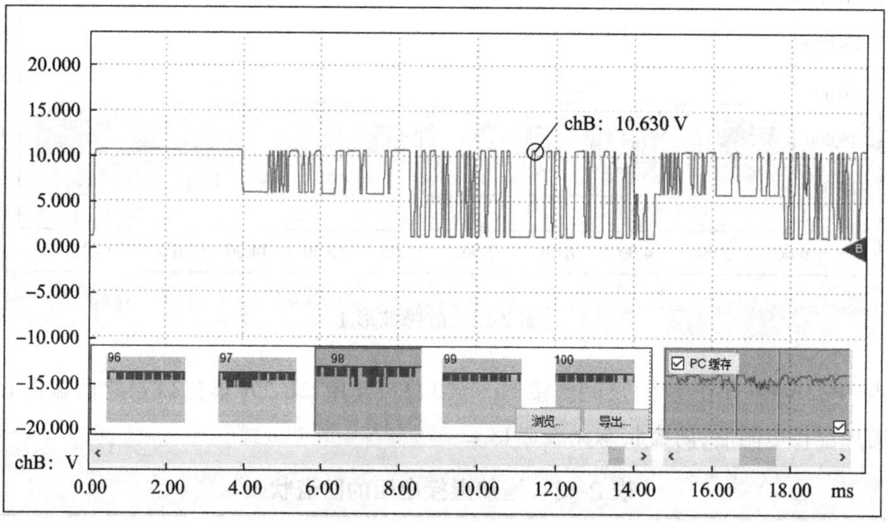

图 2-53　故障波形 2

(5)与 IP22B-29(车窗 LIN)之间虚接 100 kΩ。打开点火开关后,IP22B-52 端波形正常,防盗可以通过,可以上高压电。工作波形如图 2-54 所示。

时基选择:2 ms/格。

测量电压:5 V/格。

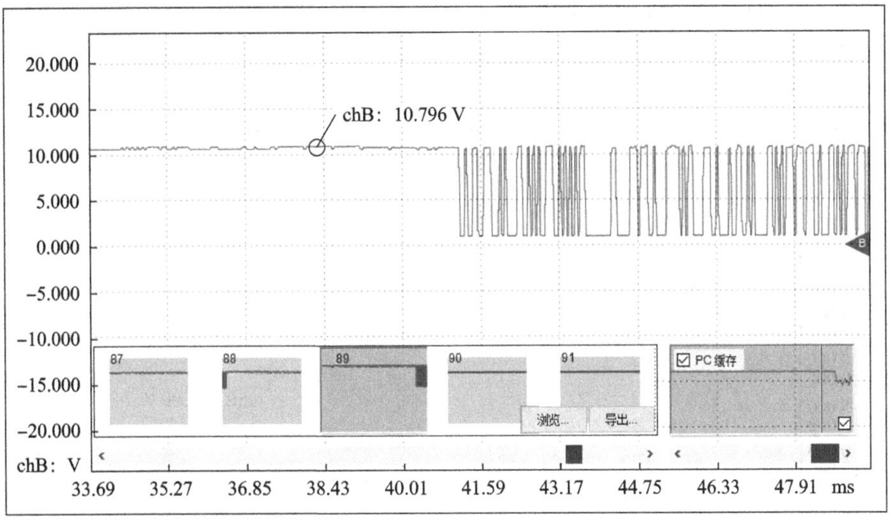

图 2-54　工作波形

(6)与 SO101A-9A 门锁状态开关(除驾驶员侧)之间短路。

打开点火开关,IP22B-52 端电压为蓄电池电压,打开车门(除驾驶员侧)后电压为 0 V,与 BCM 的 SO101A-9A 门锁状态开关(除驾驶员侧)之间短路,防盗不能通过,不能上高压电。故障波形如图 2-55 所示。

波形采集为双通道,两个波形完全重叠。

时基选择:2 s/格。

测量电压:5 V/格。

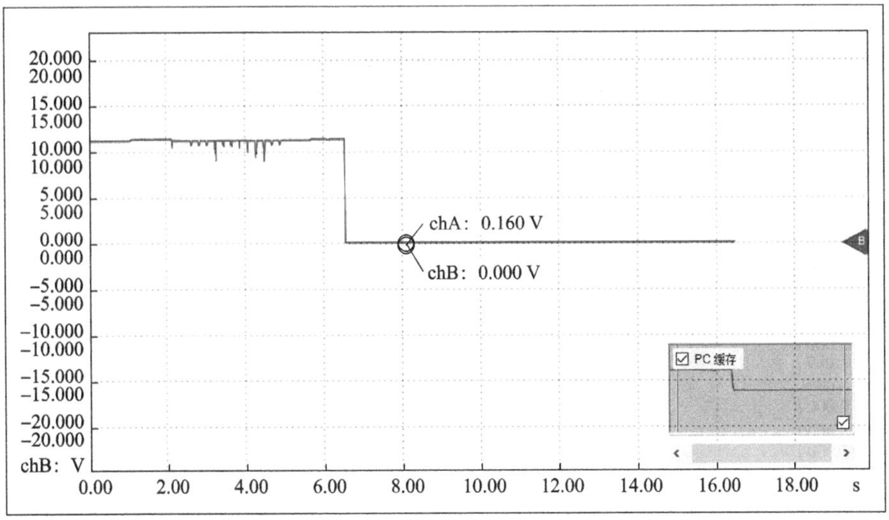

图 2-55　故障波形 1

(7)与 SO101A-20 端(驾驶员门锁状态开关)之间短路。

打开点火开关,IP22B-52 端电压为蓄电池电压,按下遥控器后有较小的下拉波形,打开驾驶员侧车门后其端电压为 0 V,防盗不能通过,不能上高压电。故障波形如图 2-56 所示。

波形采集为双通道,两个波形完全重叠。

时基选择:2 s/格。

测量电压:5 V/格。

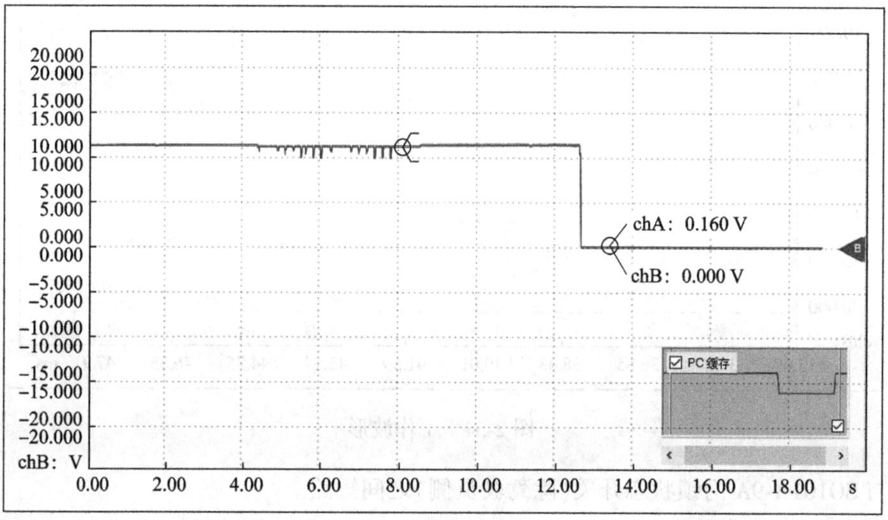

图 2-56 故障波形 2

(8)与 IP20-47(中控闭锁信号)之间短路。

打开点火开关,IP22B-52 端电压为 0 V,防盗不通过,不能上高压电;在紧急上电后,按下遥控器出现的波形为锁车或开车信号,防盗不通过,不上电。故障波形如图 2-57 所示。

波形采集为双通道,两个波形完全重叠。

时基选择:2 s/格。

测量电压:5 V/格。

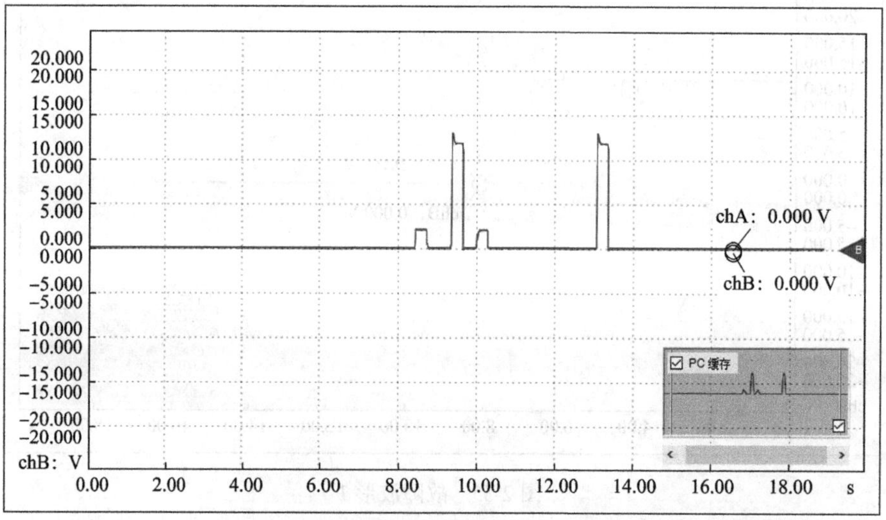

图 2-57 故障波形 3

(9)与 IP20-51(前洗涤电动机电源)短接。

打开点火开关,IP22B-52 端电压为 0 V,防盗不通过,不能上高压电;在紧急上电后,按下喷水电机出现波形，但防盗不通过，不上电。故障波形如图 2-58 所示。

波形采集为双通道，两个波形完全重叠。

时基选择：2 s/格。

测量电压：5 V/格。

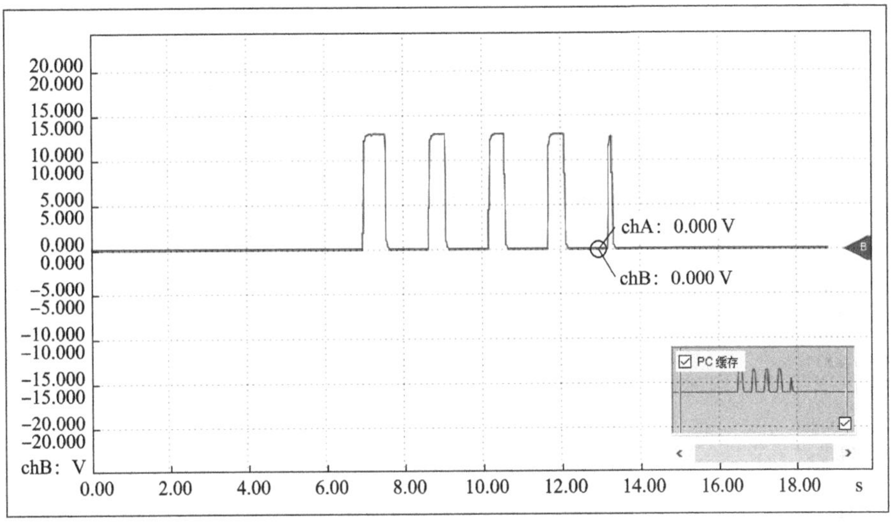

图 2-58　故障波形 4

19. IP22B-52 与 BCM 的 IP20-18（前刮水器停止位开关输入）短接

打开点火开关，IP22B-52 端电压为 0 V，防盗不通过，不能上高压电；在紧急上电后，打开刮水器慢速及间歇出现波形，但防盗不通过，不上电。故障波形如图 2-59 所示。

时基选择：2 s/格。

测量电压：5 V/格。

波形采集为双通道，两个波形完全重叠。

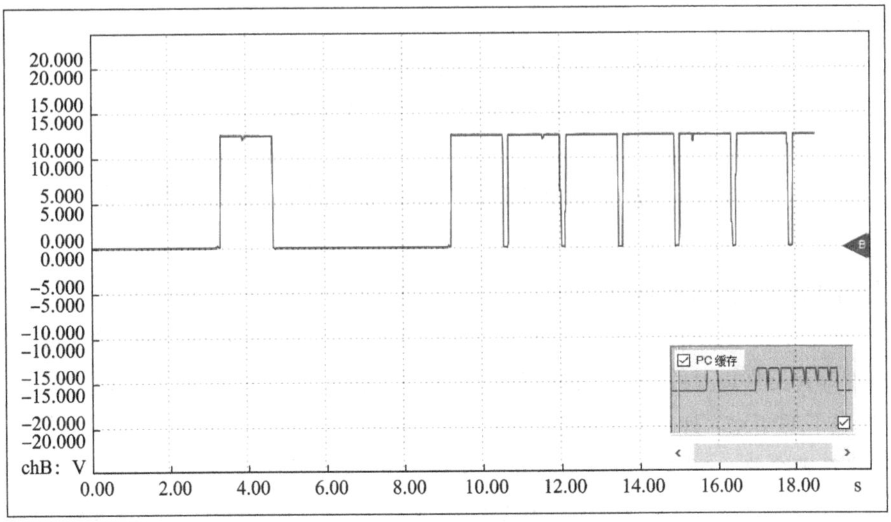

图 2-59　故障波形 5

20. IP22B-52 与 BCM 的 IP20-14(前舱盖接触开关信号)短接

打开点火开关,IP22B-52 端电压为 0 V,防盗不通过,不能上高压电;在紧急上电后,打开和关闭前舱盖出现波形,但防盗不通过,不上电。故障波形如图 2-60 所示。

波形采集为双通道,两个波形完全重叠。

时基选择:2 s/格。

测量电压:5 V/格。

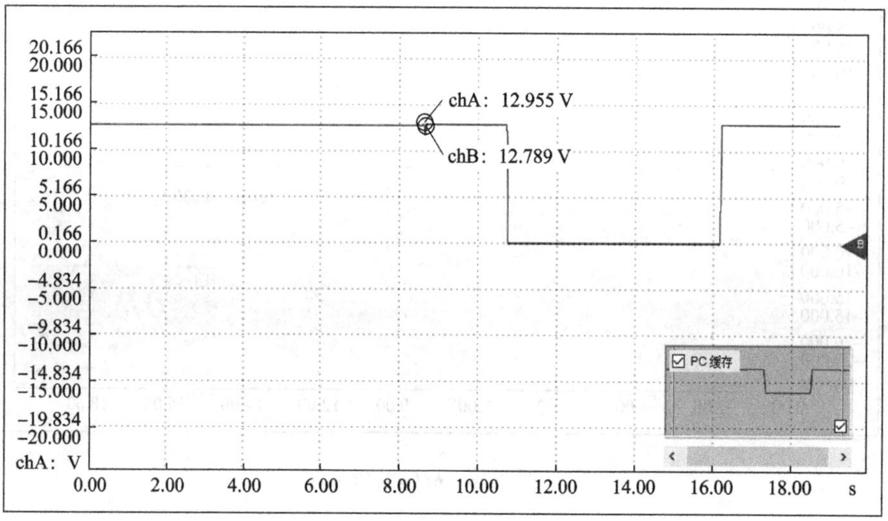

图 2-60 故障波形 6

车身电脑 BCM 其他可设故障包括如下:

①BCM 的 IP22B-20 与保险丝的 CF19 之间线路断路;

②BCM 的 IP22B-25 与 ACC 继电器的 DCR03-85 之间线路断路;

③BCM 的 IP22B-21 与保险丝的 CF15 之间线路断路;

④BCM 的 IP22B-24 与 102 继电器的 CR04-2 之间线路断路;

⑤BCM 的 IP22B-41(CFCAN-L)线路断路;

⑥BCM 的 IP22B-20 与保险丝的 CF19 之间线路断路;

⑦BCM 的 IP22B-25 与 ACC 继电器的 CR03-85 之间线路断路。

任务 5 CAN 总线故障引起的高压不上电故障诊断

一、吉利几何 CAN 总线技术

整车控制器 VCU 主要有三组 CAN 网络和一组 LIN 网络。CAN 总线局域网络中各 CAN 芯片、电阻、二极管等元器件以及线路经过精密匹配,因此在信息传输过程中,才能实现 CAN 总线上显性电平和隐性电平的变化。如果此网络中 CAN 芯片、电阻、二极管等元器件以及线路任何一个地方出现故障,将打破线路平衡,导致 CAN 总线上电平变化,致使显性电平和隐性电平的变化,最终将导致总线无法传输信息。CAN 数据网由双绞线组成,一个信号线路被识别为 CAN-H,另一个信号线路被识别为 CAN-L。在数据总线的末端,CAN-H 和 CAN-L 线路之间有一个 120 Ω 的终端电阻。

在 CAN 总线系统中,有两个数据传输终端(电阻器,所以也称为终端电阻),作用是防止数据在传输线终端被反射回来并产生反射波,这将影响数据的正常传输。例如,吉利 EV 系列 CAN 的动力 HB-CAN 两个终端电阻分别位于动力蓄电池管理系统 BMS 和驱动电机控制器 MCU 中,车身 V-CAN 的两个终端电阻分别位于电子稳定控制单元 ESC 和车身控制模块 BCM 中。

总线包括动力 HB-CAN 总线、IF-CAN 总线、CF-CAN 总线、CS-CAN 总线、IB-CAN 总线、快充 CAN 总线、LIN 总线。其中 CAN 总线传输速率为 500 kbit/s,LIN 传输速率为 19.2 kbit/s。

(1)HB-CAN 总线。

电池管理系统 BMS、整车控制器 VCU、高压配电盒(DC/DC、OBC)、电机控制器 PEU、电子换挡器、紧急救援系统 T-BOX、网关等模块,组成一个局域网络,这些模块组成的网络叫作 HB-CAN。

HB-CAN 总线上传递的数据信息主要有:动力蓄电池温度、电压、电流信息,充电信息,高压绝缘信息,高压互锁信息,加速踏板信息,制动踏板信息,挡位信息,能量回收信息,能量管理信息,冷却控制信息,故障等级信息等。

(2)IF-CAN 总线。

网关、抬头显示模块、组合仪表、左前组合灯、右前组合灯等模块,组成一个局域网络,这些模块组成的网络叫作 IF-CAN。IF-CAN 总线上传递的数据信息主要有:抬头信息、组合仪表显示信息、左前及右前大灯控制信息等。

(3)CF-CAN 总线。

网关、车身控制模块 BCM、低速报警器、热管理控制器等,组成一个局域网络,这些模块组成的网络叫作 CF-CAN。CF-CAN 总线上传递的数据信息主要有:整车防盗信息、点火电源控制、整车热管理、行车低速报警控制等。

(4)CS-CAN 总线。

网关、EPS、前单目摄像头、安全气囊、方向盘转角传感器、组合开关(灯光/刮水器)、ONEBOX 模块、整车控制器 VCU、自动泊车模块、电动机控制器等,组成一个局域网络,这些模块组成的网络叫作 CS-CAN。CS-CAN 总线上传递的数据信息主要有:转向信息、转向控制、车速信息、自动泊车控制、单目摄像头信息、制动控制、制动能量回收等。

(5)DC 快充 CAN 总线。

直流充电设备是新能源汽车充电系统的外部连结装置,在充电准备、充电、充电结束三个过程中需要监控、检测充电电压、电流、温度、电量等关键信息。因此在快充连接装置中设置了快充 DC-CAN 总线通信线路,即 S+(CAN-H)和 S-(CAN-L)。

VCU 的 CA66A-H5(CAN-H)和 CA66A-G5(CAN-L)可设置故障见表 2-14。

表 2-14　可设置故障列表

序号	可设故障部位	故障性质
1	CA66A-H5(CAN-H)和 CA66A-G5(CAN-L)之间	短路、虚接
2	CA66A-H5(CAN-H)与接地之间	短路、虚接
3	CA66A-G5(CAN-L)与接地之间	短路、虚接
4	CA66A-H5(CAN-H)与 12 V 之间	短路、虚接

续表

序号	可设故障部位	故障性质
5	CA66A-G5(CAN-L)与 12 V 之间	短路、虚接
6	CA66A-H5(CAN-H)线路之间	断路
7	CA66A-G5(CAN-L)线路之间	断路
8	CA66A-H5(CAN-H)与 CA67C-J4(LIN1 空调)之间	短路、虚接
9	CA66A-G5(CAN-L)与 CA67C-J4(LIN1 空调)之间	短路、虚接
10	CA66A-H5(CAN-H)与 CA67C-F3(加速踏板 5 V 电源)之间	短路、虚接
11	CA66A-G5(CAN-L)与 CA67C-F3(加速踏板 5 V 电源)之间	短路、虚接
12	CA66A-H5(CAN-H)与 CA67C-J3(制动常开信号)之间	短路、虚接
13	CA66A-G5(CAN-L)与 CA67C-J3(制动常开信号)之间	短路、虚接
14	CA66A-H5(CAN-H)与 CA67C-G4(加速踏板信号 1)之间	短路、虚接
15	CA66A-G5(CAN-L)与 CA67C-G4(加速踏板信号 1)之间	短路、虚接
16	CA66A-H5(CAN-H)与 CA67C-D3(电子水泵控制信号)之间	短路、虚接
17	CA66A-G5(CAN-L)与 CA67C-D3(电子水泵控制信号)之间	短路、虚接

二、波形分析

VCU 的 CA66A-H5(CAN-H)和 CA66A-G5(CAN-L)故障诊断及波形分析如下。

(1)正常工作波形。

打开点火开关,在正常工作情况下,CA66A-H5(CAN-H)和 CA66A-G5(CAN-L)波形如图 2-61 所示。

时基选择:0.1 ms/格。

测量电压:2 V/格。

红色(上方波形)为 CA66A-H5 端 CAN-H 波形,蓝色(下方波形)为 CA66A-G5 端 CAN-L 波形。

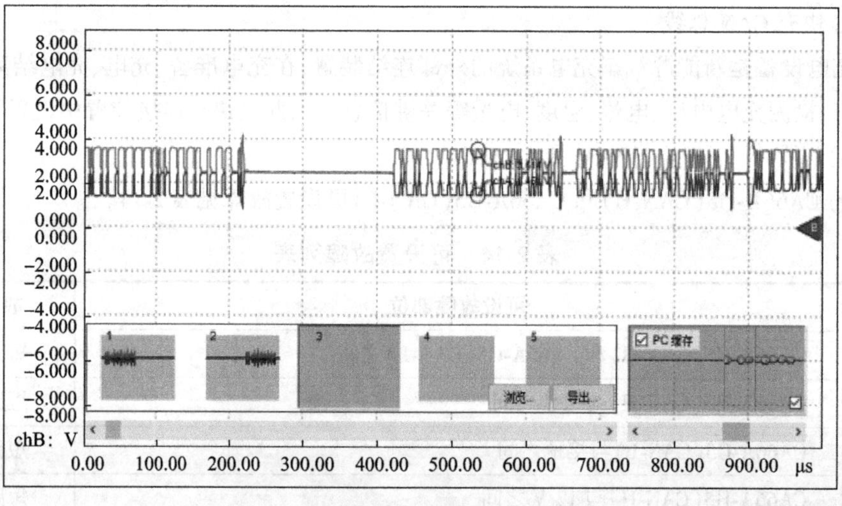

图 2-61 正常波形

(2)VCU 的 CA66A-H5(CAN-H)和 CA66A-G5(CAN-L)之间短路。

VCU 的 CA66A-H5(CAN-H)和 CA66A-G5(CAN-L)之间互短后,CA66A-H5(CAN-H)和 CA66A-G5(CAN-L)之间波形重叠,两端电压均为 2.5 V 左右,故障码报网络通信故障,不上高压电。故障波形如图 2-62 所示。

时基选择:0.1 ms/格。

测量电压:2 V/格。

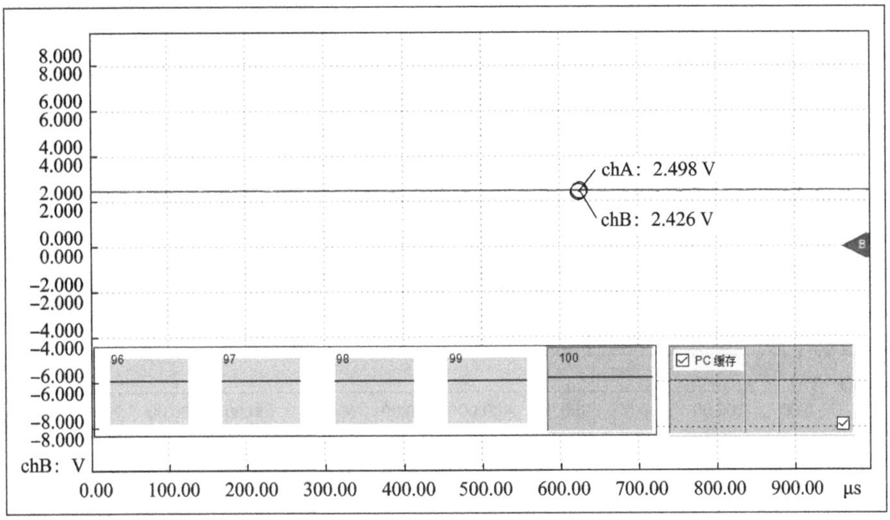

图 2-62　故障波形 1

(3)CAN-H 与 CAN-L 之间虚接。

①CA66A-H5(CAN-H)和 CA66A-G5(CAN-L)之间虚接 10 Ω,波形变短,可以上高压电。故障波形如图 2-63 所示。

时基选择:0.1 ms/格。

测量电压:1 V/格。

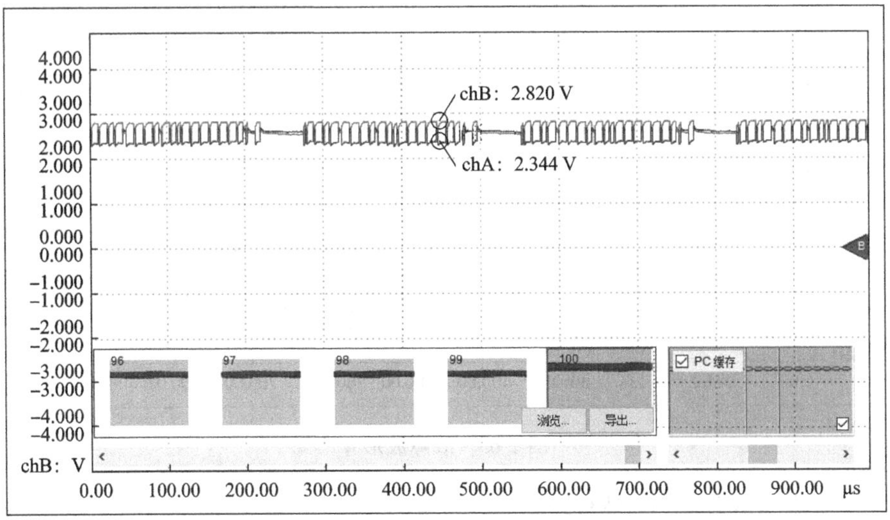

图 2-63　故障波形 2

②VCU 的 CA66A-H5(CAN-H)和 CA66A-G5(CAN-L)虚接 50 Ω,波形有时候正常,有时候有短波形出现,可以上高压电。故障波形如图 2-64 所示。

时基选择:0.1 ms/格。

测量电压:2 V/格。

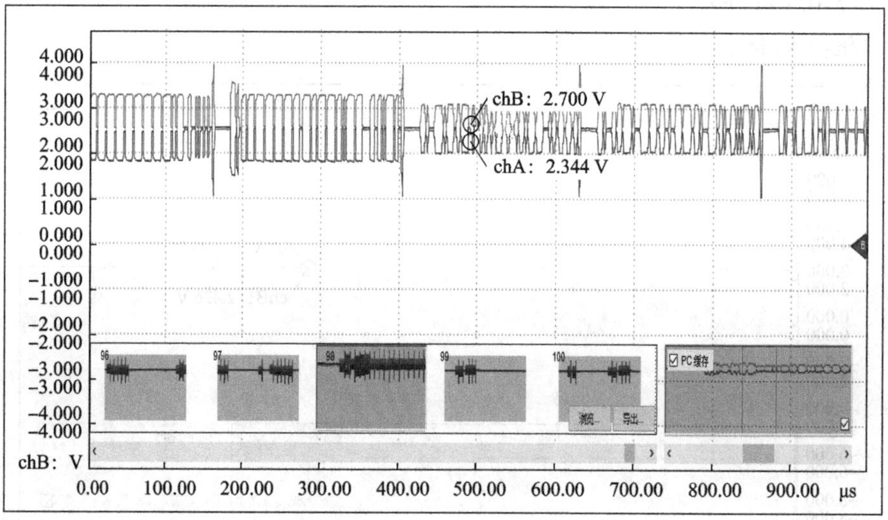

图 2-64　故障波形 3

③VCU 的 CA66A-H5(CAN-H)和 CA66A-G5(CAN-L)虚接 100 Ω,波形正常,可以上高压电。故障波形如图 2-65 所示。

时基选择:0.1 ms/格。

测量电压:1 V/格。

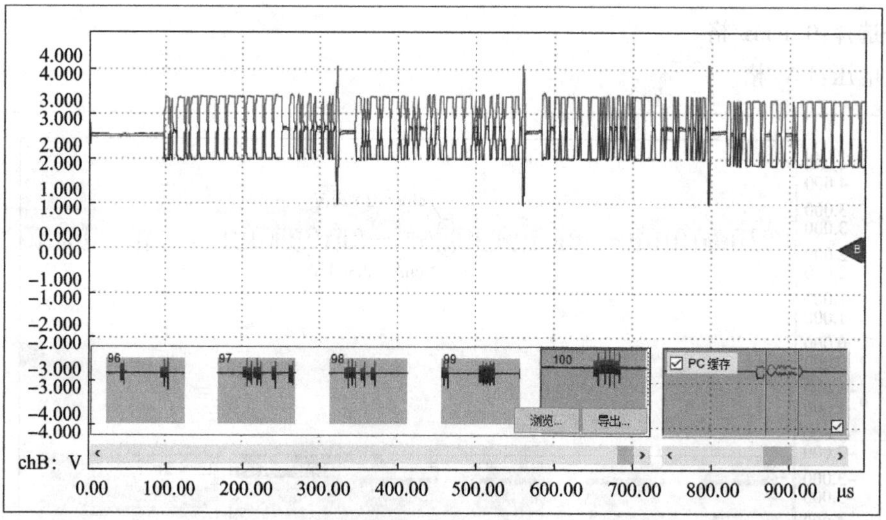

图 2-65　故障波形 4

(4)CAN-H 和 CAN-L 分别对地短路。

①VCU 的 CA66A-H5(CAN-H)对地短路和 CA66A-G5(CAN-L)正常时,由于 CAN-H 对地没有

容错功能,因此 CA66A-H5(CAN-H)和 CA66A-G5(CAN-L)电压均为 0 V,不能上高压电。故障波形如图 2-66 所示。

时基选择:0. 1 ms/格。

测量电压:1 V/格。

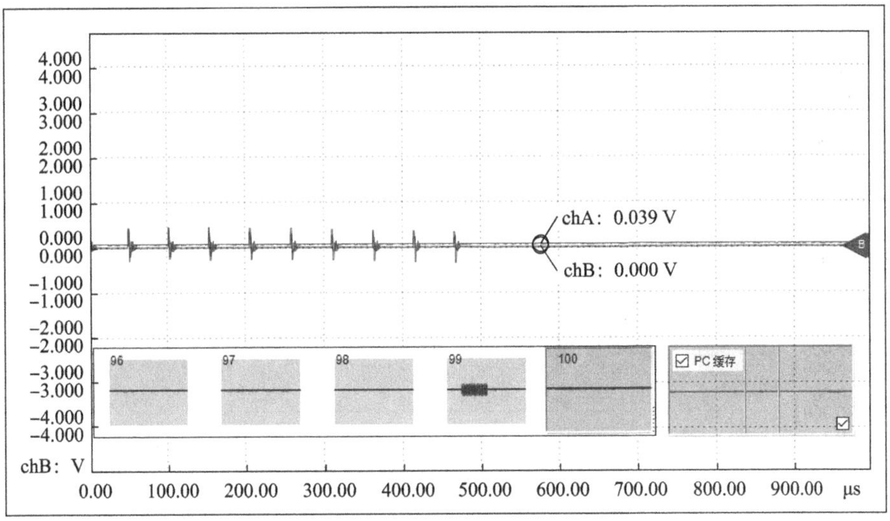

图 2-66　故障波形 5

②VCU 的 CA66A-H5(CAN-H)正常和 CA66A-G5(CAN-L)对地短路时,由于 CAN-L 对地具有容错功能,因此 CAN-H 此时有波形,不能上高压电。故障波形如图 2-67 所示。

时基选择:0. 1 ms/格。

测量电压:1 V/格。

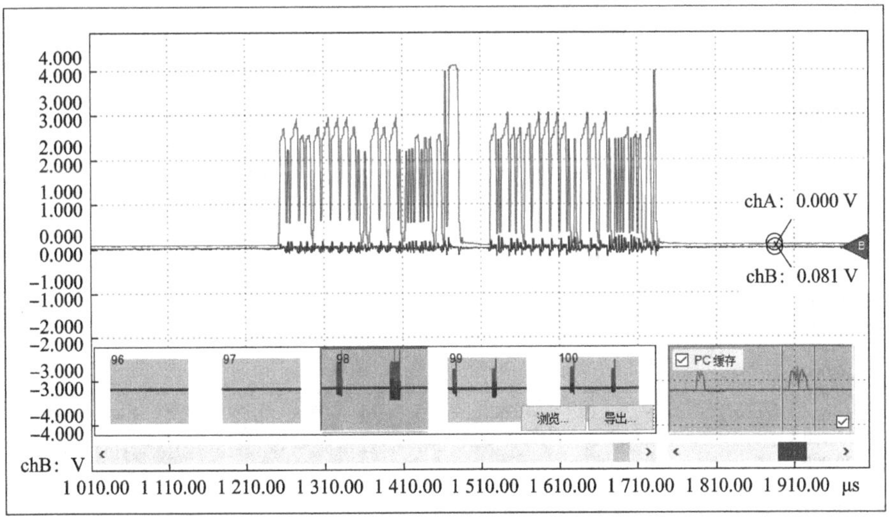

图 2-67　故障波形 6

(5)CAN-H 与 12 V 之间短路/虚接。

①VCU 的 CA66A-H5(CAN-H)对 12 V 短路和 CA66A-G5(CAN-L)正常时,由于 CAN-H 对 12 V

具有容错功能,因此CAN-L有波形,CAN-H电压为12 V,不能上高压电。故障波形如图2-68所示。

时基选择:0.1 ms/格。

测量电压:5 V/格。

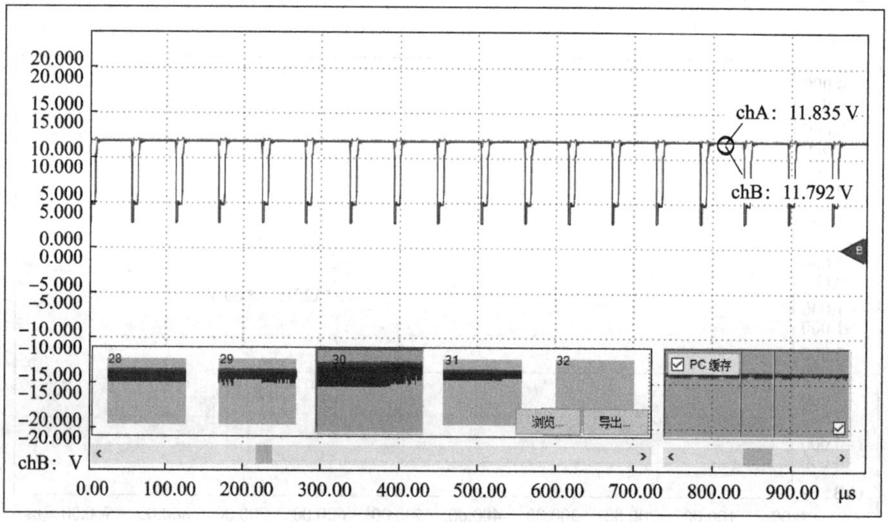

图2-68 故障波形7

②VCU的CA66A-H5(CAN-H)对12 V虚接10 Ω和CA66A-G5(CAN-L)正常时,CAN-H波形被CAN-L下拉到最低9 V左右,已不是一条12 V直线,CAN-L有波形,但是不能进行数据传输,不能上高压电。故障波形如图2-69所示。

时基选择:0.2 ms/格。

测量电压:5 V/格。

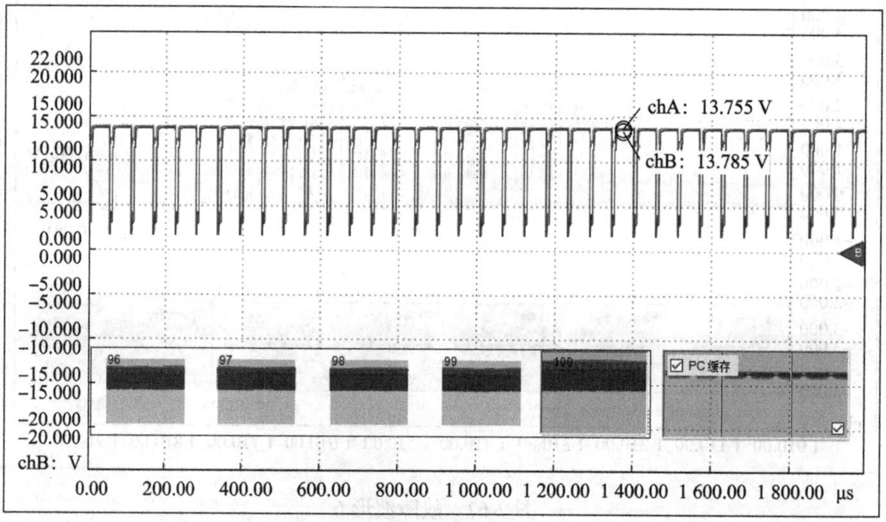

图2-69 故障波形8

③VCU 的 CA66A-H5(CAN-H)对 12 V 虚接 50 Ω 和 CA66A-G5(CAN-L)正常时,CAN-H 波形被 CAN-L 下拉到最低 7 V 左右,已不是一条 12 V 直线,CAN-L 有波形,但是不能进行数据传输,不能上高压电。故障波形如图 2-70 所示。

时基选择:0. 2 ms/格。

测量电压:5 V/格。

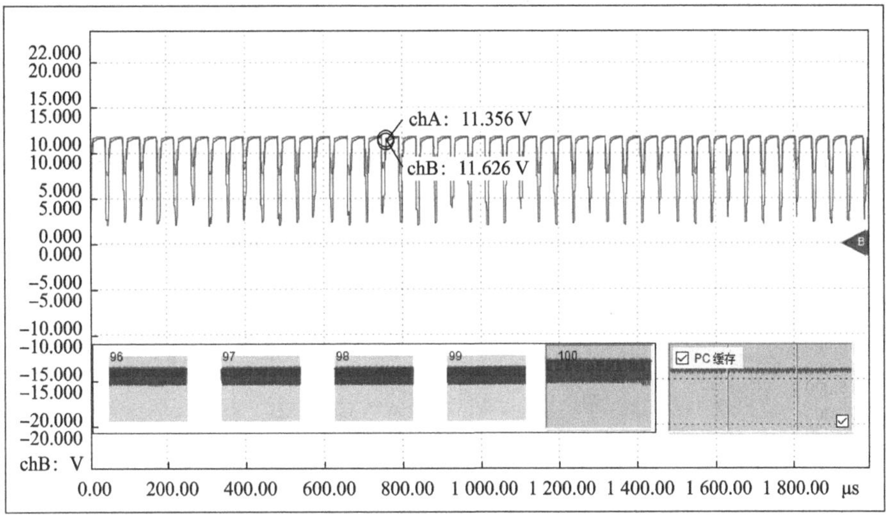

图 2-70　故障波形 9

④VCU 的 CA66A-H5(CAN-H)对 12 V 虚接 100 Ω 和 CA66A-G5(CAN-L)正常时,CAN-H 波形被 CAN-L 下拉到最低 5 V 左右,已不是一条 12 V 直线,CAN-L 有波形,但是不能进行数据传输,不能上高压电。故障波形如图 2-71 所示。

时基选择:0. 2 ms/格。

测量电压:5 V/格。

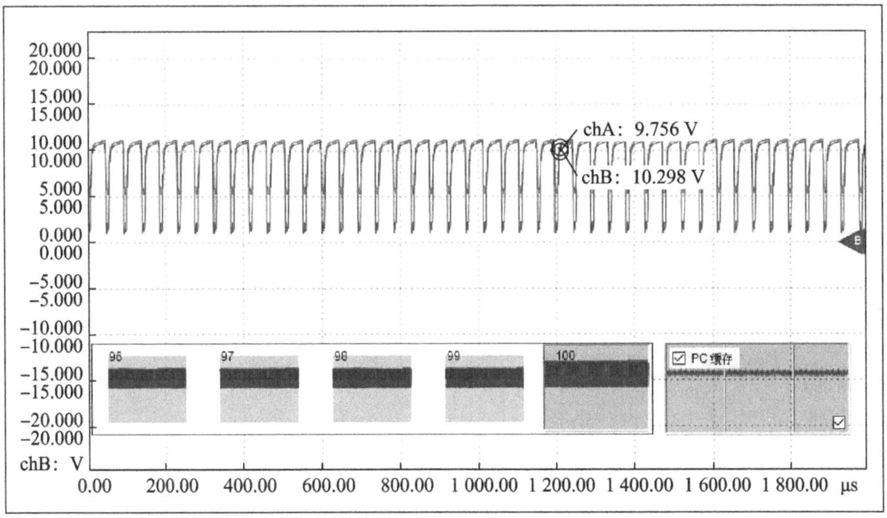

图 2-71　故障波形 10

⑤VCU 的 CA66A-H5(CAN-H)对 12 V 虚接 500 Ω 和 CA66A-G5(CAN-L)正常时,CAN-H 和 CAN-L 有波形,但有时为 10 V 左右的直线,不能进行数据传输,不能上高压电。故障波形如图 2-72 所示。

时基选择:0.2 ms/格。

测量电压:5 V/格。

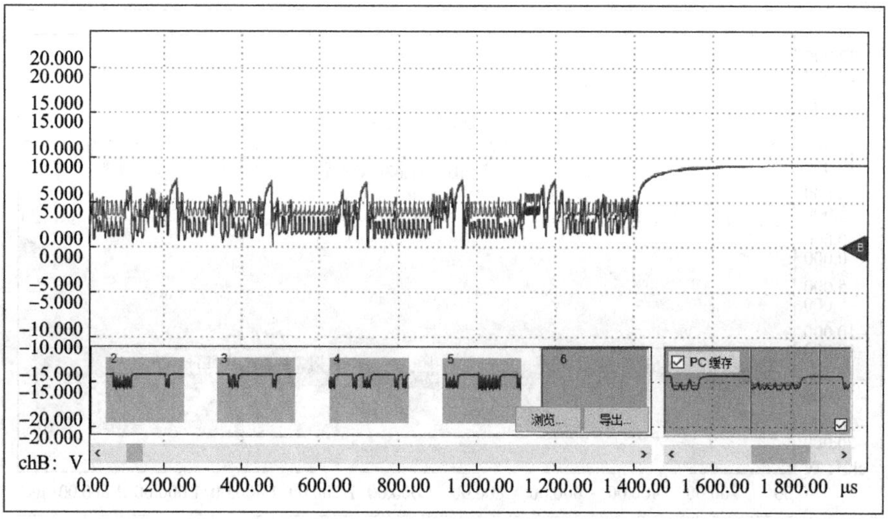

图 2-72 故障波形 11

⑥VCU 的 CA66A-H5(CAN-H)对 12 V 虚接 1 000 Ω 和 CA66A-G5(CAN-L)正常时,CAN-H 和 CAN-L 有波形,有时为 10 V 左右的直线,有时有正常波形,可以进行数据传输,能上高压电。故障波形如图 2-73 所示。

时基选择:0.1 ms/格。

测量电压:2 V/格。

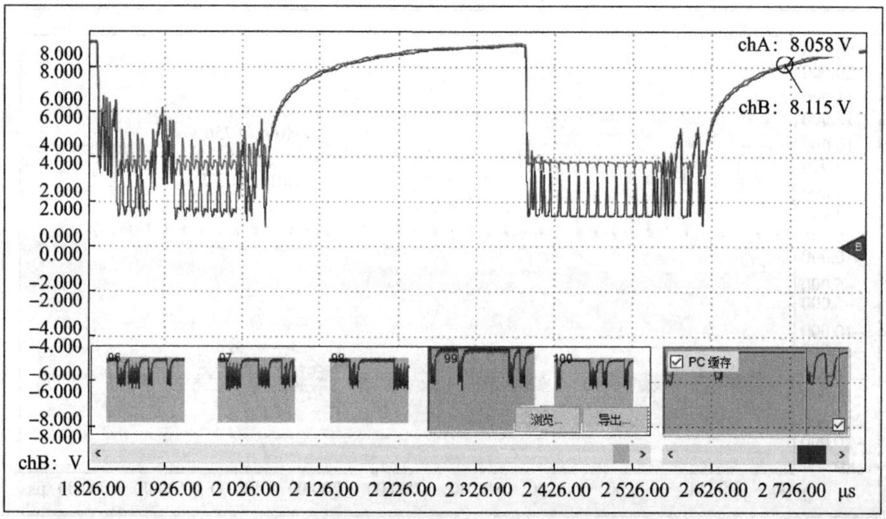

图 2-73 故障波形 12

⑦VCU 的 CA66A-H5(CAN-H)正常和 CA66A-G5(CAN-L)对 12 V 短路时,由于 CAN-L 对 12 V 没有容错功能,因此 CAN-H 和 CAN-L 均变为 12 V 左右的直线,CAN-L 为蓄电池电压,CAN-H 电压略低于 12 V,不能进行数据传输,能上高压电。故障波形如图 2-74 所示。

时基选择:0. 2 ms/格。

测量电压:5 V/格。

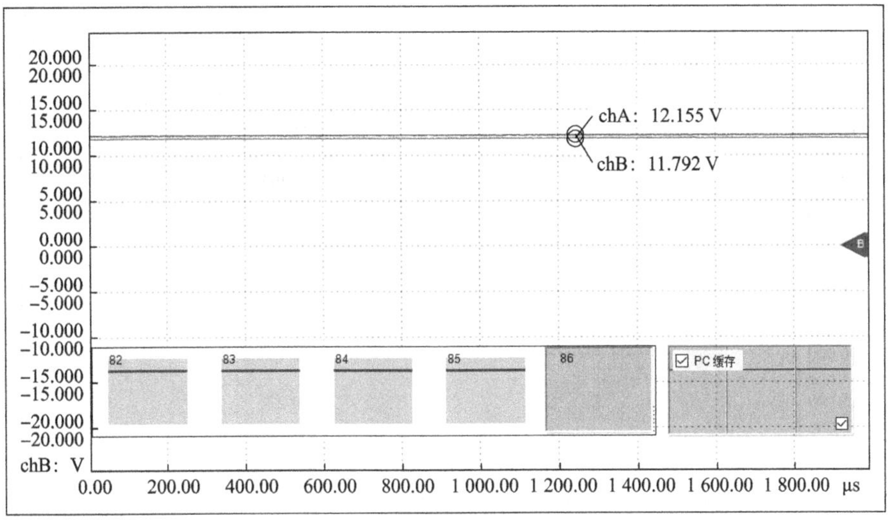

图 2-74　故障波形 13

(6)CAN-L 与 12 V 之间虚接。

①VCU 的 CA66A-H5(CAN-H)正常和 CA66A-G5(CAN-L)对 12 V 虚接 10 Ω 时,CAN-H 和 CAN-L 均变为 12 V 左右的直线,CAN-L 为蓄电池电压,CAN-H 电压略低于 12 V,不能进行数据传输,能上高压电。故障波形如图 2-75 所示。

时基选择:0. 1 ms/格。

测量电压:5 V/格。

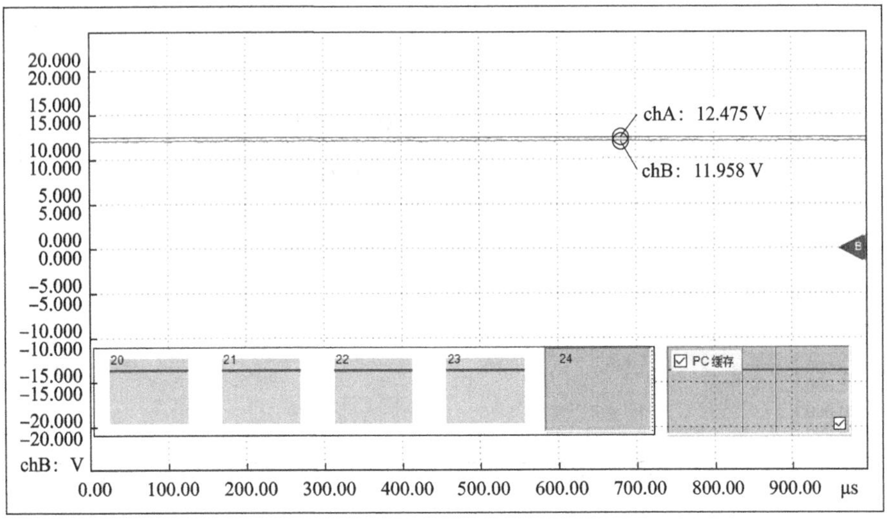

图 2-75　故障波形 14

②VCU 的 CA66A-H5（CAN-H）正常和 CA66A-G5（CAN-L）对 12 V 虚接 50 Ω 时，CAN-H 和 CAN-L 电压均降低，CAN-L 为 11.676 V，CAN-H 电压为 11.294 V，不能进行数据传输，能上高压电。故障波形如图 2-76 所示。

时基选择：0.1 ms/格。

测量电压：5 V/格。

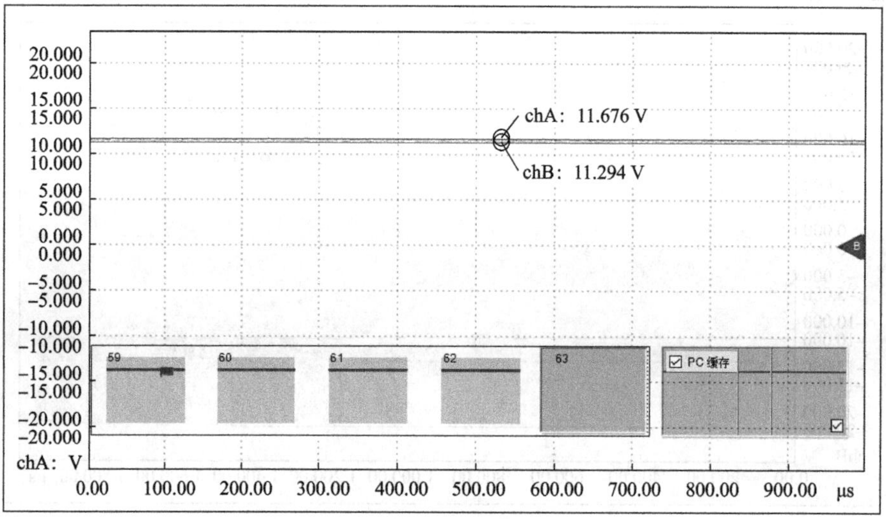

图 2-76　故障波形 15

③VCU 的 CA66A-H5（CAN-H）正常和 CA66A-G5（CAN-L）对 12 V 虚接 100 Ω 时，CAN-H 和 CAN-L 电压均降低，CAN-L 为 11.196 V，CAN-H 电压为 10.962 V，不能进行数据传输，能上高压电。故障波形如图 2-77 所示。

时基选择：0.1 ms/格。

测量电压：5 V/格。

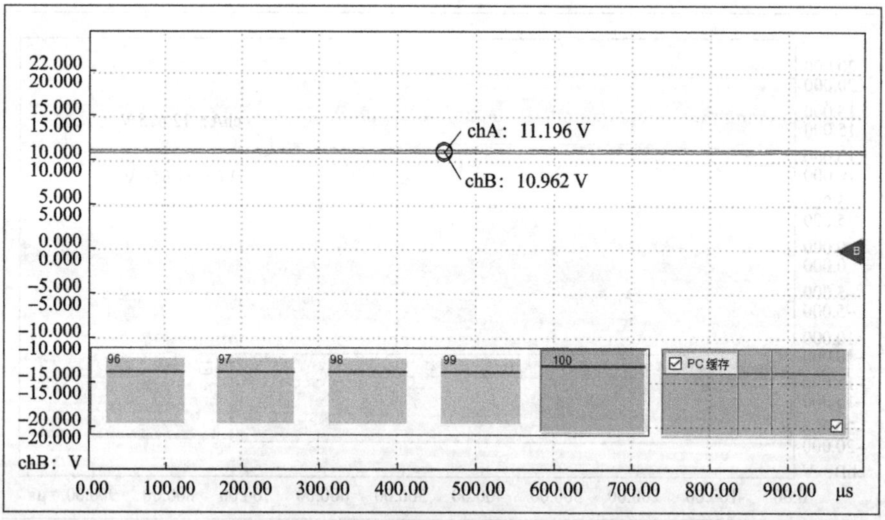

图 2-77　故障波形 16

④VCU 的 CA66A-H5(CAN-H)正常和 CA66A-G5(CAN-L)对 12 V 虚接 300 Ω 时,偶尔有波形出现,CAN-H 和 CAN-L 电压均降低,波形变为直线时,CAN-L 为 10. 076 V,CAN-H 电压为 9. 799 V,不能进行数据传输,能上高压电。故障波形如图 2-78 所示。

时基选择:0. 1 ms/格。

测量电压:5 V/格。

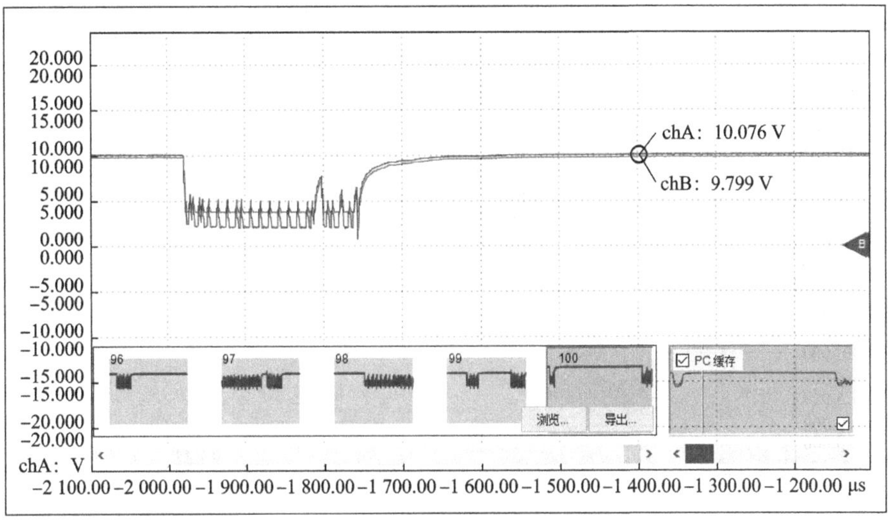

图 2-78　故障波形 17

⑤VCU 的 CA66A-H5(CAN-H)正常和 CA66A-G5(CAN-L)对 12 V 虚接 500 Ω 时,偶尔有波形出现,CAN-H 和 CAN-L 电压均降低,波形变为直线时,CAN-L 为 9. 436 V,CAN-H 电压为 9. 136 V,不能进行数据传输,能上高压电。故障波形如图 2-79 所示。

时基选择:0. 1 ms/格。

测量电压:5 V/格。

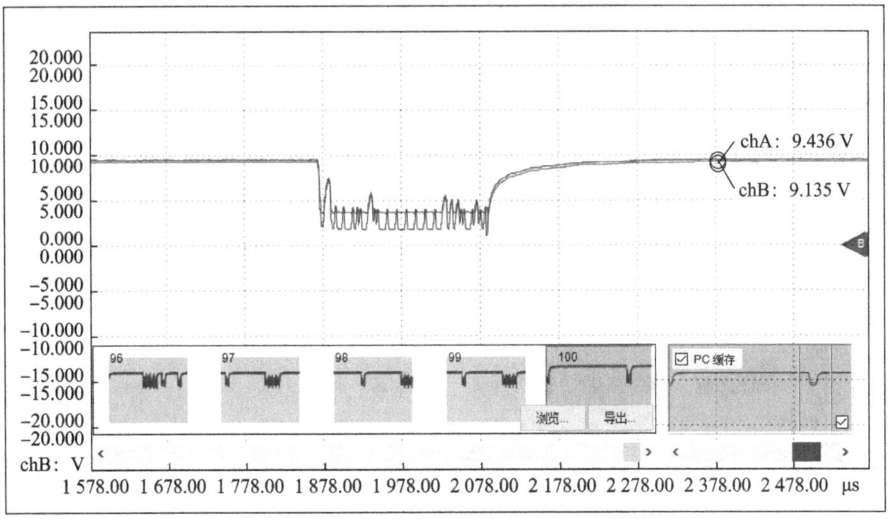

图 2-79　故障波形 18

⑥VCU 的 CA66A-H5(CAN-H)正常和 CA66A-G5(CAN-L)对 12 V 虚接 1 000 Ω 时,偶尔有波形出现,CAN-H 和 CAN-L 电压均降低,波形变为直线时,CAN-L 电压在 9.8 V 左右,CAN-H 电压在 10 V 左右,可以进行数据传输,能上高压电。故障波形如图 2-80 所示。

时基选择:0.1 ms/格。

测量电压:5 V/格。

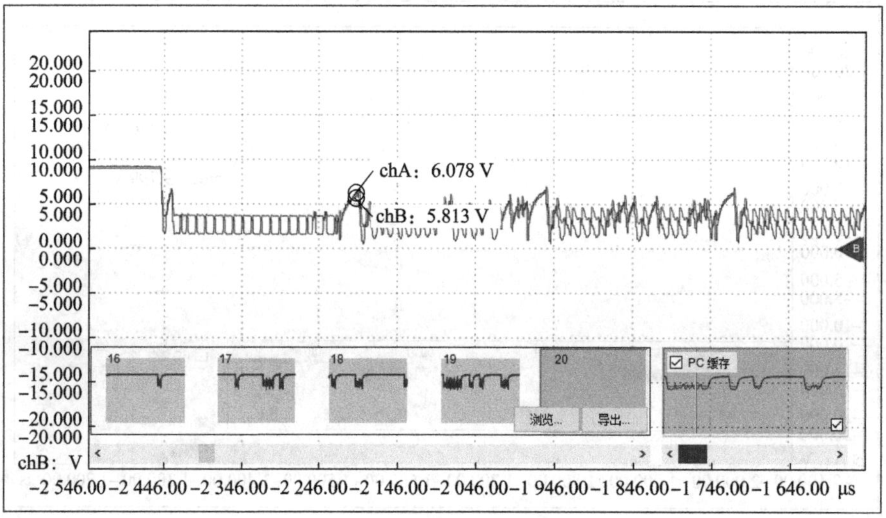

图 2-80 故障波形 19

(7)CA66A-H5(CAN-H)断路。

VCU 的 CA66A-H5(CAN-H)断路时,CAN-H 波形上拉较多,CAN-L 波形也上升,不能进行数据通信,不能上高压电。故障波形如图 2-81 所示。

时基选择:0.2 ms/格。

测量电压:2 V/格。

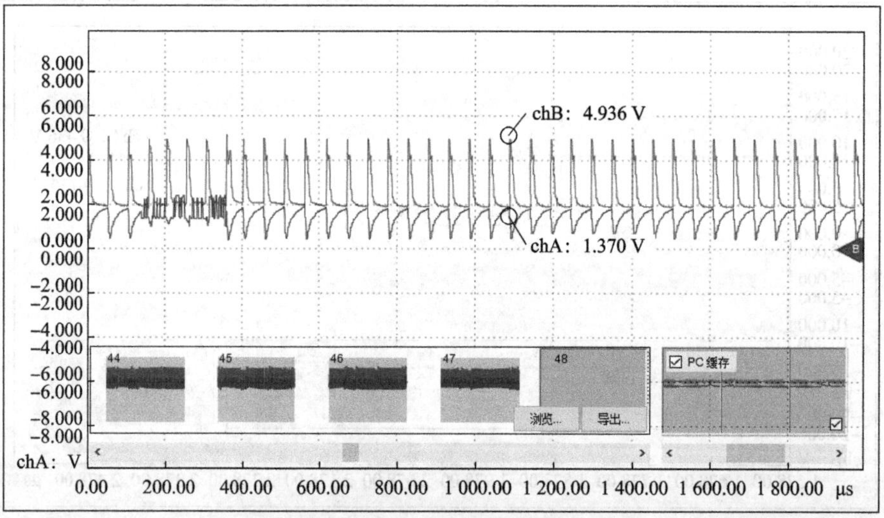

图 2-81 故障波形 20

(8)CA66A-G5(CAN-L)断路。

VCU 的 CA66A-G5(CAN-L)断路时,其 CAN-L 信号波形下拉较多,不能进行数据通信,不能上高压电。故障波形如图 2-82 所示。

时基选择:0.2 ms/格。

测量电压:2 V/格。

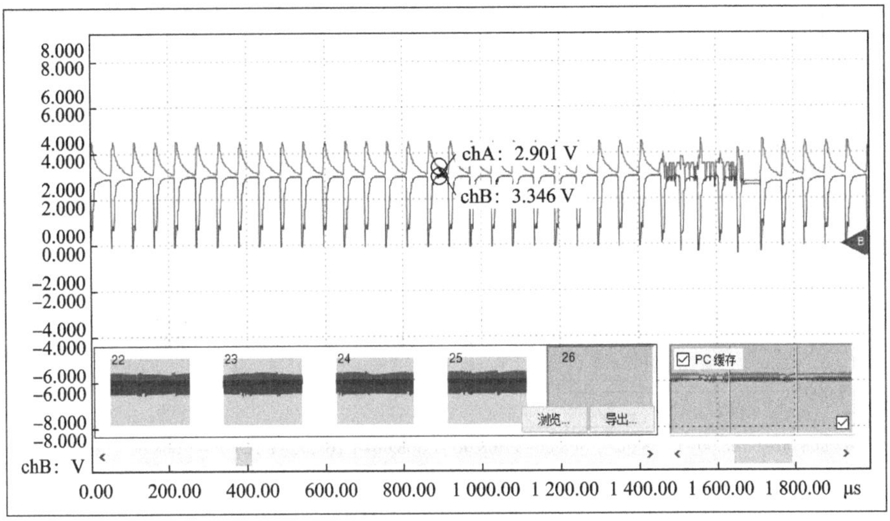

图 2-82　故障波形 21

(9)CAN-H 和 CAN-L 与 VCU 的 CA67C-J4(LIN)之间短路/虚接。

①VCU 的 CA66A-H5(CAN-H)对 VCU 的 CA67C-J4(LIN)短接和 CA66A-G5(CAN-L)正常时,CAN-H 和 CAN-L 均有波形,但较为杂乱,CAN-H 波形变短,报功率限制故障,可以进行数据传输,可以上高压电。工作波形如图 2-83 所示。

时基选择:0.1 ms/格。

测量电压:2 V/格。

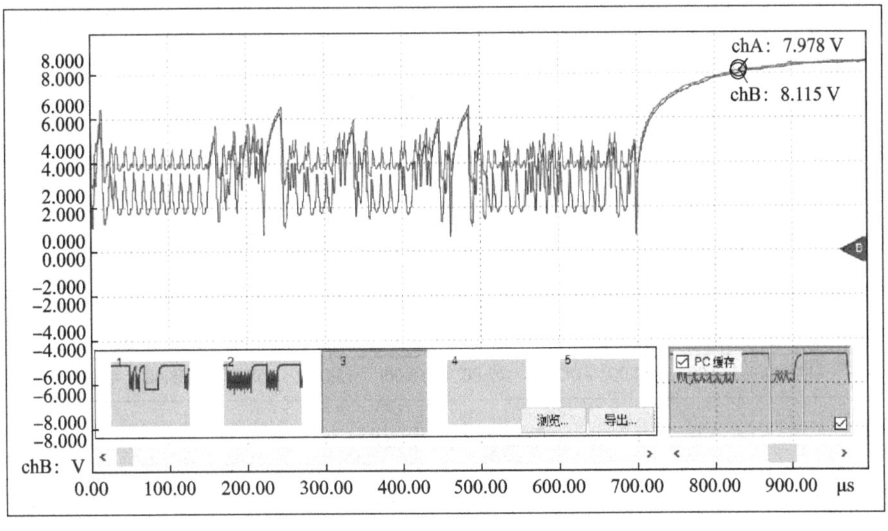

图 2-83　工作波形 1

②VCU 的 CA66A-H5(CAN-H)对 VCU 的 CA67C-J4(LIN)虚接 10 Ω 和 CA66A-G5(CAN-L)正常时,报功率限制故障,可以上高压电。工作波形如图 2-84 所示。

时基选择:0.1 ms/格。

测量电压:2 V/格。

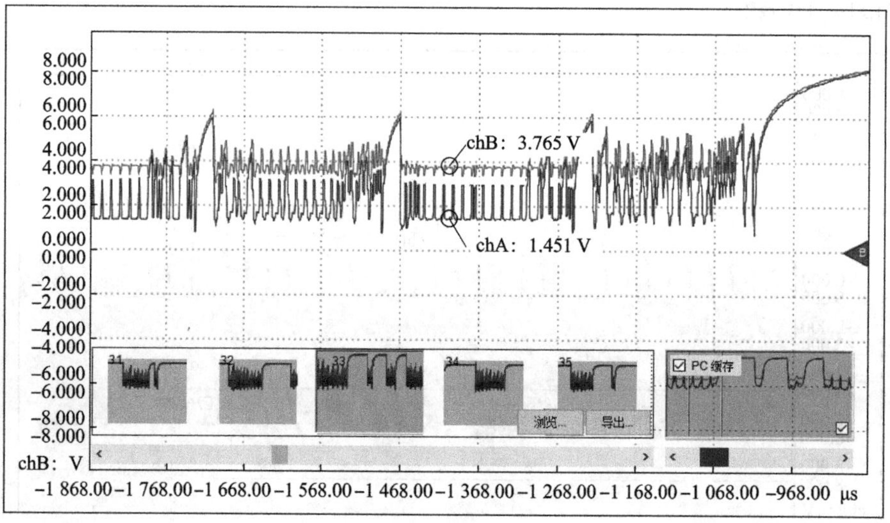

图 2-84 工作波形 2

③VCU 的 CA66A-H5(CAN-H)对 VCU 的 CA67C-J4(LIN)虚接 500 Ω 和 CA66A-G5(CAN-L)正常时波形,可以上高压电。工作波形如图 2-85 所示。

时基选择:0.1 ms/格。

测量电压:2 V/格。

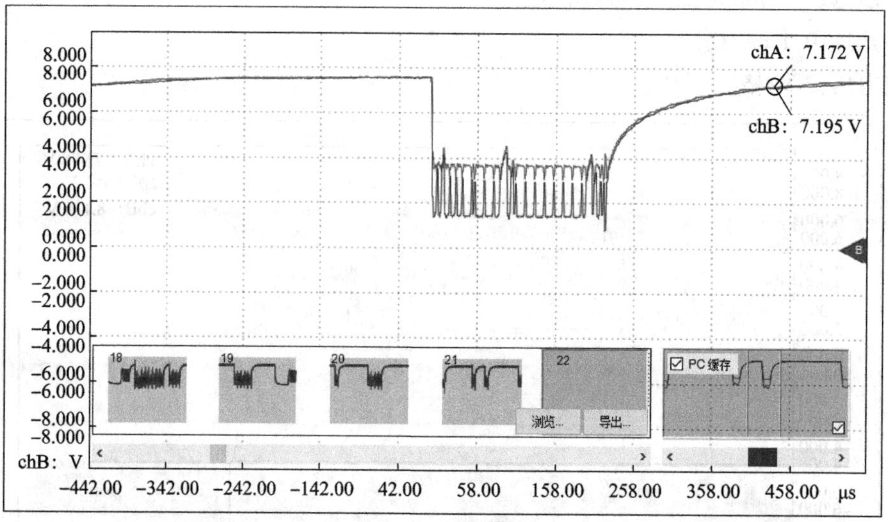

图 2-85 工作波形 3

④VCU 的 CA66A-H5(CAN-H)对 VCU 的 CA67C-J4(LIN)虚接 1 000 Ω 和 CA66A-G5(CAN-L)正常时,可以上电。工作波形如图 2-86 所示。

时基选择:0. 1 ms/格。

测量电压:2 V/格。

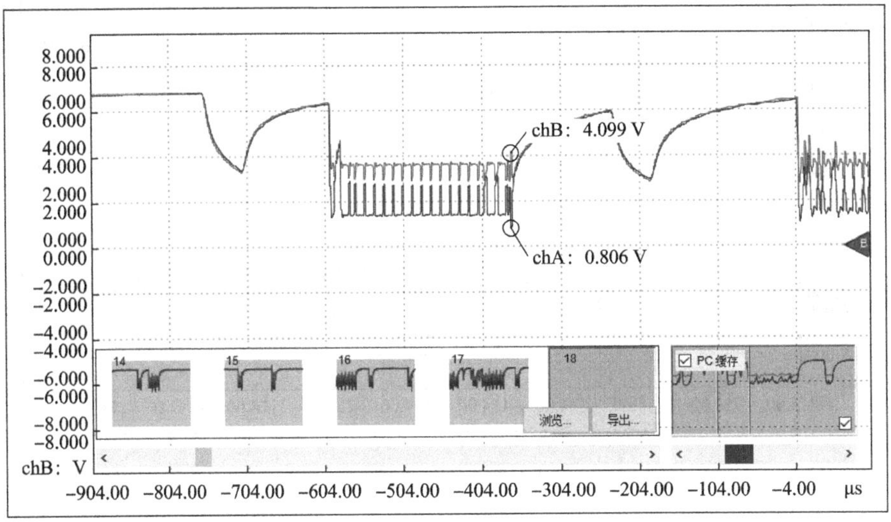

图 2-86　工作波形 4

⑤VCU 的 CA66A-H5(CAN-H)正常和 CA66A-G5(CAN-L)对 VCU 的 CA67C-J4(LIN)虚接时,报功率限制故障,不上电。故障波形如图 2-87 所示。

时基选择:0. 1 ms/格。

测量电压:2 V/格。

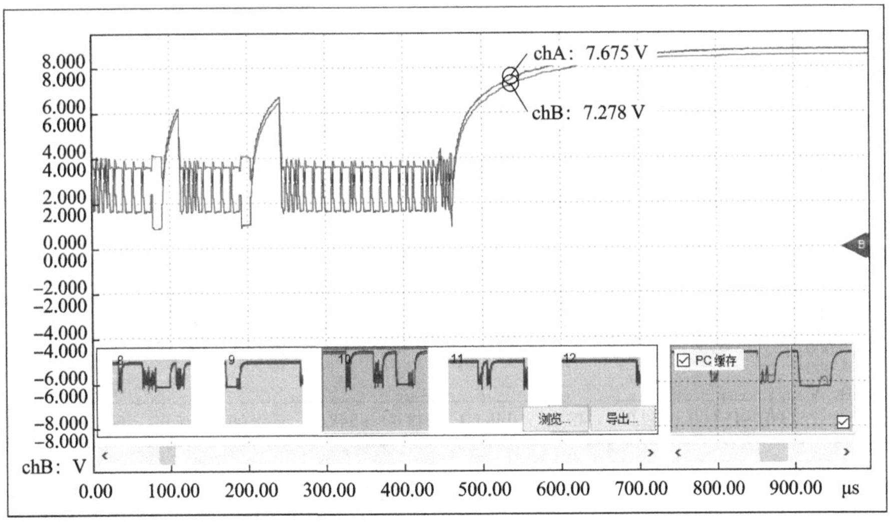

图 2-87　故障波形 1

⑥VCU 的 CA66A-H5(CAN-H)正常和 CA66A-G5(CAN-L)对 VCU 的 CA67C-J4(LIN)虚接 10 Ω 时,报功率限制,不上电。故障波形如图 2-88 所示。

时基选择:0. 1 ms/格。

测量电压:2 V/格。

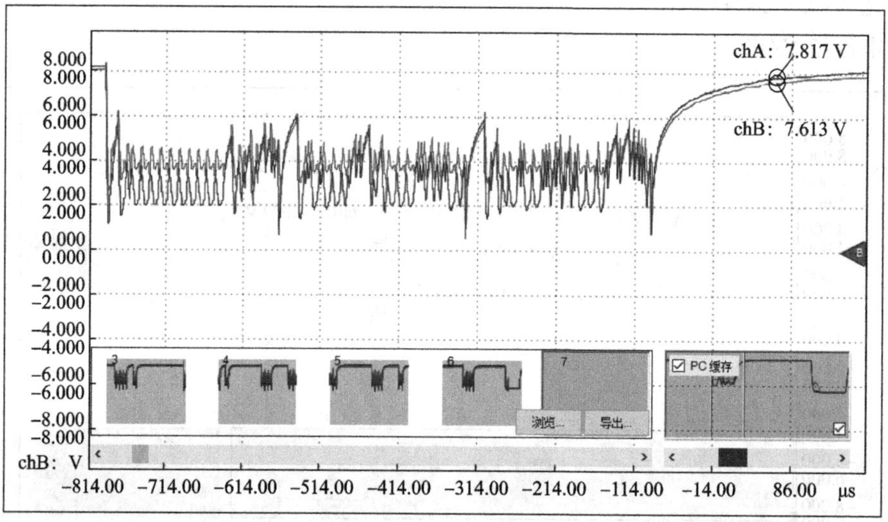

图 2-88 故障波形 2

⑦VCU 的 CA66A-H5(CAN-H)正常和 CA66A-G5(CAN-L)对 VCU 的 CA67C-J4(LIN)虚接 500 Ω 时,可以上电。工作波形如图 2-89 所示。

时基选择:0.1 ms/格。

测量电压:2 V/格。

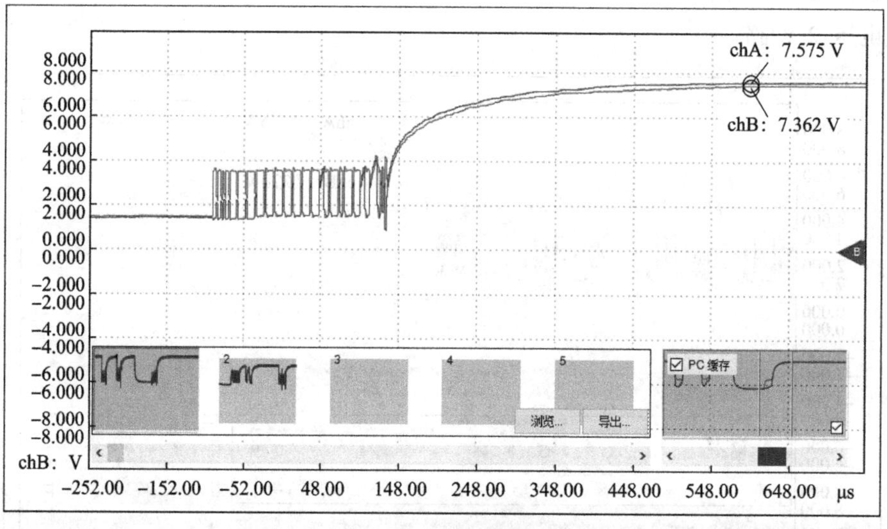

图 2-89 工作波形

(10)CA66A-H5(CAN-H)与 VCU 加速踏板 CA67C-F3(5 V 电源)之间短路/虚接。

①VCU 的 CA66A-H5(CAN-H)对 VCU 加速踏板 CA67C-F3 短路和 CA66A-G5(CAN-L)正常时,不上高压电。故障波形如图 2-90 所示。

时基选择:0.1 ms/格。

测量电压:5 V/格。

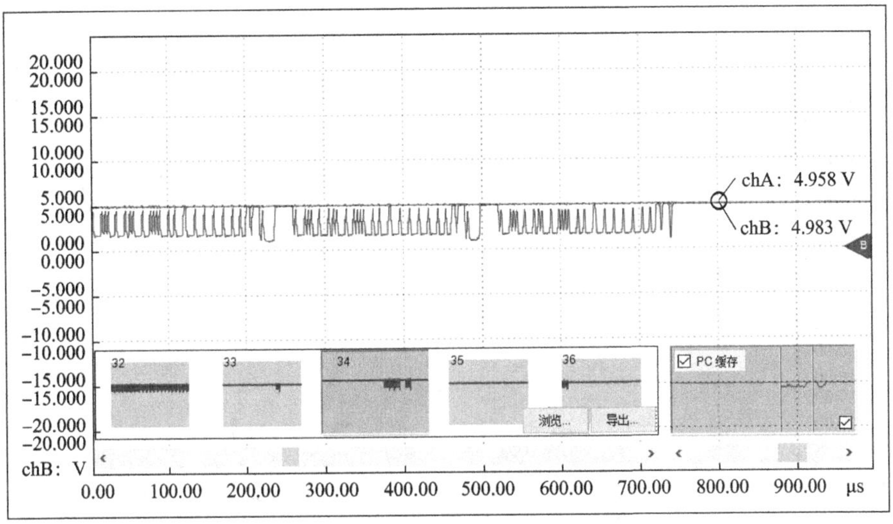

图 2-90　故障波形 1

②VCU 的 CA66A-H5(CAN-H)对 VCU 加速踏板 CA67C-F3 虚接 10 Ω 和 CA66A-G5(CAN-L)正常时,不上高压电。故障波形如图 2-91 所示。

时基选择:0.1 ms/格。

测量电压:5 V/格。

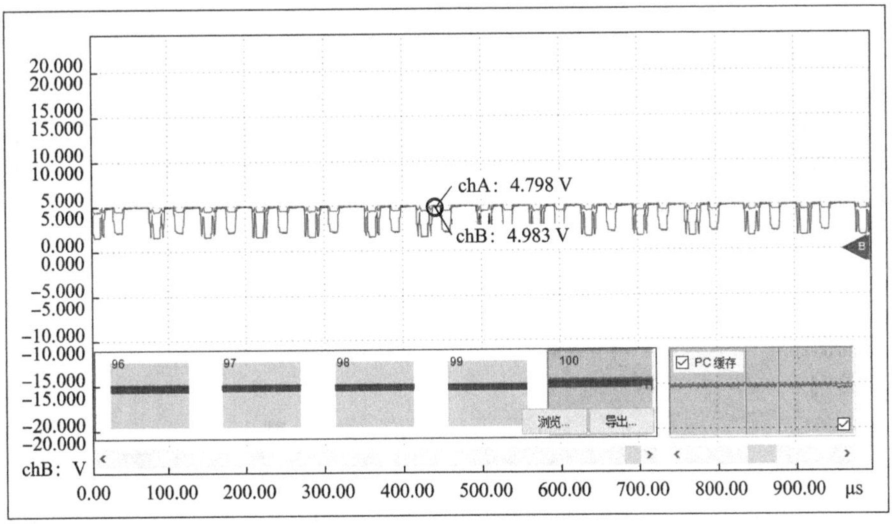

图 2-91　故障波形 2

③VCU 的 CA66A-H5(CAN-H)对 VCU 加速踏板 CA67C-F3 虚接 50 Ω 和 CA66A-G5(CAN-L)正常时,不上电。故障波形如图 2-92 所示。

时基选择:0.1 ms/格。

测量电压:5 V/格。

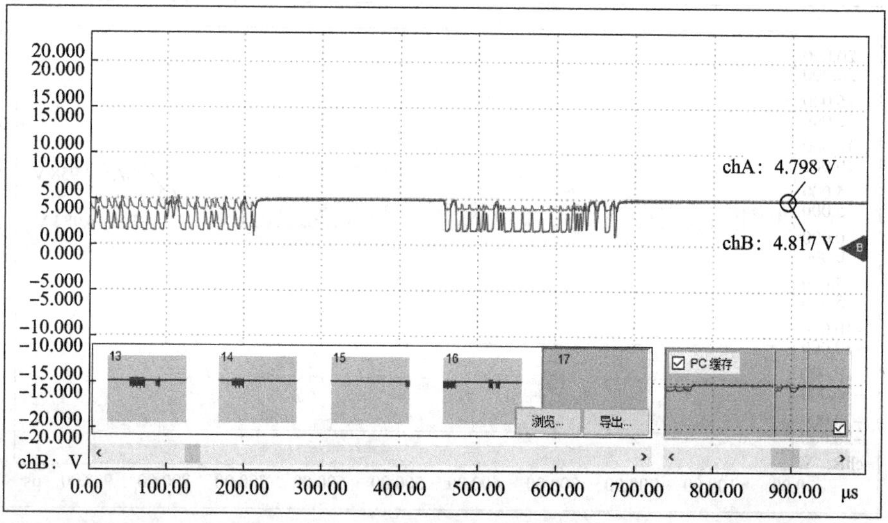

图 2-92 故障波形 3

④VCU 的 CA66A-H5(CAN-H)对 VCU 加速踏板 CA67C-F3 虚接 100 Ω 和 CA66A-G5(CAN-L)正常时,不上电。故障波形如图 2-93 所示。

时基选择:0.1 ms/格。

测量电压:5 V/格。

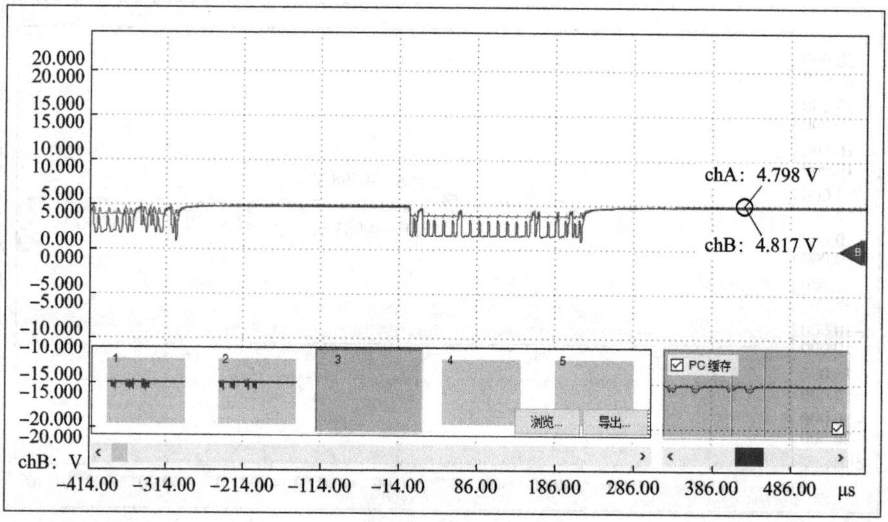

图 2-93 故障波形 4

⑤VCU 的 CA66A-H5(CAN-H)对 VCU 加速踏板 CA67C-F3 虚接 500 Ω 和 CA66A-G5(CAN-L)正常时,可以上电。工作波形如图 2-94 所示。

时基选择:0.1 ms/格。

测量电压:5 V/格。

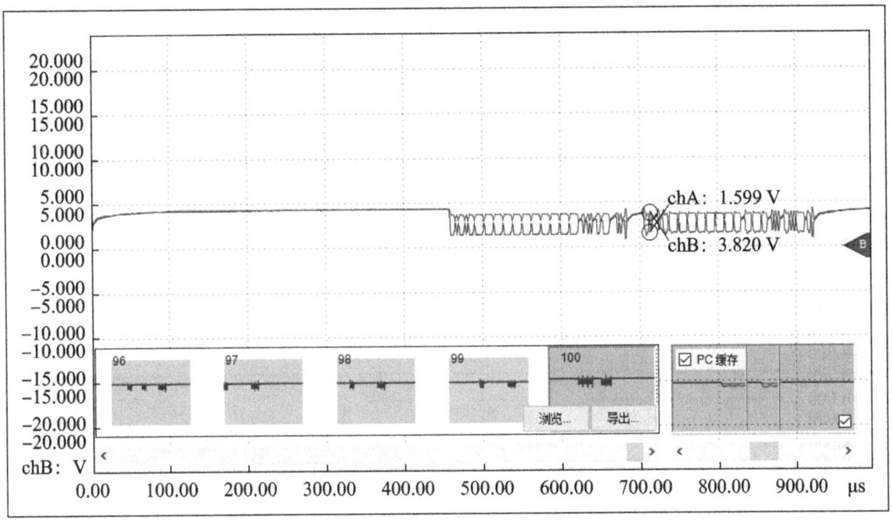

图 2-94　工作波形

(11)CA66A-G5(CAN-L)与 VCU 加速踏板 CA67C-F3 之间短路/虚接。

①VCU 的 CA66A-H5(CAN-H)正常和 CA66A-G5(CAN-L)对 VCU 加速踏板 CA67C-F3 短路时，不上电。故障波形如图 2-95 所示。

时基选择：0.1 ms/格。

测量电压：5 V/格。

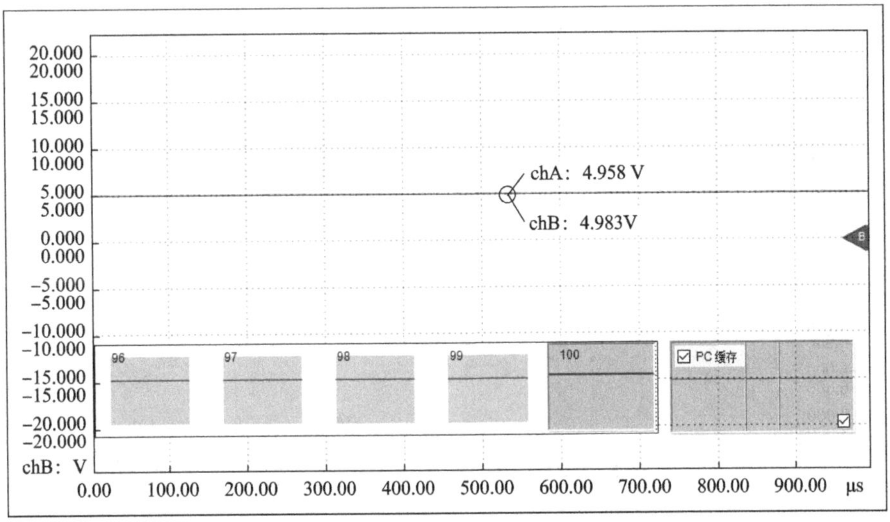

图 2-95　故障波形 1

②VCU 的 CA66A-H5(CAN-H)正常和 CA66A-G5(CAN-L)对 VCU 加速踏板 CA67C-F3 虚接 10 Ω 时，不上电。故障波形如图 2-96 所示。

时基选择：0.1 ms/格。

测量电压：2 V/格。

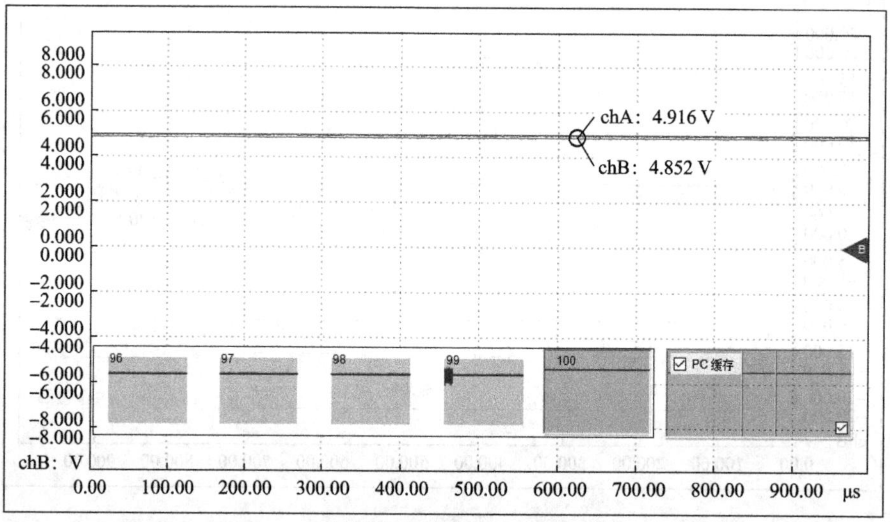

图 2-96　故障波形 2

③VCU 的 CA66A-H5(CAN-H)正常和 CA66A-G5(CAN-L)对 VCU 加速踏板 CA67C-F3 虚接 50 Ω 时,不上电。故障波形如图 2-97 所示。

时基选择:0.1 ms/格。

测量电压:2 V/格。

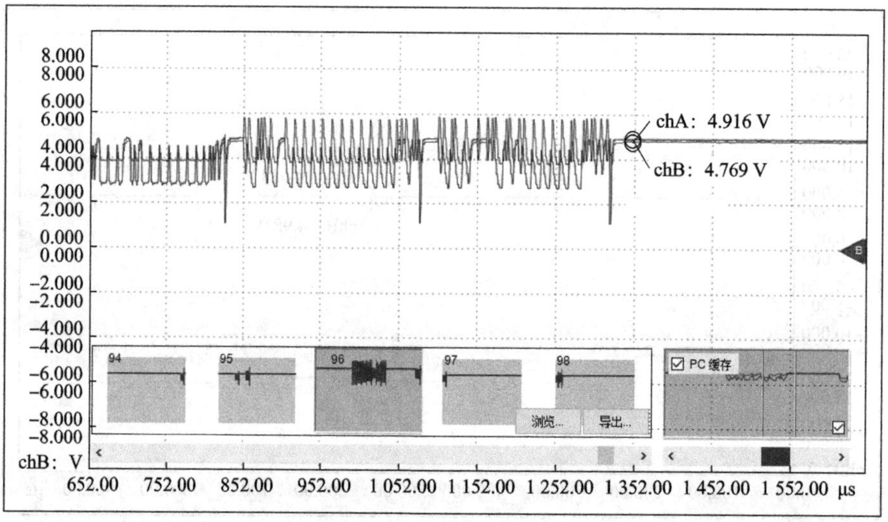

图 2-97　故障波形 3

④VCU 的 CA66A-H5(CAN-H)正常和 CA66A-G5(CAN-L)对 VCU 加速踏板 CA67C-F3 虚接 100 Ω 时,不上电。故障波形如图 2-98 所示。

时基选择:0.1 ms/格。

测量电压:2 V/格。

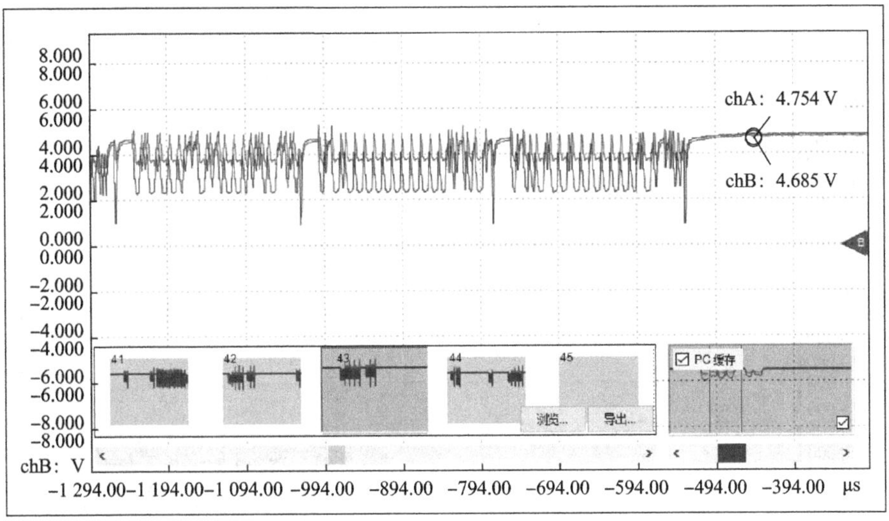

图 2-98　故障波形 4

⑤VCU 的 CA66A-H5(CAN-H)正常和 CA66A-G5(CAN-L)对 VCU 加速踏板 CA67C-F3 虚接 300 Ω 时,可以上电。工作波形如图 2-99 所示。

时基选择:0. 1 ms/格。

测量电压:2 V/格。

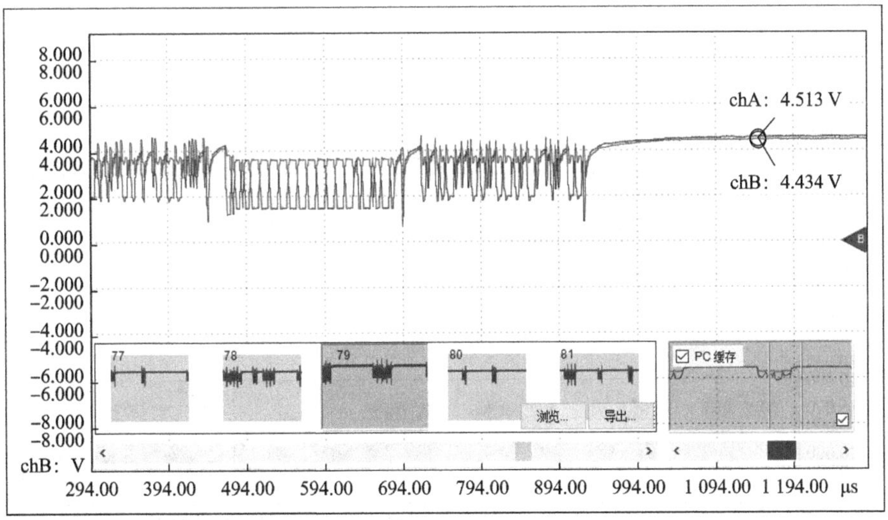

图 2-99　工作波形 1

(12)CA66A-H5(CAN-H)与 CA67C-J3(制动常开信号)之间短路/虚接。

①VCU 的 CA66A-H5(CAN-H)对 CA67C-J3 短路和 CA66A-G5(CAN-L)正常,不踩制动踏板时,不上电。工作波形如图 2-100 所示。

时基选择:0. 1 ms/格。

测量电压:5 V/格。

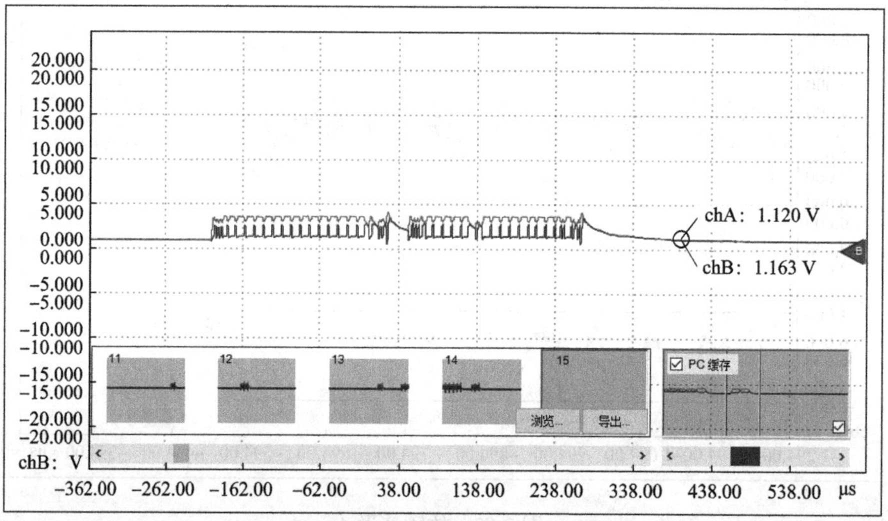

图 2-100 工作波形 2

②VCU 的 CA66A-H5(CAN-H)对制动灯 CA67C-J3 虚接和 CA66A-G5(CAN-L)正常,踩制动踏板时,不上电。工作波形如图 2-101 所示。

时基选择:0.1 ms/格。

测量电压:5 V/格。

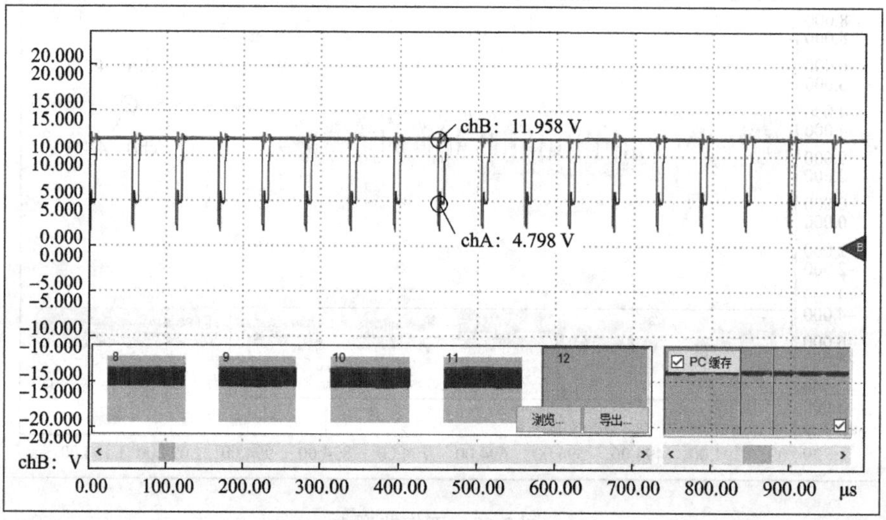

图 2-101 工作波形 3

③VCU 的 CA66A-H5(CAN-H)对制动灯 CA67C-J3 虚接 10 Ω 和 CA66A-G5(CAN-L)正常,不踩制动踏板时,不上电。故障波形如图 2-102 所示。

时基选择:0.1 ms/格。

测量电压:5 V/格。

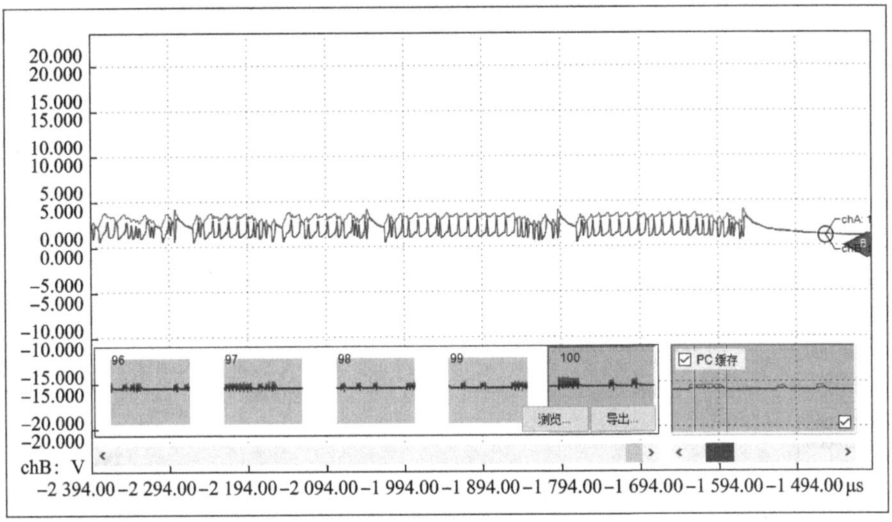

图 2-102　故障波形 1

④VCU 的 CA66A-H5(CAN-H)对制动灯 CA67C-J3 虚接 10 Ω 和 CA66A-G5(CAN-L)正常,踩制动踏板时,不上电。故障波形如图 2-103 所示。

时基选择:0. 1 ms/格。

测量电压:5 V/格。

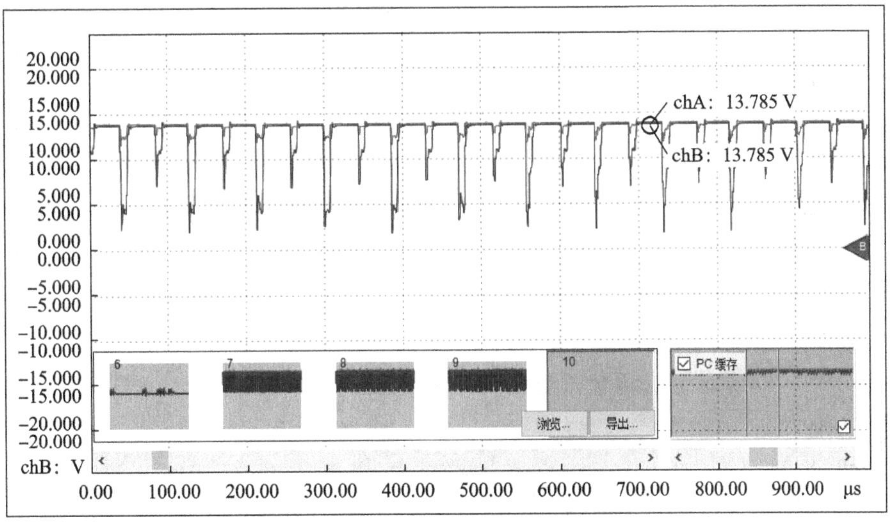

图 2-103　故障波形 2

⑤VCU 的 CA66A-H5(CAN-H)对制动灯 CA67C-J3 虚接 300 Ω 和 CA66A-G5(CAN-L)正常,不踩制动踏板时,不上电。故障波形如图 2-104 所示。

时基选择:0. 1 ms/格。

测量电压:5 V/格。

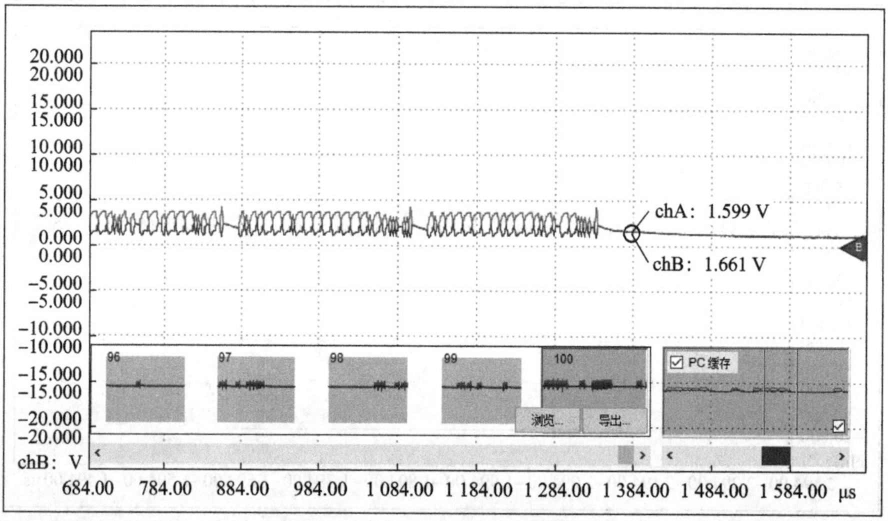

图 2-104　故障波形 3

⑥VCU 的 CA66A-H5(CAN-H)对制动灯 CA67C-J3 虚接 300 Ω 和 CA66A-G5(CAN-L)正常，踩制动踏板时，不上电。故障波形如图 2-105 所示。

时基选择：0. 1 ms/格。

测量电压：5 V/格。

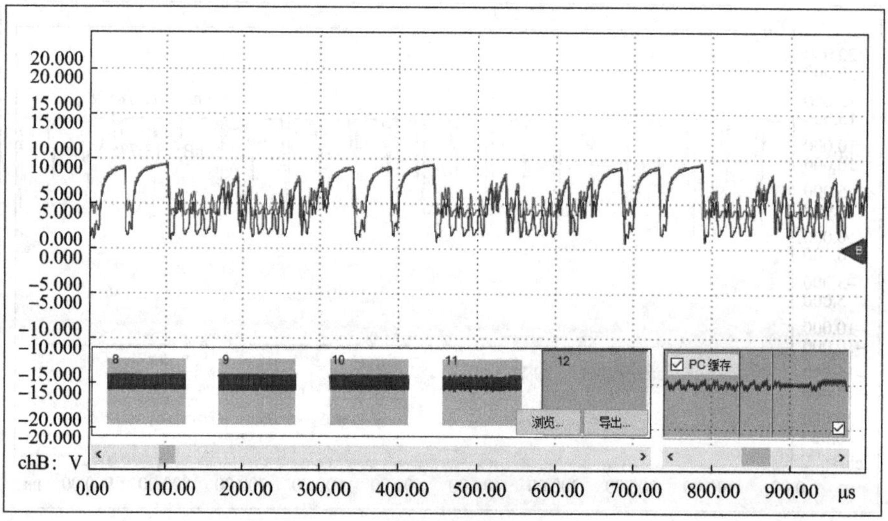

图 2-105　故障波形 4

⑦VCU 的 CA66A-H5(CAN-H)对制动灯 CA67C-J3 虚接 500 Ω 和 CA66A-G5(CAN-L)正常，不踩制动踏板时，不上电。故障波形如图 2-106 所示。

时基选择：0. 1 ms/格。

测量电压：5 V/格。

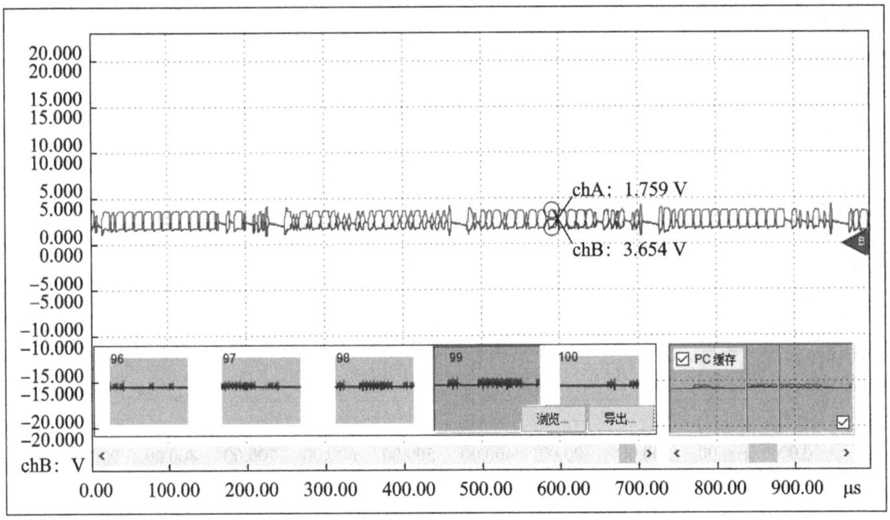

图 2-106　故障波形 5

⑧VCU 的 CA66A-H5(CAN-H)对 CA67C-J3 虚接 500 Ω 和 CA66A-G5(CAN-L)正常,踩制动踏板时,不上电。故障波形如图 2-107 所示。

时基选择:0.1 ms/格。

测量电压:5 V/格。

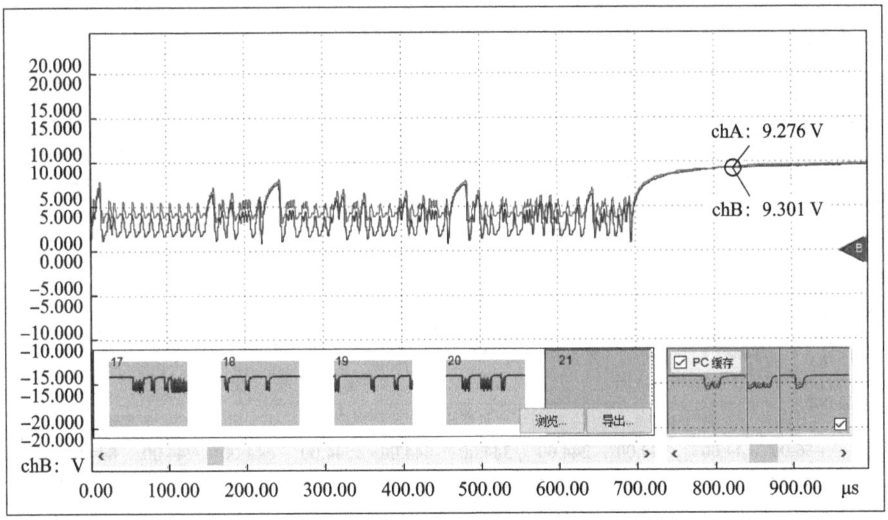

图 2-107　故障波形 6

⑨VCU 的 CA66A-H5(CAN-H)对 CA67C-J3 虚接 1 000 Ω 和 CA66A-G5(CAN-L)正常,不踩制动踏板时,可以上电。工作波形如图 2-108 所示。

时基选择:0.1 ms/格。

测量电压:5 V/格。

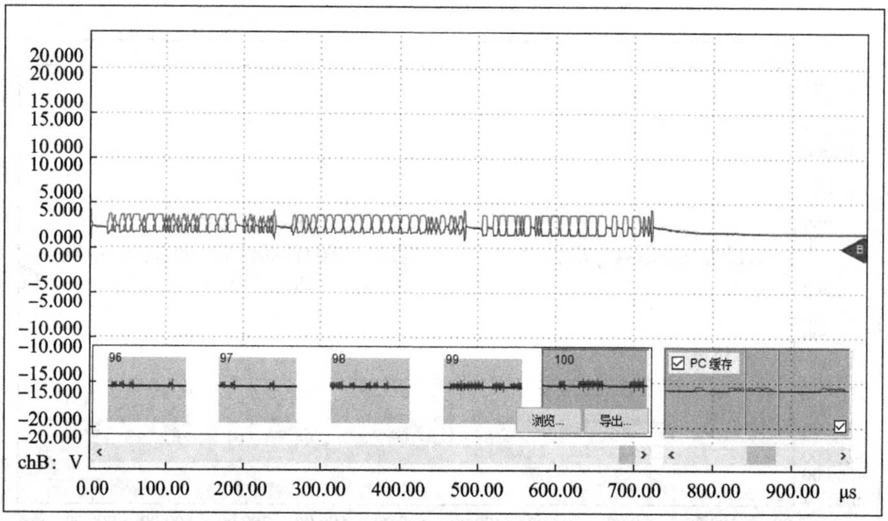

图 2-108 工作波形 1

⑩VCU 的 CA66A-H5(CAN-H)对 CA67C-J3 虚接 1 000 Ω 和 CA66A-G5(CAN-L)正常,踩制动踏板时,可以上电。工作波形如图 2-109 所示。

时基选择:0. 1 ms/格。

测量电压:5 V/格。

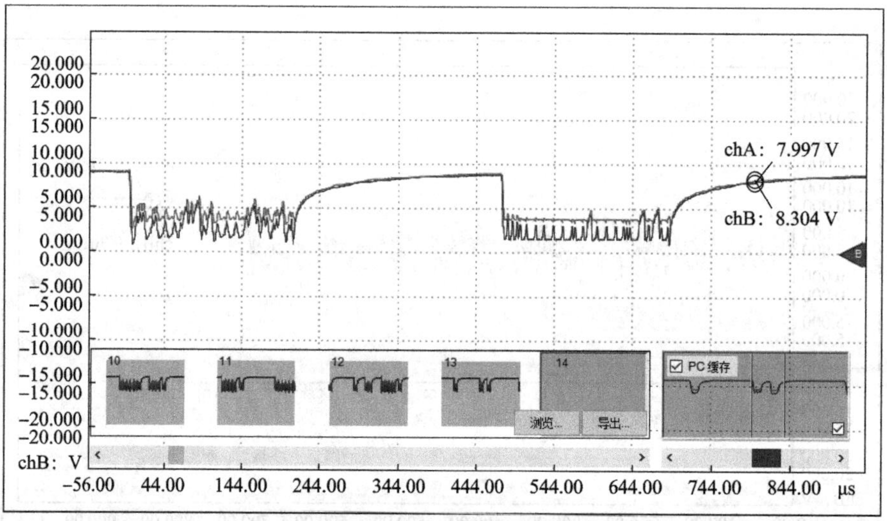

图 2-109 工作波形 2

(13)CA66A-G5(CAN-L)与 CA67C-J3(制动常开信号)之间短路/虚接。

①VCU 的 CA66A-H5(CAN-H)正常和 CA66A-G5(CAN-L)对 CA67C-J3 短路,不踩制动踏板时,不上电。故障波形如图 2-110 所示。

时基选择:0. 1 ms/格。

测量电压:5 V/格。

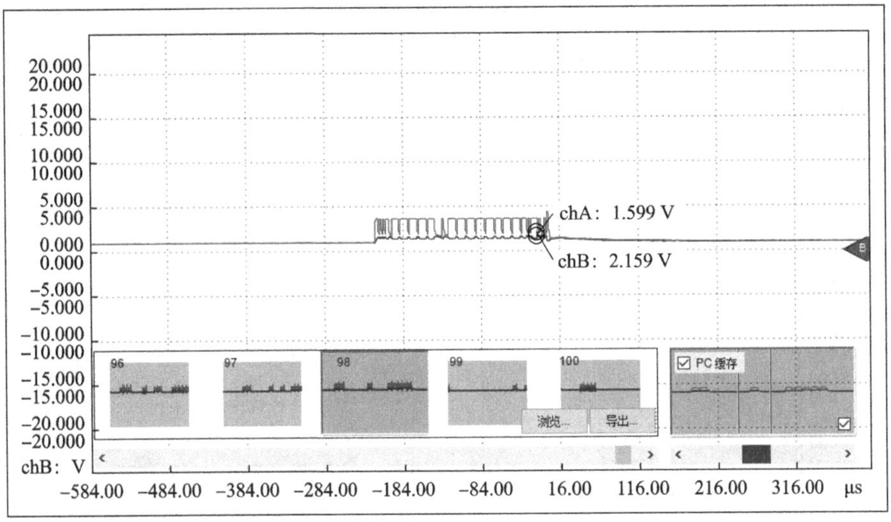

图 2-110 故障波形 1

②VCU 的 CA66A-H5(CAN-H)正常和 CA66A-G5(CAN-L)对 CA67C-J3 短路,踩制动踏板时,不上电。故障波形如图 2-111 所示。

时基选择:0. 1 ms/格。

测量电压:5 V/格。

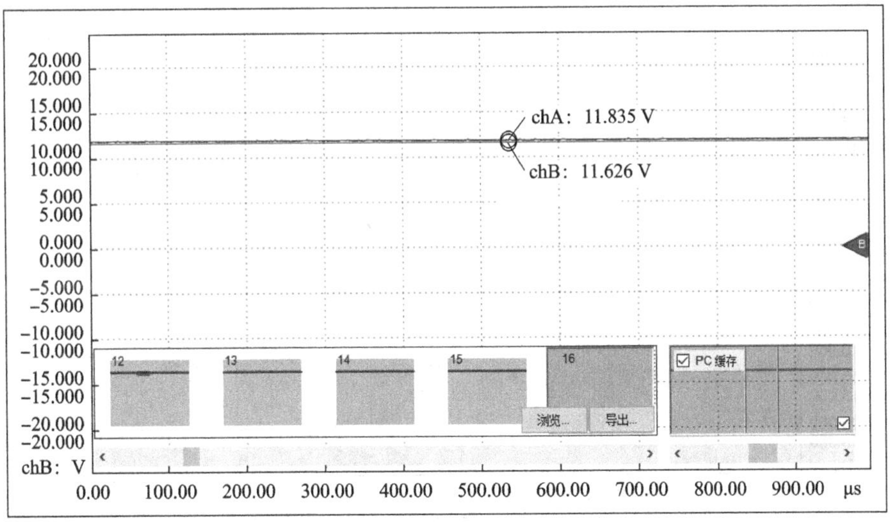

图 2-111 故障波形 2

③VCU 的 CA66A-H5(CAN-H)正常和 CA66A-G5(CAN-L)对 CA67C-J3 虚接 100 Ω,不踩制动踏板时,低压能上电,能正常工作,无故障码,高压不上电。故障波形如图 2-112 所示。

时基选择:0. 1 ms/格。

测量电压:5 V/格。

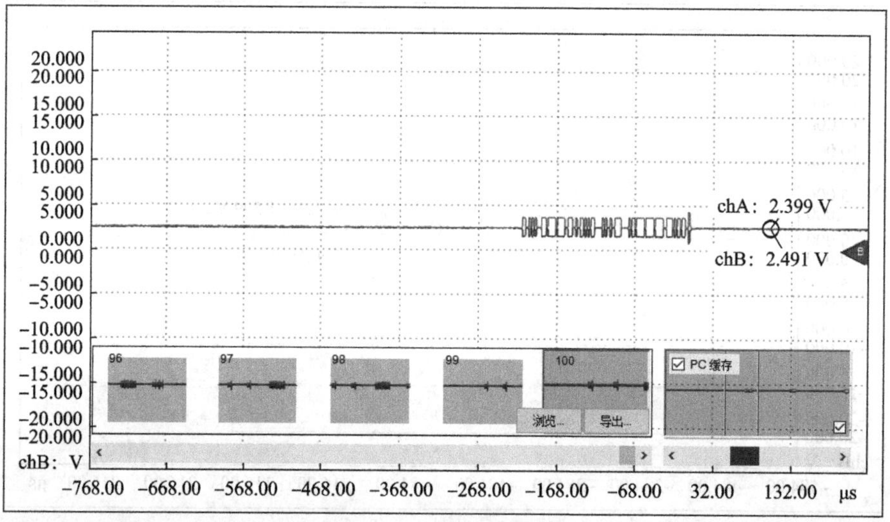

图 2-112　故障波形 3

④VCU 的 CA66A-H5(CAN-H)正常和 CA66A-G5(CAN-L)对 CA67C-J3 虚接 100 Ω,踩制动踏板时,不上电。故障波形如图 2-113 所示。

时基选择:0.1 ms/格。

测量电压:5 V/格。

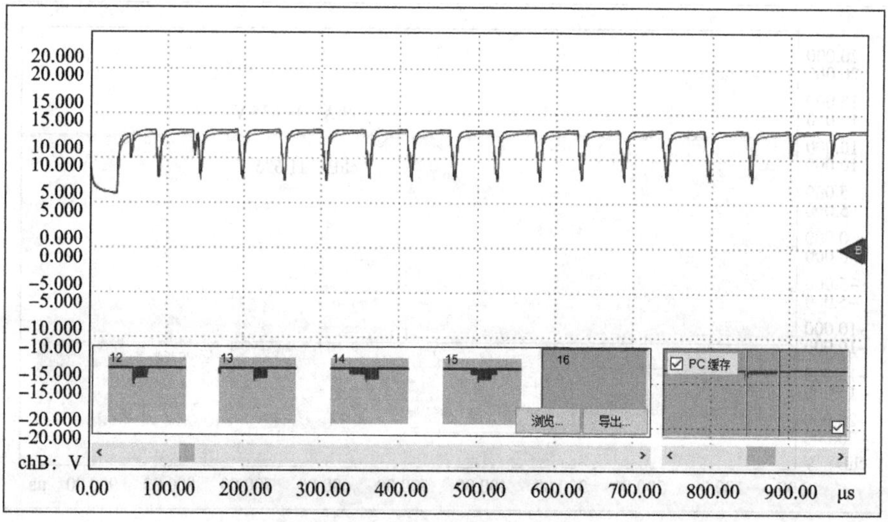

图 2-113　故障波形 4

⑤VCU 的 CA66A-H5(CAN-H)正常和 CA66A-G5(CAN-L)对 CA67C-J3 虚接 300 Ω,不踩制动踏板时,低压能上电,能正常工作,无故障码,高压不上电。故障波形如图 2-114 所示。

时基选择:0.1 ms/格。

测量电压:5 V/格。

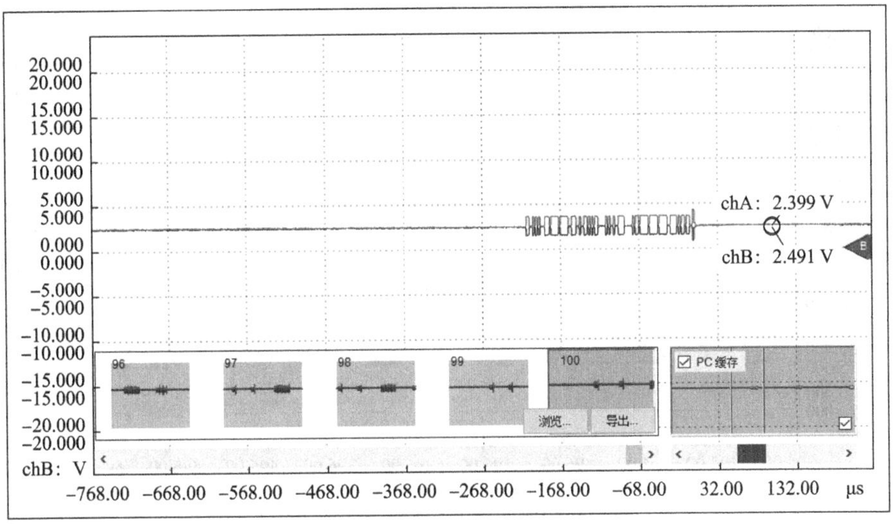

图 2-114 故障波形 5

⑥VCU 的 CA66A-H5(CAN-H)正常和 CA66A-G5(CAN-L)对 CA67C-J3 虚接 300 Ω,踩制动踏板时,低压能上电,能正常工作,有故障码,高压不上电。故障波形如图 2-115 所示。

时基选择:0. 1 ms/格。

测量电压:5 V/格。

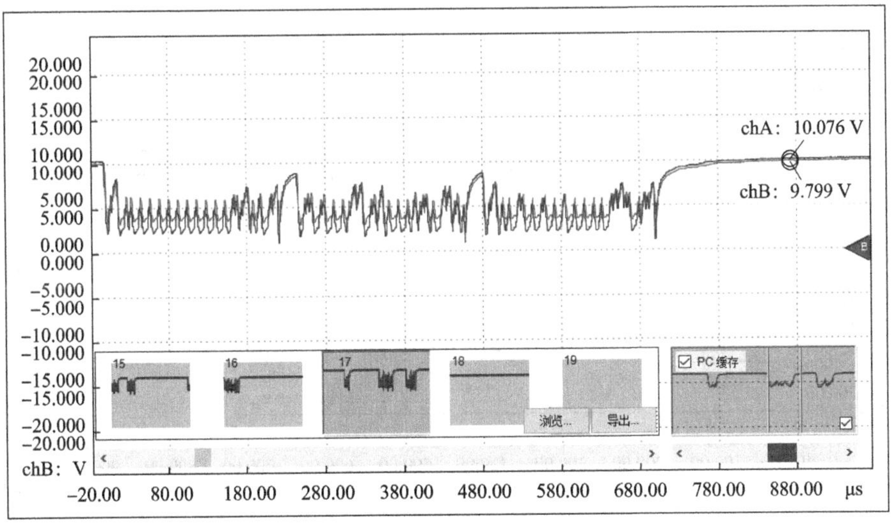

图 2-115 故障波形 6

⑦VCU 的 CA66A-H5(CAN-H)正常和 CA66A-G5(CAN-L)对 CA67C-J3 虚接 1 000 Ω,不踩制动踏板时,低压能上电,能正常工作,无故障码,高压不上电。故障波形如图 2-116 所示。

时基选择:0. 1 ms/格。

测量电压:5 V/格。

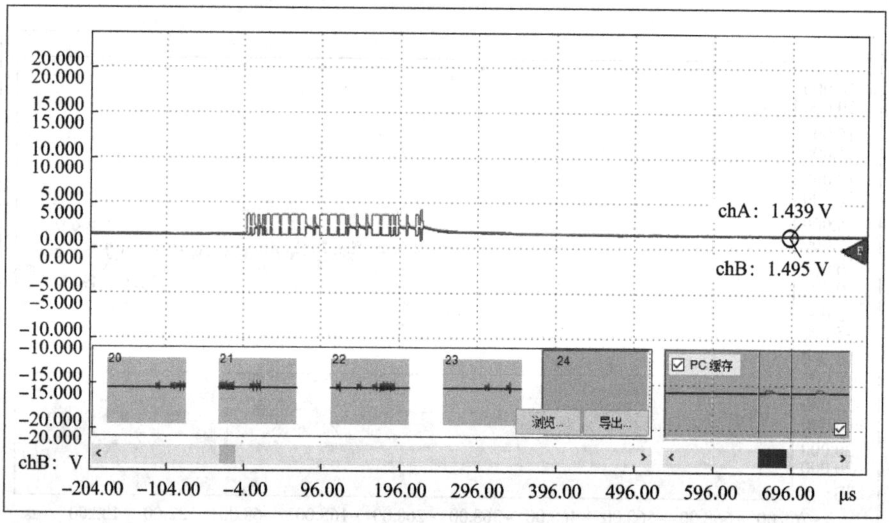

图 2-116　故障波形 7

⑧VCU 的 CA66A-H5(CAN-H)正常和 CA66A-G5(CAN-L)对 CA67C-J3 虚接 1 000 Ω,踩制动踏板时,低压能上电,能正常工作,无故障码,高压上电。故障波形如图 2-117 所示。

时基选择:0. 1 ms/格。

测量电压:5 V/格。

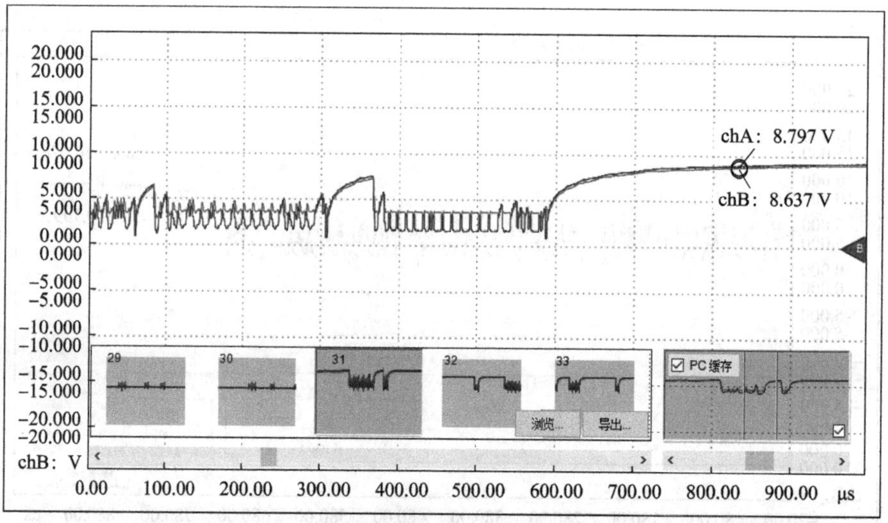

图 2-117　故障波形 8

(14)CA66A-H5(CAN-H)与 VCU 的 CA67C-G4(加速踏板信号 1)之间短路/虚接。

①VCU 的 CA66A-H5(CAN-H)对 VCU 的 CA67C-G4(加速踏板信号 1)短路和 CA66A-G5(CAN-L)正常时,不踩加速踏板高压不上电。故障波形如图 2-118 所示。

时基选择:0. 1 ms/格。

测量电压:5 V/格。

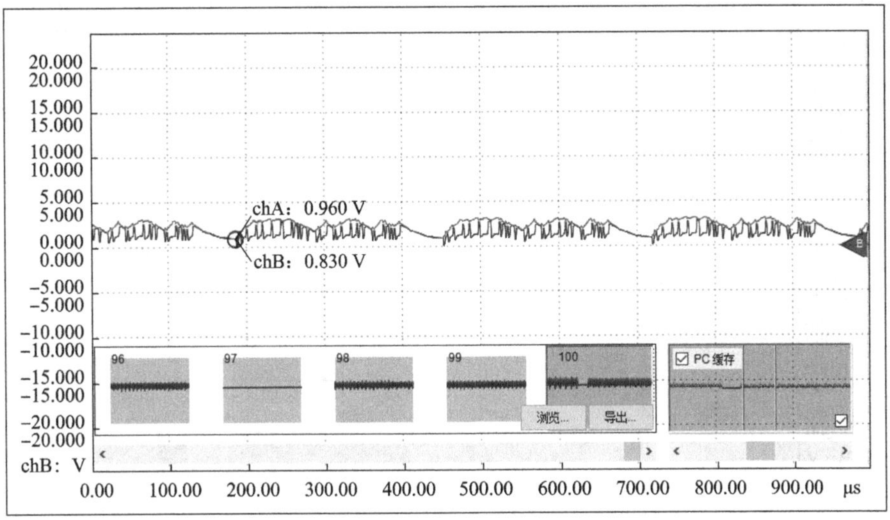

图 2-118　故障波形 9

②VCU 的 CA66A-H5(CAN-H)对 VCU 的 CA67C-G4(加速踏板信号 1)短路和 CA66A-G5(CAN-L)正常时,踩加速踏板到底高压不上电。故障波形如图 2-119 所示。

时基选择:0. 1 ms/格。

测量电压:2 V/格。

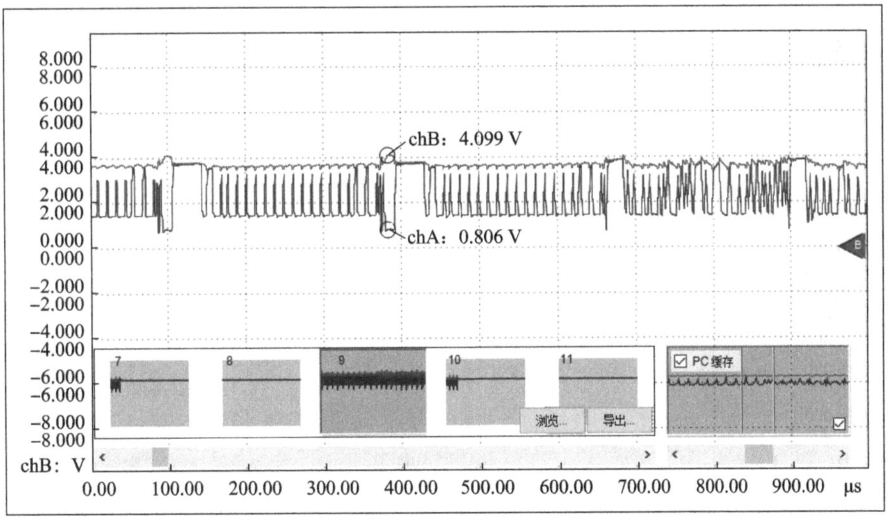

图 2-119　故障波形 10

③VCU 的 CA66A-H5(CAN-H)对 VCU 的 CA67C-G4(加速踏板信号 1)虚接 10 Ω,CA66A-G5(CAN-L)正常时,不踩加速踏板,高压上电,报功率受限故障。工作波形如图 2-120 所示。

时基选择:0. 1 ms/格。

测量电压:2 V/格。

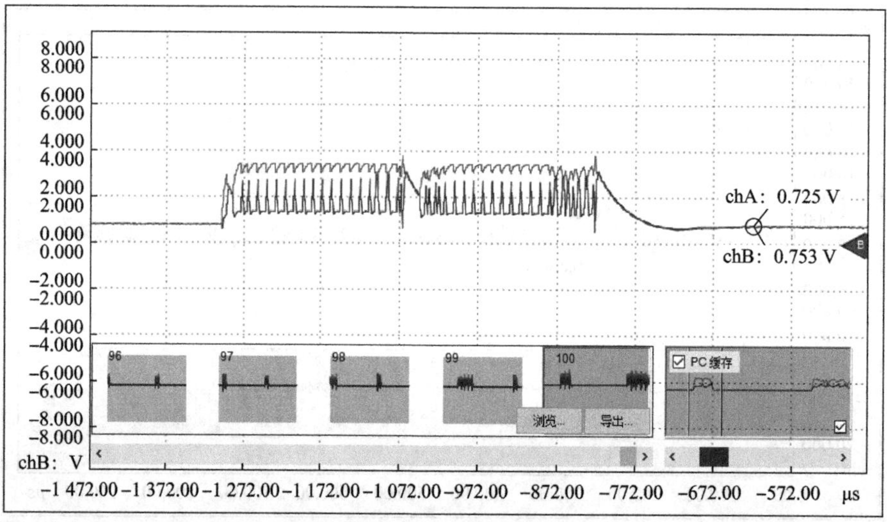

图 2-120 工作波形 1

④VCU 的 CA66A-H5(CAN-H)对 VCU 的 CA67C-G4(加速踏板信号 1)虚接 10 Ω 和 CA66A-G5(CAN-L)正常时,踩加速踏板到底高压上电,报功率受限故障。工作波形如图 2-121 所示。

时基选择:0.1 ms/格。

测量电压:2 V/格。

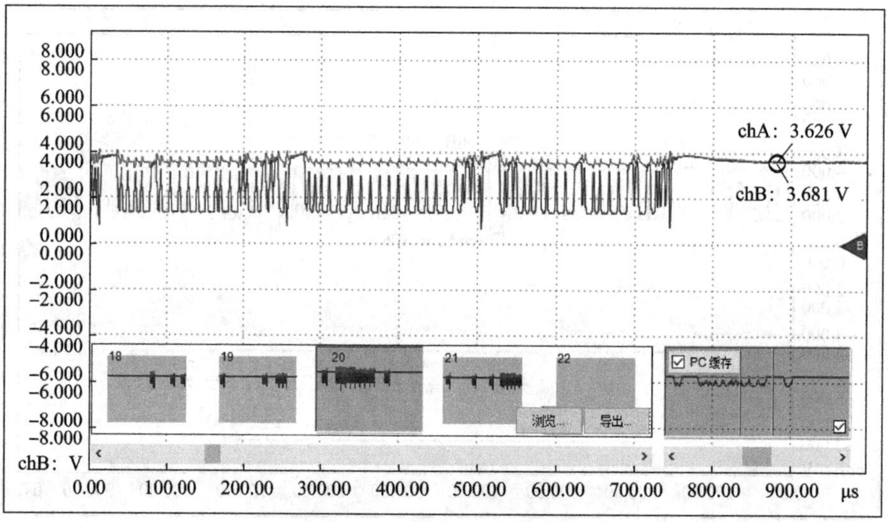

图 2-121 工作波形 2

⑤VCU 的 CA66A-H5(CAN-H)对 VCU 的 CA67C-G4(加速踏板信号 1)虚接 300 Ω 和 CA66A-G5(CAN-L)正常时,不踩加速踏板高压上电,正常。工作波形如图 2-122 所示。

时基选择:0.1 ms/格。

测量电压:2 V/格。

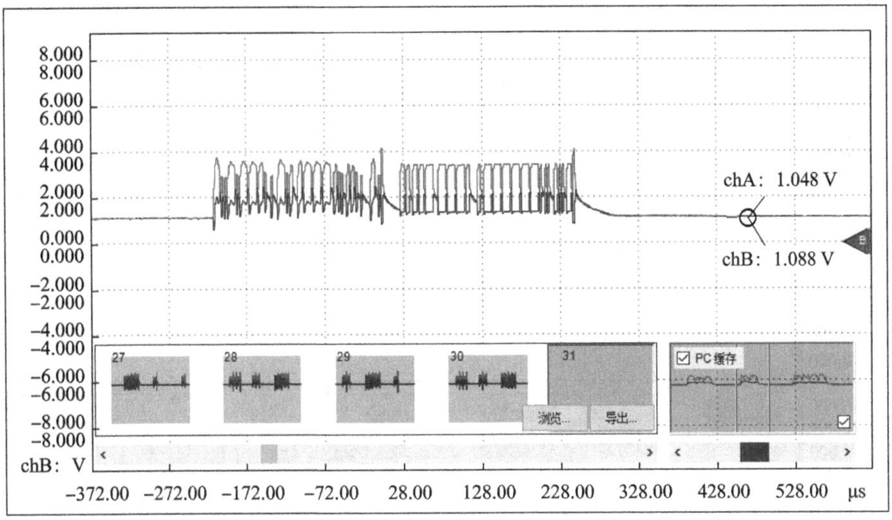

图 2-122　工作波形 3

⑥VCU 的 CA66A-H5(CAN-H)对 VCU 的 CA67C-G4(加速踏板信号 1)虚接 300 Ω 和 CA66A-G5(CAN-L)正常时,踩加速踏板到底高压上电,正常。工作波形如图 2-123 所示。

时基选择:0. 1 ms/格。

测量电压:2 V/格。

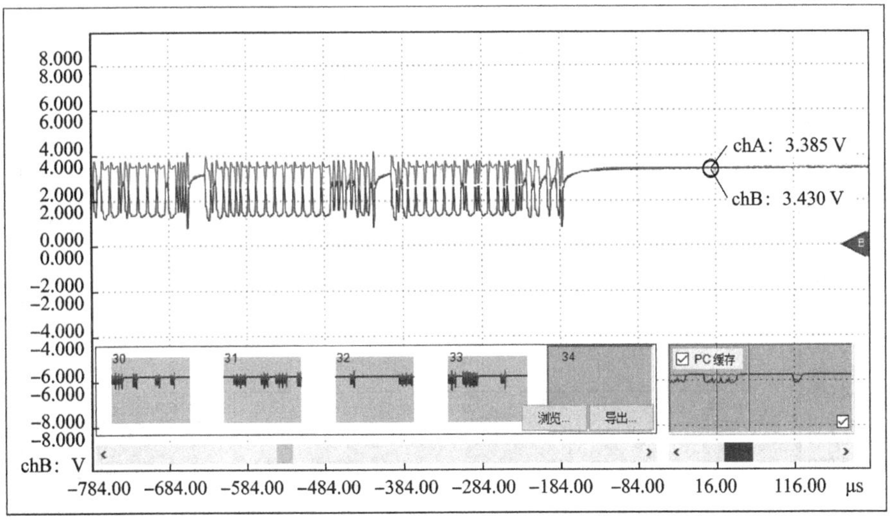

图 2-123　工作波形 4

(15)CA66A-G5(CAN-L)与 CA67C-G4(加速踏板信号 1)之间短路/虚接。

①VCU 的 CA66A-H5(CAN-H)正常,CA66A-G5(CAN-L)对 VCU 的 CA67C-G4(加速踏板信号 1)短路时,不踩加速踏板。工作波形如图 2-124 所示。

时基选择:0. 1 ms/格。

测量电压:2 V/格。

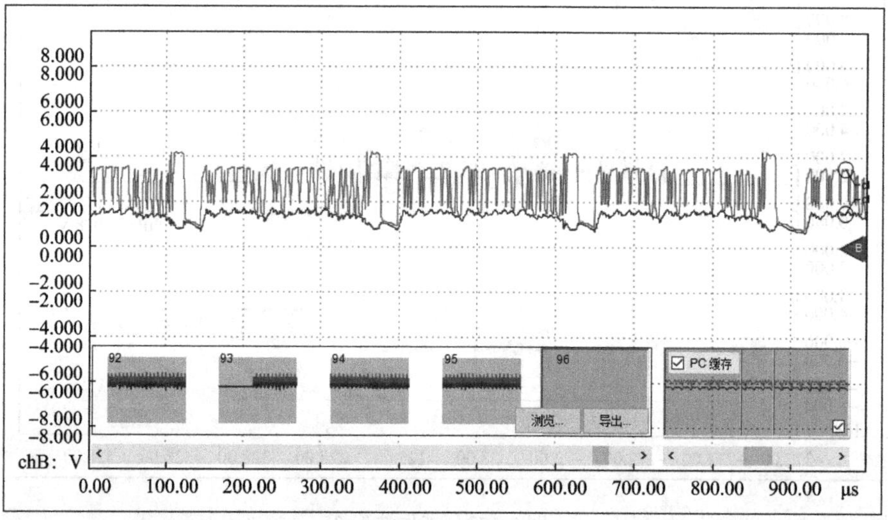

图 2-124　工作波形 5

②VCU 的 CA66A-H5(CAN-H)正常和 CA66A-G5(CAN-L)对 VCU 的 CA67C-G4(加速踏板信号 1)短路时,踩加速踏板到底,工作波形如图 2-125 所示。

时基选择:0.1 ms/格。

测量电压:2 V/格。

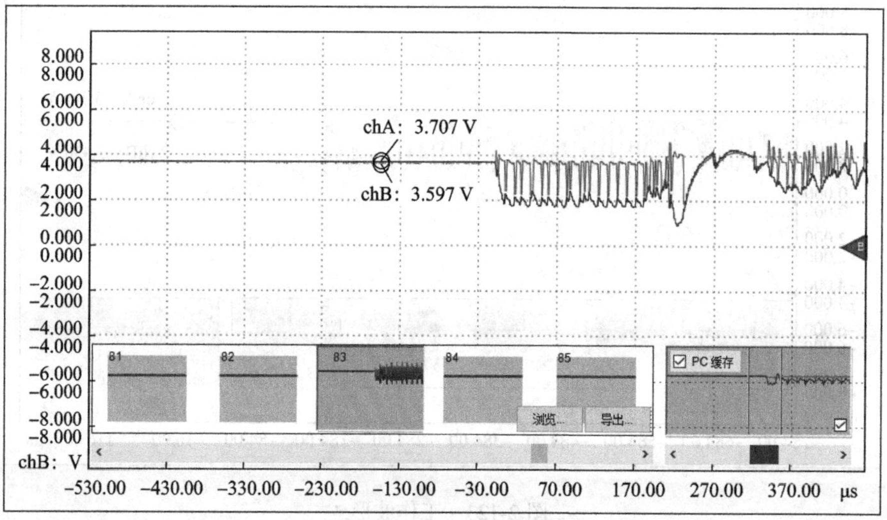

图 2-125　工作波形 6

③VCU 的 CA66A-H5(CAN-H)正常时和 CA66A-G5(CAN-L)对 VCU 的 CA67C-G4(加速踏板信号 1)虚接 10 Ω 时,不踩加速踏板,不上电。故障波形如图 2-126 所示。

时基选择:0.1 ms/格。

测量电压:2 V/格。

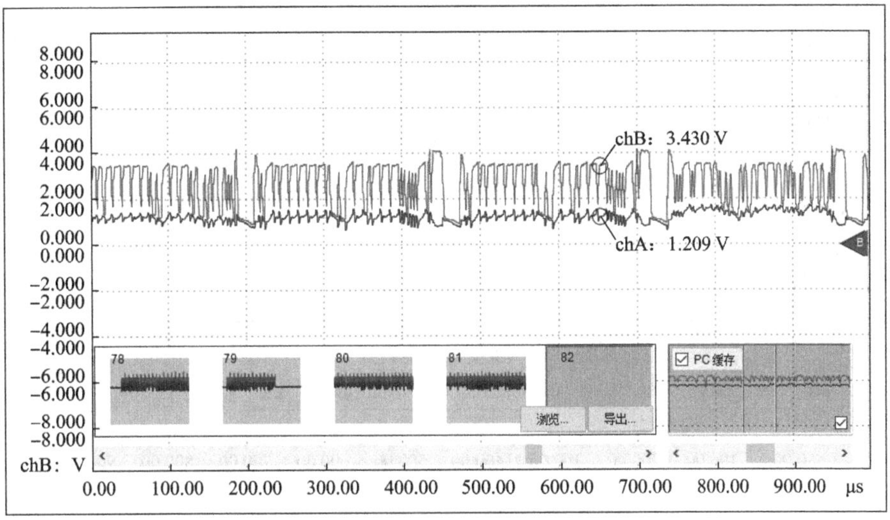

图 2-126　故障波形 1

④VCU 的 CA66A-H5(CAN-H)正常和 CA66A-G5(CAN-L)对 VCU 的 CA67C-G4(加速踏板信号 1)虚接 10 Ω 时,踩加速踏板到底,不上电。故障波形如图 2-127 所示。

时基选择:0. 1 ms/格。

测量电压:2 V/格。

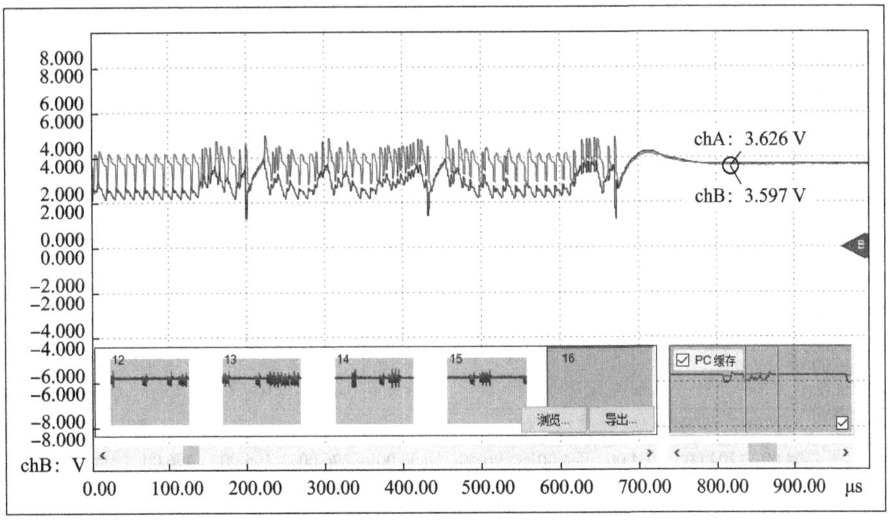

图 2-127　故障波形 2

⑤VCU 的 CA66A-H5(CAN-H)正常和 CA66A-G5(CAN-L)对 VCU 的 CA67C-G4(加速踏板信号 1)虚接 300 Ω 时,不踩加速踏板,可以上电。工作波形如图 2-128 所示。

时基选择:0. 1 ms/格。

测量电压:2 V/格。

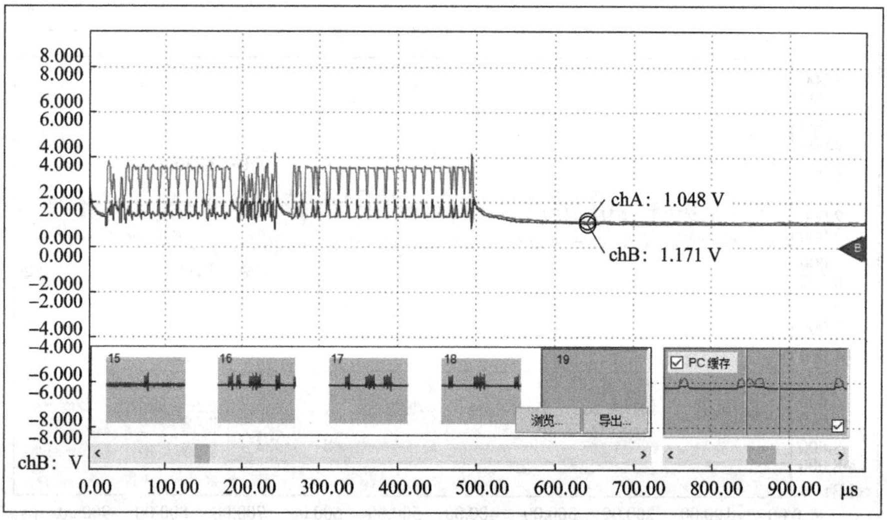

图 2-128　工作波形 1

⑥VCU 的 CA66A-H5(CAN-H)正常和 CA66A-G5(CAN-L)对 VCU 的 CA67C-G4(加速踏板信号 1)虚接 300 Ω 时,踩加速踏板到底,可以上电。工作波形如图 2-129 所示。

时基选择:0. 1 ms/格。

测量电压:2 V/格。

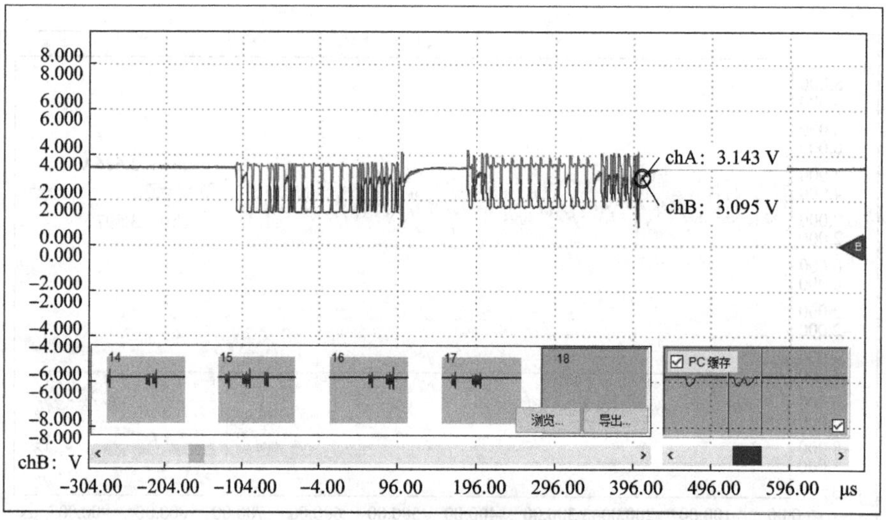

图 2-129　工作波形 2

(16)CA66A-H5(CAN-H)与 CA67C-D3(电子水泵控制信号)之间短接/虚接。

①VCU 的 CA66A-H5(CAN-H)对 VCU 的 CA67C-D3(电子水泵控制信号)短路和 CA66A-G5(CAN-L)正常时,不上电。故障波形如图 2-130 所示。

时基选择:0. 1 ms/格。

测量电压:2 V/格。

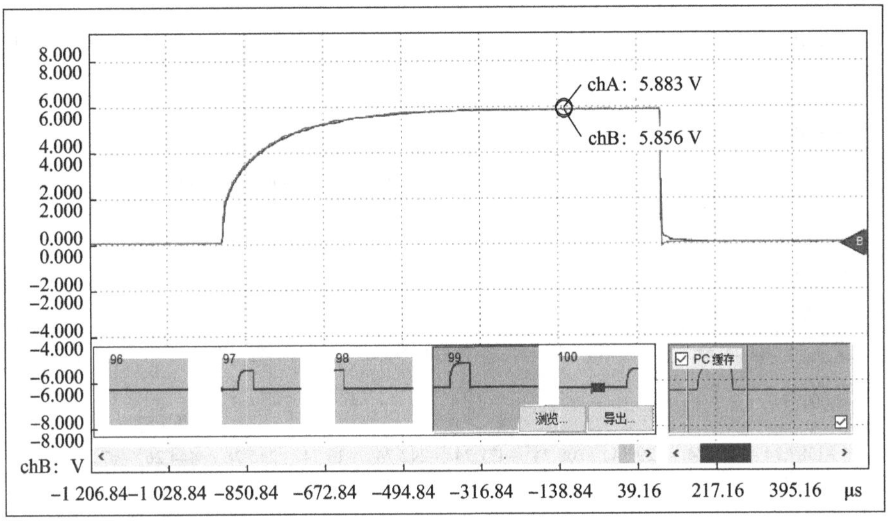

图 2-130　故障波形 1

②VCU 的 CA66A-H5(CAN-H)对 VCU 的 CA67C-D3 虚接 10 Ω 和 CA66A-G5(CAN-L)正常时，不上电。故障波形如图 2-131 所示。

时基选择:0. 1 ms/格。

测量电压:2 V/格。

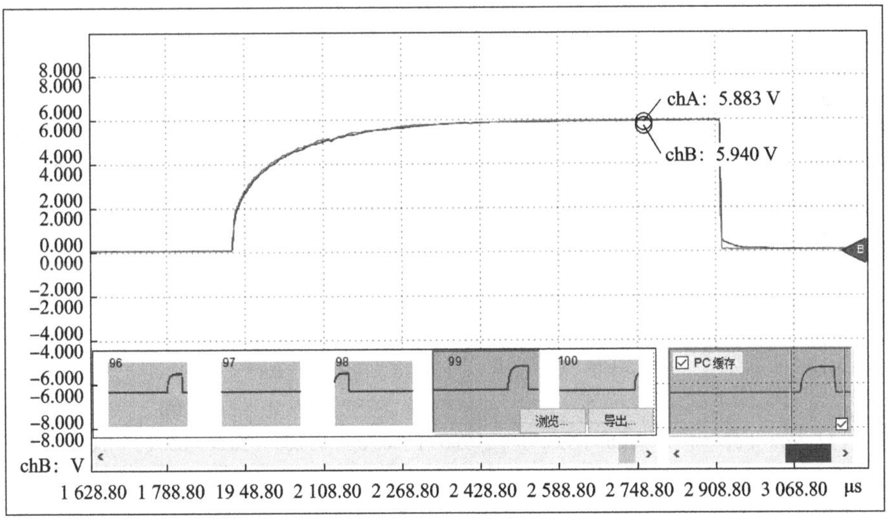

图 2-131　故障波形 2

③VCU 的 CA66A-H5(CAN-H)对 VCU 的 CA67C-D3 虚接 50 Ω 和 CA66A-G5(CAN-L)正常时，不上电。故障波形如图 2-132 所示。

时基选择:0. 1 ms/格。

测量电压:2 V/格。

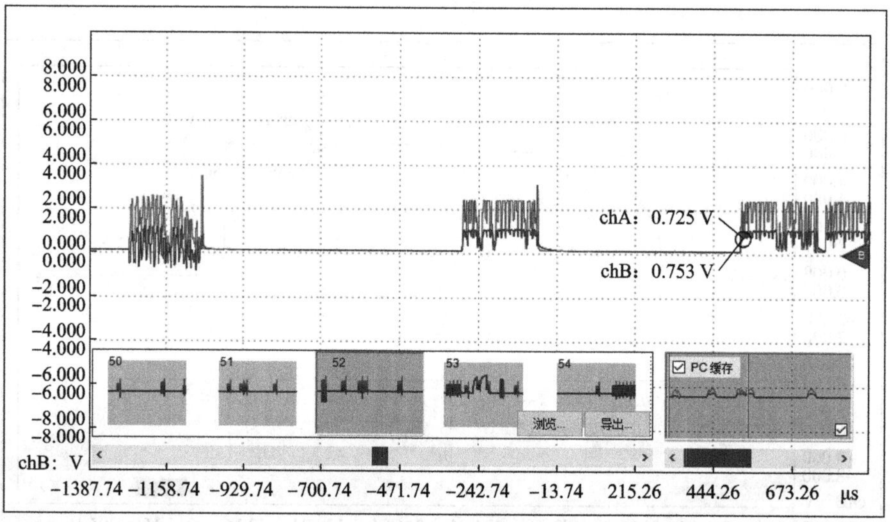

图 2-132　故障波形 3

④VCU 的 CA66A-H5(CAN-H)对 VCU 的 CA67C-D3 虚接 100 Ω 和 CA66A-G5(CAN-L)正常时,可以上电。工作波形如图 2-133 所示。

时基选择:0.1 ms/格。

测量电压:2 V/格。

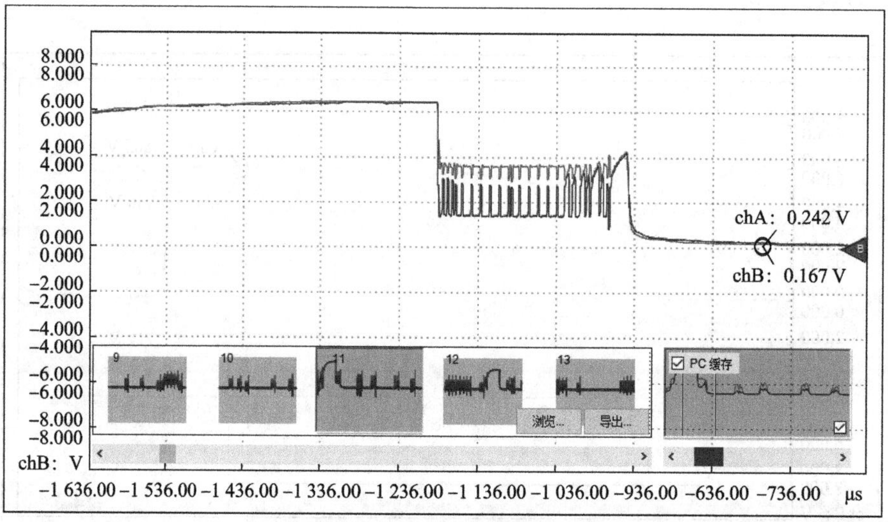

图 2-133　工作波形

(17)CA66A-G5(CAN-L)与 VCU 的 CA67C-D3(电子水泵控制信号)之间短路/虚接。

①VCU 的 CA66A-H5(CAN-H)正常和 CA66A-G5(CAN-L)对 VCU 的 CA67C-D3(电子水泵控制信号)短路时,不上电。故障波形如图 2-134 所示。

时基选择:0.1 ms/格。

测量电压:2 V/格。

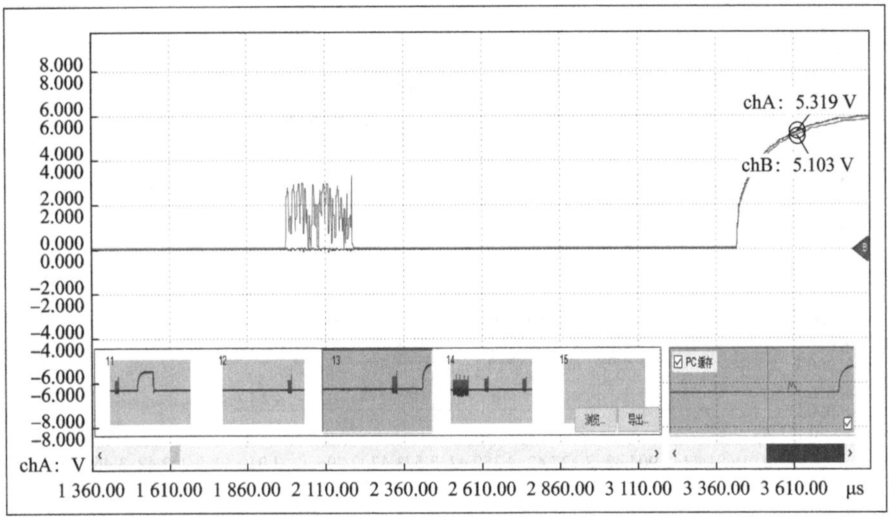

图 2-134 故障波形 1

②VCU 的 CA66A-H5(CAN-H)正常和 CA66A-G5(CAN-L)对 VCU 的 CA67C-D3 虚接 10 Ω 时，不上电。故障波形如图 2-135 所示。

时基选择:0. 1 ms/格。

测量电压:2 V/格。

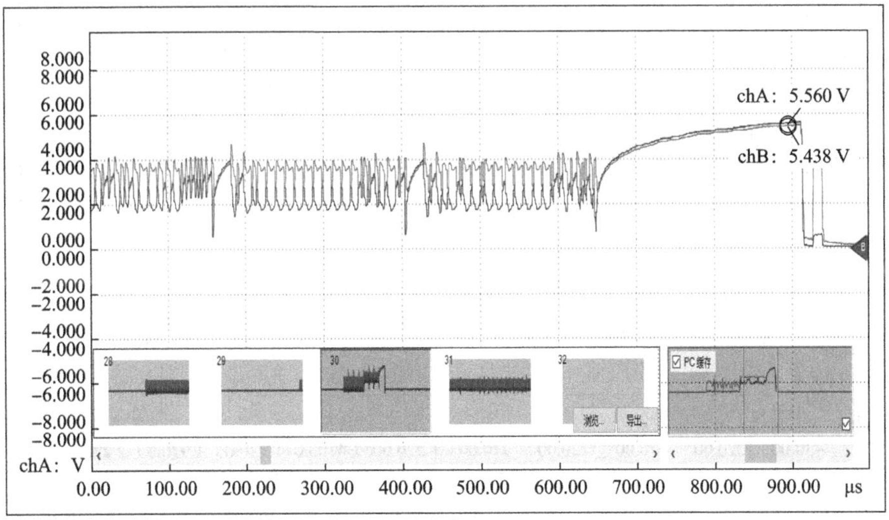

图 2-135 故障波形 2

③VCU 的 CA66A-H5(CAN-H)正常和 CA66A-G5(CAN-L)对 VCU 的 CA67C-D3 虚接 50 Ω 时，不上电。故障波形如图 2-136 所示。

时基选择:0. 1 ms/格。

测量电压:2 V/格。

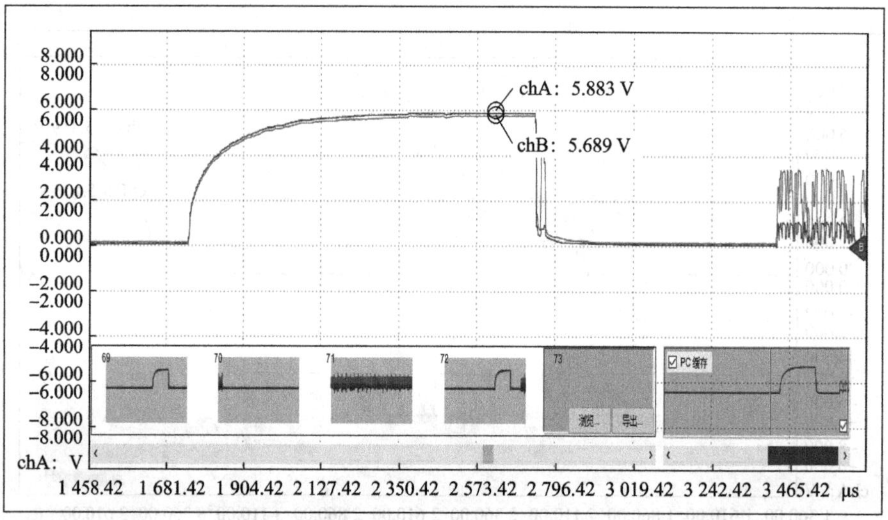

图 2-136 故障波形 3

④VCU 的 CA66A-H5(CAN-H)正常和 CA66A-G5(CAN-L)对 VCU 的 CA67C-D3 虚接 100 Ω 时,不上电。故障波形如图 2-137 所示。

时基选择:0.1 ms/格。

测量电压:2 V/格。

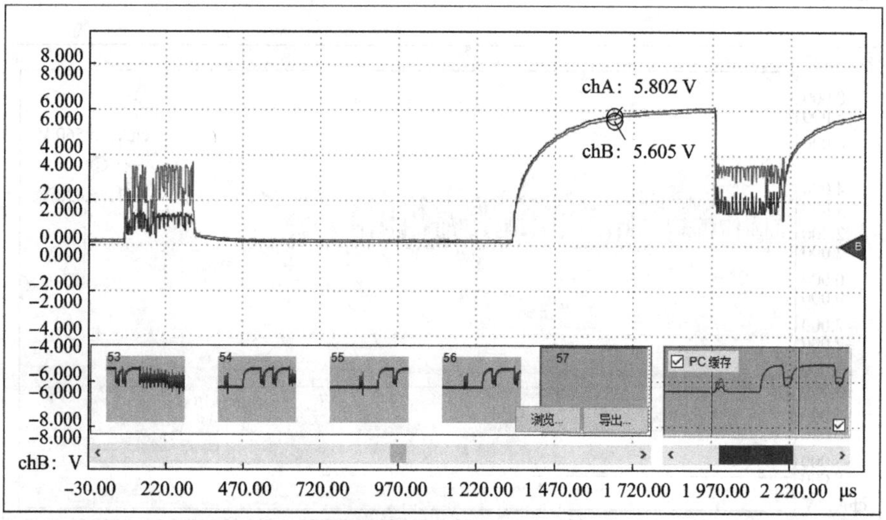

图 2-137 故障波形 4

三、CAN 总线其他可设置故障列表

CAN 总线其他可设置故障如下:

①ODP 线束连接器 CA119-B4(HBCAN-L)线路断路;

②ODP 线束连接器 CA119-A4(HBCAN-H)线路断路;

③BMSCA69-4(HBCAN-L)线路断路;

④VCU 模块线束连接器 CA66A-G5(HBCAN-L)线路断路;

⑤VCU 模块线束连接器 CA66A-J4(CSCAN-L)线路断路;

⑥VCU 模块线束连接器 BV11A-7(HBCAN-H)线路断路;

⑦VCU 模块线束连接器 BV11A-6(IB 私有 CAN-H)线路断路。

任务 6　高压互锁故障造成不上高压电故障诊断与排除

一、整车高压互锁

整车高压互锁(high-voltage interlock, HVIL)是电动汽车(EV)和插电式混合动力汽车(PHEV)中的一个重要安全特性。它确保在高压系统操作期间,车辆的高压部分与车身或地之间保持电气隔离。高压互锁系统是一种安全机制,用于确保电动汽车在维护或维修时,高压电气系统与车辆的底盘或车身之间保持隔离。这是通过监测高压回路中的连续性来实现的,如果检测到断路,系统将自动切断电源,防止电气故障或触电事故。

二、吉利几何 VCU 的 CA67C-C1(高压互锁输出信号)与 ODP 的 CA119-C4(高压互锁输入信号)故障分析

吉利几何 VCU 的 CA67C-C1(高压互锁输出信号)与 ODP 的 CA119-C4(高压互锁输入信号)可设故障见表 2-15。

表 2-15　CA67C-C1 与 ODP 的 CA119-C4 可设故障表

序号	可设故障部位	故障性质
1	线路之间	断路、虚接
2	与接地之间	短路、虚接
3	与 12 V 之间	短路、虚接
4	与 CA66A-K4(CSCAN-H)之间	短路、虚接
5	与 CA66A-J4(CSCAN-L)之间	短路、虚接
6	与 CA67C-J3(制动灯常开信号)之间	短路、虚接
7	与 CA67C-F2(制动灯常闭信号)之间	短路、虚接
8	与 CA67C-F4(加速踏板的信号线 2)之间	短路、虚接

对吉利几何 VCU 的 CA67C-C1(高压互锁输出信号)与 ODP 的 CA119-C4(高压互锁输入信号)可设故障诊断及波形分析如下。

1. 正常工作波形

在正常工作时为电压和时基重叠的方波。正常波形如图 2-138 所示。

时基选择:10 ms/格。

测量电压:5 V/格。

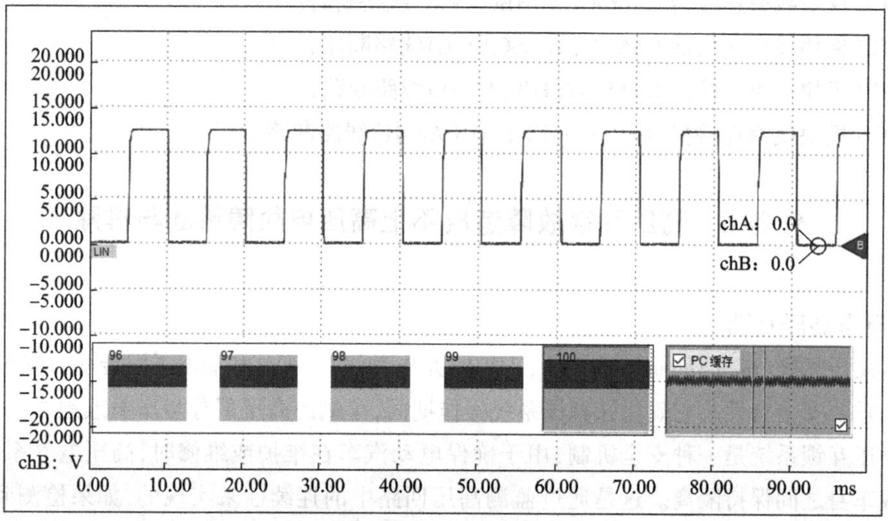

图 2-138 正常波形

2. ODP 的 CA119-C4(高压互锁输入信号)断路

VCU 的 CA67C-C1(高压互锁输出信号)端线路正常,CA67C-C1(高压互锁输出信号)端信号波形变短,CA119-C4 的端电压变为蓄电池电压,不能上高压电。故障波形如图 2-139 所示。

时基选择:10 ms/格。

测量电压:5 V/格。

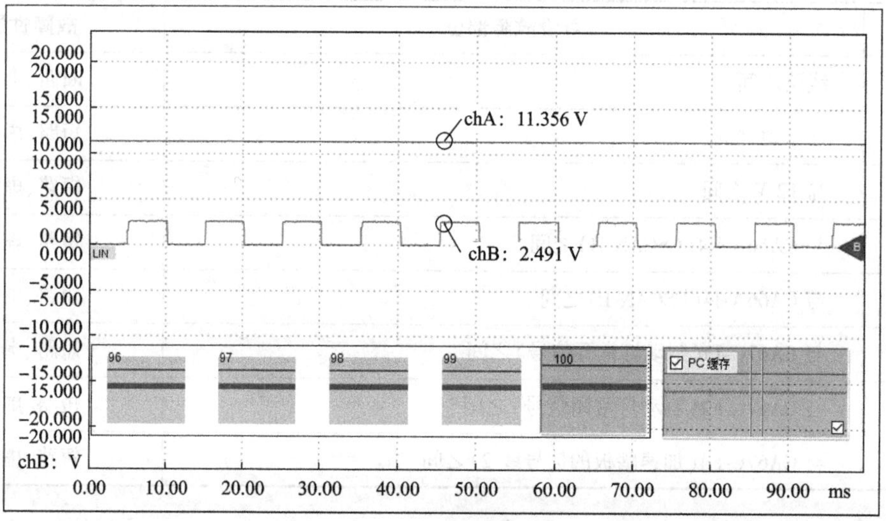

图 2-139 故障波形

3. ODP 的 CA119-C4(高压互锁输入信号)线路之间虚接 500 Ω

VCU 的 CA67C-C1(高压互锁输出信号)正常,CA119-C4 的波形变短,仍为方波,最低电压为 0. 1 V,波形及最高电压与 CA67C-C1 相同,可以上高压电。工作波形如图 2-140 所示。

时基选择:10 ms/格。

测量电压:5 V/格。

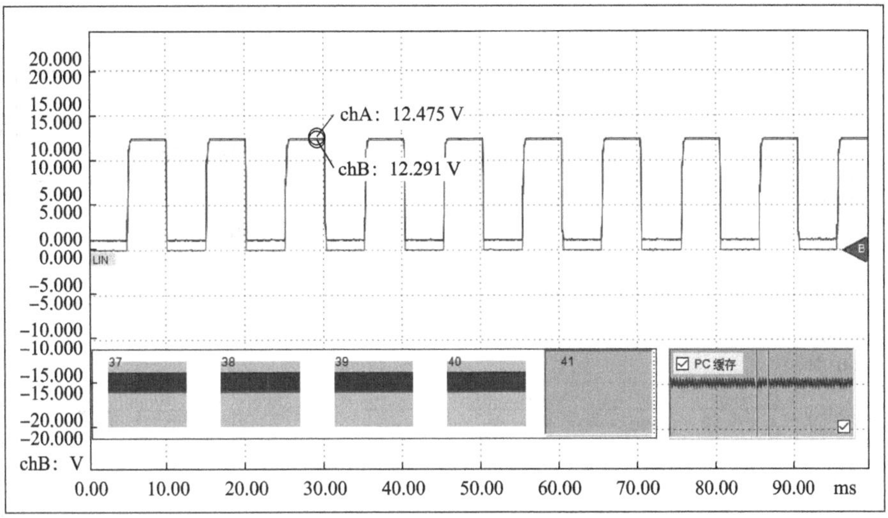

图 2-140　工作波形 1

4. ODP 的 CA119-C4（高压互锁输入信号）线路之间虚接 1 000 Ω

VCU 的 CA67C-C1（高压互锁输出信号）正常，CA119-C4 的波形变短，仍为方波，最低电压为 2.079 V，波形及最高电压与 CA67C-C1 相同，可以上高压电。工作波形如图 2-141 所示。

时基选择：10 ms/格。

测量电压：5 V/格。

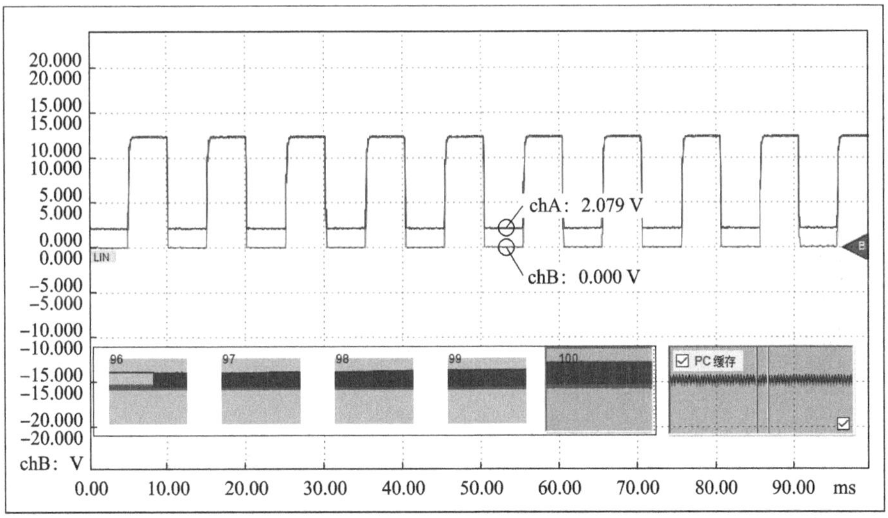

图 2-141　工作波形 2

5. ODP 的 CA119-C4（高压互锁输入信号）线路之间虚接 100 kΩ

VCU 的 CA67C-C1（高压互锁输出信号）线路正常，在 CA119-C4（高压互锁输入信号）线路之间虚接 100 kΩ，其相当于断路，CA119-C4 端波形变为一条直线，CA67C-C1（高压互锁输出信号）端信号波形变短，不能上高压电。故障波形如图 2-142 所示。

时基选择：10 ms/格。

测量电压:5 V/格。

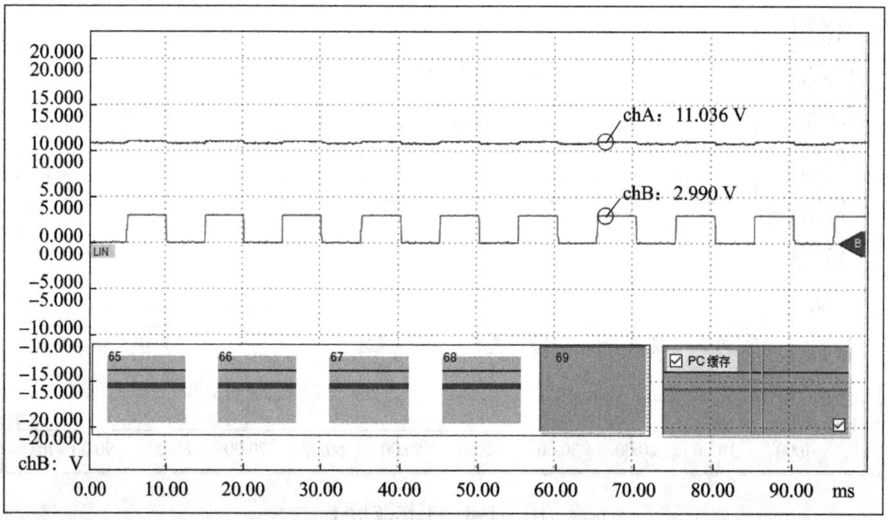

图 2-142　故障波形 1

6. ODP 的 CA119-C4(高压互锁输入信号)线路之间虚接 200 kΩ

VCU 的 CA67C-C1(高压互锁输出信号)线路正常,在 CA119-C4(高压互锁输入信号)线路之间虚接 200 kΩ,由于虚接电阻分压,造成 CA119-C4 端波形变短,CA67C-C1(高压互锁输出信号)端信号波形也变短,不能上高压电。故障波形如图 2-143 所示。

时基选择:10 ms/格。

测量电压:5 V/格。

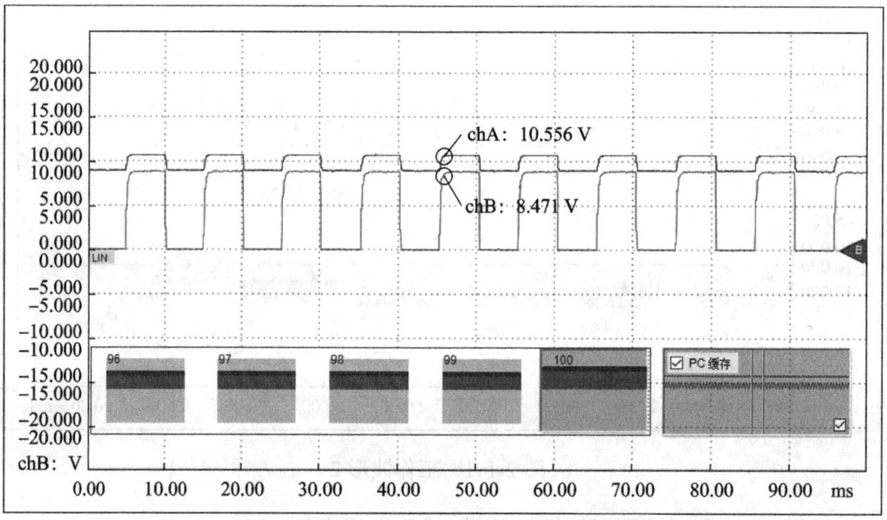

图 2-143　故障波形 2

7. ODP 的 CA119-C4(高压互锁输入信号)对地之间短路/虚接

(1)短路

VCU 的 CA67C-C1(高压互锁输出信号)线路正常,CA119-C4 对地短路,CA119-C4 与 CA67C-C1

端信号波形变为 0 V 直线,不能上高压电。故障波形如图 2-144 所示。

时基选择:10 ms/格。

测量电压:5 V/格。

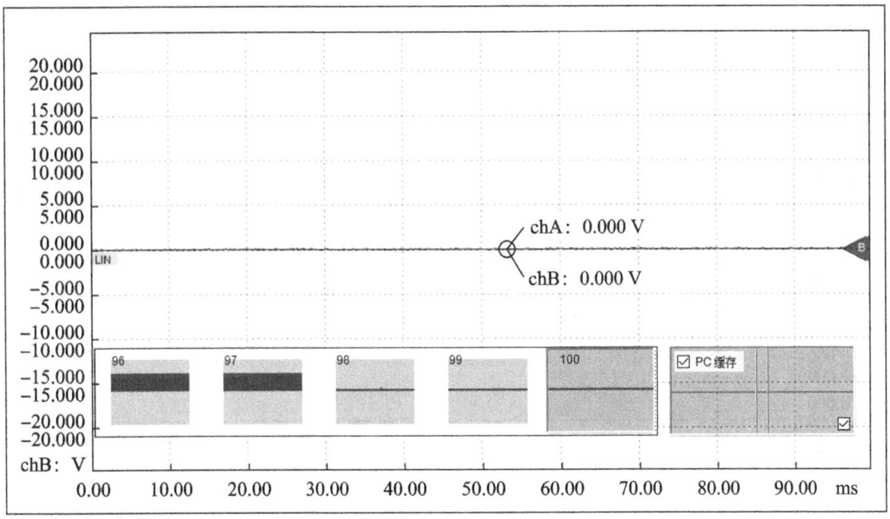

图 2-144　故障波形 3

(2)虚接

①ODP 的 CA119-C4(高压互锁输入信号)线路之间虚接 10 Ω。

VCU 的 CA67C-C1(高压互锁输出信号)线路正常,CA119-C4 线路之间虚接 10 Ω,CA119-C4 与 CA67C-C1 端信号波形变为 0 V 直线,不能上高压电。故障波形如图 2-145 所示。

时基选择:10 ms/格。

测量电压:5 V/格。

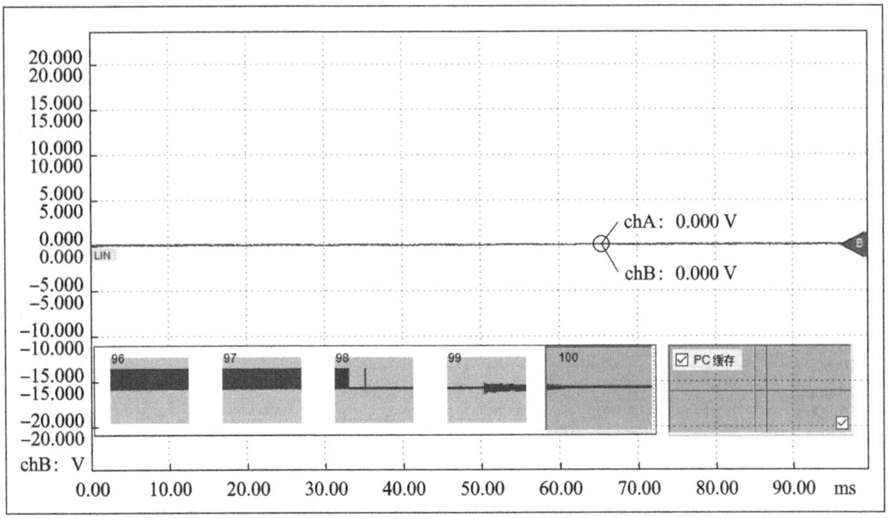

图 2-145　故障波形 4

②ODP 的 CA119-C4(高压互锁输入信号)线路之间虚接 50 Ω。

VCU 的 CA67C-C1(高压互锁输出信号)线路正常,CA119-A4 线路之间虚接 50 Ω,CA119-C4 与 CA67C-C1 端信号波形变为 0.1 V 曲线,不能上高压电。故障波形如图 2-146 所示。

时基选择:10 ms/格。

测量电压:5 V/格。

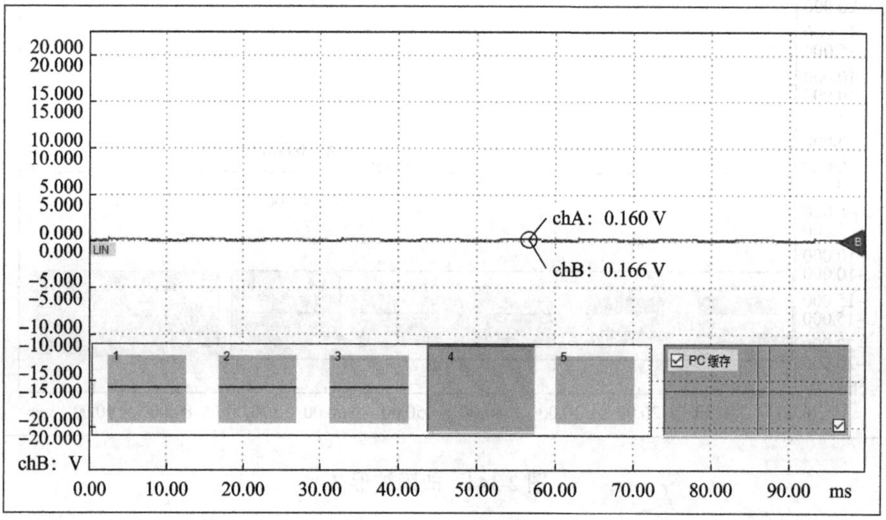

图 2-146 故障波形 5

③ODP 的 CA119-C4(高压互锁输入信号)线路之间虚接 100 Ω。

VCU 的 CA67C-C1(高压互锁输出信号)线路正常,CA119-C4 线路之间虚接 100 Ω,CA119-C4 与 CA67C-C1 端信号波形变为 0～0.3 V 的短方波,不能上高压电。故障波形如图 2-147 所示。

时基选择:10 ms/格。

测量电压:5 V/格。

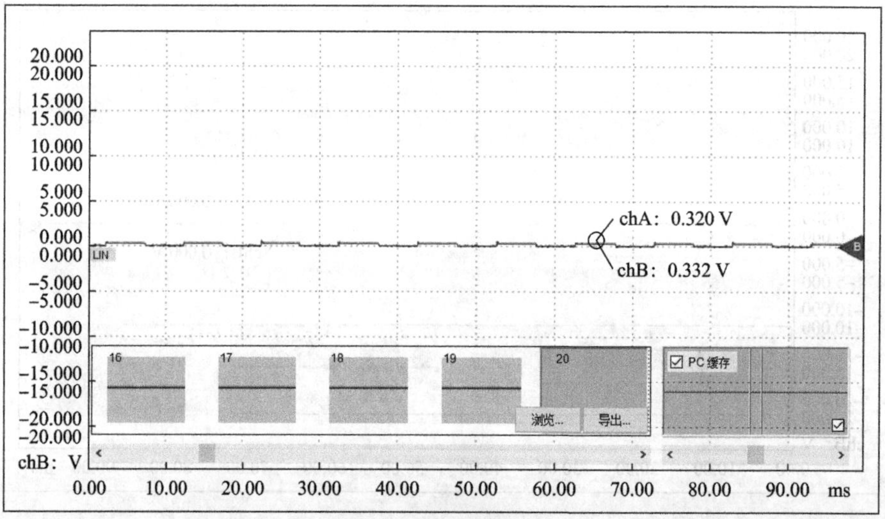

图 2-147 故障波形 6

④ODP 的 CA119-C4(高压互锁输入信号)线路之间虚接 500 Ω。

VCU 的 CA67C-C1(高压互锁输出信号)线路正常,CA119-C4 线路之间虚接 500 Ω,CA119-C4 与 CA67C-C1 端信号波形变为 0～0.9 V 的短方波,不能上高压电。故障波形如图 2-148 所示。

时基选择:10 ms/格。

测量电压:5 V/格。

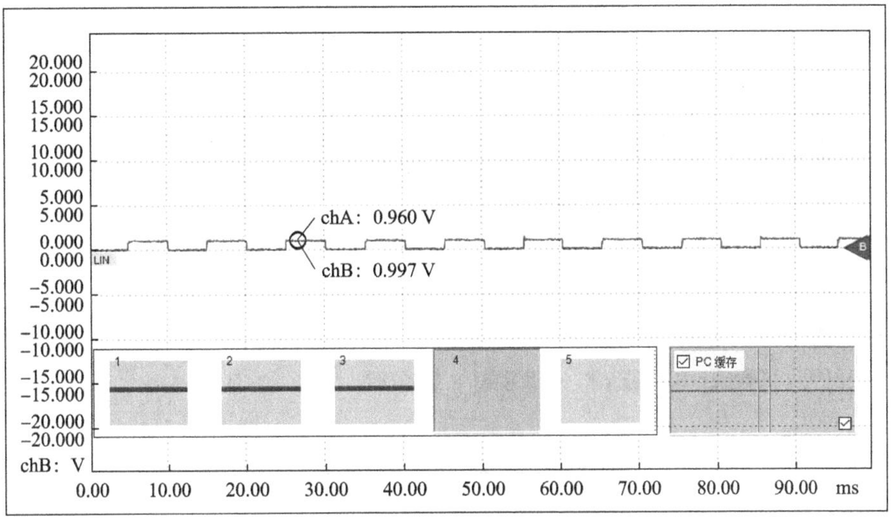

图 2-148　故障波形 7

⑤ODP 的 CA119-C4(高压互锁输入信号)线路之间虚接 1 000 Ω。

VCU 的 CA67C-C1(高压互锁输出信号)线路正常,CA119-C4 线路之间虚接 1 000 Ω,CA119-C4 与 CA67C-C1 端信号波形变为 0～2.1 V 的短方波,不能上高压电。故障波形如图 2-149 所示。

时基选择:10 ms/格。

测量电压:5 V/格。

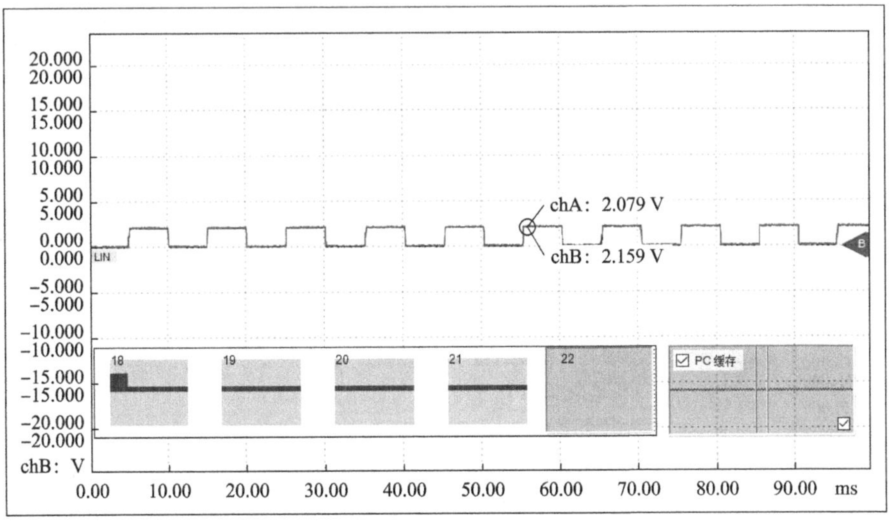

图 2-149　故障波形 8

⑥ODP 的 CA119-C4(高压互锁输入信号)线路之间虚接 100 kΩ。

VCU 的 CA67C-C1(高压互锁输出信号)线路正常,CA119-C4 线路之间虚接 100 kΩ,CA119-C4 与 CA67C-C1 端信号波形正常,可以上高压电。工作波形如图 2-150 所示。

时基选择:10 ms/格。

测量电压:5 V/格。

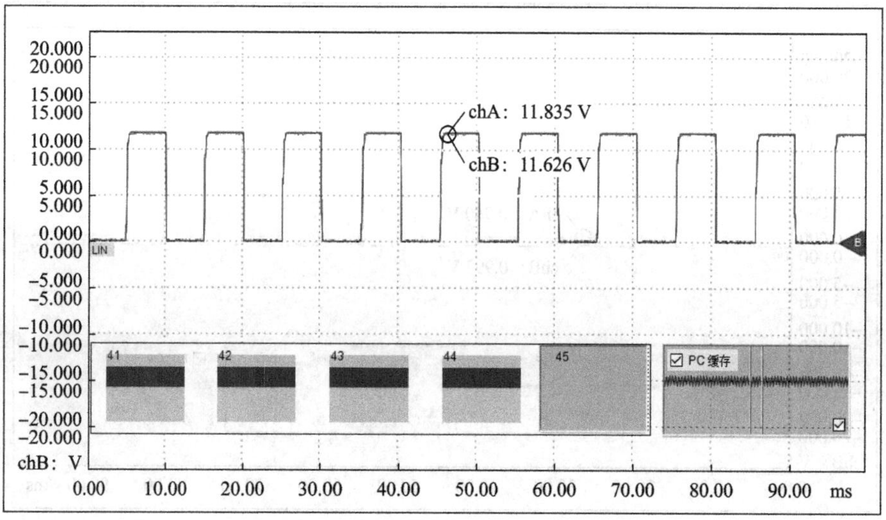

图 2-150 工作波形

8. ODP 的 CA119-C4(高压互锁输入信号)线路对 12 V 之间短接/虚接

①CA119-C4 线路之间对 12 V 短路,VCU 的 CA67C-C1(高压互锁输出信号)线路正常,CA119-C4 与 CA67C-C1 端信号波形变为蓄电池电压的直线,不能上高压电。故障波形如图 2-151 所示。

时基选择:10 ms/格。

测量电压:5 V/格。

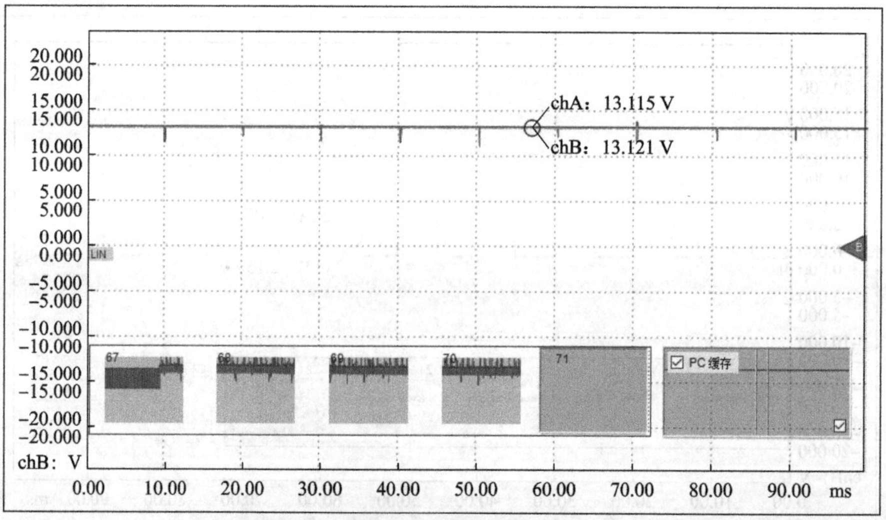

图 2-151 故障波形

②CA119-C4 线路之间对 12 V 虚接 10 Ω，VCU 的 CA67C-C1（高压互锁输出信号）线路正常，CA119-C4 与 CA67C-C1 端信号波形正常，可以上高压电。工作波形如图 2-152 所示。

时基选择：10 ms/格。

测量电压：5 V/格。

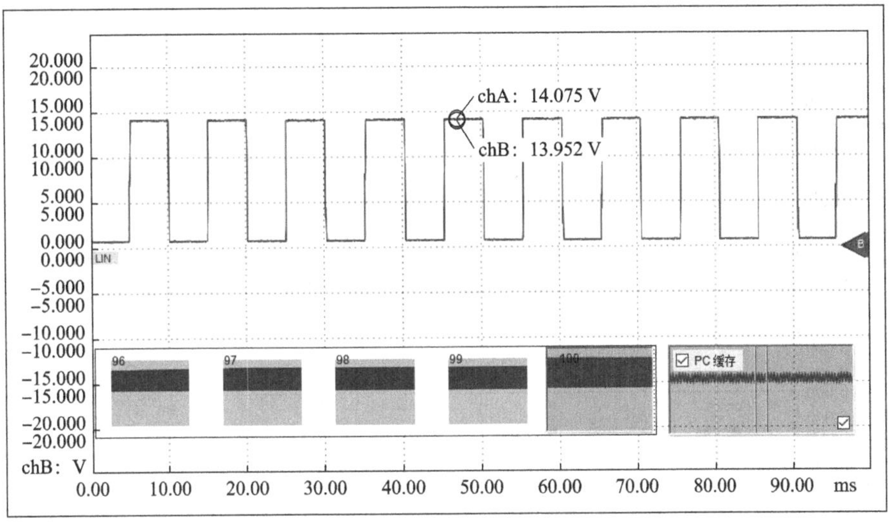

图 2-152　工作波形

9. **ODP 的 CA119-C4（高压互锁输入信号）线路与 CA66A-K4（CSCAN-H）之间短路/虚接**

①CA119-C4 线路之间对 CA66A-K4（CSCAN-H）之间短路，VCU 的 CA67C-C1（高压互锁输出信号）线路正常，雨刮自动动作，CA119-C4 与 CA67C-C1 端信号波形变短，不能上高压电。故障波形如图 2-153 所示。

时基选择：2 ms/格。

测量电压：5 V/格。

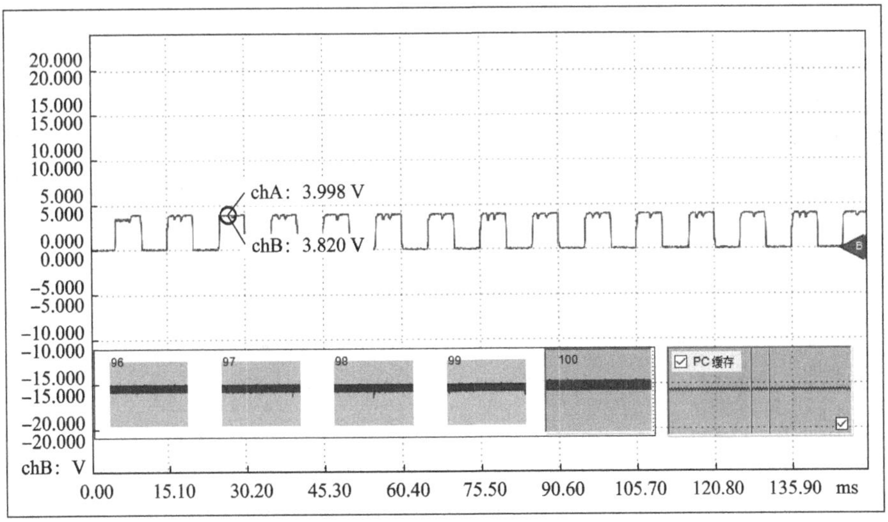

图 2-153　故障波形 1

②CA119-C4 线路之间对 CA66A-K4(CSCAN-H)之间虚接 10 Ω,VCU 的 CA67C-C1(高压互锁输出信号)线路正常,雨刮自动动作,CA119-C4 与 CA67C-C1 端信号波形变短,不能上高压电。故障波形如图 2-154 所示。

时基选择:2 ms/格。

测量电压:5 V/格。

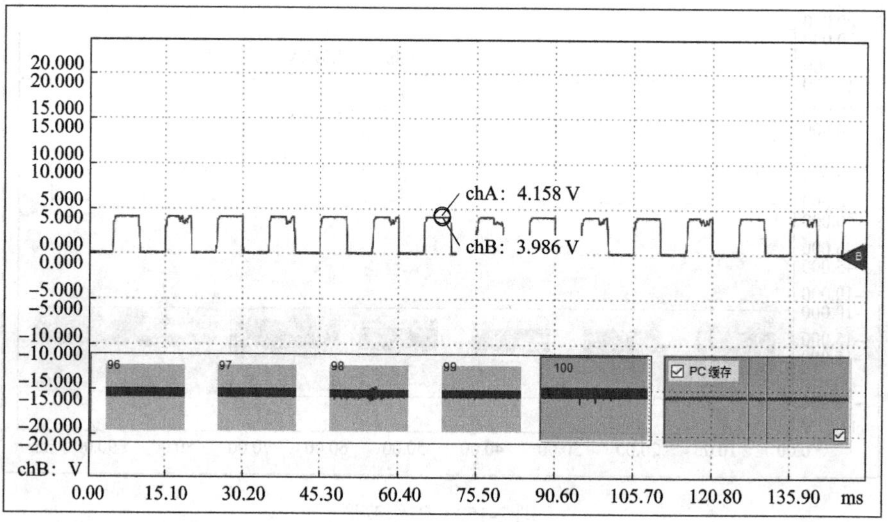

图 2-154　故障波形 2

③CA119-C4 线路之间对 CA66A-K4(CSCAN-H)之间虚接 50 Ω,VCU 的 CA67C-C1(高压互锁输出信号)线路正常,雨刮自动动作,CA119-C4 与 CA67C-C1 端信号波形变短,可以上高压电。工作波形如图 2-155 所示。

时基选择:2 ms/格。

测量电压:5 V/格。

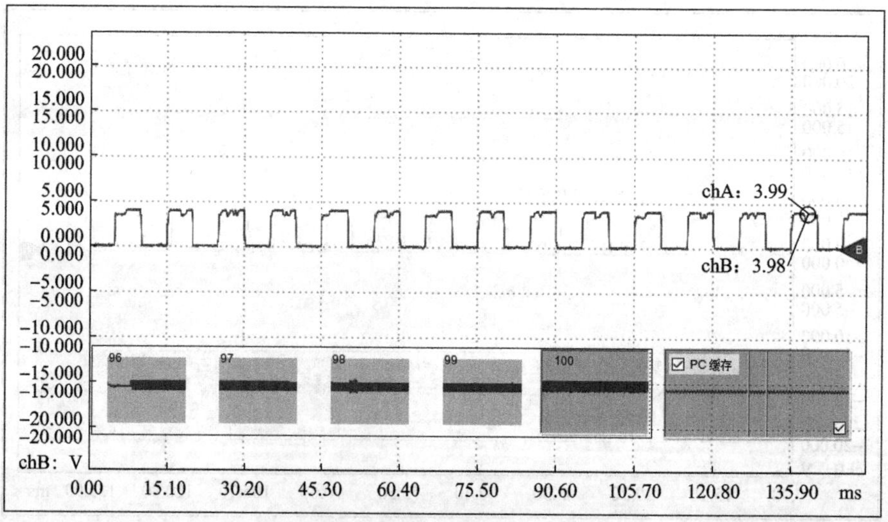

图 2-155　工作波形 1

10. ODP 的 CA119-C4(高压互锁输入信号)线路与 CA66A-J4(CSCAN-L)之间

①CA119-C4 线路之间对 CA66A-J4(CSCAN-L)之间虚接 10 Ω,VCU 的 CA67C-C1(高压互锁输出信号)线路正常,雨刮自动动作,CA119-C4 与 CA67C-C1 端信号波形变短,可以上高压电。工作波形如图 2-156 所示。

时基选择:2 ms/格。

测量电压:5 V/格。

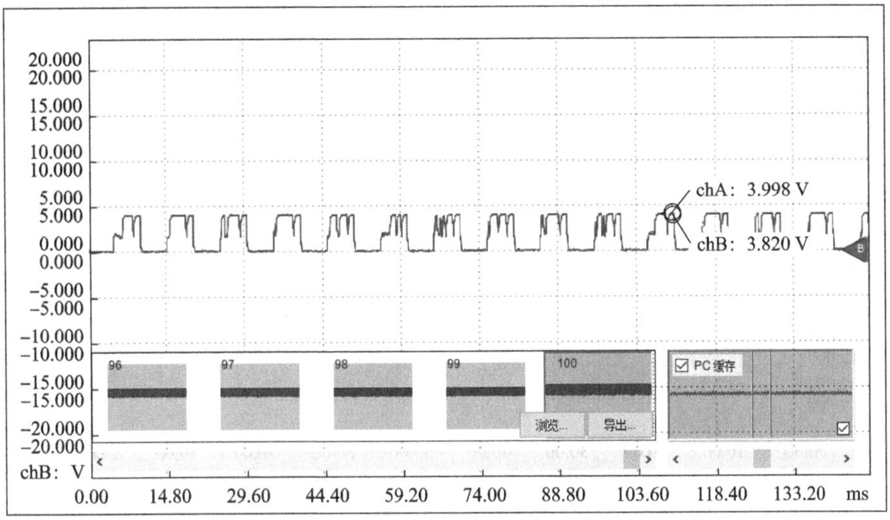

图 2-156　工作波形 2

②CA119-C4 线路之间对 CA66A-J4(CSCAN-L)之间虚接 50 Ω,VCU 的 CA67C-C1(高压互锁输出信号)线路正常,刮水器自动动作,CA119-C4 与 CA67C-C1 端信号波形变短且不规则,不能上高压电。故障波形如图 2-157 所示。

时基选择:2 ms/格。

测量电压:5 V/格。

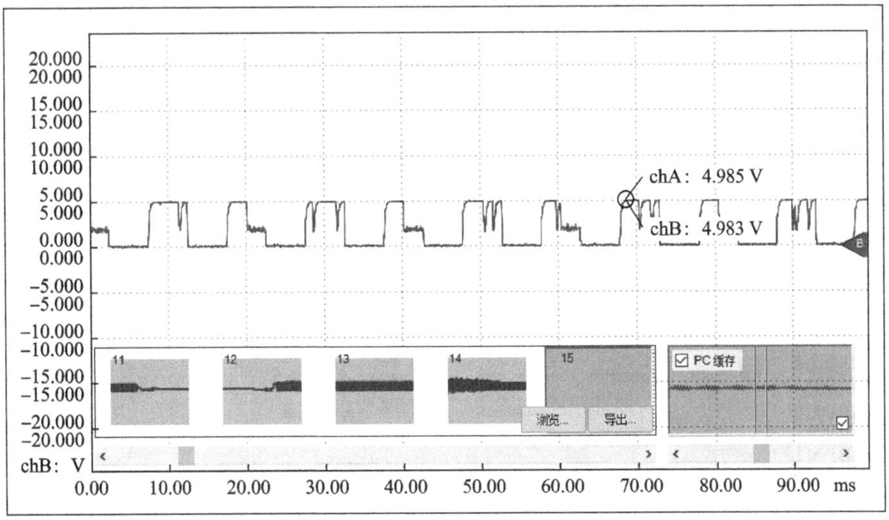

图 2-157　故障波形 1

③CA119-C4线路之间对CA66A-J4(CSCAN-L)之间虚接100 Ω,VCU的CA67C-C1(高压互锁输出信号)线路正常,雨刮自动动作,CA119-C4与CA67C-C1端信号波形变短且不规则,不能上高压电。故障波形如图2-158所示。

时基选择:2 ms/格。

测量电压:5 V/格。

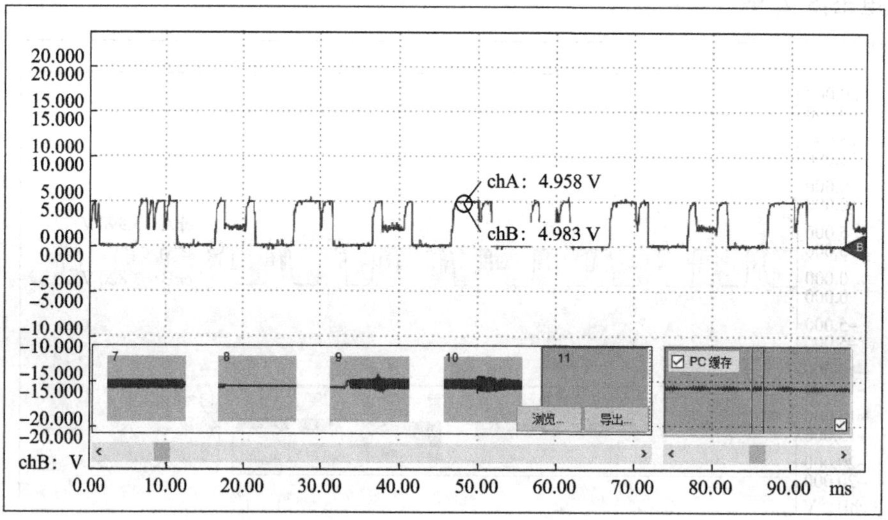

图2-158 故障波形2

④CA119-C4线路之间对CA66A-J4(CSCAN-L)之间虚接500 Ω,VCU的CA67C-C1(高压互锁输出信号)线路正常,雨刮自动动作,CA119-C4与CA67C-C1端信号波形变短且不规则,不能上高压电。故障波形如图2-159所示。

时基选择:2 ms/格。

测量电压:5 V/格。

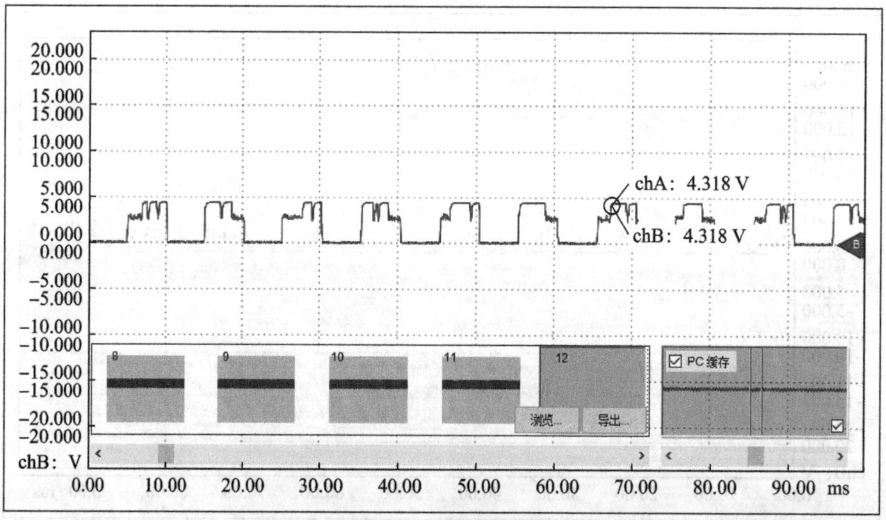

图2-159 故障波形3

11. ODP 的 CA119-C4(高压互锁输入信号)线路与 CA67C-J3(制动灯常开信号)之间短路

①CA119-C4 线路之间与 CA67C-J3(制动灯常开信号)之间短路,VCU 的 CA67C-C1(高压互锁输出信号)线路正常,不踩制动踏板,CA119-C4 与 CA67C-C1 端信号波形重叠且变短,不能上高压电。故障波形如图 2-160 所示。

时基选择:2 s/格。

测量电压:5 V/格。

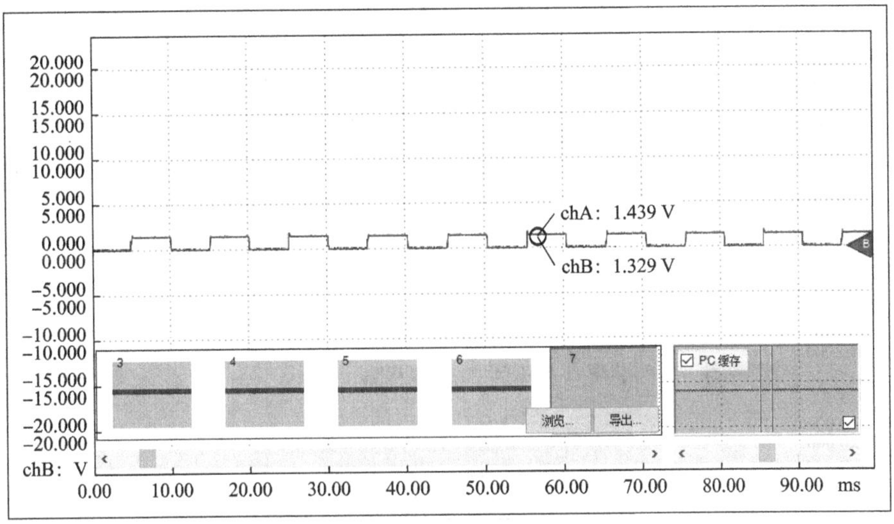

图 2-160　故障波形 4

②CA119-C4 线路之间与 CA67C-J3(制动灯常开信号)之间短路,VCU 的 CA67C-C1(高压互锁输出信号)线路正常,踩制动踏板,CA119-C4 与 CA67C-C1 端信号波形正常,可以上高压电。工作波形如图 2-161 所示。

时基选择:20 ms/格。

测量电压:5 V/格。

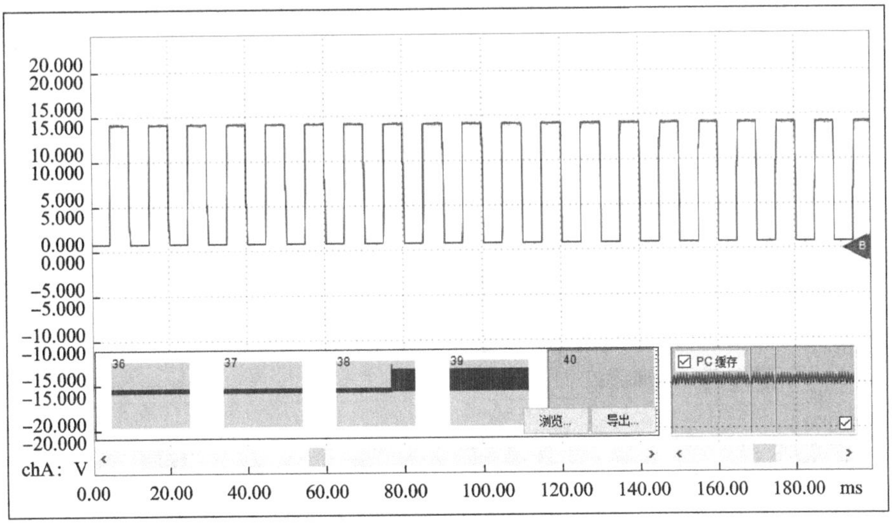

图 2-161　工作波形

12. ODP 的 CA119-C4(高压互锁输入信号)线路与 CA67C-F2(制动灯常开信号)之间短路

①CA119-C4 线路之间与 CA67C-F2(制动灯常开信号)之间短路,VCU 的 CA67C-C1(高压互锁输出信号)线路正常,不踩制动踏板,CA119-C4 与 CA67C-C1 端信号波形为 12 V 直线,不上高压电。故障波形如图 2-162 所示。

时基选择:20 ms/格。

测量电压:5 V/格。

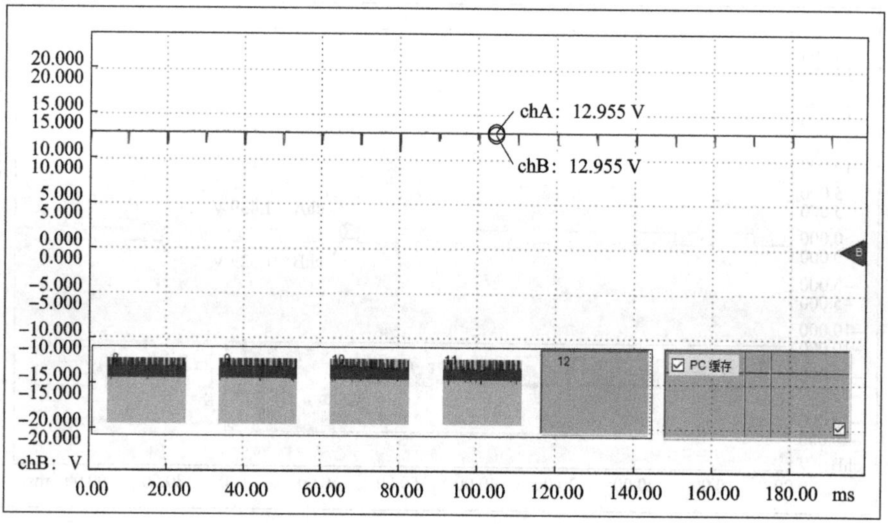

图 2-162 故障波形

②CA119-C4 线路之间与 CA67C-F2(制动灯常开信号)之间短路,VCU 的 CA67C-C1(高压互锁输出信号)线路正常,踩制动踏板,CA119-C4 与 CA67C-C1 端信号波形正常,可以上高压电。工作波形如图 2-163 所示。

时基选择:20 ms/格。

测量电压:5 V/格。

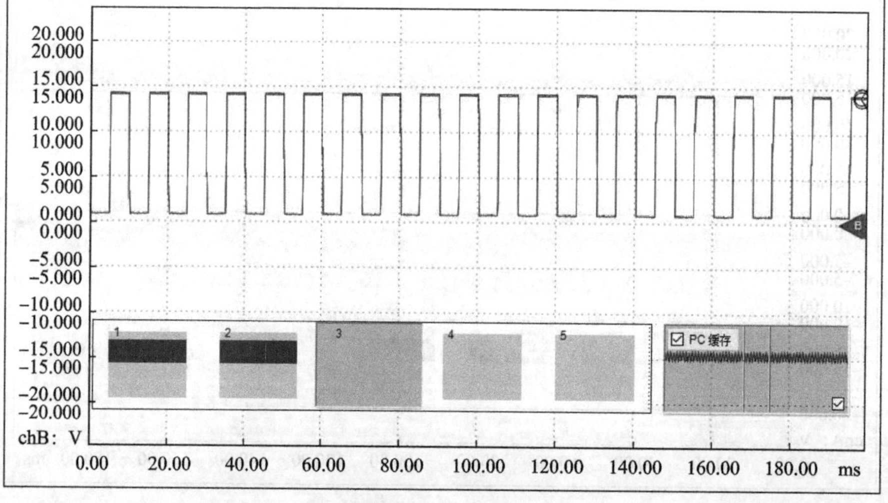

图 2-163 工作波形

13. ODP 的 CA119-C4(高压互锁输入信号)线路与 CA67C-F4(加速踏板的信号线 2)之间短路/虚接

①CA119-C4 线路之间与 CA67C-F4(加速踏板的信号线 2)短路,VCU 的 CA67C-C1(高压互锁输出信号)线路正常,CA119-C4 与 CA67C-C1 端信号波形变为 1.2 V 左右的弯曲波形,不能上高压电。故障波形如图 2-164 所示。

时基选择:20 ms/格。

测量电压:5 V/格。

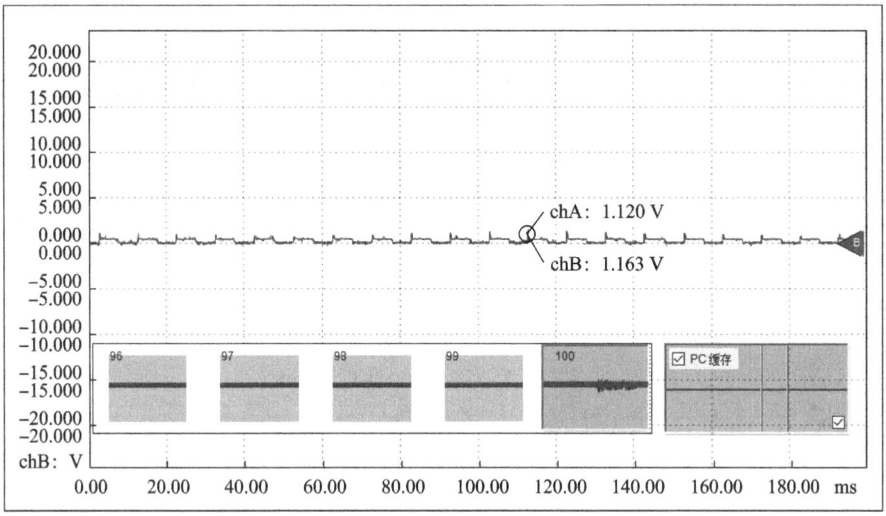

图 2-164　故障波形 1

②CA119-C4 线路之间与 CA67C-F4(加速踏板的信号线 2)虚接 10 Ω,VCU 的 CA67C-C1(高压互锁输出信号)线路正常,CA119-C4 与 CA67C-C1 端信号波形变为 0.5 V 左右的弯曲波形,不能上高压电。故障波形如图 2-165 所示。

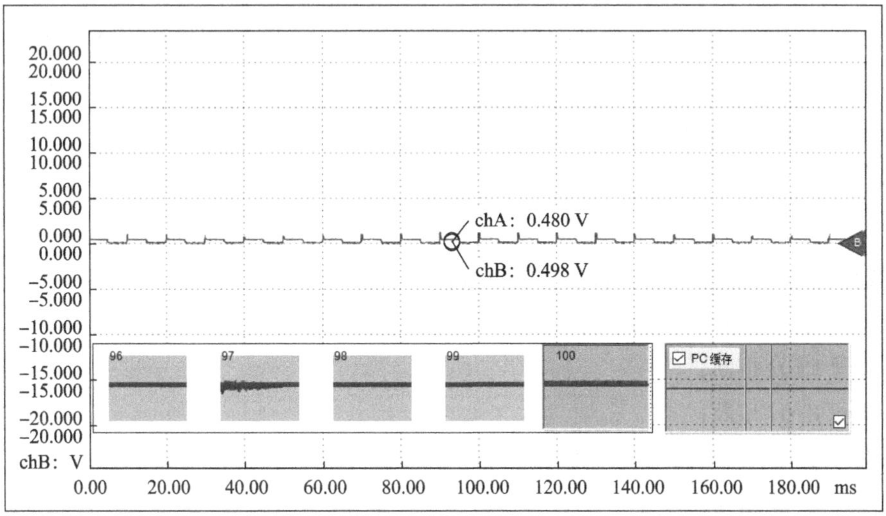

图 2-165　故障波形 2

虚接 50 Ω、100 Ω、300 Ω 与虚接 10 Ω 类似，只是波形随着虚接电阻增加变为波形较短的方波锥形，不能上高压电。

时基选择：20 ms/格。

测量电压：5 V/格。

③CA119-C4 线路之间与 CA67C-F4（加速踏板的信号线 2）虚接 500 Ω，VCU 的 CA67C-C1（高压互锁输出信号）线路正常，CA119-C4 与 CA67C-C1 端信号波形变为 0～1.5 V 方波，不能上高压电。故障波形如图 2-166 所示。

时基选择：20 ms/格。

测量电压：5 V/格。

虚接 1 000 Ω 时和虚接 500 Ω 类似，CA119-C4 与 CA67C-C1 端信号波形变为 0～2.2 V 方波，不能上高压电。

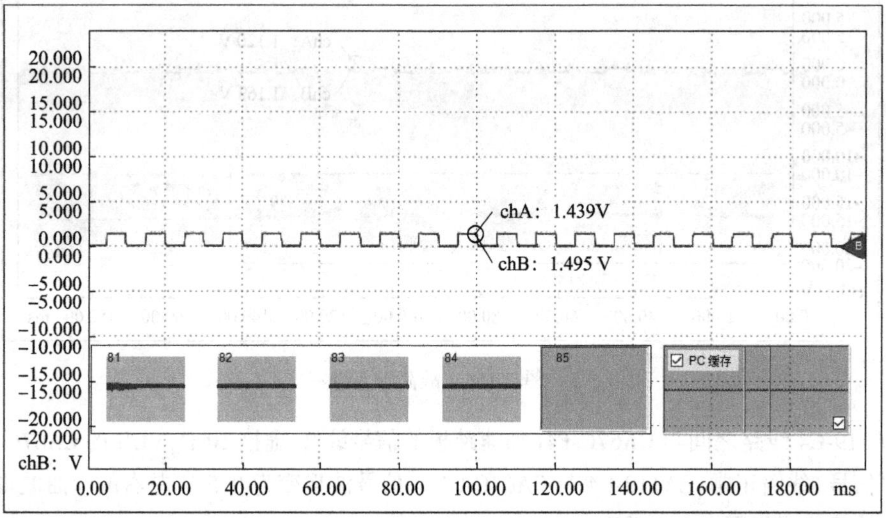

图 2-166 故障波形 3

④CA119-C4 线路之间与 CA67C-F4（加速踏板的信号线 2）虚接 5 000 Ω，VCU 的 CA67C-C1（高压互锁输出信号）线路正常，CA119-C4 与 CA67C-C1 端信号波形变为 0～6.5 V 方波，可以上高压电。工作波形如图 2-167 所示。

时基选择：20 ms/格。

测量电压：5 V/格。

三、其他高压互锁造成高压不上电故障设置

1. 高压不上电在线路方面的故障点

①保险丝 EF03 熔断；

②保险丝 EF04 熔断；

③保险丝 CF15 下游线路对搭铁短路；

④保险丝 EF19 熔断；

⑤保险丝 EF39 熔断；

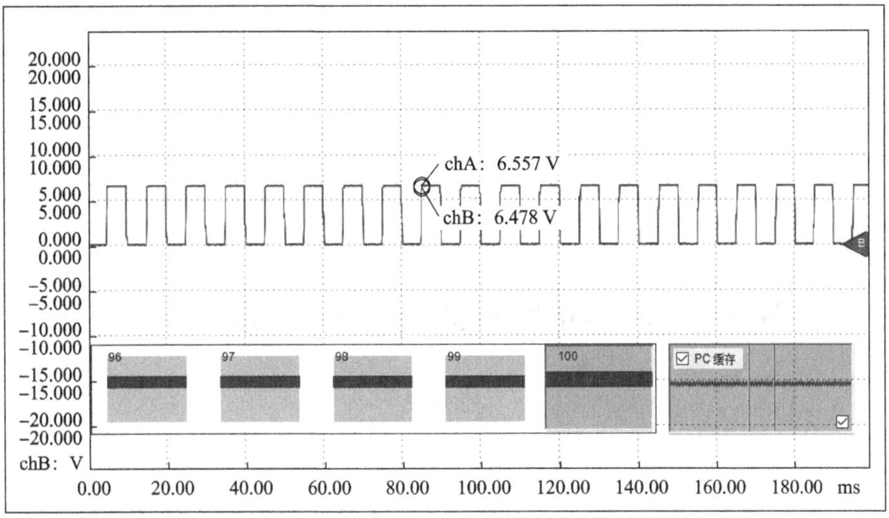

图 2-167　工作波形

⑥保险丝 EF45 熔断；

⑦保险丝 EF46 熔断；

⑧BMS 线束连接器 CA69-2、CA69-5 与接地点之间线路断路；

⑨BMS 模块线束连接器 CA69-2、CA69-5 与接地点之间线路断路。

2. 其他高压互锁造成高压不上电故障点

①动力线路接 PTC 线路连接器 BV41A-3 与空调压缩机 BV08A-6 之间线路断路、虚接；

②动力线路接机舱线路连接器 BV01A-22 至动力线路接 PTC 线路连接器 BV41A-4 之间线路断路；

③PTC 加热器控制器内部互锁线路断路；

④PTC 加热控制器线路连接器 BV43A-7 至 PTC 线路接动力线路连接器 BV42a-3 之间线路断路；

⑤空调压缩机内部互锁线路断路；

⑥空调压缩机线路连接器 BV08A-7 至动力线路接机舱线路连接器 BV01A-12 之间线路断路；

⑦高低压充电系统线路连接器 BV33A 内部高压互锁断路、虚接；

⑧高低压充电系统线路连接器 BV29A 内部高压互锁断路、虚接；

⑨高低压充电系统线路连接器 BV17A 内部高压互锁断路、虚接；

⑩高低压充电系统线路连接器 BV27A 内部高压互锁断路、虚接等。

吉利几何 G6 轿车不能行驶故障诊断与排除

杜秀波

对吉利几何 G6 轿车不能行驶故障进行诊断与排除，首先分析几何 G6 不能行驶故障原因，主要从驱动电机、驱动电机控制器 PEU、关键信号输入，以及其他因素入手分析，并对电机控制器端子进行了说明，通过列表分析电机控制器故障造成电机不转或运转不良故障的原因。

任务 1　吉利几何 G6 轿车部件分析

一、吉利几何 G6 轿车的驱动电机部分

驱动电机是动力系统的重要执行机构，是电能与机械能的转化部件。它由电机部分、位置传感器部分、温度传感器部分、散热系统部分组成。

①电机部分，主要是为车辆提供动力和回收能量并存入动力蓄电池，它主要由定子铁芯、转子铁芯、三相绕组、轴及轴承等组成。

②位置传感器(旋变)部分，主要是检测转子磁极与定子绕组间的空间位置关系，产生位置信号，经过逻辑处理而形成驱动电机控制器 PEU 内部功率电子开关元件的触发信号。

③温度传感器部分，主要是监测电动机及控制系统的温度，并将温度信号转换成电信号。

④散热系统部分，散热系统包括水道、冷却水管接头、前后端盖、机座等，主要作用是降低电动机及控制系统的温度，防止其因温度过高而烧坏。

二、吉利几何 G6 轿车的电机控制器 PEU 部分

驱动电机控制器 PEU 的结构和工作原理

驱动电机控制器是永磁同步电机的控制大脑，它综合位置传感器、温度传感器、电流传感器所提供的电机转子位置、温度、速度和电流等反馈信息及外部输入的命令，通过程序进行分析处理，决定控制方式及故障保护等，向功率变换器发出执行命令，控制永磁同步电机运行。

(1)主控制单元

主控制单元是驱动电机控制器的核心，其作用是综合处理速度指令、速度反馈信号及电流传感器、位置传感器、温度传感器的反馈信息，控制功率变换器中主开关器件的通断，实现对电机运行状态的控制。

(2)速度、位置检测单元

位置传感器向驱动电机控制器提供转子位置及速度、方向等信号,使驱动电机控制器能正确地决定各相绕组的导通和截止的时刻。通常采用光电元件、霍尔元件或电磁线圈进行位置检测。

(3)电流、电压检测单元

电流、电压检测单元的主要作用有以下两点:

①将检测得到的实时电流作为电流调节的控制参量,在起动、低速运行和加速运行时进行电流调节和导通角度的限制。

②监测功率变换电路,判断电路是否存在过流、过压、欠压故障,以便进行过流、过压、欠压保护和故障处理。

常用的电流、电压检测方法是通过电阻采样或霍尔采样。电阻采样功耗高,且检测灵敏度较低,此外对电流检测的线性度不好;而霍尔采样相对来说灵敏度更高,本身还有自保护功能,因而适用更广。

霍尔电流传感器基于磁平衡式霍尔原理,根据霍尔效应原理,从霍尔元件的控制电流端通入电流 I,并在霍尔元件平面的法线方向下施加磁场强度为 B 的磁场,那么在垂直于电流和磁场方向(即霍尔输出端之间),将产生一个电势 U,称其为霍尔电势,其大小正比于控制电流 I 与磁场强度 B 的乘积。

(4)功率变换器

功率变换是指能有效地将直流供电电源的能量转换为负载所需要的交流电能能量。

功率变换技术是一门新兴的应用于电力领域的电子技术,就是使用电力电子器件对电能进行变换和控制的技术,这些电力电子器件包括晶闸管(晶体闸流管的简称)、门极可关断晶闸管 GTO、绝缘栅双极晶体管 IGBT、金氧半场效晶体管 MOSFET。功率变换技术所变换的"电力"功率可大到数百兆瓦(MW),甚至吉瓦(GW),也可以小到数瓦甚至一瓦以下,其中以 IGBT 使用较多。

功率变换器是连接电源和电动机绕组的开关部件,通过它将电源能量送入电动机,也可将电动机内的磁场储能反馈回电源。在功率变换器中,开关部件的选择至关重要,因为它直接影响到能量转换的效率和系统的可靠性。而绝缘栅双极晶体管(IGBT)模块正是满足这些要求的理想选择。

①IGBT 和 IGBT 模块。

IGBT 绝缘栅双极型晶体管,是由 BJT(双极型晶体三极管)和 MOS(绝缘栅型场效应管)组成的复合全控型电压驱动式功率半导体器件,兼有 MOSFET 的高输入阻抗和 GTR 的低导通压降两方面的优点。GTR 饱和压降低,载流密度大,但驱动电流较大;MOSFET 驱动功率很小,开关速度快,但导通压降大,载流密度小。IGBT 正好综合了以上两种器件的优点,驱动功率小而饱和压降低。非常适合应用于直流电压为 600 V 及以上的变流系统如交流电动机、变频器、开关电源、照明电路、牵引传动等领域。

IGBT 模块是由 IGBT 与 FWD(续流二极管芯片)通过特定的电路桥接封装而成,封装后的 IGBT 模块直接应用于变频器、UPS(不间断电源)等设备上。

IGBT 模块具有节能、安装维修方便、散热稳定等特点。当前市场上销售的多为此类模块化产品,一般所说的 IGBT 也指 IGBT 模块。随着节能环保等理念的推进,此类产品在市场上将越来越多见。同时,IGBT 是能源变换与传输的核心器件,作为国家战略性新兴产业,在轨道交通、智能电网、航空航天、电动汽车与新能源装备等领域应用极广。

②续流二极管。

续流二极管,由于在电路中起到续流的作用而得名。续流二极管是一种半导体器件,主要用于在电感性负载电路中提供电流的续流路径,以防止电路中产生电压尖峰和电磁干扰。在开关电源、电动机驱动、变压器等应用中,续流二极管起着至关重要的作用。

当电路中的开关器件(如晶体管、IGBT 等)断开时,电感元件中的电流不会立即下降到零,因为电感具有储存能量的特性。这时,电感会尝试维持电流的连续性。

由于开关器件断开,电路中的电流需要一个新的路径来继续流动。续流二极管提供了这个路径,使得电流可以通过二极管继续流动,从而防止电感中储存的能量突然释放,产生电压尖峰。如果没有续流二极管,电感中的能量可能会在电路中产生很高的反向电压,这可能会损坏电路中的其他元件,如开关器件本身。

续流二极管的正确选择和应用对于确保电路的稳定性和安全性至关重要。

(5)通信单元

驱动电机控制器根据扭矩需求信号(加速踏板位置传感器)、制动开关(踏板)信号、前进(前进挡)、倒车(倒车挡)、电动机转速(旋变)、电动机转子位置(旋变)、电动机温度等信号控制电动机转速、电动机旋转方向,同时发出冷却系统起动请求、故障保护请求(过电流、过电压、高温等)等。

在电动汽车整车管理网络中,网关控制单元是信息控制的中心,负责信息的组织与传输、网络状态的监控、网络节点的管理、信息优先权的动态分配以及网络故障的诊断与处理等功能。同时协调动力 CAN、CS-CAN、IB-CAN、IF-CAN 之间的通信。

动力 HB-CAN:驱动电机控制器 PEU 模块、动力电池系统、变速器换挡开关、整车控制器 VCU、网关控制单元等模块构成 HB-CAN 系统。在工作中主要传输挡位信息、速度信息、扭矩信息、车辆行进的方向信息、电流信息、电压信息以及各控制模块的状态信息和故障信息等。

IB-CAN:自动泊车模块、整车控制器 VCU、ONE-BOX 模块、驱动电机控制器 PEU 模块构成 IB-CAN 系统。在工作中主要传输车速信息、扭矩信息、车辆行进的方向信息、制动状态信息以及各控制模块的状态信息和故障信息等。

网关控制单元可以监控整个车辆网络的状态,包括数据流量、网络延迟、错误率等。它能够检测网络中的异常情况,并采取相应的措施以保证网络的稳定性和可靠性。

由于车辆内部可能存在多种不同的通信协议(如 CAN、LIN、MOST 等),网关控制单元能够将这些不同协议的数据转换为其他子系统能够理解的格式。

(6)驱动电机控制器电源

驱动电机控制器电源是电动汽车中一个关键的组成部分,它为驱动电机控制器提供所需的电力,以确保电动机能够正常工作。

驱动电机控制器供电电源有两路:一路为辅助蓄电池正极电源通过熔丝 EF03(15 A)至 PEU 的 BVI1A/1 端子、BV11N5 端子、BV11AV8 端子,给 P 提供常火电源;另一路为 IG1 继电器的输出电源通保险丝 FF18(7.5 A)、CF27(15 A)至 PEU 的 BV11/11 端子,给 PEU 提供点火开关(信号)电源。

三、吉利几何 G6 轿车的关键信号输入部分

电子加速踏板、制动踏板、挡位开关等,对于几何 G6 新能源汽车来说,其关键信号造成电动机不能运转的故障如下。

1. 电子加速踏板

①电子加速踏板 CA14-2 与 VCU 模块线束连接器 CA67C-E3 之间线路断路、虚接；

②电子加速踏板 CA14-1 与 VCU 模块线束连接器 CA67O-F3 之间线路断路、虚接；

③电子加速踏板 CA14-6 与 VCU 模块线束连接器 CA67C-F4 及电子加速踏板 CA14-4 到 VCU 模块线束连接器 CA67C-G4 之间同时出现线路断路、虚接；

④电子加速踏板 CA14-6 与 CA14-4 之间出现线路短路、虚接；

⑤电子加速踏板 CA14-3 与 VCU 模块线束连接器 CA67C-G5 之间线路断路、虚接；

⑥电子加速踏板 CA14-5 与 VCU 模块线束连接器 CA67C-H5 之间线路断路、虚接；

⑦电子加速踏板损坏。

2. 制动灯

①EF17、EF01 损坏；

②EF17、EF01 下游到制动灯开关线路断路、虚接；

③制动开关损坏；

④制动灯开关 CA44C-2 到 VCU 的 CA67C-J3 之间断路、虚接；

⑤制动灯开关 CA44C-4 到 VCU 的 CA67C-F2 之间断路、虚接；

⑥制动灯开关 CA44C-2 与 CA44C-4 之间短路、虚接。

四、其他因素引起的新能源汽车不能行驶

其他因素引起的新能源汽车不能行驶如下：

①动力电池及 BMS 系统造成的高压不上电故障；

②高压互锁信号故障，包括线路断路、虚接、短路故障；

③主继电器 ER05，包括其自身、电源，控制线路断路、虚接、短路故障；

④电机控制器 PEU 的 HB-CAN 通信线路，包括断路、虚接、短路等故障。

五、驱动电机控制器端子定义说明

驱动电机控制器端子的定义说明，见表 2-16。

表 2-16　电机控制器端子的定义说明

序号	驱动电机控制器插头	定　义	序号	驱动电机控制器插头	定　义
1	T35/1	起动信号	11	T35/22	D 挡信号
2	T35/7	GND	12	T35/25	开关供电
3	T35/8	温度传感器+	13	T35/26	励磁+
4	T35/10	制动信号	14	T35/28	CAN-L
5	T35/15	加速开关电源+	15	T35/29	CAN-H
6	T35/16	加速信号	16	T35/31	COS-
7	T35/18	加速开关电源-	17	T35/32	SIN-
8	T35/19	COS+	18	T35/33	R 挡信号
9	T35/20	SIN+	19	T35/34	电源 12 V+
10	T35/21	电源 12 V-			

六、驱动电机控制器故障造成电动机不转或运转不良故障列表

驱动电机控制器故障造成电动机不转或运转不良故障列表,见表 2-17。

表 2-17 驱动电机控制器故障列表

序号	故障部位	故障性质	备注(不转或运转不良)
1	点火开关 K2/1 与驱动电机控制器 T35/1 之间	断路、虚接	不转
2	辅助电源 D2/1(12+)与驱动电机控制器 T35/34 之间	断路、虚接	不转
3	辅助电源 D2/2(12-)与驱动电机控制器 T35/21 之间	断路、虚接	不转
4	开关供电 T35/25 线路之间	断路、虚接	不转
5	加速开关 R3/2 与驱动电机控制器 T35/21 之间	断路、虚接	不转
6	加速开关 R3/2(加速信号)与 R3/1(加速开关电源-)之间	短路、虚接	不转
7	加速开关 R3/2 与 R3/3(加速开关电源+)之间	短路、虚接	不转
8	驱动电机控制器 T35/16(加速开关加速信号)与 T35/34(B+)之间	短路、虚接	不转
9	驱动电机控制器 T35/16(加速开关加速信号)与 T35/21(B-)之间	短路、虚接	不转
10	驱动电机控制器 T35/16(加速开关加速信号)与 T35/28(CAN-L)之间	短路、虚接	运转不良或不影响
11	驱动电机控制器 T35/16(加速开关加速信号)与 T35/29(CAN-H)之间	短路、虚接	运转不良或不影响
12	驱动电机控制器 T35/16(加速开关加速信号)与 T35/22 之间(D 挡信号)	短路、虚接	不转
13	驱动电机控制器 T35/16(加速开关加速信号)与 T35/33 之间(R 挡信号)	短路、虚接	只有在 R 挡
14	驱动电机控制器 T35/16(加速开关加速信号)与 T35/31(COS-)之间	短路、虚接	不转
15	驱动电机控制器 T35/16(加速开关加速信号)与 T35/19(COS+)之间	短路、虚接	不转
16	驱动电机控制器 T35/16(加速开关加速信号)与 T35/32(SIN-)之间	短路、虚接	不转
17	驱动电机控制器 T35/16(加速开关加速信号)与 T35/20 之间(SIN+)	短路、虚接	不转
18	驱动电机控制器 T35/16(加速开关加速信号)与 T35/26(旋变传感器 REF+)之间	短路、虚接	不转

续表

序号	故障部位	故障性质	备注(不转或运转不良)
19	驱动电机控制器 T35/16(加速开关加速信号)与 T35/8(温度传感器 MTS+)之间	短路、虚接	运转不良或不影响
20	挡位开关 G3/2 与电机控制器 T35/22 线路之间	断路、虚接	不转
21	挡位开关 G3/2(D 挡信号)与驱动电机控制器 T35/34(B+)之间	短路、虚接	不转
22	挡位开关 G3/2(D 挡信号)与驱动电机控制器 T35/21(B-)之间	短路、虚接	不转
23	挡位开关 G3/2(D 挡信号)与驱动电机控制器 T35/28(CAN-L)之间	短路、虚接	运转不良或不影响
24	挡位开关 G3/2(D 挡信号)与驱动电机控制器 T35/29(CAN-H)之间	短路、虚接	运转不良或不影响
25	挡位开关 G3/2(D 挡信号)与驱动电机控制器 T35/31(COS-)之间	短路、虚接	运转不良或不影响
26	挡位开关 G3/2(D 挡信号)与驱动电机控制器 T35/31(COS+)之间	短路、虚接	运转不良或不影响
27	挡位开关 G3/2(D 挡信号)与驱动电机控制器 T35/32(SIN-)之间	短路、虚接	运转不良或不影响
28	挡位开关 G3/2(D 挡信号)与驱动电机控制器 T35/20(SIN+)之间	短路、虚接	运转不良或不影响
29	挡位开关 G3/2(D 挡信号)与 T35/26(旋变传感器 REF+)之间	短路、虚接	不转
30	挡位开关 G3/2(D 挡信号)与 T35/8(温度传感器 MTS+)之间	短路、虚接	运转不良或不影响
31	挡位开关 G3/2(D 挡信号)与 G3/3(R 挡信号)之间	短路、虚接	不转
32	驱动电机控制器的 T35/31(COS+)、T35/19(COS-)及 T35/20(SIN+)、T35/32(SIN-)信号线路	同时断路、虚接	不转
33	驱动电机控制器 T35/20(COS-)与驱动电机控制器 T35/19(COS+)之间	短路、虚接	不转
34	驱动电机控制器 T35/20(SIN+)与 T35/32(SIN-)之间	短路、虚接	不转
35	驱动电机控制器 T35/26(REF+)与驱动电机 M14/1 线路之间	断路、虚接	不转
36	驱动电机控制器 T35/26(REF+)与驱动电机控制器 T35/34(B+)	短路、虚接	不转

续表

序号	故障部位	故障性质	备注(不转或运转不良)
37	驱动电机控制器 T35/26(REF+)与驱动电机控制器 T35/21(B-)	短路、虚接	不转
38	驱动电机控制器 T35/26(REF+)与驱动电机控制器 T35/29(CAN-H)	短路、虚接	运转不良或不影响
39	驱动电机控制器 T35/26(REF+)与驱动电机控制器 T35/28(CAN-L)	短路、虚接	运转不良或不影响
40	驱动电机控制器 T35/26(REF+)与驱动电机控制器 T35/25(开关供电)	短路、虚接	不转
41	驱动电机控制器 T35/26(REF+)与驱动电机控制器 T35/15(加速开关电源+)	短路、虚接	不转
42	驱动电机控制器 T35/26(REF+)与驱动电机控制器 T35/18(加速开关电源-)	短路、虚接	不转
43	驱动电机控制器 T35/26(REF+)与驱动电机控制器 T35/31(COS-)	短路、虚接	不转
44	驱动电机控制器 T35/26(REF+)与驱动电机控制器 T35/19(COS+)	短路、虚接	不转
45	驱动电机控制器 T35/26(REF+)与驱动电机控制器 T35/20(SIN+)	短路、虚接	不转
46	驱动电机控制器 T35/26(REF+)与驱动电机控制器 T35/32(SIN-)	短路、虚接	不转
47	驱动电机控制器 T35/26(REF+)与驱动电机控制器 T35/8(MTS+)	短路、虚接	不转
48	驱动电机控制器 T35/8 与驱动电机 M14/5(温度传感器线路)之间	断路、虚接	运转不良或不转
49	驱动电机控制器 T35/8(MTS+)与驱动电机控制器 T35/7(搭铁)之间	短路、虚接	不转
50	驱动电机控制器 T35/8(MTS+)与驱动电机控制器 T35/34(B+)之间	短路、虚接	不转
51	驱动电机控制器 T35/8(MTS+)与驱动电机控制器 T35/15(加速开关电源+)之间	短路、虚接	不转
52	驱动电机控制器 T35/8(MTS+)与驱动电机控制器 T35/31(COS-)之间	短路、虚接	运转不良或不转

续表

序号	故障部位	故障性质	备注(不转或运转不良)
53	驱动电机控制器 T35/8(MTS+)与驱动电机控制器 T35/19(COS+)之间	短路、虚接	运转不良或不转
54	驱动电机控制器 T35/8(MTS+)与驱动电机控制器 T35/32(SIN+)之间	短路、虚接	运转不良或不转
55	驱动电机控制器 T35/8(MTS+)与驱动电机控制器 T35/20(SIN-)之间	短路、虚接	运转不良或不转
56	驱动电机控制器 T35/8(MTS+)与驱动电机控制器 T35/26(REF+)之间	短路、虚接	运转不良或不转
57	驱动电机控制器 T35/7 与驱动电机 M14/12 及 M14/8 之间	断路、虚接	运转不良或不转

任务2 吉利几何 G6 轿车电动机不运转的故障诊断与波形分析

1. 驱动电机控制器 VCU 的 T35/26(励磁绕组)端

(1)正常波形如图 2-168 所示。

时基选择:1 ms/格。

测量电压:2 V/格。

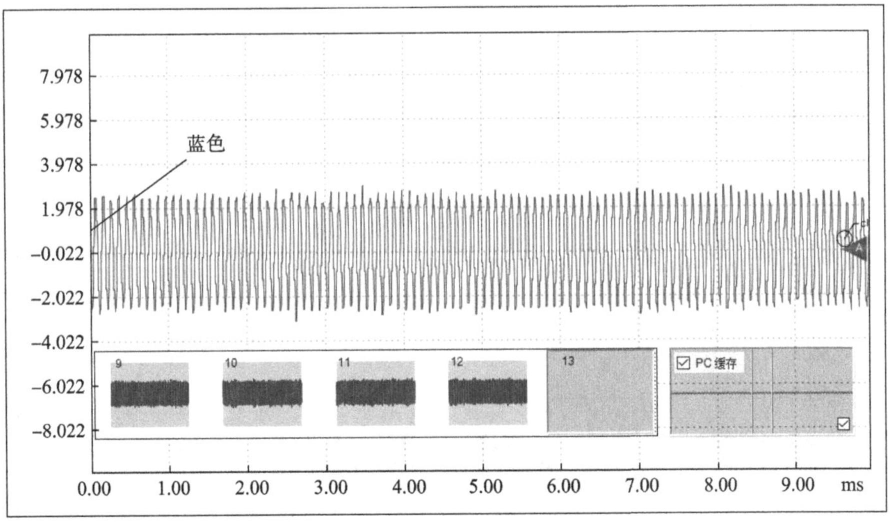

图 2-168 正常波形

(2)VCU 的 T35/26 与驱动电机的 M14/1 之间线路断路。

蓝色线为 VCU 的 T35/26(励磁绕组)端,红色线为 VCU 的 T35/30(SIN+)端,如果 VCU 的 T35/26 与驱动电机的 M14/1 之间线出现断路,T35/26(励磁绕组)端电压为 0 V,电动机接收不到励磁绕组信号,电动机不能运转。故障波形如图 2-169 所示。

时基选择:1 ms/格。

测量电压:2 V/格。

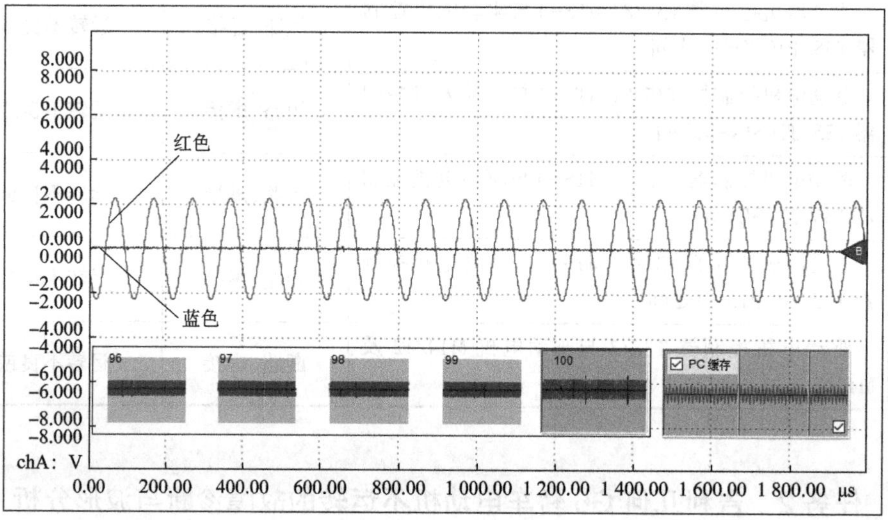

图 2-169 故障波形

(3)VCU 的 T35/26 与驱动电机的 M14/1 之间线路虚接 60 Ω。

蓝色线为 VCU 的 T35/26(励磁绕组)端,其电压在±2 V 左右变化,但其波形基本正常,红色线为 VCU 的 T35/30(SIN+)端,电动机可以运转。工作波形如图 2-170 所示。

时基选择:0.2 ms/格。

测量电压:2 V/格。

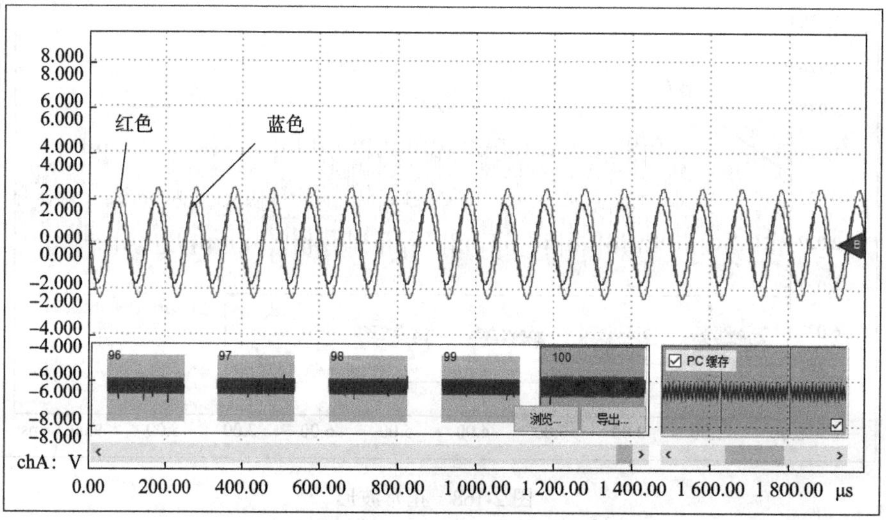

图 2-170 工作波形 1

(4)VCU 的 T35/26 与驱动电机的 M14/1 之间线路虚接 100 Ω。

蓝色线为 VCU 的 T35/26(励磁绕组)端,其波形基本变短,其电压在±1.7 V 左右变化,但波形形状基本正常,红色线为 VCU 的 T35/30(SIN+)端,电动机可以运转。工作波形如图 2-171 所示。

时基选择:0.2 ms/格。

测量电压:2 V/格。

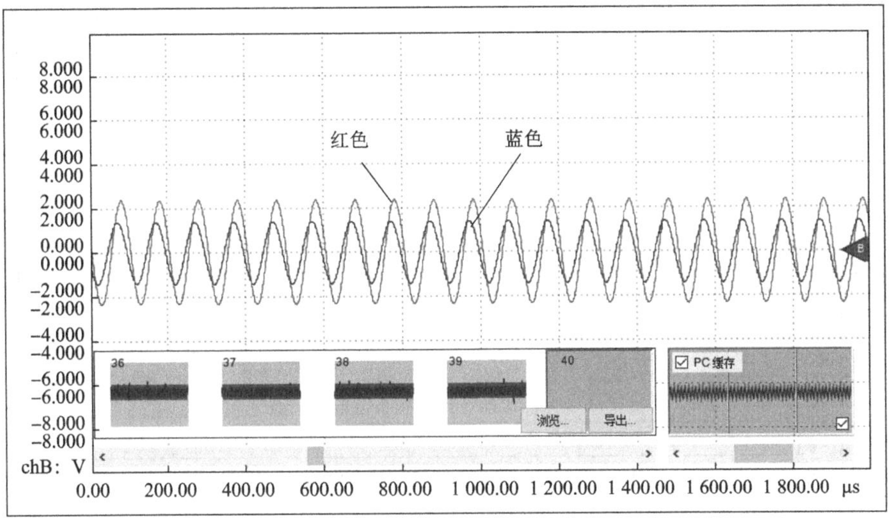

图 2-171　工作波形 2

(5)VCU 的 T35/26 与驱动电机的 M14/1 之间线路虚接 500 Ω。

蓝色线为 VCU 的 T35/26(励磁绕组)端,其波形基本变短,其电压在±0.3 V 左右变化,但波形形状基本正常,红色线为 VCU 的 T35/30(SIN+)端,电动机可以运转。工作波形如图 2-172 所示。

时基选择:0.2 ms/格。

测量电压:2 V/格。

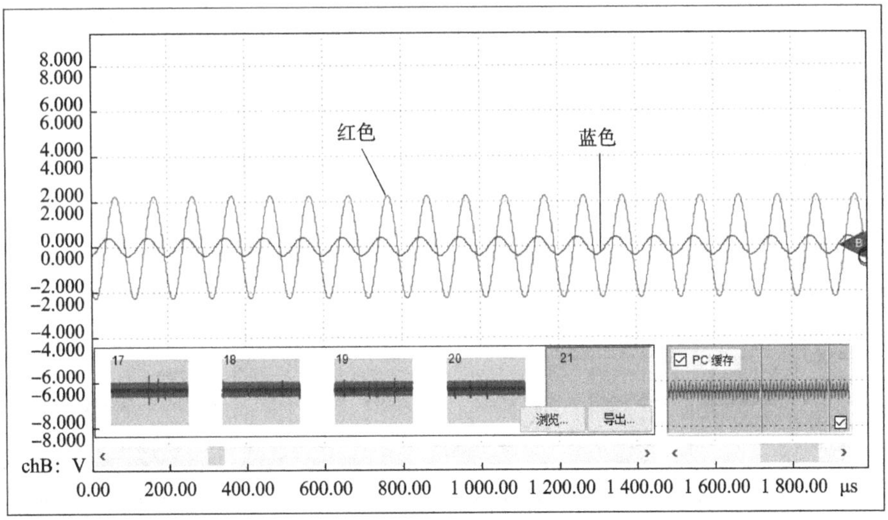

图 2-172　工作波形 3

(6)VCU 的 T35/26 与驱动电机的 M14/1 之间线路虚接 1 000 Ω。

蓝色线为 VCU 的 T35/26(励磁绕组)端,其波形基本变短,其电压在±0.2 V 左右变化,但波形形状基本正常,红色线为 VCU 的 T35/30(SIN+)端,电动机可以运转。工作波形如图 2-173 所示。

时基选择:0.2 ms/格。

测量电压:2 V/格。

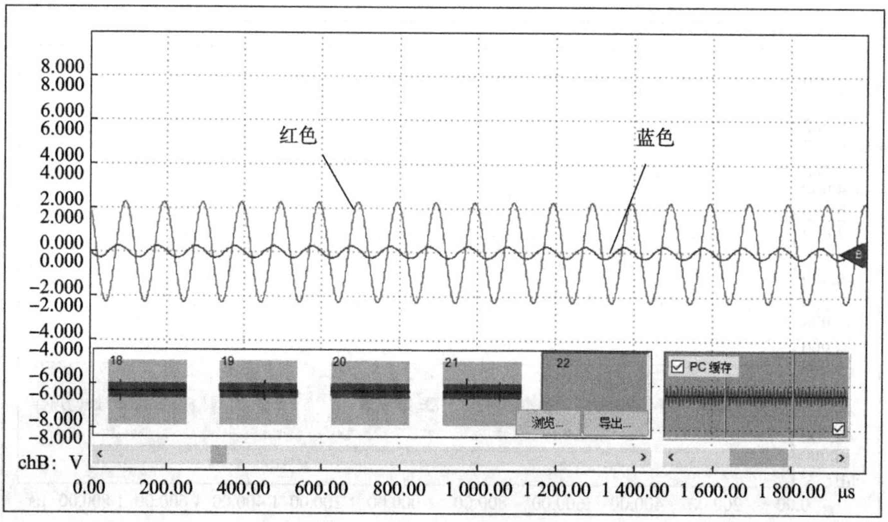

图 2-173 工作波形 4

(7)VCU 的 T35/26 与驱动电机的 M14/1 之间线路虚接 5 000 Ω。

蓝色线为 VCU 的 T35/26(励磁绕组)端,VCU 的 T35/26 与驱动电机的 M14/1 之间线路虚接 5 000 Ω,相当于断路,其波形为近似 0 V 的直线,红色线为 VCU 的 T35/30(SIN+)端,电动机不能运转。故障波形如图 2-174 所示。

时基选择:0.2 ms/格。

测量电压:2 V/格。

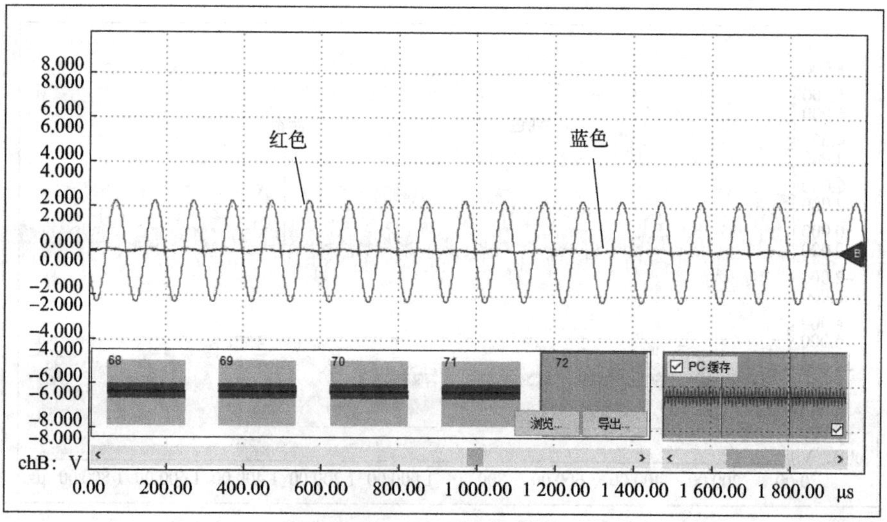

图 2-174 故障波形

2. VCU 的 T35/20(正弦绕组 SIN+)端与 T35/19(余弦绕组 COS+)端

(1)正常工作波形如图 2-175 所示。

红色线正弦绕组波形,蓝色为余弦绕组波形。

时基选择:0.2 ms/格。

测量电压:1 V/格。

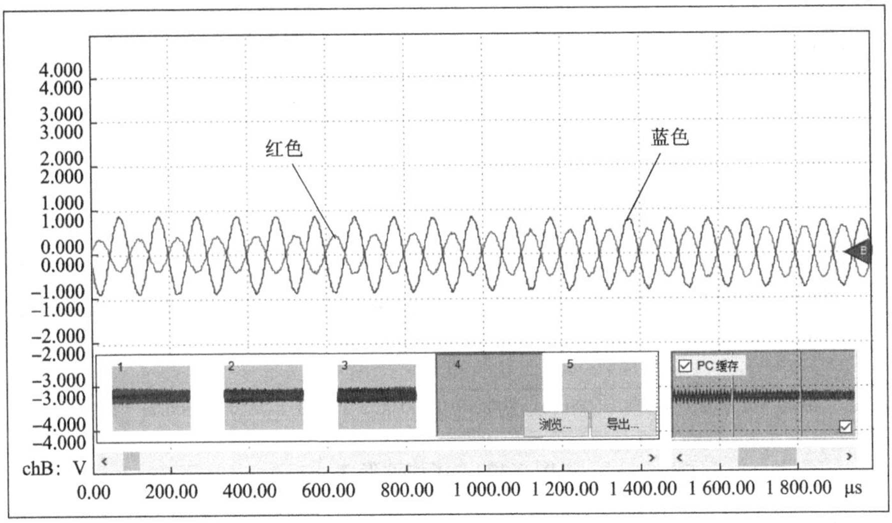

图 2-175　正常波形

若时基选择为 2 ms/格,测量电压选择 1 V/格,其波形如下:

红色线为正弦绕组波形,蓝色线为余弦绕组波形。工作波形如图 2-176 所示。

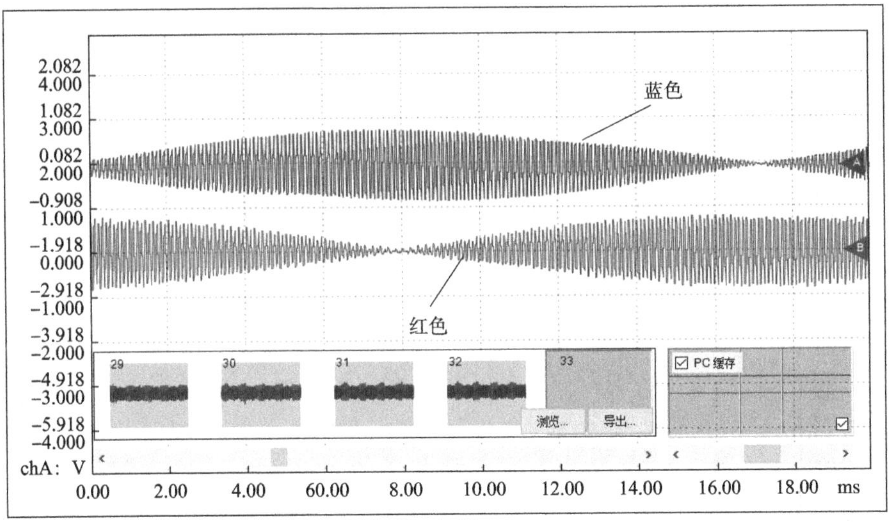

图 2-176　工作波形 1

(2)VCU 的 T35/20(正弦绕组 SIN+)与驱动电机 M14/10 之间断路,T35/19(余弦绕组 COS+)正常时。

红色线为正弦绕组波形,蓝色线为余弦绕组波形。VCU 的 T35/20(正弦绕组 SIN+)与驱动电机 M14/10 之间断路,其电压为 0 V,电动机运转异常,但可以运转。工作波形如图 2-177 所示。

时基选择:0.2 ms/格。

测量电压:1 V/格。

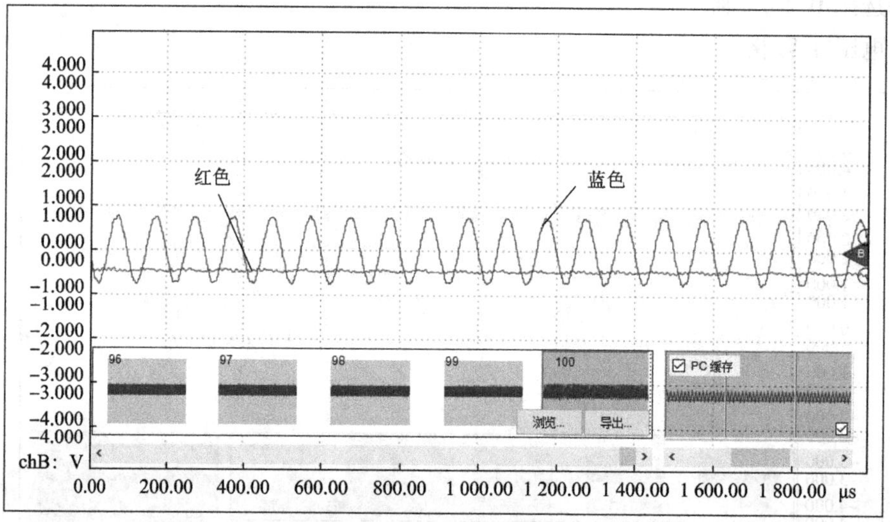

图 2-177 工作波形 2

(3)VCU 的 T35/20(正弦绕组 SIN+)与驱动电机 M14/10 之间虚接 60 Ω,T35/19(余弦绕组 COS+)正常时的波形。

红色线为正弦绕组波形,蓝色线为余弦绕组波形。VCU 的 T35/20(正弦绕组 SIN+)与驱动电机 M14/10 之间虚接 60 Ω,正弦绕组和余弦绕组波形重叠,波形变短,波形电压在±0.5 V 之间波动,电动机运转异常,但可以运转。工作波形如图 2-178 所示。

时基选择:0.2 ms/格。

测量电压:1 V/格。

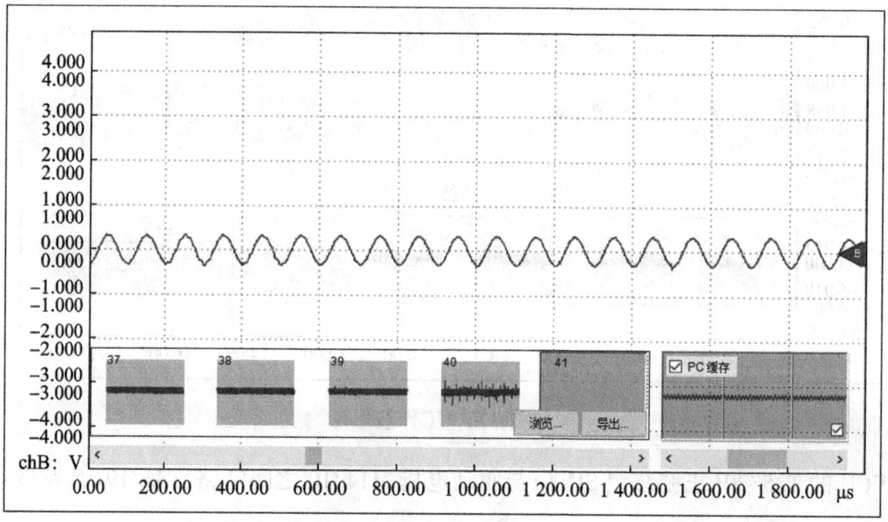

图 2-178 工作波形 3

(4)VCU 的 T35/20(正弦绕组 SIN+)与驱动电机 M14/10 之间虚接 100 Ω,T35/19(余弦绕组 COS+)正常时的波形。

红色线为正弦绕组波形,蓝色线为余弦绕组波形。VCU 的 T35/20(正弦绕组 SIN+)与驱动电机 M14/10 之间虚接 100 Ω,正弦绕组和余弦绕组波形重叠,波形变短,波形电压在±1 V 之间波动,电动机运转异常,但可以运转。工作波形如图 2-179 所示。

时基选择:0.2 ms/格。

测量电压:1 V/格。

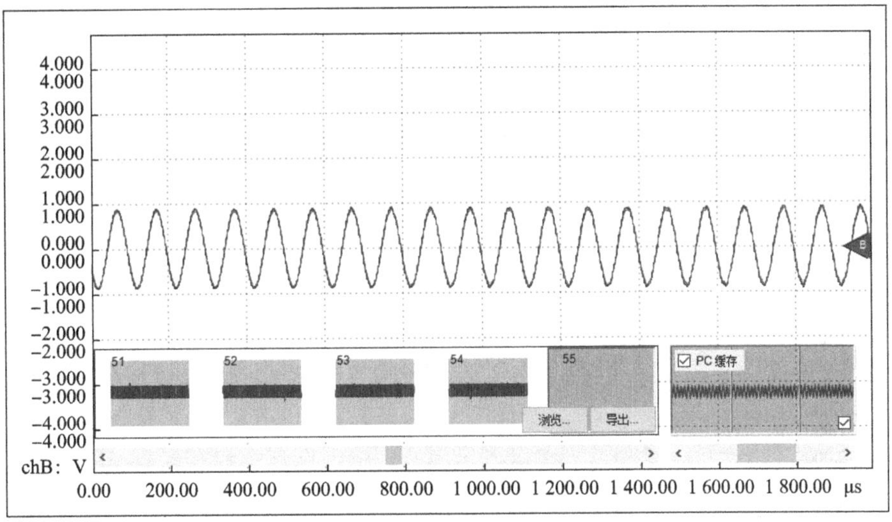

图 2-179　工作波形 4

(5) VCU 的 T35/20(正弦绕组 SIN+)与驱动电机 M14/10 之间虚接 500 Ω,T35/19(余弦绕组 COS+)正常时的波形。

红色线为正弦绕组波形,蓝色线为余弦绕组波形。VCU 的 T35/20(正弦绕组 SIN+)与驱动电机 M14/10 之间虚接 500 Ω,正弦绕组和余弦绕组波形重叠,波形变短,波形电压在±0.4 V 之间波动,电动机运转异常,但可以运转。工作波形如图 2-180 所示。

时基选择:0.2 ms/格。

测量电压:1 V/格。

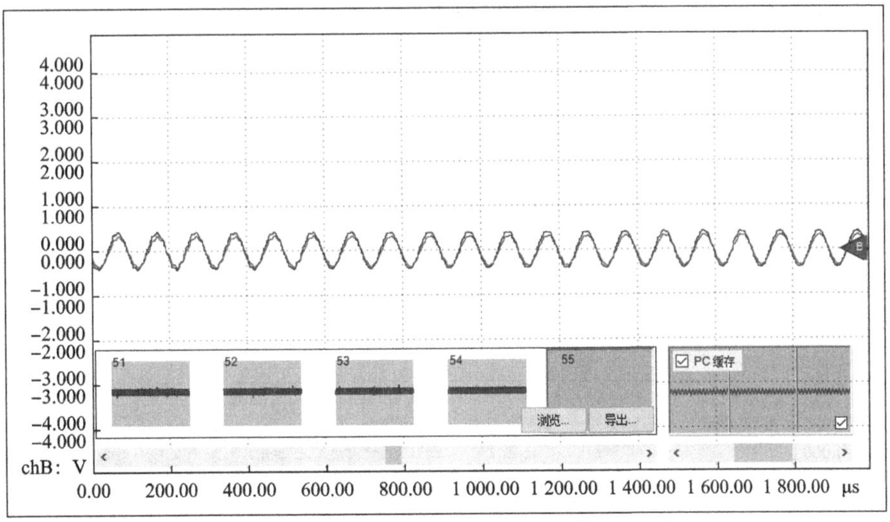

图 2-180　工作波形 5

(6)VCU 的 T35/20(正弦绕组 SIN+)与驱动电机 M14/10 之间虚接 5 000 Ω,T35/19(余弦绕组 COS+)正常时的波形。

红色线为正弦绕组波形,蓝色线为余弦绕组波形。VCU 的 T35/20(正弦绕组 SIN+)与驱动电机 M14/10 之间虚接 5 000 Ω,正弦绕组波形基本为一条直线,余弦绕组波形正常,电动机运转异常。故障波形如图 2-181 所示。

时基选择:0.2 ms/格。

测量电压:1 V/格。

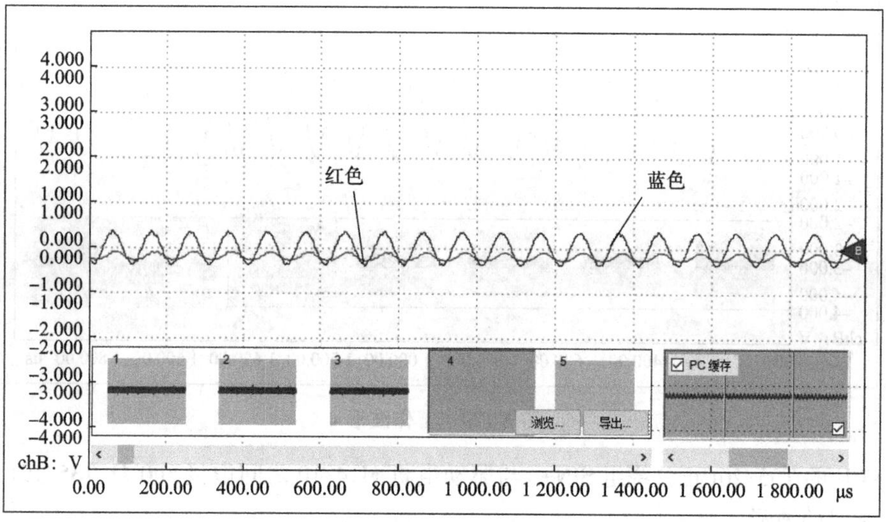

图 2-181 故障波形

(7)VCU 的 T35/20(正弦绕组 SIN+)与 T35/19(余弦绕组 COS+)交叉。

①正常工作时波形如图 2-182 所示。

时基选择:0.2 ms/格。

测量电压:1 V/格。

红色线为正弦绕组波形,蓝色线为余弦绕组波形。

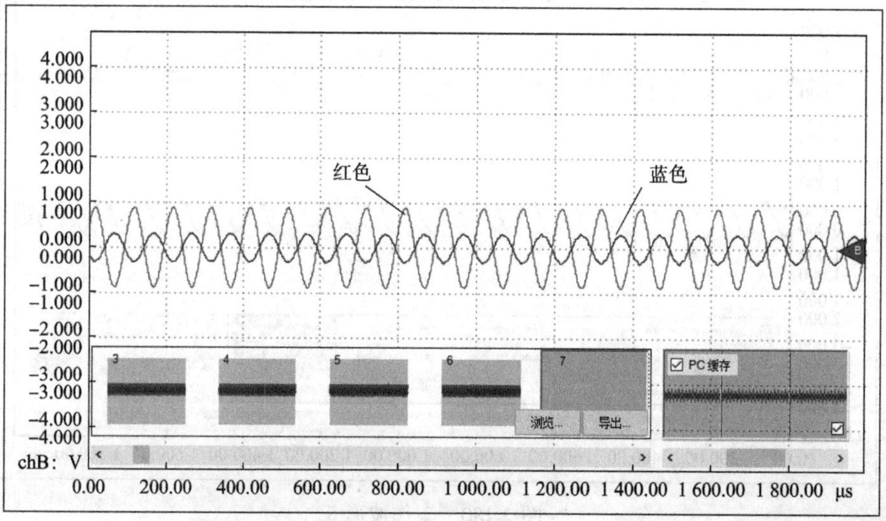

图 2-182 正常波形

②VCU 的 T35/20(正弦绕组 SIN+)与 T35/19(余弦绕组 COS+)交叉后波形。

红色线为正弦绕组波形,蓝色线为余弦绕组波形。由于驱动电机控制器读取到的信号为错误信号,因此电动机不能运转。故障波形如图 2-183 所示。

时基选择:0.2 ms/格。

测量电压:1 V/格。

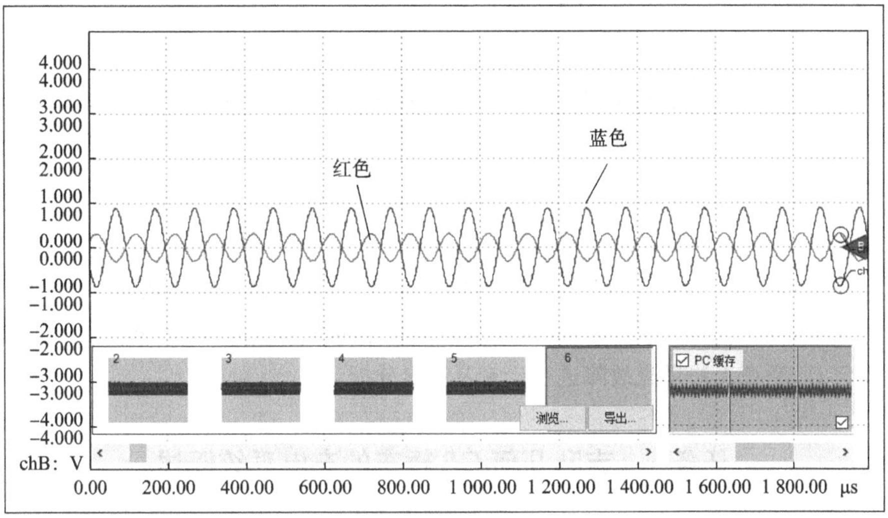

图 2-183　故障波形 1

3. 挡位开关 T35/22(D)与 T35/33(R)互短

红色线为 D 挡波形,蓝色线为 R 挡波形。由于驱动电机控制器读取到挡位信号为错误信号,因此电动机不能运转。故障波形如图 2-184 所示。

时基选择:2 s/格。

测量电压:5 V/格。

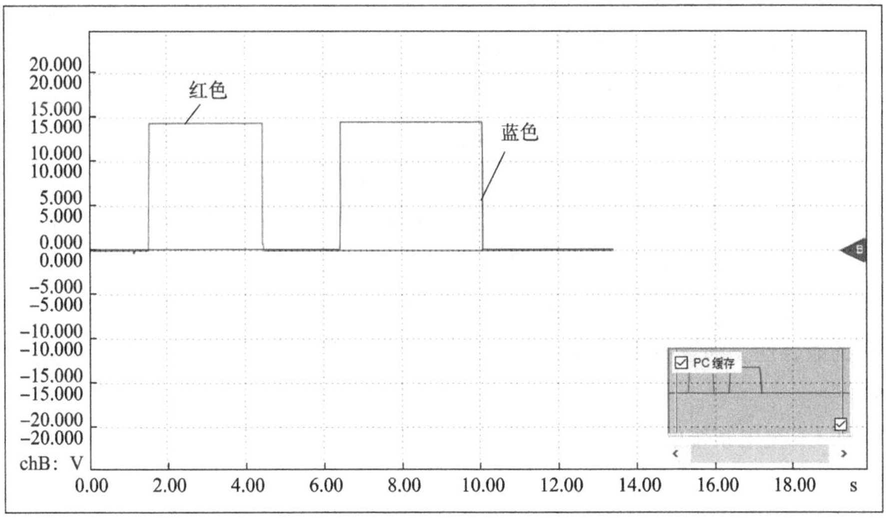

图 2-184　故障波形 2

吉利几何 G6 轿车不能充电故障诊断与排除

崔广磊　李　超

对吉利几何 G6 轿车不能充电故障进行诊断与排除,首先概述了吉利几何 G6 充电系统,其次分析了吉利几何 G6 无法慢充故障原因,并且列表分析了相关吉利几何 G6 轿车慢充故障设置,最后对吉利几何 G6 轿车无法慢充故障进行诊断及波形分析。

任务 1　吉利几何 G6 轿车的充电系统概述

新能源汽车充电系统是电动汽车能量补充的关键,它包括车载充电设备、充电桩以及相关的通信和控制技术。新能源汽车充电系统主要由车载充电机(OBC)完成充电工作,车载充电机是充电过程中的关键部件,负责将电网的电压转换为适合电池充电的直流电。

车载充电机分为以下几类:

(1)交流慢充:使用车载充电机将交流电转换为直流电进行充电,功率取决于车载充电机,主流车型的车载充电机功率有 2 kW、3.3 kW、6.6 kW 等。

(2)直流快充:直流充电桩内置功率转换模块,能直接将交流电转换为直流电输入电池,充电功率取决于电池管理系统(BMS)和充电桩输出功率。

此外新能源汽车充电技术还包括电池管理系统,电池管理系统(BMS)在充电过程中监控电池状态,如电量状态(SOC)、电池温度等,并根据电池实时状态调整充电方案,以确保安全和电池寿命;还有充电设施,充电设施可以依托电网供电,但未来发展方向可能包括利用太阳能和风能等清洁能源为充电设施离网供电;充电枪是连接充电桩和电动汽车的重要部件,有直流和交流之分,液冷技术的应用使得大功率充电成为可能,提高了充电安全性和效率。

新能源汽车充电系统的设计和实施需要考虑多种因素,包括充电速度、安全性、成本效益以及与现有电网的兼容性。随着技术的不断进步,未来的充电系统将更加高效、智能,并可能更加依赖于可再生能源。

吉利几何 G6 充电系统的端子号及定义见表 2-18。

表 2-18　吉利几何 G6 充电系统的端子号及定义

序号	端子号	端子含义	序号	端子号	端子含义
1	CA119/A3	交流充电确认信号	8	CA119/D2	交流充电插座温度传感器 1-
2	CA119/A4	HB CAN-H	9	CA119/D3	IG1 电源
3	CA119/B2	交流充电插座温度传感器 1+	10	CA119/D4	高压互锁输出信号
4	CA119/B3	交流充电确认 C 信号	11	CA119/F2	交流充电插座温度传感器 2-
5	CA119/B4	HB CAN-L	12	CA119/G4	接地
6	CA119/C2	交流充电插座温度传感器 2+	13	CA119/H3	电锁闭锁正
7	CA119/C4	高压互锁输入信号	14	CA119/H4	电锁闭锁负

任务 2　吉利几何 G6 轿车无法慢充故障诊断与排除

一、吉利几何 G6 轿车无法慢充故障原因分析

基于纯电动轿车整车控制及慢充系统的工作原理，当出现车辆能正常行驶、但无法进行慢充电功能的故障时，具体故障原因应从充电系统、动力蓄电池系统和整车控制系统进行诊断。

车辆可以正常行驶，且快充正常，说明整车高压控制系统正常，即动力蓄电池高压控制、驱动电机高压控制、DC-DC 高压控制、高压绝缘、高压互锁正常，可能只是由于以下一项或多项故障造成车辆慢充功能失效：

(1)供电设备(包括便携式充电设备)供电、自身故障；

(2)充电电缆断路、虚接、短路故障；

(3)车辆端的充电连接口到车载充电机之间的连接线路断路、虚接、短路故障；

(4)车载充电机电源线路断路、虚接、短路、自身故障；

(5)车载充电机通信 CAN 信号及线路断路、虚接、短路故障；

(6)驱动电机控制器唤醒信号及线路断路、虚接、短路故障；

(7)交流插座温度传感器信号及线路断路、虚接、短路故障；

(8)充电枪锁止开关(机械卡滞)及内部线路断路、虚接、短路故障。

二、吉利几何 G6 轿车的慢充故障设置列表

吉利几何 G6 轿车的慢充故障设置见表 2-19。

表 2-19　吉利几何 G6 轿车的慢充故障设置

序号	可设故障部位	故障性质	备　注
1	EF18 保险丝	断路	不能充电
2	EF18 保险丝到 ODP 的 CA119-D3 之间	断路、虚接	
3	ODP 的 CA119-B3(连接充电座的 CC)对 12 V	断路、虚接	不能充电
4	ODP 的 CA119-B3(连接充电座的 CC)对地	短路、虚接	可以充电

续表

序号	可设故障部位	故障性质	备　注
5	ODP 的 CA119-B3(连接充电座的 CC)对 CA172-4(CAN-H)	短路、虚接	时而能充,时而不能
6	ODP 的 CA119-C2(交流充电插座温度传感器 2+)与 CA119-F2(交流充电插座温度传感器 2-)	短路、虚接	
7	ODP 的 CA119-A3(CP)与 CA119-B3(CC)之间	短路、虚接	
8	ODP 的 CA119-A3(CP)与 12 V 之间	短路、虚接	
9	ODP 的 CA119-A3(CP)对地之间	短路、虚接	
10	ODP 的 CA119-A3(CP)与 ODPD CA119-A4(CAN-H)之间	短路、虚接	
11	ODP 的 CA119-H3 与 ODPD CA119-A3 互短	短路、虚接	
12	ODP 的 CA119-H4 与 CA84F-15 线路之间虚接 100 kΩ,CA84F-15 对地短路	短路、虚接	下拉是锁车,上拉是开锁,拔不下充电枪

三、吉利几何 G6 轿车无法慢充故障诊断及波形分析

1. ODP 的 CA119-B3 正常工作波形

按下充电枪的按钮后,信号电压由 3.3 V 左右下降到 2.2 V 左右,接着将充电枪插入充电座,信号电压下降到 0.1 V 左右,再按压充电枪,信号电压上升到 2.2 V 左右,拔掉充电枪后其信号电压恢复到 3.3 V 左右,正常波形如图 2-185 所示。

时基选择:2 s/格。

测量电压:2 V/格。

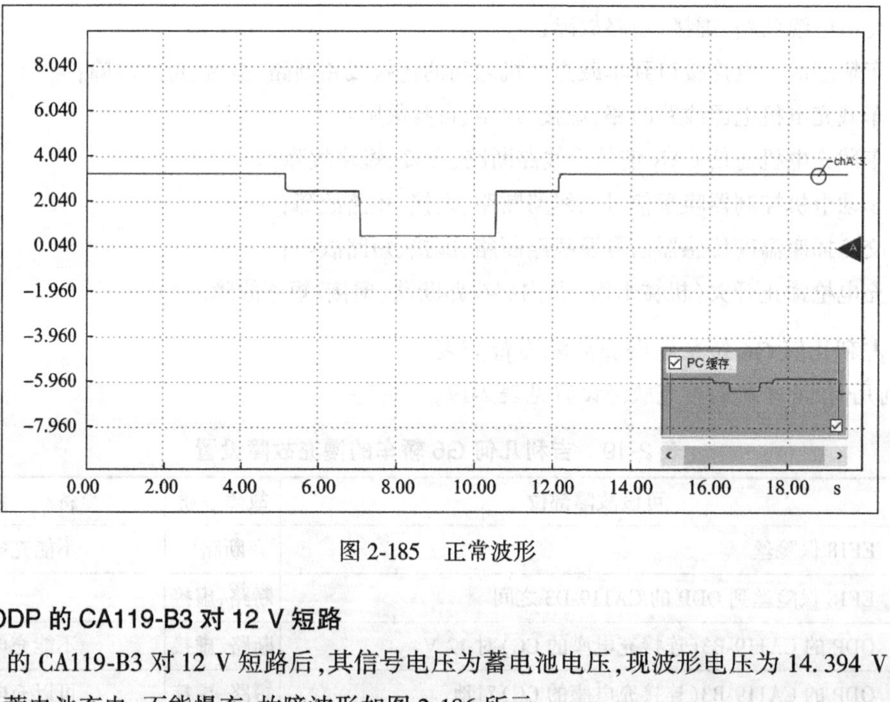

图 2-185　正常波形

2. ODP 的 CA119-B3 对 12 V 短路

ODP 的 CA119-B3 对 12 V 短路后,其信号电压为蓄电池电压,现波形电压为 14.394 V,为车载充电机给蓄电池充电,不能慢充,故障波形如图 2-186 所示。

时基选择:2 s/格。

测量电压:5 V/格。

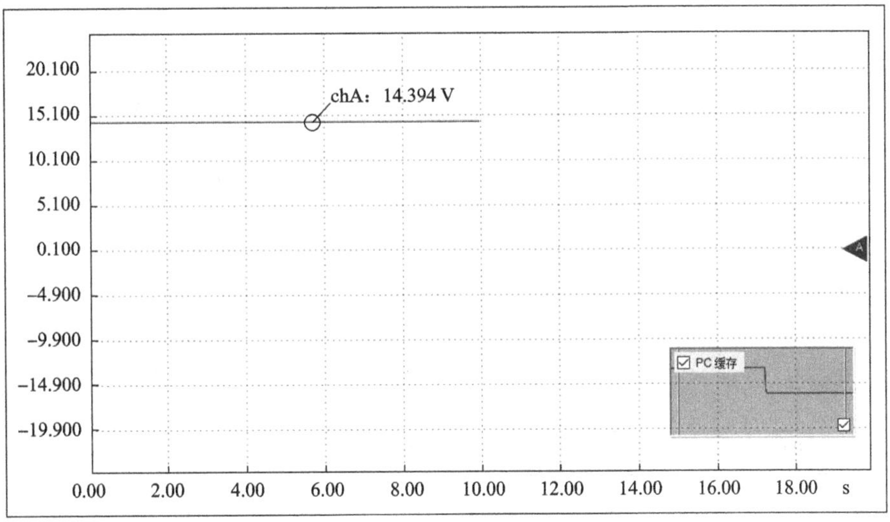

图 2-186　故障波形 1

3. ODP 的 CA119-B3 对地短路

ODP 的 CA119-B3 对地短路后,其信号波形不变,可以慢充,故障波形如图 2-187 所示。

时基选择:2 s/格。

测量电压:5 V/格。

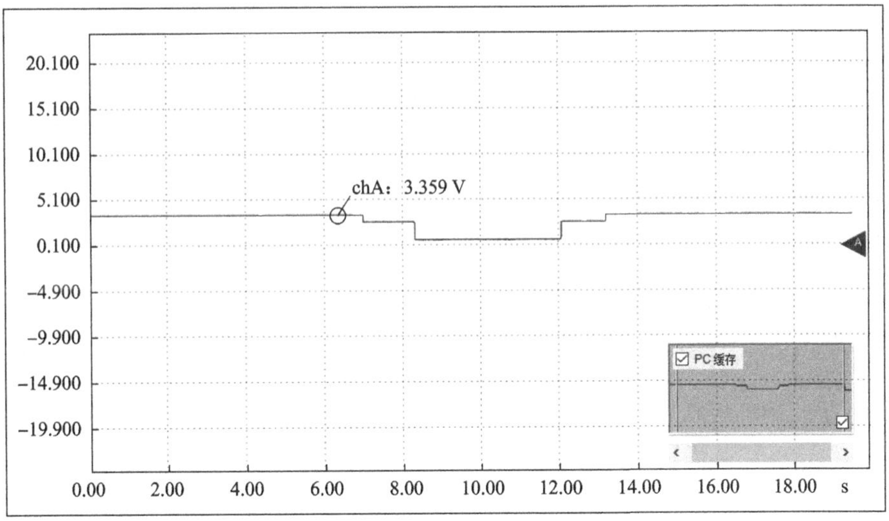

图 2-187　故障波形 2

4. ODP 的 CA119-B3 对 CA172-4(CAN-H)短路

ODP 的 CA119-B3 对地短路后,其信号在没有 CAN-H 信号干扰时,信号波形不变,可以慢充,但一旦有 CAN-H 信号波形其信号干扰就会发生变化,随之也不能慢充,故障现象是有时能慢充,有时不能,故障波形如图 2-188 所示。

时基选择:2 s/格。

测量电压:2 V/格。

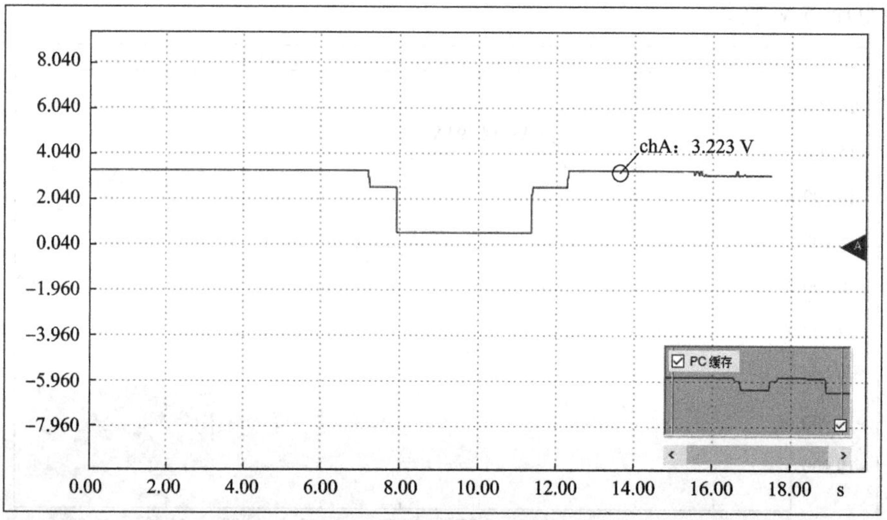

图 2-188 故障波形 3

5. ODP 的 CA119-C2(交流充电插座温度传感器 2+)与 CA119-F2(交流充电插座温度传感器 2-)之间短路

ODP 的 CA119-C2(交流充电插座温度传感器 2+)与 CA119-F2(交流充电插座温度传感器 2-)之间短路后,CA119-C2 的信号电压变为 0 V,但不影响充电,读取数据流,温度传感器的数值变为 190 ℃,故障波形如图 2-189 所示。

时基选择:2 s/格。

测量电压:1 V/格。

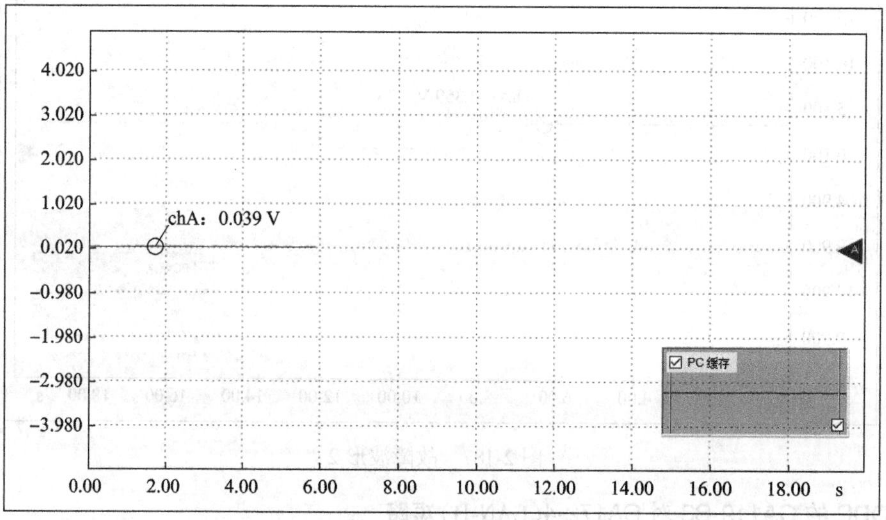

图 2-189 故障波形 4

6. ODP 的 CA119-A3(CP)正常工作波形

ODP 的 CA119-A3(CP)正常,工作波形如图 2-190 所示。

时基选择:2 ms/格。

测量电压:5 V/格。

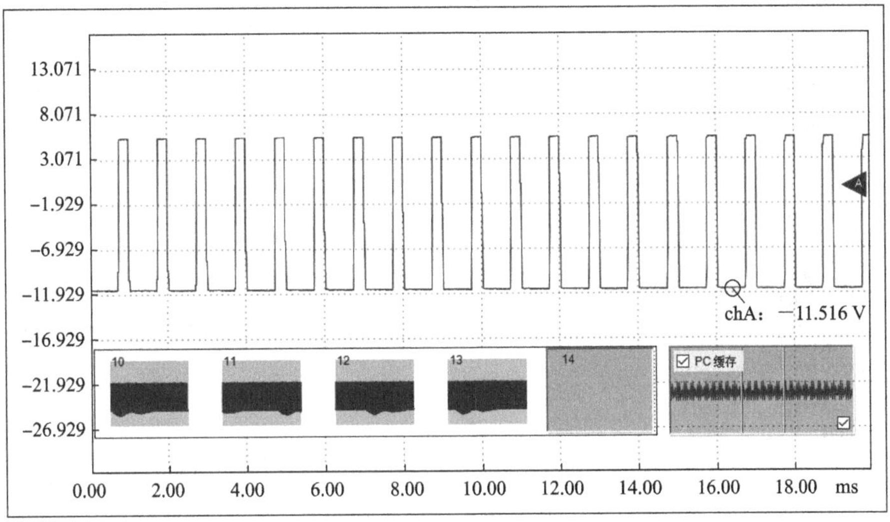

图 2-190　工作波形

7. ODP 的 CA119-A3(CP)与 CA119-B3(CC)之间互短

时基选择:2 ms/格。

CP 测量电压:5 V/格。

CC 测量电压:2 V/格。

ODP 的 CA119-A3(CP,蓝色)与 CA119-B3(CC,红色)之间互短后,其信号波形变为 2 V 左右的直线,仪表显示放电状态,在充电桩侧报 1 号枪未插好,不能进行慢充,故障波形如图 2-191 所示。

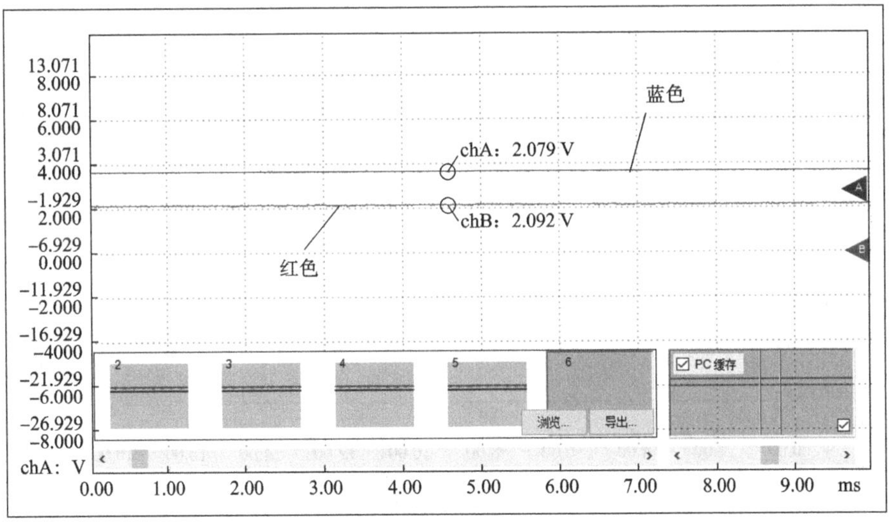

图 2-191　故障波形 1

8. ODP 的 CA119-A3(CP,蓝色)与 CA119-B3(CC,红色)虚接 500 Ω

ODP 的 CA119-A3(CP,蓝色)与 CA119-B3(CC,红色)之间虚接 500 Ω 后,ODP 的 CA119-A3(CP)信号波形正常,CA119-B3(CC,红色)信号波形变短,不能进行慢充,故障波形如图 2-192 所示。

时基选择:2 ms/格。

测量电压:2 V/格。

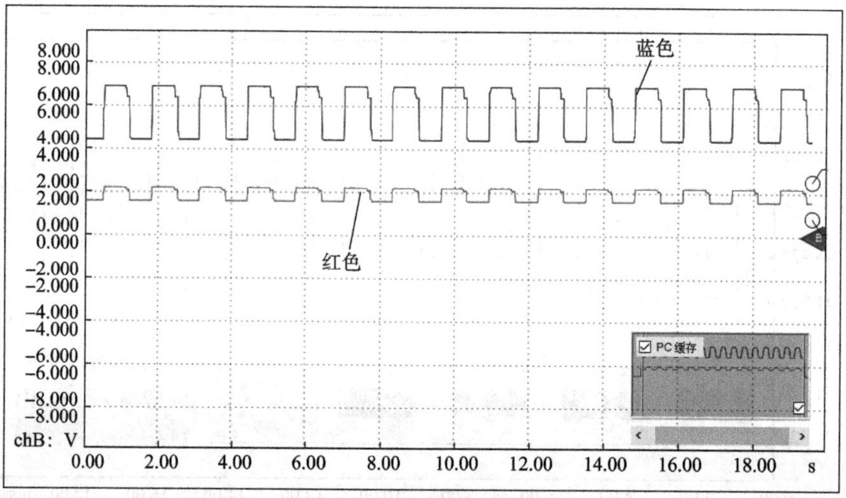

图 2-192 故障波形 2

9. ODP 的 CA119-A3(CP,蓝色)与 CA119-B3(CC,红色)之间虚接 1 000 Ω

ODP 的 CA119-A3(CP,蓝色)与 CA119-B3(CC,红色)之间虚接 1 000 Ω 后,ODP 的 CA119-A3(CP)与 CA119-B3(CC,红色)波形重合,变为 5.438 V 的直线,不能进行慢充,故障波形如图 2-193 所示。

时基选择:2 ms/格。

CP 测量电压:5 V/格。

CC 测量电压:2 V/格。

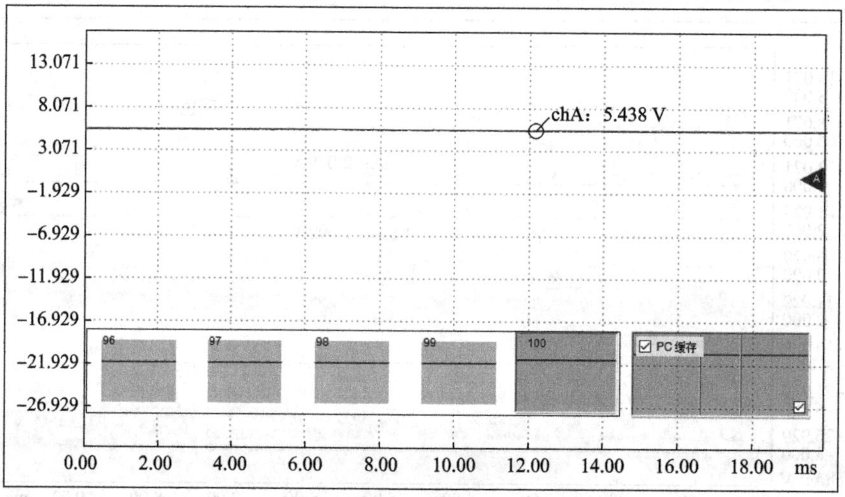

图 2-193 故障波形 3

10. ODP 的 CA119-A3(CP)对 12 V 短路

ODP 的 CA119-A3(CP)对 12 V 短路后,其波形变为 14.3 V 左右的直线,不能进行慢充,故障波形如图 2-194 所示。

时基选择:2 ms/格。

测量电压:5 V/格。

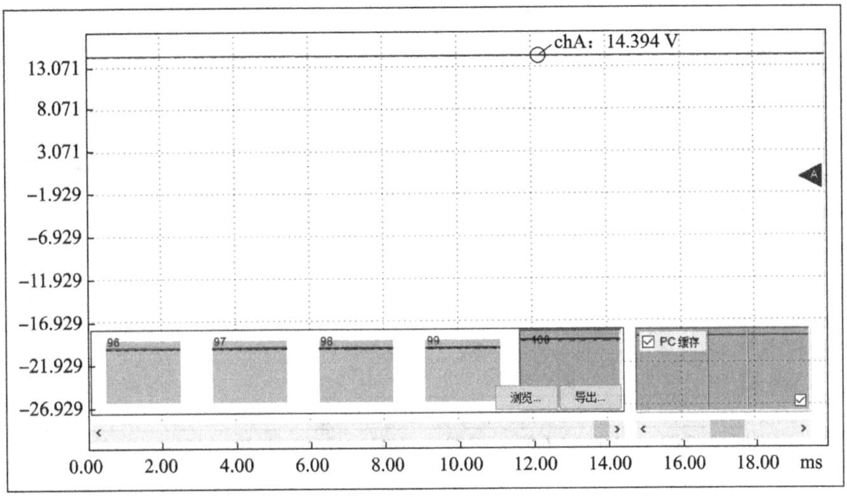

图 2-194　故障波形 4

11. ODP 的 CA119-A3(CP)与 12 V 虚接 100 kΩ

ODP 的 CA119-A3(CP)与 12 V 虚接 100 kΩ 后,其波形变为 8.5 V 左右的直线,不能进行慢充,故障波形如图 2-195 所示。

时基选择:2 ms/格。

测量电压:5 V/格。

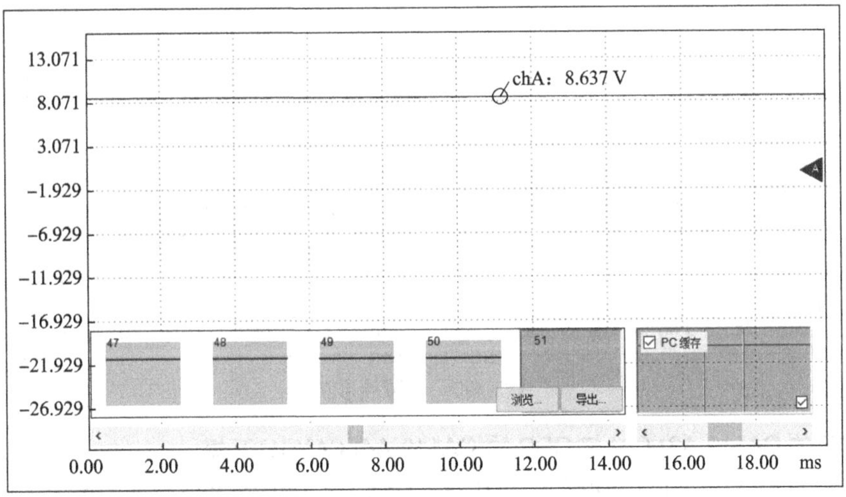

图 2-195　故障波形 5

12. ODP 的 CA119-A3(CP)对地短接

ODP 的 CA119-A3(CP)对地短接后,其波形变为 0.1 V 左右的直线,不能进行慢充,故障波形如图 2-196 所示。

时基选择:2 ms/格。

测量电压:5 V/格。

13. ODP 的 CA119-A3(CP)对地虚接 100 kΩ

ODP 的 CA119-A3(CP)对地虚接 100 kΩ 后,其波形变为 8.4 V 左右的直线,不能进行慢充,故

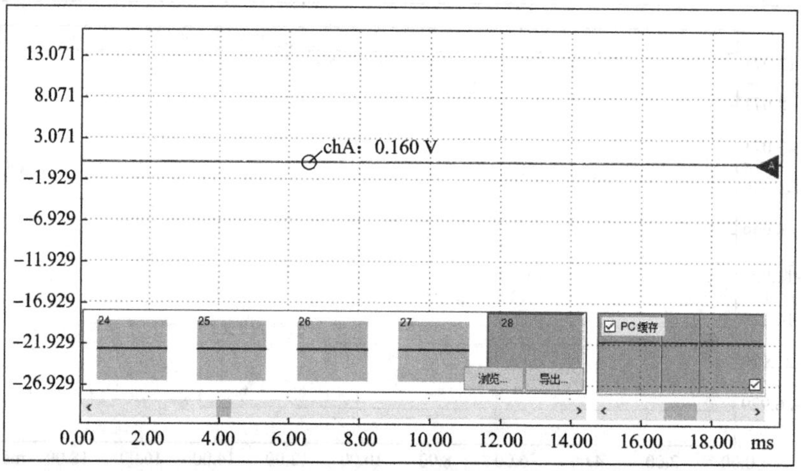

图 2-196 故障波形 6

障波形如图 2-197 所示。

时基选择：2 ms/格。

测量电压：5 V/格。

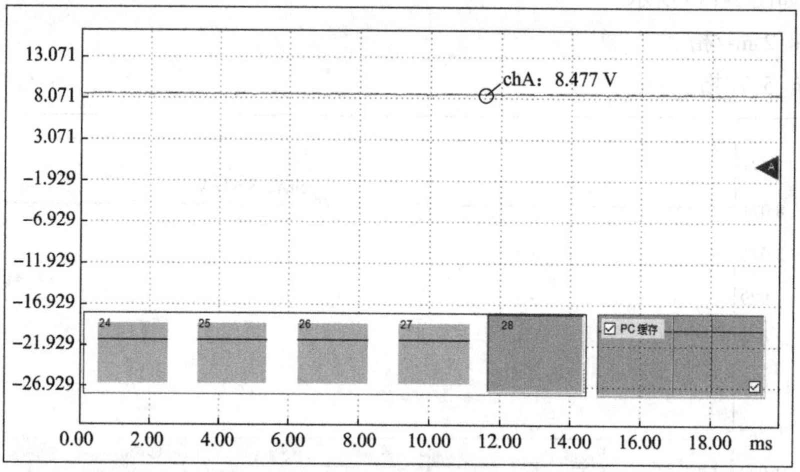

图 2-197 故障波形 7

14. ODP 的 CA119-A3(CP)与 ODP 的 CA119-A4(CAN-H)互短

ODP 的 CA119-A3(CP)与 ODP 的 CA119-A4(CAN-H)互短后，其波形变为类似占空比的信号波形，CA119-A3(CP)端电压在 0～3.1 V 左右波动，CA119-A4(CAN-H)端电压在 0～5.8 V 左右波动，不能进行慢充，故障波形如图 2-198 所示。

时基选择：2 ms/格。

CP 测量电压：5 V/格。

CC 测量电压：2 V/格。

15. ODP 的 CA119-A3(CP)与 ODP 的 CA119-H3(电锁闭锁+)互短

ODP 的 CA119-A3(CP)与 ODP 的 CA119-H3(电锁闭锁+)互短后，在按压锁车进行充电时，CA119-A3(CP)与 ODP 的 CA119-H3 波形重叠，信号电压变为 0～13.4 V 左右的方波，交流充电桩

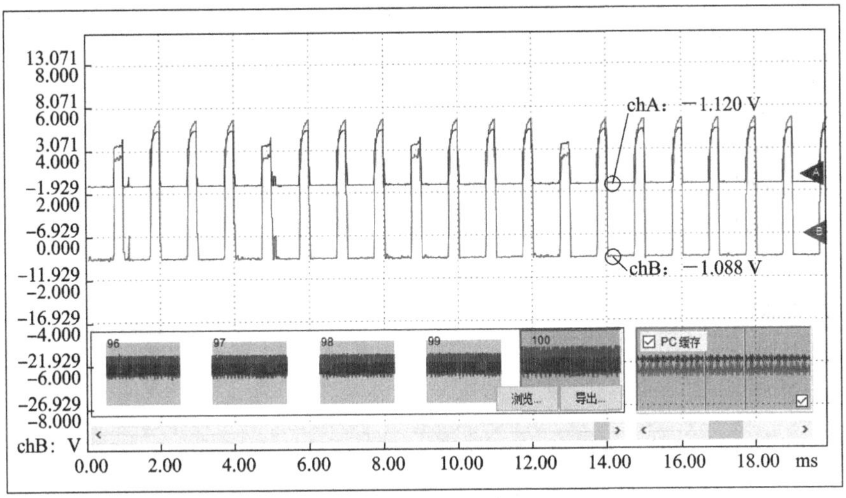

图 2-198　故障波形 8

跳闸，不能继续充电，故障波形如图 2-199 和图 2-200 所示。

时基选择：2 s/格。

测量电压：5 V/格。

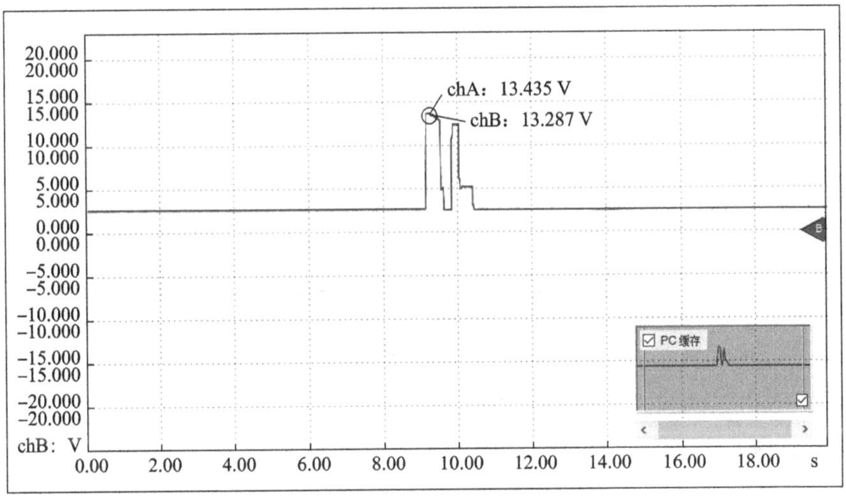

图 2-199　故障波形 9

16. ODP 的 CA119-H4 与 CA84F-15 线路之间虚接 100 kΩ，CA84F-15 对地短路

在 ODP 的 CA119-H4 与 CA84F-15 线路之间虚接 100 kΩ，CA84F-15 对地短路后，按压遥控器锁车键，可以锁车，此波形为 CA119-H4 端先按下锁车、再按两次开锁键波形，可以进行慢充，故障波形如图 2-201 所示。

时基选择：2 s/格。

测量电压：5 V/格。

按开锁键后，其波形为 CA119-H4 端波形，变为 0 V 直线，故障波形如图 2-202 所示。

时基选择：2 s/格。

测量电压：5 V/格。

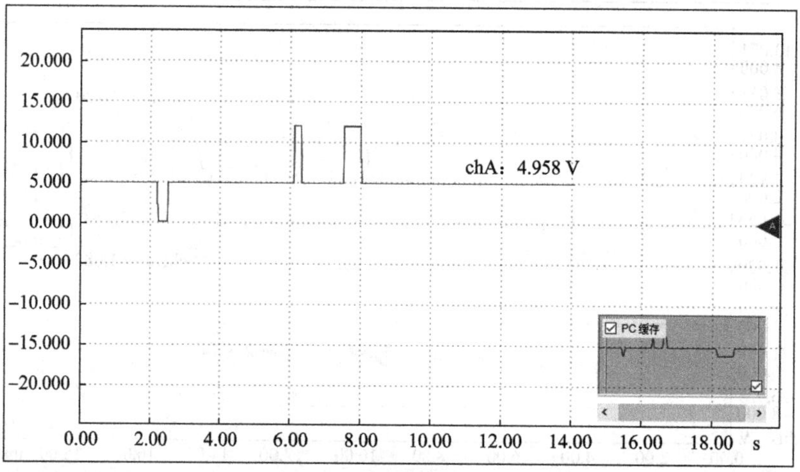

图 2-200　故障波形 10

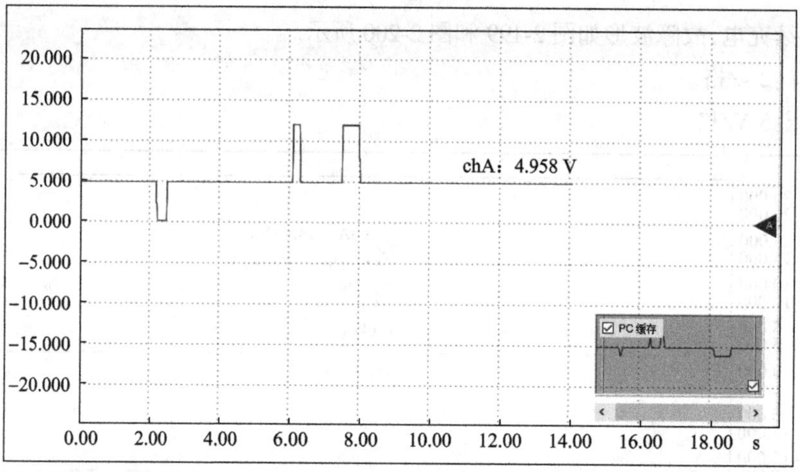

图 2-201　故障波形 11

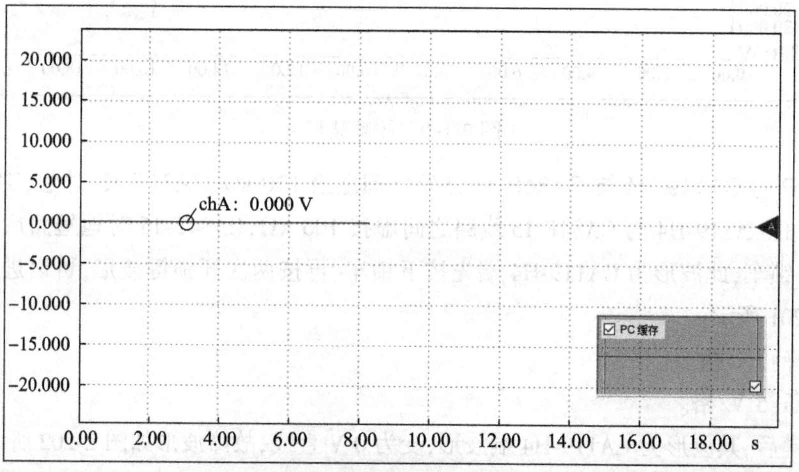

图 2-202　故障波形 12

第三篇

汽车维修职业技能大赛推广

汽车维修职业技能大赛技术文件及评分标准

郝　魁

第一节　汽车服务接待职业技能大赛

一、汽车服务接待职业技能大赛选手情境信息

(一)汽车维修服务接待作业模块——服务顾问选手情境信息(学生用)

1. 公司名称:××汽车销售服务有限公司。
2. 服务顾问姓名:
3. 客户姓名:
4. 车型:风光 580(2022 款 1.5T 自动豪华型)。
5. 邀约客户到店时间:2023 年 8 月 6 日。
6. 车间负责人:
7. 维保技师:
8. 质检员:
9. 库管员:
10. 总检员:
11. 预结算人:
12. 收款人:

(二)汽车维修服务接待作业模块——顾客选手情境信息(上场前给教师部分)

1. 服务公司名称:
2. 顾客姓名:
3. 到店时间:2023 年 9 月 15 日。
4. 车辆行驶里程:6 万多公里。
5. 车辆使用情况:暑假回农村老家,山区颠簸,行驶转弯右前部分碰上石头,在乡下补了油漆。回来 2 周后发现空调降温很慢,现在基本不制冷了。
6. 用车计划:公务出差半个月,车辆在家停一段时间。
7. 客户异议,见表 3-1。

表 3-1　客户异议

序号	异议所在环节	异　　议
1	车辆问诊 (如果问及相关问题才回答)	1. 暑假回老家上山时急拐弯碰到路边的石头; 2. 在乡下一家快修店修理,走保险了,更换了中网,并对保险杠补了油漆; 3. 做完油漆空调好像还制冷的,后来慢慢制冷效果不明显了。 4. 你的意思空调冷凝器被撞坏了需要更换吗? 5. 那这个还能走保险吗
2	需求分析	1. 还要回老家修理,手续又复杂,算了,还是在你这里维修吧!(询问客户是否需要在本 4S 站修理?) 2. 不从保险走了,如果更换后,还会出现其他问题吗
3	增项推荐 (可根据推荐项目自行组织问题)	我自己的车保险该有的都有了,能加装在我家里人的汽车上吗
4	车辆验收	我朋友做机油总经销的下次来保养时能否自带机油
5	核单结账	—
6	客户回访	经过上次维修后空调出风口很冷怎么回事

8. 支付方式:扫码支付。
9. 维修等待方式:店内等待。
10. 选手推荐的产品:在无异议的情况下,同意购买。

二、汽车服务接待职业技能大赛任务与情境概述

(一)任务描述

选手担任服务顾问李华,根据情境开展维修接待服务客户的邀约及接待工作任务,主要包括:预约跟进、礼迎客户、环车检查、车辆问诊、需求分析、增项推荐、维保确认、维保跟踪、交车准备、车辆验收、核单结账、礼送客户和客户回访等作业。并通过汽车维修服务管理平台完成信息的录入及登记工作。

(二)情境信息

1. 基础信息

2023 年 9 月 15 日,某汽车销售服务有限公司的服务顾问李华根据客户预约情况邀请客户到店进行故障维修,在预约当天,接待预约客户到店进行相关维修,顺带完成 6 万公里车辆常规保养业务。基础信息内容见表 3-2。

表 3-2　基础信息

服务类型	维修接待,顺带保养
客户类型	预约客户
配合程序	电话邀约:配合服务顾问进行到店维修电话邀约。 上场配合:电话邀约后,顾客自行坐到驾驶室等待,听从选手指引,配合选手完成服务接待相关工作任务。 在配合进行灯光检查时:客户受选手邀请配合进行灯光检查,选手在车辆前方,向客户发出灯光检查口令。 故障问诊:通过诊断仪读取故障信息,并与客户沟通交流,确定维修项目及更换零部件。 客户回访环节:在选手送别客户后,进行模拟电话回访,客户下车在客户休息区等待并接听回访电话。 客户话术:客户会按照竞赛要求进行相应对话,对所有选手提出相同的疑问
客户信息	客户姓名:唐风 其他信息:需选手通过管理平台查询以及接待询问获取
其他人员信息	车间技师:张明 收银员:赵丽

2. 车辆及人员信息

车辆及人员信息见表 3-3。

表 3-3　车辆及人员信息

人员信息	客户名称	唐　　风	联系电话	1536617＊＊＊＊
车辆信息	车牌号码	苏 A35R35	车辆 VIN 码	LVZA53P94NC612793
	车系	东风	车型	东风 580
	行驶里程	6 万公里	车身颜色	黑色

3. 维保服务信息

维保服务信息见表 3-4。

表 3-4　维保服务信息

项目类型	维保项目	维修用料	用料数量	维修工时/h
大保养				

4. 客户用车情况

(1)车辆使用情况:暑假回农村老家,山区颠簸,行驶转弯右前部分碰上石头,在乡下进行了补油漆。回来2周后发现空调降温很慢,现在基本不制冷了。

(2)用车计划:公务出差半个月,车辆在家停一段时间。

5. 车辆故障设置

车辆故障设置见表3-5。

表3-5 车辆故障设置

序号	故障类型	车辆故障
1	环检故障	左前转向灯不亮
2		右后轮胎螺栓护盖缺失一个
3	问诊故障	空调不制冷

6. 增项推荐

增项推荐见表3-6。

表3-6 增项推荐

项目类型	维保项目	维修用料	数 量	维修工时/h
增项推荐项目	制冷系统检漏	荧光剂	1瓶	1
	更换部件	冷凝器	1个	2
	加注制冷剂	制冷剂	1 000 g	1
	制冷系统检漏	荧光剂	1瓶	1

7. 客户异议

客户异议见表3-7。

表3-7 客户异议

序号	异议所在环节	异 议
1	车辆问诊	
2	需求分析	
3	增项推荐	
4	车辆验收	
5	核单结账	
6	客户回访	

8. 车辆行驶证信息

车辆行驶证信息见表3-8。

表 3-8　车辆行驶证信息

车牌号码		车辆类型	
车主姓名		发证日期	
住址			
发动机号		车架号	
厂牌型号		车身颜色	
发证机关			

9. 其他事项

其他事项见表 3-9。

表 3-9　其他事项

序号	事　　项	应　答　点
1	支付方式	扫码支付
2	维修等待方式	店内等待
3	选手推荐的产品	在无异议的情况下,同意购买

10. 7S 管理相关考核信息

在工位区域布置 7S 管理考核方面,有以下情况按评分标准扣分:地面有废纸,工具摆放杂乱,灭火器压力不足,指针在红色区域等。

(三)注意事项

话术组织及具体进行哪些环节由选手自行决定。当竞赛倒计时结束或裁判宣布竞赛结束时,选手不可再进一步开展业务流程,应回到等候区,由工作人员统一带出竞赛场地。

三、汽车服务接待职业技能大赛评分表及细则

汽车维修工职业技能大赛的评分表及细则,见表 3-10。

表 3-10　评分标准

得分条件		评分细则	分值	得分
能进行工位 7S 操作 (4 分)	整理、整顿:实操过程使用工具设备合理摆放	工作夹、表单资料未摆放整齐,工具摆放散乱每次扣 0.5 分,未唱报扣 0.5 分,扣完为止	1	
	清理、清洁:竞赛后恢复工位	未打扫工位,未进行物品清洁,每项扣 0.5 分,未唱报扣 0.5 分,扣完为止	1	
	素养:耗用物料节约使用	工位物品未节约使用,如浪费纸张、水杯一次使用超过 2 个则扣分,每次扣 0.5 分,扣完为止	1	
	安全:安全操作工具设备	车辆及工位物品操作过程中未爱护使用,出现用力开关车辆门,引擎盖、后备箱盖等每次扣 0.5 分,人员磕碰则扣 1 分,扣完为止	1	

续表

得分条件		评分细则	分值	得分
设备和工具安全检查（1分）	检查作业环境是否配备灭火器	没有进行检查动作，扣1分，如有问题要报告裁判，等裁判指示。 灭火器检查参考指标：软管、外壳、保险销、压力（指标区域）少唱报一项扣0.5分；两个灭火器逐一检查	1	
商务礼仪规范（4分）	注重个人卫生及仪容形象	选手面容不干净整洁，扣0.5分；男士发型不干练整洁，扣0.5分；女士长头发没有盘起，扣0.5分	1	
	仪表端庄，表情和蔼可亲，自然真诚，姿态自然大方	未穿工作服，未穿工作鞋，每项扣0.5分； 表情不和蔼不可亲，不自然不真诚，扣0.5分；站姿蹲姿不规范，扣0.5分；扣完为止	1	
	吐字清晰，语速适中，语句流畅	吐字不清晰，扣0.5分；语速不适中，扣0.5分；语句不流畅，扣0.5分；扣完为止	1	
	用词准确、恰当，逻辑清晰	用词不准确、不恰当，扣0.5分；表达逻辑不清晰，扣0.5分	1	
操作规范（3分）	作业过程中工具、证件等无掉落	工具、证件、资料等物品掉落，扣1分	1	
	作业过程中规范操作	操作过程不规范，如环车检查不戴手套，扣1分；检查机油动作不规范，扣1分	1	
	致电预约客户，能确认客户到店时间	没有介绍公司信息、询问对方是否方便，扣0.5分；没有确认客户及车辆信息，扣0.5分； 没有确认预约内容，扣0.5分；没有确认预约时间，扣0.5分；没有让客户先挂电话，扣0.5分；扣完为止	1	
礼迎客户（3分）	引导顾客停车，帮顾客开门，为客户护顶、礼貌请顾客下车	没有引导顾客停车，扣0.5分；没有帮顾客开门，扣0.5分；没有礼貌请顾客下车，为客户护顶，扣0.5分；扣完为止	1	
	自我介绍、正确递名片、礼貌寒暄	没有自我介绍，扣0.5分；递送名片，名片从工作夹拿取，双手递送，正面朝向客户，不规范处每项扣0.5，没有礼貌寒暄，扣0.5分；扣完为止	1	
	适当赞美客户，适当推销自己和企业，表现亲和自然	未赞美客户扣1分，未赞美自己扣1分，未赞美企业扣1分；扣完为止	1	

续表

得分条件		评分细则	分值	得分
环车检查（20分）	请顾客出示行驶证和车钥匙，提醒顾客取走贵重物品，记录基本信息	未礼貌请顾客出示行驶证和车钥匙，扣0.5分；未提醒顾客取走贵重物品，扣0.5分；扣完为止	1	
	记录座椅位置，套好六件套并说明六件套的作用	未唱检记录座椅位置，扣0.5分；未说明套六件套的作用，扣0.5分；没有套六件套，扣1分；套好六件套动作拖沓不熟练扣0.5分；扣完为止	1	
	检查驾驶室，正确唱检仪表信息：行驶里程、剩余油量、有无故障灯等并记录，正确进行灯光操作	唱检油量、公里数、有无故障灯点亮；少一个扣0.5分；车前灯光检查：示宽灯，近光灯（前照灯）、远光灯（变光）、左右转向灯，危险警告灯；车后灯光检查：倒车灯、制动灯、左右转向灯、后雾灯、后示宽灯；少一项扣0.3分，扣完为止	3	
	唱检其他信息并记录：安全带，座椅调节，四门车窗玻璃升降、遮阳板及化妆镜灯，车内反光镜及空调出风口等并进行贵重物品提醒并记录	唱检驾驶位安全带、座椅调节、四门车窗玻璃升降、遮阳板及化妆镜灯，车内反光镜及空调出风口、询问储物空间有无贵重物品遗留，少一个酌情扣0.5分左右；不记录扣0.5分，扣完为止	1	
	检查左前方，唱检左前门、左前翼子板，左前轮胎胎面、轮辋、气门嘴帽等主要项目，并记录结果	唱检左前车门、左前翼子板，左前轮胎胎面、轮辋、花纹深度、气门嘴帽、外后视镜，所有项目中少唱报一项扣0.5分，不记录扣0.5分，扣完为止	1	
	检查正前方，唱检机舱盖、进气栅格、保险杠等主要项目，并记录结果	唱检前挡风玻璃、机舱盖、进气栅格、前保险杠，少唱报一项扣0.5分，不记录扣0.5分，扣完为止	1	
	打开机舱盖，规范检查机油；唱检冷却液、制动液、玻璃水等各油液液位以及各线束管路连接等，并记录	检查发动机、唱检机油（需要拉出机油尺查看状态及液面），唱检冷却液、制动液、玻璃水液位，唱检各线束管路连接，少一个扣0.5分，扣完为止	1.5	
	检查右前方，唱检右前门、右前翼子板，右前轮胎等主要项目，并记录结果	唱检右前车门、右前翼子板，右前轮胎胎面、轮辋、花纹深度、气门嘴帽、外后视镜，所有项目中少唱报一项扣0.5分，不记录扣0.5分，扣完为止	1.5	

续表

得分条件		评分细则	分值	得分
环车检查（20分）	检查右后方，唱检右后门、右后翼子板，右后轮胎胎面、轮辋、气门嘴帽、加油口等主要项目，并记录结果	唱检右后车门、右后翼子板，右后轮胎胎面、轮辋、花纹深度、气门嘴帽、加油口，所有项目中少唱报一项扣0.5分，不记录扣0.5分，扣完为止	1.5	
	检查正后方，唱检后备箱盖、后保险杠等主要项目，并记录结果	唱检后挡风玻璃、后备箱盖、后保险杠，少唱报一项扣0.5分，不记录扣0.5分，扣完为止	1.5	
	打开后备箱盖检查后备箱内部主要项目，并记录结果	后备箱内包括：三脚架、拖车钩、千斤顶等，少唱报一项扣0.5分，不记录扣0.5分，扣完为止	1.5	
	检查左后方，唱检左后门、左后翼子板，左后轮胎胎面、轮辋、气门嘴帽、加油盖等主要项目，并记录结果	唱检左后车门、左后翼子板，左后轮胎胎面、轮辋、花纹深度、气门嘴帽，所有项目中少唱报一项扣0.5分，不记录扣0.5分，扣完为止	1.5	
	发现车辆缺陷，建议增补或修复	有2处缺陷，未发现一处，扣1.5分；①左前转向灯不亮；②右后轮胎螺栓护盖缺失一个	3	
读取故障（5分）	连接故障诊断仪，读取故障，预约报修，对相关系统的故障信息做好记录	未使用诊断仪准确读取空调系统故障信息，扣1分；未记录扣1分；读取无关系统（车窗，ABS等）的扣2分	2	
	把故障诊断仪读出的故障信息内容展示给顾客并解释	未展示扣2分；展示不解释扣1分	3	
车辆问诊（10分）	根据故障信息提示对顾客开展问询。 问答1：是的，暑假回老家上山时急拐弯碰到路边的石头； 问答2：在乡下一家快修店修理，走保险了，更换了中网，并对保险杠补了油漆； 问答3：做完油漆空调好像还制冷的，后来慢慢制冷效果不明显了	问题1：目前故障信息显示空调系统压力传感器问题，您的车前方是否发生过碰撞？（1分） 问题2：那在哪维修的？走保险了吗？更换了什么？（1分） 问题3：那可能是前部空调冷凝器被撞到了，做完油漆后空调是否制冷？（1分）	3	

续表

得分条件		评分细则	分值	得分
车辆问诊（10分）	能快速、准确解答客户异议。 问题1:你的意思是空调冷凝器被撞坏了需要更换吗? 问题2:那这个还能走保险吗	回答1:目前很大可能性是的,还要做检漏及传感器等检测。(1.5分) 回答2:您老家和这里是两地,在我们4S店不能理赔,需要去您老家那个报修的修理店处理(1.5分)	3	
	初步确定维修范围:系统检漏及测试;更换冷凝器;加注制冷剂	少一个扣1分	3	
	询问客户是否需要在本4S站修理	未询问客户,扣0.5分	0.5	
	邀请客户在预检单上签字	未签字,扣0.5分	0.5	
需求分析（7.5分）	能使用服务规范及相关政策,正确解答客户问题。 问题:不从保险走了,如果更换后,还会出现其他问题吗	回答:放心,我们的维修技师非常专业,相信能查出问题并修复好,如果过一段时间还会有问题我们不收费的,这里会记录在案的	3	
	环车检查时,在适当时候主动询问客户车辆保养后的使用打算,充分进行需求分析	未主动询问客户车辆保养后的使用打算扣1分;未根据客户使用打算充分进行需求分析扣1分	2	
	接车时体现厂家服务特色、体现专业性人文关怀,向客户介绍特色服务,进行使用与保养说明,介绍说明合理	接车时未体现厂家服务特色扣0.5分;未体现专业性人文关怀扣0.5分;未向客户介绍特色服务扣0.5分;未说明使用与保养扣0.5分;介绍说明内容不合理扣0.5分;扣完为止	2.5	
增项推荐（10分）	根据问诊情况,专业地推荐维修服务增项,并作项目简介和价格预估	1. 根据故障信息需要系统检漏; 2. 检漏发现需要更换冷凝器并加注制冷剂; 3. 检查中发现空调蒸发器霉菌滋生,建议顾客做个杀菌并更换空调滤芯	6	

续表

得分条件		评分细则	分值	得分
增项推荐（10分）	挖掘潜在需求，提供专业建议，专业地推荐特色服务增项，并作项目简介和价格预算（如迎国庆中秋送改装大礼包）	未挖掘潜在需求推荐服务增项扣1分；未作项目简介扣0.5分；未作价格预估扣0.5分；扣完为止	2	
	能快速、准确应对客户疑问。问题：我自己车身该有的都有了，能加在我家里人的车身吗	回答：如果车辆也是东风品牌是可以的；未对客户的提问及追问及时解释或不解释，扣1分	1	
	应用引导礼，引导客户到维修服务接待台落座；为客户提供三种以上饮品供选择，并礼貌地递送	未引导顾客到维修服务接待台落座，扣0.5分；未为客户提供三种以上饮品供选择，并礼貌地递送，扣0.5分；如果用开放式问句问客户喝什么，扣0.5分；没有询问顾客离店还是在店等待，扣0.5分	1	
维保确认（3分）	确认客户基本信息，请顾客最后确认本次常规保养项目、维修项目、特色服务项目，预估价格和完工时间	未确认顾客基本信息，扣0.5分；未最后确认本次常规保养项目、维修项目、特色服务项目，扣1分；未打印维修委托书，扣0.5分；未邀请客户签字，扣0.5分；扣完为止	2	
	引导客户至休息区入座休息，等待完工交车	未引导客户至休息区入座休息，扣1分	1	
维保跟踪（4分）	记录并打印维修工单，邀请客户在维修工单上签字	未邀请客户签字，扣2分	2	
	再次与客户确认预估维保完成交车时间	未与客户确认交车时间，扣2分	2	
交车准备（2分）	对竣工车辆自检，准备好交车相关物品，通知客户可以交车	未自检，扣1分；未通知客户可以交车，扣1分	2	
车辆验收（11分）	礼貌规范地邀请客户查看竣工车辆，陪同客户顺时针方向查看	未礼貌规范地邀请客户查看竣工车辆，扣0.5分；未顺时针方向查看车辆，扣0.5分	1	

续表

得分条件		评分细则	分值	得分
车辆验收（11分）	向客户解释常规保养项目；告知已为其洗车，让客户满意	未唱检检查常规保养项目扣0.5分；未告知已为其洗车扣0.5分；如果所唱报和接车环节罗列项目不对应扣0.5分；扣完为止	1.5	
	向客户解释维修服务项目、精品服务项目，让客户满意	未唱检维修服务项目扣0.5分；未唱检特色服务项目扣0.5分；如果所唱报和接车环节罗列项目不对应扣0.5分；扣完为止	1.5	
	打开机舱进行项目说明，规范展示机油更换成果	未打开机舱进行项目说明，扣0.5分	0.5	
	打开后备箱进行项目说明	未打开后备箱进行项目说明，扣0.5分	0.5	
	解答客户疑问，消除客户疑虑。问题：我朋友做机油总经销的，下次来保养时能否自带机油	回答：我们所用的机油是专用的，不能使用其他品牌，否则不能索赔。未解答客户疑问扣0.5分	0.5	
	旧件展示	未对旧件进行展示，扣0.5分	0.5	
	交车时体现服务特色，提醒顾客关注微信，体现专业性人文关怀，对车辆在使用、维护、安全等方面的注意事项进行简要说明	在交车时没有体现服务特色，扣0.5分	0.5	
	陪客户至维修服务接待台落座，向客户解释并核对常规、维修、精品、特色收费项目，尊重客户的知情权	未核对解释常规、维修、特色收费项目，每个扣0.5分；如果所解释和接车交车环节罗列项目不对应扣0.5分，扣完为止	2	
	消除客户在价格上的疑虑，让客户明白消费、满意而归	未对客户解释或不解释，扣0.5分	0.5	
	礼貌地请客户核对结算单，并在结算单上签字	未礼貌地请客户核对预结算单，扣0.5分；未邀请客户在预结算单上签字，扣0.5分	1	
	陪同客户至收银处，礼貌地请客户结账、付款、交接发票和出门证	未正确介绍收银员扣0.5分；未礼貌地请客户结账、付款扣0.5分；未交接收款收据和出厂单扣0.5分；扣完为止	1	

续表

得分条件		评分细则	分值	得分
礼送客户（4分）	当面取下车辆防护用品，向顾客建议下次保养时间，并征得顾客同意，张贴保养提醒贴	未当客户面取下车辆防护用品，扣 0.5 分；未向顾客建议下次保养时间，扣 0.5 分；未征得顾客同意，张贴保养提醒贴，扣 0.5 分；扣完为止	1	
	向顾客解释回访的目的，征求并确认回访时间，规范礼貌地引导顾客上车	未向顾客解释回访的目的，扣 0.5 分；未向客户征求并确认回访时间，扣 0.5 分；未规范礼貌地引导顾客上车，扣 0.5 分	1.5	
	感谢顾客光临，礼貌地询问对于本次服务的满意程度，并与顾客道别，行目送礼目送顾客开车远去，进行客户回访铺垫	未询问客户满意度，扣 0.5 分；未与顾客道别，行目送礼目送顾客开车远去，扣 0.5 分；未进行客户回访铺垫，扣 0.5 分	1.5	
客户回访（5分）	自我介绍，来电缘由说明	未自我介绍扣 0.5 分；未说明来电缘由扣 0.5 分	1	
	礼貌询问车辆维修保养情况	未礼貌询问车辆维修保养情况，扣 1 分	1	
	礼貌倾听、记录，运用通俗、专业语言正确解答客户异议。问题：经过上次维修后空调出风口很冷怎么回事	回答：上次更换了新的冷凝器，并对蒸发器做了清洗消毒，空调系统回到新车时的状态，因此制冷效果明显。 未对客户的提问及时解释或不解释，扣 2 分	2	
	资料及纸质作业整理至指定位置	未整理资料及纸质作业至指定位置，扣 1 分	1	
单据填写完整正确（4分）	接车检查单	缺少接车检查单扣 1 分	1	
	任务委托书	缺少任务委托书扣 1 分	1	
	维修项目变更申请表	缺少维修项目变更申请表扣 1 分	1	
	结算单	缺少结算单扣 1 分	1	
得分				

第二节 汽车维护与底盘拆装检修职业技能大赛

一、汽车维护与底盘拆装检修任务书和选手报告单

（一）任务书

竞赛车型：东风风光新 580（2022 款 1.5T 自动豪华版）。

竞赛时间:90 min。

任务描述:选手担任售后技师,根据情境开展常规保养并进行底盘部件更换,主要包括:作业前预检、车内设备检查、备胎及随车工具检查、散热系统检查、轮胎气压及花纹检查、制动系统检查、发动机变速箱泄漏检查、机油更换作业、制动管路检查、燃油管路检查、排气管检查、底盘部件检查、加注发动机机油、更换底盘部件、轮胎动平衡等作业。

情境信息:2023 年 9 月 20 日,某汽车销售服务有限公司的售后技师根据服务顾问派单显示车主反映车辆存在以下情况。

①车辆已行驶 60 000 km,需要进行常规保养,并按报告单进行维护作业更换项目;

②车辆照明系统有异常,需要进行检修;

③车辆电动车窗工作异常,需要进行检修;

④车辆在过颠簸路面或减速带时,右前轮发出"咣咣"的响声,且振动很大,经检修,减震器总成损坏,需更换;

⑤车辆行驶过程中右前轮有跳动的情况,需要进行检修。

注意事项:

①具体作业项目选手根据情境信息及报告单确定。

②维护及底盘检查中发现故障,先进行记录,然后报告裁判,根据裁判指示,完成维修作业。裁判回复"继续",表示此故障可能是对的也可能是错的,但不需要恢复;裁判回复"恢复",则需进行维修。

③当竞赛倒计时结束或裁判宣布竞赛结束时,选手则不可再进一步开展作业流程,应回到等候区,由工作人员统一带出竞赛场地。

④螺栓和螺母标准值大于等于 40 N · m 扭矩的紧固扭矩减半,选手需要报出标准紧固扭矩。

⑤部分手册中没有的螺栓力矩规定如下:

油底壳放油螺塞力矩:30 N · m。

负极接线柱螺栓扭矩:8 N · m。

(二)选手报告单

车辆识别号: 行驶里程:60 000 km。

维护作业检查项目如下,表 3-11 为维护作业检查项目评分标准,表 3-12 为维护作业更换项目评分标准,表 3-13 为维护作业检测项目评分标准。

表 3-11 维护作业检查项目评分准则

序号	检查内容	检查结果 (正确画○,有问题说明)	有问题选择正确维修方法
1	蓄电池及发电机检查		□更换□修理□调整
2	灯光检查		□更换□修理□调整
3	雨刮器检查		□更换□修理□调整
4	喇叭检查		□更换□修理□调整

续表

序号	检查内容	检查结果（正确画○，有问题说明）	有问题选择正确维修方法
5	方向盘检查		□更换□修理□调整
6	制动管路检查		□更换□修理□调整
7	排气管、消声器检查		□更换□修理□调整
8	传动皮带检查		□更换□修理□调整
9	制动助力器气密性		□更换□修理□调整
10	空调制冷剂（泄漏）检查		□更换□修理□调整
11	空调系统检查		□更换□修理□调整
12	制动片检查		□更换□修理□调整
13	制动盘检查		□更换□修理□调整
14	轮胎螺母扭矩检查		□更换□修理□调整
15	车窗检查（含天窗）		□更换□修理□调整
16	门锁检查		□更换□修理□调整
17	油箱盖及管路检查		□更换□修理□调整
18	后备箱检查		□更换□修理□调整
19	车身电气检查（收音机等）		□更换□修理□调整
20	组合仪表指示灯检查		□更换□修理□调整
21	倒车镜（后视镜）检查		□更换□修理□调整
22	（发动机+变速箱）外观泄漏检查		□更换□修理□调整
23	驻车制动器检查		□更换□修理□调整

表 3-12　维护作业更换项目评分准则

序号	更换项目名称	是否更换	备　注
1	更换机油及机油滤清器	□是□否	
2	更换右前车轮制动盘	□是□否	
3	更换右前车轮制动片	□是□否	
4	更换 4 缸的火花塞	□是□否	
5	更换空气滤芯	□是□否	
6	更换雨刮片	□是□否	

表 3-13　维护作业检测项目评分准则

序号	测试项目	标准值	实测值	结果判定	维修方法
1	蓄电池电压	≥12 V	(静态)：	□正常□不正常	□更换□修理□调整
		≥11 V	(起动)：		
2	发电机电压	12～14.4 V	怠速电压： 负载 2 000 r/min 电压：	□正常□不正常	□更换□修理□调整
3	右前轮制动盘端面跳动量			□正常□不正常	□更换□修理□调整
4	右前轮制动盘厚度		位置 1： 位置 2： 位置 3： 位置 4：	□正常□不正常	□更换□修理□调整
5	右前轮内侧制动片厚度		位置 1： 位置 2：	□正常□不正常	□更换□修理□调整
6	制动踏板自由行程			□正常□不正常	□更换□修理□调整
7	制动踏板行程			□正常□不正常	□更换□修理□调整

照明系统故障检测记录见表 3-14，电动车窗故障检测见表 3-15。

表 3-14　照明系统故障检测记录

序号	故障现象简要描述	故障点及故障特征描述	诊断数据记录（诊断依据）	修复方法	备　　注
1					
2					
3					

表 3-15 电动车窗故障检测记录

序号	故障现象 简要描述	故障点及故障 特征描述	诊断数据记录 (诊断依据)	修复方法	备 注
1					
2					
3					

汽车底盘数据记录见表 3-16,轮胎胎压数据记录见表 3-17。

表 3-16 汽车底盘数据记录

轮胎的规格型号		轮胎生产日期	
轮胎位置	胎纹深度 实际测量结果	标准范围	结果判定/处理
左前轮		≥1.6 mm	
右前轮			
左后轮			
右后轮			
备胎			

表 3-17 轮胎气压数据记录

轮胎位置	胎压实际测量结果	标准范围	结果判定/处理
左前轮		230～250 kPa	
右前轮			
左后轮			
右后轮			
备胎		380 kPa	

车辆故障检查记录见表3-18。

表3-18　车辆故障检查记录

序号	检查出的故障结果	处理方法
1		□更换□修理□调整
2		□更换□修理□调整
3		□更换□修理□调整
4		□更换□修理□调整
5		□更换□修理□调整
6		□更换□修理□调整
7		□更换□修理□调整
8		□更换□修理□调整
9		□更换□修理□调整
10		□更换□修理□调整

二、汽车维护与底盘拆装检修评分表

汽车维护与底盘拆装检修评分表,见表3-19。

表3-19　汽车维护与底盘拆装检修评分表

选手编号		工位号		裁判签字		
比赛时间	90 min	实际用时		得分		
比赛车型	东风风光新580(2022款1.5 T自动豪华版)					

序号	项目	评分项目	评分说明	配分	扣分
一	准备工作	个人、车辆防护检查;准备工具;设备使用	未穿工作鞋、工作服,未做好个人防护,扣1分	5	
			未安装车辆室内外三件套,每件扣0.5分,最多扣2分		
			操作前未对场地工具设备进行简单检查,扣1分		
			升降车辆时未确认安全一次扣0.5分,本项扣完为止		
			起动发动机前未检查冷却液液位、机油液位、制动液液位,每项扣0.5分		
			车辆未及时安装挡块,扣0.5分		
			车辆支点偏离举升垫块中心大于1/3的,一次扣0.5分,本项扣完为止		
			发动机运转前未及时连接尾气抽排管吸头,扣0.5分		

续表

<table>
<tr><th>序号</th><th>项目</th><th>评分项目</th><th>评分说明</th><th>配分</th><th>扣分</th></tr>
<tr><td rowspan="6">二</td><td rowspan="6">工作场地管理</td><td rowspan="6">安全、清洁、场地管理</td><td>工具车、零件车、接油车磕碰车辆，扣1分</td><td rowspan="6">5</td><td rowspan="6"></td></tr>
<tr><td>发动机运转时触摸旋转部件，扣2分</td></tr>
<tr><td>出现大量液体洒漏不处理而继续工作，扣2分</td></tr>
<tr><td>人身滑倒，一次扣2分；出现工伤，一次扣3分</td></tr>
<tr><td>量具、仪器、零件掉落或落地，一次扣1分；工具、量具、仪器、设备未清洁即归位，扣1分；本项最多2分</td></tr>
<tr><td>比赛结束时，如有5件(含)工具、设备未恢复到原状态的，扣2分；未恢复少于5件的，扣1分</td></tr>
<tr><td rowspan="6">三</td><td rowspan="6">汽车维护作业</td><td>蓄电池及发电机检查</td><td>未检查蓄电池安装状况，扣0.25分；
静态电压测量方法错误，扣0.25分；
静态电压测量方法错误，扣0.25分；
起动电压测量方法错误，扣0.25分；
未检测发动机怠速空载时发电机电压，扣0.25分；
测量2 000 r/min负载电压时，未开大灯、空调进行加载，扣0.25分</td><td>1.5</td><td></td></tr>
<tr><td>传动皮带检查</td><td>未照明情况下，按压皮带，检查张紧力，扣0.5分</td><td>0.5</td><td></td></tr>
<tr><td>散热系统检查</td><td>未检查冷却液管路泄漏情况，扣0.5分</td><td>0.5</td><td></td></tr>
<tr><td>灯光检查</td><td>检查示宽灯/近光灯/远光灯/转向灯/危险警告灯/后雾灯/制动灯/倒车灯；检查车内照明灯(顶灯/阅读灯/化妆镜灯)；
遗漏扣0.5分/每项(共1.5分)；
未起动发动机检查大灯等大功率灯光，扣0.5分</td><td>2</td><td></td></tr>
<tr><td>雨刮系统检查</td><td>检查时，喷水少于两次，喷水时间少于1 s或大于5 s，扣0.25分；
未检查功能(联动、间歇、慢挡、快挡)扣0.25分/每项；
未观察喷水位置是否正确，扣0.25分；
未检查雨刮器刮拭效果扣0.25分</td><td>1</td><td></td></tr>
<tr><td>制动助力器气密性</td><td>检查制动踏板自由行程前未踩制动踏板消除真空就测量，扣0.5分；
未起动发动机时确认踏板下沉，以检查制动助力器气密性，扣0.5分</td><td>1</td><td></td></tr>
</table>

续表

序号	项目	评分项目	评分说明	配分	扣分
三	汽车维护作业	喇叭检查	未检查或检查不全(至少3个不同位置),扣0.5分	0.5	
		方向盘检查	未检查方向盘自由行程,扣0.5分; 未在上下倾斜处分别检查方向盘锁止性能,扣0.5分	1	
		安全带检查	未检查驾驶员侧安全带插头与卡扣及锁止功能,扣0.5分; 未检查驾驶员侧安全带紧急锁止功能,扣0.5分	1	
		轮胎气压及花纹检查	未完成四轮轮胎气压检测,扣0.5分; 未检查四轮轮胎花纹深度,扣0.5分	1	
		制动管路检查	固定检查不全,扣0.25分; 未检查软管老化情况,扣0.25分	0.5	
		排气管、消声器检查	未检查排气管吊挂,扣0.25分; 未检查消声器吊挂,扣0.25分	0.5	
		制动片、制动盘检查	未检查制动片情况,扣0.25分; 未检查制动盘情况,扣0.25分	0.5	
		汽车空调检查(含制冷剂泄漏检查)	未用风速计检查各出风口最大出风量,扣0.5分; 拆卸高低压加注口防尘罩时未戴防护手套和护目镜(眼镜也可),扣0.5分; 未使用检漏仪检查高低压接口泄漏(2个)、压缩机接口泄漏(2个)、冷凝器接口泄漏(2个)扣1分/项	1	
		轮胎螺母扭矩检查	未检查或遗漏(四个车轮均需检查)扣0.5分	0.5	
		发动机、变速箱外观泄漏检查	未检查机油滤清器处、排放塞处、变速箱与发动机连接处,遗漏一处扣0.5分	0.5	
		驻车制动器检查	未检查驻车制动器拉起时车轮能否锁止,扣0.5分; 未检查驻车制动器释放时车轮能否自由转动,扣0.5分	1	

续表

序号	项目	评分项目	评分说明	配分	扣分
三	汽车维护作业	底盘部件检查	未检查各减振器泄漏、安装情况,扣 0.5 分; 未检查前悬架各部件情况,扣 0.5 分; 未检查后悬架各部件情况,扣 0.5 分; 未提出按规定扭矩(200±10)N·m 紧固前副车架与车身连接固定螺栓,扣 1 分; 未提出按规定扭矩(200±10)N·m 紧固后副车架与车身连接固定螺栓,扣 1 分; 未提出按规定扭矩(110±6)N·m 紧固后纵向摆臂安装支架与车身连接螺栓,扣 1 分; 未提出按规定扭矩(110±6)N·m 紧固后减振器总成固定螺栓,扣 0.5 分	5	
四	更换与拆检	更换机油及机油滤清器	加注口未做防护,扣 0.5 分; 未观察标签确认机油型号和级别,扣 0.5 分; 未确认滤芯型号是否一致,扣 0.5 分; 机滤安装方法错误,扣 0.5 分; 未按扭矩紧固排放塞,扭矩 30 N·m,扣 0.5 分; 放油前未检查废油收集器开关、剩余容量,扣 0.5 分; 机油加注过多或过少,扣 0.5 分; 起动发动机后未立刻检查有无泄漏,扣 0.5 分	4	
		右前轮制动片更换与检测	未按手册规定对角顺序分两次拆卸车轮螺母,扣 0.5 分; 未将制动钳使用挂钩悬挂,扣 0.5 分; 未报告裁判更换右前制动片(选手提出需更换,裁判告知继续使用),扣 0.5 分; 未清洁校准游标卡尺或直尺,扣 0.5 分	2	
		右前轮制动盘更换与检测	未沿制动盘圆周均匀分布做至少 4 个测量点标记,确保每个测量点与制动盘外边缘距离相等,扣 0.5 分; 量具使用前未清洁与校零,扣 0.5 分; 未报告裁判更换右前轮制动盘(选手提出需更换,裁判告知继续使用),扣 0.5 分; 未距离制动盘边缘 13 mm 处标记测量位置,或百分表杆未垂直于制动盘平面,扣 0.5 分; 安装制动片前未使用复位工具将活塞复位,扣 0.5 分; 未按规定扭矩紧固相关螺栓。制动钳支架固定螺栓,标准扭矩(82.5±8.5)N·m(减半);制动卡钳固定螺栓(2 颗),标准扭矩(32.5±2.5)N·m;制动盘螺栓,(6.5±1.5)N·m;有一项力矩不正确,扣 0.5 分	3	

续表

序号	项目	评分项目	评分说明	配分	扣分
四	更换与拆检	更换第4缸的火花塞	未断开蓄电池负极,扣0.5分; 拆卸点火线圈前,未用气枪清洁点火线圈周围的杂物,扣0.5分; 未手持工具旋入火花塞,扣0.5分; 未按规定扭矩紧固,火花塞(25±2)N·m、点火线圈10 N·m,蓄电池负极8 N·m,错一处扣0.5分	2	
		更换空气滤芯	未进行新旧规格对比,扣0.5分; 未清洁壳内上下,扣0.5分	1	
		更换雨刮片	未将雨刮设置在维修模式进行(如更换是在雨刮组件拆下时,则此项不扣分),扣0.5分; 安装后未进行刮拭玻璃,检验安装效果,扣0.5分	1	
		更换右前减振器带螺旋弹簧总成	未完全拆下前罩板装饰件组件,扣1分; 未脱开前轮速传感器固定胶套,扣0.5分; 拆卸前稳定杆接头总成的固定螺母时,未用开口扳手固定球头销背面部分,扣1分; 未使用指针式扭力扳手预松前减振器的转向节螺栓,扣0.5分; 未使用指针式扭力扳手预松前减振器的车身连接螺母,扣0.5分; 未报告裁判更换右前减振器带螺旋弹簧总成(选手提出需更换,裁判告知继续使用),扣0.5分; 未提出按规定扭矩(70±4)N·m紧固前减振器的车身连接螺栓,扣1分; 未提出按规定扭矩(180±9)N·m紧固前减振器的转向节螺栓,扣1分; 未提出按规定扭矩(100±5)N·m紧固前横向稳定杆连接杆的减振器螺栓,扣1分; 未将前轮速传感器固定胶套安装到位,扣1分; 未将前罩板装饰件组件安装到位,扣1分; 未按规定扭矩(25±2)N·m紧固雨刮臂固定螺母,扣1分	10	

续表

序号	项目	评分项目	评分说明	配分	扣分
四	更换与拆检	右前轮动平衡	未拿锥体与车轮中心孔比对,直接安装,扣 0.5 分; 平衡块粘贴模式选择不对,扣 0.5 分; 没有复检,扣 0.5 分; 没有等车轮停止,即拆下车轮的,扣 0.5 分; 未将车轮螺母沿对角按 30 N·m 紧固,扣 1 分; 未在空载状态下将车轮螺母沿对角按标准扭矩(120±6)N·m 紧固,扣 1 分	6	
五	电气系统故障诊断	照明系统	未正确发现故障现象并记录,扣 1 分; 未正确检测确认故障并记录,扣 1 分; 未正确恢复故障并验证,扣 1 分	3	
		电动车窗	未正确发现故障现象并记录,扣 1 分; 未正确检测确认故障并记录,扣 1 分; 未正确恢复故障并验证,扣 1 分	3	
六	选手报告单	车辆信息	未准确记录车辆识别号的扣 0.5 分	0.5	
		测量参数记录	项目一:共 2 分,有一个未记录或记录错误,扣 0.5 分,扣完为止; 项目二:共 1 分,有一个未记录,扣 1 分; 项目三:共 4 分,第 1 小项 3 分,第 2 小项 1 分,第 1 小项每个测试实测值准确、结果、判定、维修方法错任一数据,扣 1 分,扣完为止;第 2 小项有一个错误,扣 1 分; 项目五:共 2 分,有一个错误扣 0.5 分,扣完为止	9	
		故障检查记录	项目六:记录每个故障得 3 分,每个故障能够正确表述得 2 分,每个故障维修方法正确得 1 分	15	
合　计				100	

三、汽车维护与底盘拆装检修故障设置

汽车维护与底盘拆装检修故障设置,见表 3-20。

表 3-20　汽车维护与底盘拆装故障设置

故障类型	故障现象	故障设置		备　注
照明信号系统	右后牌照灯不亮	牌照灯损坏	牌照灯供电、接地正常	牌照灯
电动车窗	右前车窗无一键下降功能	车窗开关损坏	开关按至一键降位置,1-8 电阻∞	车窗开关
机械系统故障	ABS 泵处制动管路渗油	松开管接头 45°左右		修复
	左后门栓位置不正确	左后门栓松开斜向紧固,出现门关闭力度较大,且关门后,门与后翼子板间隙太大		修复
	右前侧空调出风口堵塞	撬开出风口,进行堵塞		修复
	左后减振器后缓冲块总成缺失			不修复
	洁净空气导管与碳罐连接头脱落			修复

第三节　汽车发动机拆装检修职业技能大赛

一、汽车发动机拆装检修任务书和选手报告单

(一)任务书

竞赛发动机型号:LAR。

竞赛时间:90 min。

任务描述:选手担任维修技师,根据情境开展发动机电控系统检修,并对发动机机械部分故障进行大修,对损坏部件进行更换,主要包括:排除发动机无法起动故障,检测发动机机械故障,根据发动机机械故障来拆卸和测量的相应部件,判断故障部位并排除,装回发动机并验证发动机可以正常起动和运转。

情境信息:2023 年 9 月 19 日,某汽车销售服务有限公司的维修技师根据服务顾问派单显示车主反映车辆存在以下情况。

车辆已行驶 150 000 km,着车时发动机无任何反应,通过拖车到店,需要对发动机系统进行进一步检查;同时车主反映车辆在可以着车的时候就已经出现发动机加速不良的情况,想要一并维修处理。经初步分析故障可能涉及发动机电控系统以及机械部分,车主已同意对发动机进行大修。

作业要求:

①所有作业应符合安全和环保的要求。

②应先排除发动机不能着车故障后,才可进行其他项目的故障诊断。

③若在比赛开始后 10 min 内没有将发动机着车,选手可申请裁判恢复着车故障,同时选手将被强制要求休息 5 min(计入比赛时间)。

④确认故障后需要向裁判展示故障诊断依据和测量结果,在电路图上指出故障点,并在报告单上记录。按照裁判的指令进行维修作业。

注意事项:禁止采用破线的方式进行作业;拆卸电气线路和元件时需要关闭点火开关,拆装电控单元需要断开蓄电池连接;起动发动机时,应向裁判报告后方可起动。

⑤根据故障自行判断需要拆解的发动机部件。

⑥组装发动机,恢复至初始状态并确保发动机可以起动并正常运转。

注意事项:

①根据检查判断需要拆解的发动机部件,并进行拆解;

②选手报告单的记录表中不是所有的表格都需要填写,可根据本次比赛的故障自行判断哪些需要测量和填写,认为不需要填写的可以不写;

③根据检查结果判断需要更换或维修的发动机部件,具体更换维修由选手自行决定;

④当竞赛倒计时结束或裁判宣布竞赛结束时,选手则不可再进一步开展作业流程,应回到等候区,由工作人员统一带出竞赛场地。

(二)选手报告单

1. 发动机电控系统检测项目

发动机无法起动故障检测记录,见表 3-21。

表 3-21 发动机无法起动故障检测记录

序号	故障点及故障特征描述	诊断数据记录(诊断依据)	修复方法	备注
1				
2				
3				

2. 发动机机械检测项目

说明:下列表中的"结果判断及处理"栏内根据检查结果,正常打"√",不正常打"×"。

(1)气缸压力测试(见表 3-22)

表 3-22　气缸压力测试

缸号	1 号气缸	2 号气缸	3 号气缸	4 号气缸
测量值				
结果判断				

(2)气缸漏气部位判断(见表 3-23)

表 3-23　气缸漏气部位判断

缸号	1 号气缸	2 号气缸	3 号气缸	4 号气缸
漏气位置				

(3)气缸筒直径(见表 3-24)

表 3-24　气缸筒直径

测量位置	横向测量值	纵向测量值	标准值	结果判断及处理
距离缸体 上平面位置				

(4)活塞直径(见表 3-25)

表 3-25　活塞直径

测量位置	测量值	标准值	结果判断及处理
距离活塞 裙部底端位置			

(5)配缸间隙(见表 3-26)

表 3-26　配缸间隙

气缸最大内径	配缸间隙计算值	配缸间隙标准值	结果判断及处理

(6)活塞环端隙和侧隙(见表 3-27)

表 3-27 活塞环端隙和侧隙

活塞环	测量值	标准值	结果判断及处理
第一道活塞环闭口间隙			
第二道活塞环闭口间隙			
第一道活塞环侧隙			
第二道活塞环侧隙			

(7)气门头部直径检测(见表 3-28)

表 3-28 气门头部直径检测

测量及结果	进气门(前排)	排气门(前排)	进气门(后排)	排气门(后排)
测量值				
标准值				
结果判断及处理				

(8)气门座密封面宽度(见表 3-29)

表 3-29 气门座密封面宽度

测量及结果	进气门(前排)	排气门(前排)	进气门(后排)	排气门(后排)
测量值				
标准值				
结果判断及处理				

(9)气门弹簧自由长度(见表 3-30)

表 3-30 气门弹簧自由长度

测量及结果	进气门(前排)	排气门(前排)	进气门(后排)	排气门(后排)
测量值				
标准值				
结果判断及处理				

(10)气门弹簧垂直度(见表 3-31)

表 3-31 气门弹簧垂直度

测量及结果	进气门(前排)	排气门(前排)	进气门(后排)	排气门(后排)
测量值				
标准值				
结果判断及处理				

二、发动机机械故障汇总记录明细

发动机机械故障汇总记录明细，见表3-32。

表3-32　发动机机械故障汇总明细

序号	故障件名称	故障现象（特征）	维修方法
1			
2			
3			
4			
5			

三、汽车发动机拆装检修评分

汽车发动机拆装检修评分，见表3-33。

表3-33　发动机拆装检修评分表

<table>
<tr><td colspan="2">选手编号</td><td></td><td>工位号</td><td></td><td>裁判签字</td><td colspan="2"></td></tr>
<tr><td colspan="2">比赛时间</td><td>90 min</td><td colspan="2">实际用时</td><td></td><td>得分</td><td></td></tr>
<tr><td colspan="2">比赛机型</td><td colspan="6">LAR</td></tr>
<tr><td>序号</td><td>项　目</td><td colspan="2">作业内容</td><td colspan="2">评分标准</td><td>配分</td><td>扣分</td></tr>
<tr><td rowspan="6">1</td><td rowspan="6">健康、安全、环保</td><td colspan="2">作业前：检查发动机台架、控制台锁止情况、确认线束放置安全</td><td colspan="2">有一项未确认，扣0.5分</td><td>0.5</td><td rowspan="6"></td></tr>
<tr><td colspan="2">作业前：检查发动机机油、冷却水、蓄电池电压</td><td colspan="2">发动机机油、冷却水液位、蓄电池电压有一项未检查，扣0.5分；
万用表第一次使用前未校表，扣0.5分</td><td>1</td></tr>
<tr><td colspan="2">作业前、中：查阅维修手册</td><td colspan="2">未查阅2次及以上，扣1分</td><td>1</td></tr>
<tr><td colspan="2">作业中：个人防护</td><td colspan="2">未视情佩戴手套、护目镜，扣0.5分</td><td>0.5</td></tr>
<tr><td colspan="2">作业中：有油、水、垃圾随时清理，发动机运行时插入尾气收集管</td><td colspan="2">作业中导致大量油水洒落未清理，扣0.5分；
作业中一直没有安装尾气收集管，扣0.5分</td><td>1</td></tr>
<tr><td colspan="2">完工后：工量具回位、场地5S管理</td><td colspan="2">有5件以上工具未整理，扣1分</td><td>1</td></tr>
</table>

续表

序号	项　目	作业内容	评分标准	配分	扣分
2	发动机无法着车故障排除	起动机不工作故障排除	未正确检测并记录诊断数据,扣2分	10	
			未在台架电路图上指出故障点,扣1分		
			未正确填写修复方法,扣2分		
		无法着车故障排除	未正确检测并记录诊断数据,扣2分		
			未在台架电路图上指出故障点,扣1分		
			未正确填写修复方法,扣2分		
3	起动发动机,测量缸压	拔下发动机各缸喷油器; 拆卸各缸点火线圈; 拆卸各缸火花塞; 安装缸压表; 起动发动机,节气门调至最大,测量各缸缸压	未关闭电源开关,扣1分; 未采取措施防止发动机着车,扣1分; 未将节气门开至最大位置,扣2分	4	
4	排放发动机机油、冷却液	排放机油; 排放冷却液	排放机油时有大量洒出且未及时清洁,扣1分; 排放冷却液时有大量洒出且未及时清洁,扣1分	2	
5	拆卸发动机附件	拆卸发动机线束; 拆卸进气歧管; 拆卸机油标尺导管; 拆卸水泵进水管; 拆卸气缸盖出水管; 拆卸排气歧管; 拆卸循环水管	操作方法错误或造成连接器/线路损坏,扣1分; 未按由外向内对称卸力拆卸进气歧管螺栓螺母,扣1分; 未拆卸水泵进水管,扣0.5分; 未拆卸气缸盖出水管,扣0.5分; 未按由外到内对称卸力拆卸排气歧管螺母,扣0.5分; 未拆卸循环水管,扣0.5分	4	
6	判断气缸漏气位置	检查压缩空气气压是否正常; 连接气缸漏气分析仪或气缸烟雾检漏仪确定漏气部位	未判断被测缸压缩上止点位置,扣2分; 气缸漏气分析仪使用前未检测或气缸烟雾检漏仪未正确使用,扣1分	3	

续表

<table>
<tr><th>序号</th><th>项　目</th><th>作业内容</th><th>评分标准</th><th>配分</th><th>扣分</th></tr>
<tr><td rowspan="6">7</td><td rowspan="6">分解发动机主体</td><td>拆卸曲轴皮带轮及驱动皮带</td><td>未在拆卸驱动皮带前做旋转方向标记,扣1分;
未卸力曲轴皮带轮,扣1分</td><td>2</td><td></td></tr>
<tr><td>拆卸油底壳</td><td>未按图(a)相反顺序卸力油底壳螺栓,扣1分;
<table><tr><td>13</td><td>9</td><td>5</td><td>1</td><td>4</td><td>8</td><td>12</td></tr><tr><td>17</td><td colspan="5"></td><td>16</td></tr><tr><td>18</td><td colspan="5"></td><td>15</td></tr><tr><td>14</td><td>10</td><td>6</td><td>2</td><td>3</td><td>7</td><td>11</td></tr></table>图(a)
撬动油底壳前,有螺栓未拆卸,扣0.5分;
未拆卸机油集滤器,扣0.5分</td><td>2</td><td></td></tr>
<tr><td>拆卸发动机前盖及水泵</td><td>未拆卸水泵皮带轮,扣0.5分;
未拆卸水泵,扣0.5分;
未按由外到内对称卸力发动机前盖螺栓,扣1分;
未用专用工具在正确位置撬动发动机前盖,扣1分</td><td>3</td><td></td></tr>
<tr><td>拆卸发动机凸轮轴罩盖</td><td>未按由外到内对称卸力凸轮轴罩盖螺栓,扣0.5分;
未用专用工具在正确位置撬动凸轮轴盖,扣0.5分</td><td>1</td><td></td></tr>
<tr><td>拆卸正时链条</td><td>拆卸张紧器前未用锁止工具锁止张紧器,扣1分;
未拆下正时链条张紧器,扣1分</td><td>2</td><td></td></tr>
<tr><td>拆卸凸轮轴</td><td>未按由外到内对称顺序卸力凸轮轴紧固螺栓,扣1分;
未将取下的凸轮轴轴承盖按顺序摆放,扣0.5分;
未将凸轮轴正确放置在凸轮轴支架上,扣0.5分</td><td>2</td><td></td></tr>
</table>

续表

序号	项　目	作业内容	评分标准	配分	扣分
7	分解发动机主体	拆卸气缸盖	未按图(b)中相反顺序分两次卸力气缸盖螺栓，扣1分； 9 | 5 | 1 | 4 | 8 ←发动机起动 10 | 6 | 2 | 3 | 7 图(b) 未将气缸盖放置在垫块上，扣1分； 未取下气缸垫，扣1分	3	
8	拆卸气门及零部件清洁	拆卸气门	未用吸棒取下气门挺柱，扣1分； 未佩戴护目镜拆卸气门锁片，扣0.5分； 未将挺柱、气门、锁片、气门弹簧按顺序摆放，扣0.5分	2	
		清洁零部件	下列各项在安装前，未清洁密封胶或清理密封胶过程损坏安装表面的，每一项扣0.5分： 气缸体与油底壳间结合面； 气缸体与发动机前盖结合面； 气缸盖与发动机前盖结合面； 油底壳结合面；发动机前盖结合面； 气门室盖罩结合面。 下列各项在安装前未清洁内表面的，每一项扣0.5分： 气缸体、汽缸盖；油底壳；发动机前盖；气门室盖罩。 下列各项在安装前未用气枪清洁的，每一项扣0.5分： 气缸体水道/油道；气缸盖水道/油道	6	
9	判断、检测、更换故障零件	检测气门座密封面宽度	未拆下所有气门挺柱，扣1分； 未将红印油均匀涂抹在气门锥面上，扣1分； 测量数据、标准值、进行结果判断，有一个错误，扣1分	3	

续表

序号	项　目	作业内容	评分标准	配分	扣分
9	判断、检测、更换故障零件	检测气门头直径宽度	外径千分尺未清洁、校零,扣 1 分; 测量数据、标准值、进行结果判断,有一个错误,扣 1 分	2	
		检测气门弹簧自由长度	未清洁、校正游标卡尺,扣 0.5 分; 测量数据、标准值、进行结果判断,有一个错误,扣 0.5 分	1	
		检测气门弹簧垂直度	未使用角尺和塞尺配合检测,扣 1 分; 测量数据、标准值、进行结果判断,有一个错误,扣 1 分	2	
10	安装发动机	安装气门	未更换气门油封,扣 0.5 分; 未将气门弹簧上有标记的一侧朝上安装,扣 0.5 分	1	
		安装气缸盖	未正确更换安装新气缸垫,扣 0.5 分; 未正确安装缸盖螺栓垫片,扣 0.5 分; 未按图(c)中顺序分两次紧固气缸盖螺栓,扣 1 分; 9 | 5 | 1 | 4 | 8 ←发动机起动 10 | 6 | 2 | 3 | 7 图(c) 未使用角度规进行旋转角度的紧固,扣 1 分; 缸盖螺栓扭矩:(22±2) N · m+(100°～104°)	3	
		安装凸轮轴	未按由内到外对称顺序 2 次以上紧固凸轮轴螺栓,扣 1 分; 凸轮轴轴承盖安装位置、方向有错误,扣 1 分; 未将凸轮轴轴承盖固定螺栓紧固到规定;扣 1 分; 轴承盖螺栓扭矩:(10±2) N · m	3	

续表

序号	项　目	作业内容	评分标准	配分	扣分
11	安装正时系统和凸轮轴罩盖	安装正时链条	未将凸轮轴链轮上的正时标记与正时链条上的正时标记对准后安装链条,扣1分; 未将曲轴链轮上的正时标记与正时链条上的正时标记对准,扣1分; 未正确安装紧固正时链条进气侧导轨,扣1分; 未正确安装紧固正时链条张紧器,扣1分; 未拔出正时链条张紧器锁止工具,扣1分; 正时链条未安装前旋转曲轴(对正时记号时的调整除外),扣1分; 在链条未张紧前,旋转曲轴检查正时,扣2分。 相关螺栓扭矩:(10±2)N·m	8	
		安装发动机凸轮轴罩盖	未在凸轮轴罩盖上均匀连续涂抹密封胶,扣1分; 未按由内到外对称紧固凸轮轴罩盖螺栓,扣1分; 相关螺栓扭矩:(10±2)N·m	2	
		安装正时链条罩盖及水泵	未在发动机前盖上涂抹连续、形状位置正确的密封胶,扣1分; 未从中间按十字交叉顺序往两头紧固螺栓,扣1分; 前盖螺栓、螺母扭矩:(22±2)N·m;水泵螺栓、螺母扭矩:(20±2)N·m;水泵皮带轮螺栓扭矩:(22±2)N·m	2	
		安装油底壳	未在油底壳上涂抹连续、形状位置正确的密封胶,扣1分; 未按图(d)顺序按标准扭矩紧固油底壳螺栓,扣1分; 13 9 5 1 4 8 12 17 16 18 15 14 10 6 2 3 7 11 图(d) 集滤器螺栓扭矩:(10±2)N·m; 油底壳螺栓扭矩:(10±2)N·m; 油底壳放油螺栓扭矩:(25±5)N·m	2	

续表

序号	项　　目	作业内容	评分标准	配分	扣分
11	安装正时系统和凸轮轴罩盖	安装曲轴皮带轮及驱动皮带	未按驱动皮带原旋转方向安装驱动皮带,扣 1 分; 驱动皮带安装后,出现皮带未完全在各带轮楔槽内,起动发动机前未发现,扣 1 分; 曲轴皮带轮扭矩:95 N · m+(55°±4°);张紧器螺栓扭矩:50 N · m	2	
12	安装发动机附件	安装进气歧管; 安装循环水管; 安装排气歧管; 安装水泵进水管; 安装气缸盖出水管; 安装机油标尺导管; 安装火花塞; 安装点火线圈; 安装线束连接器	未按顺序紧固进气歧管固定螺栓螺母,扣 1 分; 未安装循环水管,扣 1 分; 未按图(e)顺序对称紧固排气歧管螺母,扣 1 分; 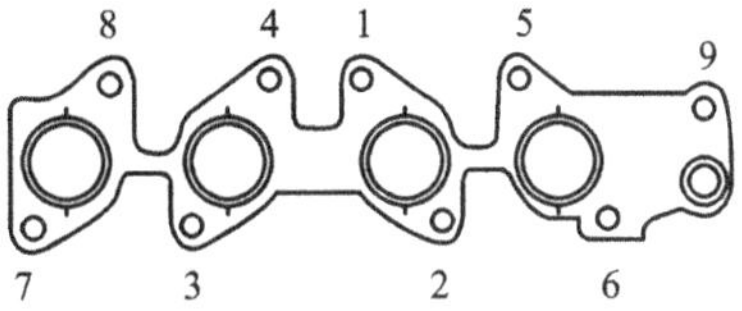 图(e) 未安装水泵进水管,扣 0.5 分; 未安装气缸盖出水管,扣 0.5 分; 未安装机油标尺导管,扣 0.5 分; 未正确连接各电控元件插头(喷油器除外);扣 0.5 分。 排气歧管螺母扭矩:(22±2)N · m; 进气歧管螺柱、螺母扭矩:(25±2)N · m;火花塞扭矩:(20±5)N · m; 点火线圈安装螺栓扭矩:(10±2)N · m; 水管螺栓扭矩:(10±2)N · m。其他螺栓紧固即可	5	
13	发动机试运行	运行前的准备	未检查发动机机油量,扣 0.5 分; 未添加冷却液,扣 0.5 分; 未正确连接水管,扣 0.5 分; 未断开喷油器,利用起动机带动发动机运转 2 次,且每次不超过 5 s,进行预润滑,扣 1 分; 未口述需进行冷却系统排气,扣 0.5 分	3	
14	起动运行	装配后发动机运行状况	无法起动运行,扣 10 分; 运行不良,扣 5 分	10	
合　　计				100	

新能源汽车维修职业技能大赛技术文件及评分标准

吕 凯 王 晨

第一节 选手报告单

1. 车辆

对于低压供电不正常故障,选手有 20 min 的时间不能使用故障诊断仪来修复低压供电不正常故障。

若在 20 min 内没有将低压供电恢复正常,选手将被强制要求休息 10 min 作为惩罚(低压供电不正常故障由裁判来恢复),并将该故障所有分值扣除。其余的故障现场不能申请放弃,但选手可自行选择故障排除顺序。

每检测诊断出一个故障,都要向裁判报告,并在电路图上指出故障涉及的电气线路(包括端子和导线)或元器件,将故障以元件代号/线脚号/故障原因的形式简要描述填写在报告单上,作为作业完成的依据。

按照裁判的要求,修复或不修复故障。

竞赛时间:1 h。

2. 说明

故障类型可能包括:线路断路、线路电阻过大(即串电阻)、插头端子缺失或损坏、线路对正电搭铁、线路对地搭铁、单个元件插头上线路窜线、元件故障(对开关、保险丝、继电器、传感器等元件故障应进行测量验证,不可采用换件方式证明故障)、插头松动或脱落、元件装配故障、元件型号错误。

3. 选手报告单

选手报告单,见表 3-34。

表 3-34 选手报告单

故障现象描述		配分	扣分	判罚依据
可能的故障原因				

续表

故障现象描述		配分	扣分	判罚依据
故障点和故障类型确认（同时需要在维修手册上指出故障位置，注明测试条件、插件代码和编号，控制单元针脚代号以及测量结果； 电路图上指出最小故障线路范围或故障部件）				

第二节　技术评分表

技术评分，见表3-35。

表3-35　技术评分表

选手参赛号			裁判签字		裁判长审核		
设备型号			比赛时间	60 min	实际用时		
序号	项目	评分点		内容		配分	得分
1	健康与安全（20分）	作业准备		未检查设置隔离栏，扣0.5分； 未设置安全警示牌，扣0.5分； 未检查灭火器压力值（水基、干粉），扣0.5分； 未安装车辆挡块，扣0.5分； 未安装车外三件套或安装位置不正确的，扣0.5分； 操作中翼子板布、格栅布自行脱落的，扣0.5分； 车内四件套（方向盘、座椅、脚垫、换挡杆）少铺或未铺或撕裂的，扣0.5分； 未完全落下驾驶员侧车窗的，扣0.5分		4	
		人物安全		未检查绝缘手套，测量高压部分线路未佩戴绝缘手套，裁判制止并重新佩戴，扣0.5分； 未检查防电池电解液酸碱性手套外观损伤，触碰电池包部分未佩戴防电池电解液酸碱性手套，扣0.5分； 未检查护目镜外观损伤，测量高压部分线路未佩戴护目镜，扣0.5分； 未检查安全帽外观损伤，车辆底部作业未佩戴安全帽，扣0.5分； 未检查确认电子手刹和挡位的，扣0.5分； 上高压电时未向裁判报告，扣0.5分		3	

续表

序号	项目	评分点	内容	配分	得分
1	健康与安全（20分）	设备使用	未选择正确的绝缘测试仪（本项如果错误，绝缘测试均不得分），扣2分	2	
		连接测试	初次使用未正确进行万用表检查（本项如果错误，高压端测试均不得分），扣2分； 未正确连接仪器、仪表和测试设备到车辆的，主要包括万用表和示波器检测探针的连接（特别是禁止黑色表笔连接到电源正极），扣2分； 未正确操作车辆到测试条件而直接进行测试的，主要包括对车辆的操作是否能正确服务于测试目的，扣2分	6	
		操作规范	断开各模块插头时，未先关闭点火开关，再断开蓄电池负极，并对蓄电池负极进行防护；断开高压插头没有验电，扣0.5分； 完成所有任务后，未按规定力矩紧固蓄电池极桩，扣0.5分； 测试完成后未恢复车辆的，主要包括拆卸下的部件未正确安装的、点火等其他开关未正确复位的，扣0.5分	1.5	
		安全操作	操作过程中，对测试设备和车辆可能构成损坏而被裁判制止的，扣1分； 规范操作未造成车辆保险丝烧掉，扣1分； 否决项：选手损坏车辆或设备，取消比赛资格，得0分	2	
		5S规范	仪器、工具、零件跌落或摆放凌乱的，扣0.5分； 每次测试完成后，测试设备未合理归位的，主要包括设备和工具随手放在车辆或地面等不合适的位置、设备使用完成后未关闭电源，扣0.5分； 未恢复工位到原标准工位布置状态的，扣0.5分	1.5	
2	低压供电不正常（32分）	故障现象描述	未在选手报告单上正确记录故障现象，扣2分	2	
		故障原因分析	未在选手报告单上正确分析出可能的故障原因，扣6分	6	
		诊断：保险断路故障	未在选手报告单上正确记录，扣2分； 未在电路图中指出故障区间，扣2分	4	
		维修：测量并展示修复后线路连接情况	选手在更换保险丝时，没有检查保险丝，扣4分	4	

续表

序号	项目	评分点	内　　容	配分	得分
2	低压供电不正常（32分）	故障现象描述	未在选手报告单上正确记录故障现象，扣2分	2	
		故障原因分析	未在选手报告单上正确分析出可能的故障原因，扣6分	6	
		诊断：保险盒供电插头断路故障	未在选手报告单上正确记录，扣2分； 未在电路图中指出故障区间，扣2分	4	
		维修：测量并展示修复后线路连接情况	选手未恢复插头连接，扣4分	4	
3	高压供电不正常（24分）	故障现象描述	未在选手报告单上正确记录故障现象，扣4分	4	
		故障原因分析	未在选手报告单上正确分析出可能的故障原因，扣8分	8	
		诊断：电池管理器断路故障	未在选手报告单上正确记录，扣3分； 未在电路图中指出故障部位，扣3分	6	
		维修：测量并展示修复后线路连接情况	线路未修复，扣6分	6	
4	车辆无法正常行驶（12分）	故障现象描述	未在选手报告单上正确记录故障现象，扣2分	2	
		故障原因分析	未在选手报告单上正确分析出可能的故障原因，扣4分	4	
		诊断：电机控制断路	未在选手报告单上正确记录，扣3分； 未在电路图中指出故障区间，扣3分	3	
		维修：测量并展示修复后线路连接情况	线路未修复，扣3分	3	
5	车辆无法充电（12分）	故障现象描述	未在选手报告单上正确记录故障现象，扣2分	2	
		故障原因分析	未在选手报告单上正确分析出可能的故障原因，扣4分	4	
		诊断：电机控制器线路断路	未在选手报告单上正确记录，扣1分； 未在电路图上指出故障区间，扣2分	3	
		维修：测量并展示修复后的线路连接情况	线路未修复，扣3分	3	
合　　计				100	

第三节　赛项技术文件

一、比赛内容要求

1. 作业要求

在规定时间 60 min 内，要求参赛队以个人作业的方式，对新能源整车常见的低压电源系统、高压控制系统、车身电气系统等故障进行诊断与排除，依据维修手册的规范完成作业流程，发现和确认故障点，并根据现场裁判的要求排除故障，完整准确填写《新能源汽车故障诊断与排除作业记录表》。作业过程中要熟练地查阅维修资料和电路图、规范使用工量具和仪器设备、准确测量技术参数和判断故障点、正确记录作业过程和测试数据、安全文明作业。

2. 故障范围和考核要点

故障范围和考核要点围绕新能源汽车低压电源系统（含 12 V 电源管理、无钥匙进入与起动、OBD 诊断控制、仪表与警告装置、车载网络等）、高压控制系统（含动力电池管理、高压配电、电驱动控制、热管理、充电控制等）、车身电气系统（含照明控制、防盗及门锁控制、刮水洗涤控制、电动后视镜控制、车窗控制、座椅控制、暖风空调控制等）设置“低压供电不正常”“高压供电不正常”“车辆无法正常行驶”“车辆无法充电”“车身电气功能异常”等多种常见的故障现象，进行检测分析并查找故障点（5～7 处）。故障包含有故障码故障和无故障码故障，故障形式可为单系统故障或多系统故障。重点考察选手对车辆的结构和控制逻辑的理解程度；考察选手对故障诊断仪、万用表、示波器等常用诊断设备的应用能力。要求对新能源汽车指定的系统进行故障诊断，包括前期准备、安全检查、仪器连接、故障症状确认、目视检查、读取故障码与数据流、高压断电、非带电状态检测验证、绝缘（漏电）检测、元器件测量、机械拆装、故障点确认和排除、现场 5S 整理等。

二、基本知识与能力要求

选手基本知识与能力要求，见表 3-36。

表 3-36　基本知识与能力要求

相关要求		百分比例（%）
项　目	新能源汽车故障诊断与排除	15
基本知识	正确地使用工量具和仪器设备； 准确测量技术参数； 熟练地查阅设备使用手册； 现场 5S 整理； 掌握故障诊断仪、万用表、示波器等常用诊断设备的应用能力； 按照要求在记录表上记录作业过程和测试数据，做到安全文明作业	

续表

	相关要求	百分比例(%)
工作能力	处置新能源汽车低压电源系统多种常见的故障现象，进行检测分析并查找故障内容； 处置新能源汽车高压控制系统多种常见的故障现象，进行检测分析并查找故障内容； 处置新能源汽车车身电气系统多种常见的故障现象，进行检测分析并查找故障内容； 理解新能源汽车的结构和控制逻辑，掌握常用诊断设备的应用能力； 对新能源汽车指定的系统进行故障诊断，包括目视检查、读取故障码与数据流、高压断电、非带电状态检测验证、绝缘(漏电)检测、元器件测量、机械拆装、故障点确认和排除	85

三、名次排列规则

按总成绩由高到低排序，总成绩相同则总用时短的名次在前。

评分标准见表3-37。

表3-37　评分标准

项　　目	主要内容	配分比例
作业流程、工艺	熟练地查阅维修资料；作业流程顺畅，拆装、维护、诊断工艺合理有效，作业项目齐全，操作规范、到位；测量、检测、诊断结果正确，并能根据相关检测数据做出正确判断	65%
工单、记录单	填写完整、清晰、正确	20%
设备、工具使用	设备、工具、量具选择和使用正确、操作熟练；工具、量具不落地	10%
安全环保和5S规范	符合安全操作规程；工具、零件、车辆等无碰撞；车辆、零件无损坏，人员安全无工伤；遵守5S要求，工具、量具、设备及时清洁、归位；液体撒漏及时清洁；废弃物分类存放等	5%

四、竞赛方式

1. 比赛形式

本赛项由个人理论考核与实操两部分组成，每位选手需独立完成理论考核与实操模块作业项目，本赛项理论考核占总成绩30%，实践操作占总成绩70%。

2. 参赛要求

以《内蒙古自治区汽车维修行业职工职业技能的通知》参赛条件为准。

五、比赛相关的技术资料

(1)国家标准《汽车维护、检测、诊断技术规范》(GB/T 18344—2016)；

(2)国家标准《机动车运行安全技术条件》(GB 7258—2017)；

(3)比赛车型维修手册相关资料;

(4)相关设备操作手册。

六、技术平台

本次竞赛技术平台标准参考我国汽车维修行业相关标准确定。

1. 竞赛车辆

竞赛所需的车辆将采用国内销售数量大、技术先进的主流车型——比亚迪秦 EV。

2. 竞赛设备、工具及量具

竞赛设备、工具及量具包括汽车维修通用工具、量具、仪器、仪表、工具车、汽车尾气分析仪、汽车空调诊断仪、电子式卤素检漏仪、制冷剂鉴别仪、制冷剂回收加注机、发动机翻转架、电脑综合诊断仪以及举升机、车轮定位仪、压缩空气源等固定设备。竞赛设备、工具及量具的具体情况见表 3-38。

表 3-38　竞赛设备、工具及量具

序号	工具、量具、设备与仪器	型号规格	数量	备　注
1	纯电动汽车	比亚迪秦 EV	2	承办单位提供
2	整车故障设置与检测平 台	中汽恒泰 XN-ZQ-01	2	承办单位提供
3	故障诊断仪	博世 KT720、元征 X431	2	承办单位提供
4	示波器	双通道	2	承办单位提供
5	数字万用表	通用型	2	承办单位提供
6	常用工具	—	2	承办单位提供
7	试电笔	—	2	承办单位提供
8	测试用电路连接线、背插探针	208 测试线套装	2	承办单位提供
9	试灯	—	2	承办单位提供
10	手电筒	—	2	承办单位提供
11	工具车	—	2	承办单位提供
12	工作台	—	2	承办单位提供
13	集中式供给装置(含电源、灯光、气路)	—	2	承办单位提供
14	安全防护装置	—	若干	承办单位提供
15	多用途润滑剂	—	若干	承办单位提供
16	清洁布	—	若干	承办单位提供
17	毛刷	—	若干	承办单位提供
18	塑料绝缘胶带	—	若干	承办单位提供
19	翼子板及前格栅布	—	若干	承办单位提供
20	三件套(方向盘套、座椅 套、脚垫)	一次性使用	若干	承办单位提供
21	手套	绝缘	若干	承办单位提供

续表

序号	工具、量具、设备与仪器	型号规格	数量	备　注
22	垃圾箱	—	若干	承办单位提供
23	拖把	—	若干	承办单位提供
24	灭火器	—	若干	承办单位提供
25	车轮挡块	—	若干	承办单位提供
26	举升垫块	—	若干	承办单位提供

七、安全、健康要求

(一)选手需自备的防护装备

为保证选手安全,参赛选手必须按照规定穿戴防护装备,具体见表3-39。选手不穿劳保鞋不得进入竞赛区域,不配备其他防护装备,不得进行相关操作。任何时候,参赛选手不得带电维护电气线路。

表3-39　选手必备的防护装备清单

序号	防护项目	图　示	说　明
1	绝缘鞋		1. 绝缘; 2. 防滑; 3. 防砸; 4. 防穿刺
2	工作服		1. 须是长裤; 2. 护服必须紧身不松垮,达到三紧要求
3	绝缘手套	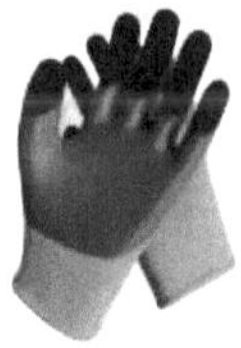	在安全上电过程中通电测试时必须佩戴
4	护目镜		1. 防溅入; 2. 带近视镜也必须佩戴; 3. 在进行切割加工时必须佩戴; 4. 在进行安全测试过程中,通电测试时必须佩戴
5	防割手套		1. 使用切割工具时必须佩戴; 2. 在可能被刺伤或者划伤的工作时建议佩戴

(二)选手禁止携带易燃易爆物品

选手禁止携带易燃易爆物品,违规者不得参赛。竞赛现场禁止使用明火,违规者将被警告和劝阻,不听从劝阻者将被取消竞赛资格。选手禁带的物品见表3-40。

表3-40 选手禁带的物品清单

序号	有害物品	说明	序号	有害物品	说明
1	防锈清洗剂	禁止携带,赛场统一提供	3	汽油	严禁携带
2	酒精	严禁携带	4	有毒有害物品	严禁携带

(三)赛场必须留有安全通道

竞赛前必须明确告诉选手和裁判员安全通道和安全门位置。赛场必须配备灭火设备,并置于显著位置。赛场应具备良好的通风、照明和操作空间的条件。做好竞赛安全、健康和公共卫生及突发事件预防与应急处理等工作。

(四)赛场药品配备

(1)赛场须配备医护人员和必须的药品。

(2)若选手受伤,必须进行医疗卫生处理,不得延误。

智能网联汽车技术职业技能大赛技术文件及评分标准

杨文忠　郝　魁

第一节　技术文件

一、赛项描述

本赛项根据新能源汽车产业发展趋势，围绕新能源汽车智能化、网联化进行设计，以智能网联技术为主线，旨在提升新能源汽车企业应用和服务能力，引领相关专业人才培养和服务体系建设，实现以赛促产、以赛促学、以赛促训，大力弘扬工匠精神、劳模精神，推动产业、行业、企业相关专业技术人才的高质量发展。

本赛项强调前瞻性和应用性，鼓励参赛选手独立开展智能化和网联化设备安装、调试、标定、仿真场景搭建测试、故障排查、道路综合测试和运维等工作，提升智能网联汽车环境感知、路径规划与自主决策验证、功能测试、安全运营与维护等能力。

二、比赛内容

本次竞赛以考核参赛选手的综合职业能力为核心，注重设备装调与测试、操作维修与系统运维、编程应用等方面的考核，比赛分为理论知识和实际操作两部分。

(一)理论比赛内容与题型

1. 基础知识

(1)车辆知识

①智能网联新能源汽车基本结构、电子电气架构及工作原理基础知识。

②辅助驾驶的分级及典型功能基本知识，包括高级辅助驾驶系统(ADAS)、高阶智能驾驶系统(城市/高速导航辅助驾驶)、辅助泊车等。

③典型智能传感器结构、工作原理、应用场景、标定方法等基本知识。

④车辆感知、预测、决策、规划、定位与建图软件技术基本知识。

⑤计算平台硬件和软件架构基本知识。

⑥典型线控底盘基本结构、工作原理、性能特点等基本知识。

⑦计算机视觉、语音交互技术与应用的基本知识。

⑧车路协同系统硬件和软件架构及相关网络与通信技术基本知识。

⑨车辆电气控制原理基础知识。

⑩车辆故障检修、设备使用的基本知识。

(2)安全文明生产与环境保护知识

①现场文明生产要求。

②安全操作与劳动保护知识。

③绿色环保知识。

(3)质量管理知识

①企业质量方针、质量管理的性质与特点等质量管理体系基础知识。

②现场质量管理的要求。

(4)相关法律法规

①《中华人民共和国劳动法》相关知识。

②《中华人民共和国劳动合同法》相关知识。

③《中华人民共和国安全生产法》相关知识

2. 专业知识

①Ubuntu 系统操作、ROS 操作系统语言编程。

②智能网联新能源汽车动力学标定。

③智能网联新能源汽车感知传感器选型及部署。

④智能网联新能源车辆故障检查与排除。

⑤智能网联新能源车辆维护与保养。

⑥智能网联典型场景仿真及环境搭建设计。

⑦智能网联新能源汽车生产质量管理、生产现场管理。

⑧高精地图采集与制作。

⑨智能网联新能源汽车综合道路测试。

⑩智能网联新能源汽车整车设计。

3. 其他

①安全生产与环境保护知识。

②职业道德与质量管理知识。

4. 考试题型

选择题、判断题。

5. 参考资料

①甄先通．自动驾驶汽车环境感知[M].北京:清华大学出版社,2020.

②王宇飞,王春波．智能网联汽车先进驾驶辅助技术系统原理及应用[M].北京:机械工业出版社,2022.

③吴晨,韩丹．智能网联汽车技术[M].北京:北京理工大学出版社,2021.

④杨晓强．新能源汽车概论[M].北京:机械工业出版社,2025.

⑤张维戈．电动汽车工程手册(第1至5卷)[M].北京:机械工业出版社,2020.

(二)实操比赛

技术标准:参照职业资格三级要求,结合国内企业应用水平,适当增加考核难度。

1. 考核涉及知识

(1)智能网联新能源汽车技术基础知识

①智能网联新能源汽车操作与编程知识。

②智能网联新能源汽车线控底盘集成与测试知识。

③智能网联新能源汽车智能传感器系统拆装、标定与调试知识。

④智能网联新能源汽车电气控制与维修知识。

⑤智能网联新能源汽车软件系统原理知识。

⑥智能网联新能源汽车软件功能单元测试知识。

⑦智能网联新能源汽车测试用例设计与道路测试知识。

(2)智能网联新能源汽车控制基础知识

①急停按钮及车辆接管的使用场合。

②电气控制原理。

(3)安全文明生产与环境保护知识

①现场文明生产要求。

②安全操作与劳动保护知识。

③绿色环保知识。

2. 编程操作与设备调试

(1)智能网联技术仿真场景搭建及调试

①能够正确进行智能网联仿真场景设计及操作。

②能够正确基于仿真场景进行智能网联功能开发与测试。

(2)智能网联新能源汽车智能传感器安装与配置

①能够正确进行激光雷达、相机、毫米波雷达、惯性导航单元、超声波雷达等质量测试。

②能正确安装激光雷达、相机、毫米波雷达、惯性导航单元、超声波雷达到智能网联汽车上。

③能正确进行激光雷达、相机、毫米波雷达、惯性导航单元、超声波雷达等软件配置。

(3)智能网联新能源汽车及智能传感器标定

①能够正确对激光雷达、相机、毫米波雷达进行联合标定。

②能够正确对智能网联新能源汽车动力学进行标定。

(4)智能网联汽车故障检查与排除

①能够正确检查车辆电气故障并排除。

②能够正确检查车辆软件故障并排除。

(5)高精地图的采集与制作

①能够正确使用智能网联新能源汽车进行地图采集。

②能够使用地图制作工具对地图及交通元素进行标注。

③能够正确验证并加载地图到智能网联软件系统。

(6)智能网联新能源汽车线控系统功能调试

①能够正确配置智能网联定位基站。

②能够正确根据 DBC 文件编制底盘代码。

③能够正确进行 CAN 通信数据读取与调试。

(7)智能网联新能源汽车感知系统功能调试

①能够正确进行激光雷达、相机、毫米波雷达、超声波雷达、惯性导航的数据读取与解析。

②能够正确进行激光雷达障碍物感知与障碍物行为预测功能调试。

③能够正确进行相机障碍物感知与障碍物行为预测功能调试。

3. 智能网联新能源汽车道路测试方案制定及优化

①正确编写道路测试用例。

②正确配置车辆运行参数。

③正确起动定位设备、激光雷达障碍物感知、相机障碍物感知功能。

④能够正确进行车辆运行数据读取。

⑤能够根据测试任务完成交通路口识别、人行道避让、自主泊车等测试任务。

三、比赛规则

(一)理论比赛

①理论知识比赛以在计算机上答卷(闭卷)方式进行。比赛时间为120 min。满分100分,占总成绩的30%。

②参赛选手凭本人身份证和参赛证进入考场,按规定登录计算机答题。

③试题答案按要求填写,草稿纸由现场人员统一提供。参赛选手自带笔、手工绘图相关工具和只有计算功能的计算器,其他任何资料和电子产品禁止带入考场,否则成绩无效。

(二)实操比赛

①比赛时间共240 min(任务一 120 min,任务二 120 min)。实操比赛成绩满分100分(任务一:智能网联新能源汽车装调与综合路试60分,任务二:智能网联新能源汽车场景仿真测试40分),占总成绩的70%。

②在比赛过程中,禁止选手求助指导或交流。

③因设备故障原因导致参赛选手中断或终止比赛,由大赛裁判长视具体情况作出处理决定。

④比赛过程中,参赛选手若需休息、饮水或去洗手间,一律计算在比赛时间内,食品和饮水由赛场统一提供。

⑤比赛过程中,因参赛选手违规操作,对设备及工具造成损坏,经裁判员判定,视情节轻重,扣分直至终止比赛的处理,并由参赛选手承担相应的赔偿。

⑥如果参赛选手提前结束比赛,应举手向裁判员示意提前结束操作。比赛终止时间由裁判员记录在案,参赛选手提前结束比赛后不得再进行任何操作。

⑦赛场禁用一切现场提供的设备之外的任何电子设备,如手机、计算器、多功能手表、USB盘及存储卡等,比赛期间不得离开规定的赛场区域。

⑧参赛选手不得将赛项任务书、说明书、草稿纸等与比赛相关的物品带离赛场。比赛结束后,选手必须经过现场裁判员检查许可后方可离开赛场,离场前按要求清理工位。

四、评判规则

(一)理论比赛评判

理论比赛成绩评定由计算机考试系统自动完成。

(二)实操比赛评判

(1)实操比赛由过程考核与结果考核组成,安装调试的过程为过程考核,智能网联新能源汽车完成要求任务为结果考核。

（2）考核标准按照所对应的职业资格三级要求，借鉴世界技能大赛考核评价方法，组织评判。

（3）成绩评定由专家组组织裁判根据任务书和评分表完成。

五、成绩组成

总成绩由理论比赛和实操比赛两部分组成。理论成绩占总成绩的 30%，实操成绩占总成绩的 70%。

六、比赛技术平台

（一）设备情况

（1）生产厂家：北京××××科技有限公司。

（2）产品型号：Apollo DKIT 全地形辅助驾驶平台。

（二）主要设备技术参数与功能

1. 整车参数

（1）长×宽×高：3 085 mm×1 725 mm×1 835 mm。

（2）整车重量：450 kg。

（3）离地间隙：220 mm。

（4）综合续航里程：100 km（空载 10 km/h）。

（5）综合续航时间：10 h（空载 10 km/h）。

（6）最大（设计）速度：45 km/h。

（7）最大（实车）速度：45 km/h。

（8）轴距：2 200 mm。

（9）轮距（前/后）：1 380/1 360 mm。

（10）最大爬坡角度：30%。

2. 转向系统

（1）最大轮边转向角：28°。

（2）最小转弯半径：2 700 mm（整车中心轴测量）。

（3）转向精度：±1°。

（4）转向形式：前阿克曼转向。

（5）转向电机最大输出功率：700 W。

（6）额定电压：12 V。

（7）额定功率：360 W。

（8）额定扭矩：2. 36 N · m。

3. 制动系统

（1）制动方式：液压制动。

（2）制动接口：CAN。

（3）额定电压：12 V。

（4）额定功率：120 W。

4. 驱动系统

（1）驱动轴：后轴。

(2)驱动方式:单电机减速器后轴驱动。

(3)驱动接口:CAN。

(4)电机类型:永磁同步电机。

(5)额定电压:60 V。

(6)额定功率:5 000 W。

(7)峰值转速:7 000 r/min。

5. 动力电池系统

(1)电池类型:锂电池。

(2)标称电压:60 V。

(3)标称容量:100 Ah。

(4)最大持续电流:200 A。

(5)总电量:6 kW・h。

(6)续航时间:10 h(空载 10 km/h)。

(7)续航里程:100 km(空载 10 km/h)。

6. 蓄电池系统

(1)电池类型:铅酸电池。

(2)标称电压:12 V。

(3)标称容量:20 Ah。

7. 计算平台

(1)显卡:NVIDIA RTX 3060。

(2)处理器:Intel I9 9900k。

(3)内存:32 G。

(4)硬盘:512GNVMe 硬盘。

(5) GPU 架构:Turing 架构 GPU。

(6) CAN 接口:EMUC-B202 CAN,2 路。

(7) 8～48 V 宽范围直流输入,满足 250 W GPU 的高功耗需求。

(8)内置点火信号电源控制功能,满足车载部署及供电需求。

8. 组合导航

(1)刷新频率:100 Hz。

(2)接口:RS-232/422 串行接口;网口:USB;CAN:PPS 脉冲输出。

(3)频率范围 GPS:L1C/A,L1C,L2C ,L2P,L5;GLONASS :L1C/A,L2C ,L2P,L3,L5;BDS:B1/B2;GAlileo:E1,E5;AltBOC:E5a,E5b。

(4)天线:HX-GPS1000,M90SD 底座 2 只。

9. 激光雷达

(1)通道数:16。

(2)出点数:288 000 pts/s(单回波)。

(3)测量范围:0.2～150 m。

(4)测量精度:最高±2 cm。

(5)回波模式:单回波/双回波。

(6)垂直测量角度范围: 30°(-15°～+15°)。

(7)垂直方向角度分辨率:2.0°。

(8)水平方向角度分辨率:0.1°/0.2°/0.4°(对应工作帧率 5/10/20 Hz)。

(9)工作电压:9～32 V。

(10)工作温度:-40～+60 ℃。

10. 相机

(1)焦距:6 mm。

(2)视场角 FOV(D/H/V):74.8°/65°/34.4°。

(3)像素点大小:3.0×3.0 μm。

(4)数据接口:USB 3.0。

(5)分辨率:1 920×1 080。

(6)帧率:30 fps。

11. 毫米波雷达

(1)探测距离:1～60 m。

(2)距离分辨率:≤1.0 m。

(3)距离精度:≤0.2 m。

(4)探测范围:≥±40°。

(5)速度范围:-100～40 m/s。

(6)探测目标数:≥64 个。

12. 超声波雷达

(1)额定工作电压:DC 12～24 V。

(2)功耗:平均 1.0 W, 最大 1.2 W。

(3)探测范围:0.3～3.5 m。

(4)响应时间:0.15 s。

(5)测量精度:1～3 cm。

(6)工作温度:-30 ℃。

七、附件

汽车维修工(智能网联新能源汽车方向)赛项选手操作任务说明:

(1)任务一、二比赛时间均为 120 min,90 min 后,选手可以弃赛,但不可提前离开赛位场地,需要与比赛设备隔离,在赛场指定位置等待。

(2)除有说明外,不限制各任务完成顺序,且不限制任务中各项的先后顺序,选手在实际比赛过程中要根据赛题情况进行操作并记录。

(3)比赛过程中,选手一定要严格遵守安全操作规范,若发生危及设备或人身安全事故,立即停止比赛,将取消其参赛资格。

(4)选手对比赛过程中需裁判确认部分,应当先举手示意。

(5)参赛选手在竞赛过程中,不得使用 U 盘,否则按作弊处理。

(6)选手在竞赛过程中应该遵守相关的规章制度和安全守则,如有违反,则按照相关规定在竞赛的总成绩中扣除相应分值。

(7)选手在比赛开始前,认真对照工具清单检查工位设备,并确认后开始比赛;选手完成任务后的检具、仪表和部件,现场需统一收回。

(8)选手严禁携带任何通信、存储设备及技术资料,如有发现将取消其竞赛资格。选手擅自离开本参赛队赛位或与其他赛位的选手交流或在赛场大声喧哗,严重影响赛场秩序,如有发生,将取消其竞赛资格。

(9)选手必须认真填写各类文档,竞赛完成后所有文档按页码顺序一并上交。

(10)选手必须及时保存自己编写的程序及材料,防止意外断电及其他情况造成程序或资料的丢失。

(11)赛场提供的任何物品,不得带离赛场。

第二节 辅助驾驶实车装调与排故

一、评分表

辅助驾驶实车装调与排故评分表见表 3-41。

表 3-41 辅助驾驶实车装调与排故评分表

选手参赛号		现场裁判签字		裁判长签字	
统分裁判签字		核分裁判签字		实际用时	

序号	项　目	评 判 点	评分标准	配分	得分
1	健康与安全(20 分)	作业准备	未检查设置隔离栏,扣 0.5 分; 未设置安全警示牌,扣 0.5 分; 未检查灭火器压力值(水基、干粉),扣 0.5 分	1.5	
		人身安全	未检查安全帽外观损伤,车辆底部作业未佩戴安全帽,扣 0.5 分; 未对耐磨手套进行检查,扣 0.5 分; 未佩戴护目镜,扣 0.5 分	1.5	
		车辆检查	环绕车身一周做外观检查,未报告检查结果,扣 0.5 分; 未确认充电电缆是否拔出,扣 0.5 分; 未确认充电口盖是否关闭,扣 0.5 分; 未确认车辆底部无液体泄漏,周围有无障碍物,扣 0.5 分; 未确认车辆轮胎胎面有无划伤,扣 0.5 分	2.5	
		设备使用	未安装车轮挡块,扣 0.5 分; 初次使用未正确进行万用表检查,扣 0.5 分; 未正确连接仪器、仪表和测试设备到车辆的,扣 0.5 分	1.5	

续表

序号	项　目	评判点	评分标准	配分	得分
1	健康与安全（20分）	操作规范	未检查车身急停开关是否有效，扣2分； 车身急停开关检查方式是：先按下车身急停开关，仪表显示车辆故障并退出“ready”状态。旋转紧急开关，开关复位，仪表显示绿色“ready”状态，即为急停开关有效。 未检查遥控器急停开关是否有效，扣2分； 遥控器急停开关检查方式是：先按下遥控器急停开关B键，仪表显示车辆故障并退出“ready”状态。再次按下遥控器急停开关B键，开关复位，仪表显示绿色“ready”状态，即为急停开关有效。 检查感知传感器时手直接摸传感器表面，扣1分	5	
		安全操作	首次上电时，未示意裁判直接上电，扣1分； 工具仪器选择不合理或使用不规范，扣1分； 设备、工具、仪器跌落或放置凌乱或未恢复到比赛前状态，扣1分； 操作过程中，对测试设备和车辆可能构成损坏而被裁判制止的，扣5分； 未规范操作造成车辆保险丝烧掉，每次扣2分，扣完安全操作分为止； 同一故障点错误判断累积达到3次以上（自第4次起），每错误判断1次扣安全分2分，扣完安全操作分为止。否决项：选手损坏车辆或设备，取消比赛资格	8	
2	智能化设备检测（12分）	超声波雷达检测	未检查工具仪器是否齐全，扣2分； 安装工具有：电脑、CAN分析仪、12 V电源、超声波雷达线束、万用表、超声波雷达探头、前超声波雷达ECU、前超声波雷达线束。 未正确将超声波雷达探头、前超声波雷达ECU、前超声波雷达线束、can分析仪、电脑的usb口连接，扣5分； 超声波雷达线束插头未连接到位，扣2分； 未在选手报告单中记录检测超声波探头的编号（根据现场测量判断），扣1分； 上位机软件检测超声波探头品质时，界面中未输出原始报文，扣2分	12	

续表

序号	项　目	评 判 点	评分标准	配分	得分
3	智能化设备装配（8分）	超声波雷达装配（仅左右两侧需要安装）	安装时超声波探头中“上”字未朝上，每只扣1分，最多扣5分； 安装后超声波探头外圈边缘与车身存在间隙，扣1.5分； 超声波雷达探头与车辆的线束插头未连接到位，扣1.5分	8	
4	故障诊断与排除1（10分）	故障点（请选手自行记录到本表）	未在选手报告单上记录故障点，扣2分； 未在选手报告单上正确记录故障点，扣2分； 未在电路图中指出故障区间，扣2分； 在选手报告单上记录故障点准确，但未断开锁定最小故障点进行测量确认，扣2分； 排除下一故障点时本故障工单未填写全面有：□故障现象□分析故障原因□测量过程□故障机理，共2分	10	
	故障诊断与排除2（10分）	故障点（请选手自行记录到本表）	未在选手报告单上记录故障点，扣2分； 未在选手报告单上正确记录故障点，扣2分； 未在电路图中指出故障区间，扣2分； 在选手报告单上记录故障点准确，但未断开锁定最小故障点进行测量确认，扣2分； 排除下一故障点时本故障工单未填写全面有：□故障现象□分析故障原因□测量过程□故障机理，共2分	10	
	故障诊断与排除3（10分）	故障点（请选手自行记录到本表）	未在选手报告单上记录故障点，扣2分； 未在选手报告单上正确记录故障点，扣2分； 未在电路图中指出故障区间，扣2分；在选手报告单上记录故障点准确，但未断开锁定最小故障点进行测量确认，扣2分； 排除下一故障点时本故障工单未填写全面有：□故障现象□分析故障原因□测量过程□故障机理，共2分	10	

续表

序号	项　　目	评 判 点	评分标准	配分	得分
4	故障诊断与排除4（10分）	故障点（请选手自行记录到本表）	未在选手报告单上记录故障点，扣2分； 未在选手报告单上正确记录故障点，扣2分； 未在电路图中指出故障区间，扣2分； 在选手报告单上记录故障点准确，但未断开锁定最小故障点进行测量确认，扣2分； 排除下一故障点时本故障工单未填写全面有：□故障现象□分析故障原因□测量过程□故障机理，共2分	10	
	故障诊断与排除5（10分）	故障点（请选手自行记录到本表）	未在选手报告单上记录故障点，扣2分； 未在选手报告单上正确记录故障点，扣2分； 未在电路图中指出故障区间，扣2分； 在选手报告单上记录故障点准确，但未断开锁定最小故障点进行测量确认，扣2分； 排除下一故障点时本故障工单未填写全面有：□故障现象□分析故障原因□测量过程□故障机理，共2分	10	
	故障诊断与排除6（10分）	故障点（请选手自行记录到本表）	未在选手报告单上记录故障点，扣2分； 未在选手报告单上正确记录故障点，扣2分； 未在电路图中指出故障区间，扣2分； 在选手报告单上记录故障点准确，但未断开锁定最小故障点进行测量确认，扣2分； 排除下一故障点时本故障工单未填写全面有：□故障现象□分析故障原因□测量过程□故障机理，共2分	10	
合　　计				100	

二、作业表

辅助驾驶实车装调与排故。

车辆：国汽智能网联汽车。

作业说明：

◆对车辆及场地进行安全检查。

◆发现故障后应向裁判展示，在电路图上指出相应电气线路（包括端子和正确的导线）或零部件，并将故障的简要描述填写在报告单上。

◆对车辆超声波雷达进行状态及品质检测。

◆车身急停开关检查/遥控器急停开关检查。

◆超声波雷达装配。

◆在确定故障的作业中,没有特定的顺序要求。

◆根据裁判的指令修复故障。

竞赛时间:45 min。

说明:故障类型可能包括:线路断路、线路电阻过大(即串电阻)、插头端子缺失或损坏、线路对正电搭铁、线路对地搭铁、单个元件插头上线路窜线、元件故障(对开关、保险丝、继电器、传感器等元件故障应进行测量验证,不可采用换件方式证明故障)、插头松动或脱落、元件装配故障、元件型号错误。辅助驾驶实车装调记录表见表3-42。辅助驾驶实车排故记录表,见表3-43。

表3-42 辅助驾驶实车装调记录表

急停开关检查结果	
超声波雷达检查结果	
故障现象描述	车辆故障现象:
通过分析得出可能的故障原因	提示:结合现象进行故障分析,并得出故障可能原因
故障点和故障类型确认过程	提示:完成记录测试过程,直到故障排除。要求记录关键测试对象、测试条件、实测结果及判断。写出故障部位及故障性质后报告裁判
故障点确认	

表 3-43　辅助驾驶实车排故记录表

故障现象描述	车辆故障现象：
通过分析得出可能的故障原因	提示：结合现象进行故障分析，并得出故障可能原因
故障点和故障类型确认过程	提示：完成记录测试过程，直到故障排除。要求记录关键测试对象、测试条件、实测结果及判断。写出故障部位及故障性质后报告裁判
故障点确认	
故障现象描述	车辆故障现象：
通过分析得出可能的故障原因	提示：结合现象进行故障分析，并得出故障可能原因
故障点和故障类型确认过程	提示：完成记录测试过程，直到故障排除。要求记录关键测试对象、测试条件、实测结果及判断。写出故障部位及故障性质后报告裁判
故障点确认	

第三节 智能网联汽车综合道路测试

一、评分表

智能网联汽车综合道路测试评分表见表 3-44。

表 3-44 智能网联汽车综合道路测试评分表

选手参赛号		现场裁判签字		裁判长签字	
统分裁判签字		核分裁判签字		实际用时	
序号	项目	评判点	评分标准	配分	得分
1	健康与安全（20 分）	车辆检查	环绕车身一周做外观检查，未报告检查结果，扣 1 分； 未确认充电电缆是否拔出，扣 0.5 分； 未确认充电口盖是否关闭，扣 0.5 分； 未确认车辆底部有无液体泄漏，周围有无障碍物，扣 0.5 分； 未确认车辆轮胎胎面有无划伤，扣 0.5 分	3	
		操作规范	未检查车身急停开关是否有效，扣 3 分； 车身急停开关检查方式是：先按下车身急停开关，车辆双闪打开；旋转紧急开关，开关复位，双闪关闭即为急停开关有效。 未检查遥控器急停开关是否有效，扣 3 分； 遥控器急停开关检查方式是：遥控器两侧急停开关需要检查。 检查感知传感器时手直接摸传感器表面，扣 3 分	9	
		安全操作	首次上电时，未示意裁判直接上电，扣 1 分； 工具仪器选择不合理或使用不规范，扣 1 分； 设备、工具、仪器跌落或放置凌乱或未恢复到比赛前状态，扣 1 分； 操作过程中，对测试设备和车辆可能构成损坏而被裁判制止的，扣 5 分； 否决项：选手损坏车辆或设备，取消比赛资格	8	

续表

序号	项　目	评 判 点	评分标准	配分	得分
2	综合道路测试（80分）	地图录制	未进入 Apollo docker 环境，扣2分； 未打开 DreamView 终端，扣2分； 未起动 GPS 模块，扣2分； 未起动 Localization 模块，扣2分； 未起动 Transform 模块，扣2分； 未通过 cyber_monitor 命令查看 GPS 状态（若为 NARROW_INT，则表示 GPS 信号良好），扣3分； 未起动 Lidar 模块，扣2分； 未检查对应的 channel 帧率/apollo/localization/pose（正确频率 100 Hz），扣3分； 未检查对应的 channel 帧率/apollo/sensor/gnss/odometry（正确频率 100 Hz），扣3分； 未检查对应的 channel 帧率/apollo/sensor/gnss/ins_stat（正确频率 2 Hz），扣3分； 未检查对应的 channel 帧率/apollo/sensor/lidar16/compensator/PointCloud2（正确频率 10 Hz），扣3分； 未起动 Recorder 模块，扣3分； 未记录停车位车辆位置坐标，扣5分； 未进行完整地图录制，扣10分	45	
		动态场景测试	未起动 CAN 卡，扣3分； 未起动 Apollo docker 环境，扣3分； 未起动 DreamView 并选择模式、车辆和地图，扣5分； 起动自动泊车前未向裁判进行汇报，扣5分； 未正确导入地图，导致正式发车后车不动或功能失效比赛结束，扣10分； 辅助驾驶发车前未检查急停开关，扣2分； 车辆未能实现起点发车，扣5分； 车辆行驶结束，未实现停车位定点停车，扣2分	35	
合　计				100	

二、作业表

智能网联汽车综合道路测试作业表。

车辆：百度智能网联汽车。

作业说明：

◆对车辆及场地进行安全检查。

◆车身急停开关检查/遥控器急停开关检查。

◆地图录制。

◆动态场景测试。

竞赛时间：45 min。

说明：根据设定标线，能够对车辆进行地图采集，车辆能够根据采集的地图实现辅助驾驶和车辆入库。

选手报告单：智能网联汽车综合道路测试见表 3-45。

表 3-45　智能网联汽车综合道路测试

急停开关检查结果	
地图录制	停车位车辆位置坐标数据记录： 其他重要数据记录：
动态场景测试	关键数据记录：
备　　注	

第四篇

汽车维修工职业技能鉴定实操试题

汽车维修工职业技能鉴定(初级工)实操试题

沈盛军

第一节　初级汽车维修工职业技能鉴定——实操技能部分(一)

一、技能试卷

说明

①本试卷的编制命题是以可行性、技术性、通用性为基本原则;

②本试卷适用于考核初级汽车维修工;

③本试卷无地域限制。

二、试题内容及评分标准

(一)发动机维护作业清洁、更换空气滤清器(40 分)

1. 考场准备

①电控汽油轿车一辆或电控汽油机实训台架一个;

②维护三件套一套;

③吹尘枪一个;

④世达 120 件套一套。

2. 考核配分及评定细则

(1)考核目的

为了确保发动机维护作业的质量和安全,提高维护人员的技术水平和操作规范性,特制定本考核评分细则。通过对发动机维护作业的清洁、更换空气滤清器等操作进行考核,以评估维护人员的专业能力和作业效果。

(2)考核内容及评分标准

考前准备(2 分)

考核内容:确保所有维护工具和设备齐全,包括但不限于电控汽油车或电控柴油机实训台架、维护三件套、吹尘枪、世达 120 件套等。

评分标准:工具具备情况,每项缺少扣 1 分,最高扣 2 分。6S 情况,即整理(Seiri)、整顿(Seiton)、清扫(Seiso)、清洁(Seiketsu)、素养(Shitsuke)、安全(Safety),每项不符合扣 1 分,最高扣 2 分。

安全作业(8分)

考核内容:在进行维护作业前,正确设置巡检工位,安装车轮挡块,穿戴好维护三件套,并做好作业准备。

评分标准:巡检工位设置,每项不符合扣2分。安装车轮挡块,每项不符合扣3分。安装维护三件套,每项不符合扣3分。作业准备,处理方法不当扣1~2分。

空气滤清器的拆解和安装(15分)

考核内容:按照规定的拆装顺序和方法,正确拆解和安装空气滤清器。

评分标准:拆装和安装工艺,每错误一项扣6分。工具或工件掉落,每次扣1分,此项最高扣3分。

空气滤清器的检查与判断(10分)

考核内容:根据车辆的行驶里程和空气滤清器的使用状况,检查滤芯并判断是否需要更换或清洁。

评分标准:判断结论错误,扣5分。吹尘方法不正确,扣5分。

安全生产(5分)

考核内容:在整个维护作业过程中,严格遵守安全生产规定,确保作业安全。

评分标准:出现安全事故,扣5分。

(3)考核流程

①维护人员按照考核内容准备工具和设备。

②在考核人员的监督下,进行发动机维护作业。

③考核人员根据评分标准对维护人员的操作进行评分。

④汇总各项得分,得出总分。

(二)汽车底盘螺栓、螺母的检查与紧固(30分)

1. 考场准备

①实训轿车一辆;

②世达120件套一套;

③扭力扳手一个;

④手灯一个。

2. 考核配分及评定细则

(1)考核目的

为了确保汽车底盘螺栓、螺母的正确检查与紧固,提高维护人员的专业技能和操作规范性,特制定本考核评分细则。

(2)考核内容及评分标准

考前准备(2分)

考核内容:备齐所需工具,包括6S等工具具备情况。

评分标准:工具具备情况,每项缺少扣1分,最高扣2分。6S情况,即整理(Seiri)、整顿(Seiton)、清扫(Seiso)、清洁(Seiketsu)、素养(Shitsuke)、安全(Safety),每项不符合扣1分,最高扣2分。

安全作业(6分)

考核内容:巡检工位,按标准流程举升车辆作业。

评分标准:巡检工位不到位扣2分。举升车辆不正确扣4分。举升车辆方法不当扣2分,并重新开始,累计最多扣 4 分。

螺栓的检查与紧固(17 分)

考核内容:各总成外部螺栓、螺母、各锁销齐全有效;车身、车架连接部件的检查与紧固;悬架减震部件的检查与紧固;转向连接件的检查与紧固;各部件均按规定拧紧力矩拧紧,扭力扳手使用正确。

评分标准:工具、仪器设备使用正确 5 分。能正确找到检查位置并紧固 12 分。

安全生产(5 分)

考核内容:安全生产。

评分标准:出现安全事故扣 5 分。

(3)考核流程

①维护人员按照考核内容准备工具和设备。

②在考核人员的监督下,进行汽车底盘螺栓、螺母的检查与紧固作业。

③考核人员根据评分标准对维护人员的操作进行评分。

④汇总各项得分,得出总分。

(三)汽车灯光系统功能的检查(30 分)

1. 考场准备

①实训轿车一辆;

②故障诊断仪一个;

③数字式万用表一个;

④世达 120 件套一套。

2. 考核配分及评定细则

(1)考核目的

为了确保汽车灯光系统的正常运行,提高维护人员对灯光系统检查的专业技能和操作规范性,特制定本考核评分细则。

(2)考核内容及评分标准

考前准备(2 分)

考核内容:备齐所需工具。

评分标准:工具具备情况,每项缺少扣分,最高扣 2 分。

安全作业(8 分)

考核内容:巡检工位、安装好车轮挡块、安装车内三件套。

评分标准:巡检工位不到位扣 2 分。安转车轮胎挡块 3 分。安装维护三件套 3 分。处理方法不当扣 1~2 分。

灯光系统的检查(10 分)

考核内容:使用解码器读取灯光系统数据。

评分标准:解码器连接、使用正确 2 分。灯光数据读取准确 3 分。

考核内容:检查小灯、近光灯、远光灯、变光灯、左右转向、制动灯、倒车灯、牌照灯、雾灯、危险报警闪光灯等。

评分标准:检查方法得当,不漏项,每项扣 1 分。应在着车情况下检查,不正确扣 3 分。

安全生产(5 分)

考核内容:安全生产。

评分标准:出现安全事故扣 5 分。

(3)考核流程

①维护人员按照考核内容准备工具和设备。

②在考核人员的监督下,进行汽车灯光系统功能的检查作业。

③考核人员根据评分标准对维护人员的操作进行评分。

④汇总各项得分,得出总分。

三、初级汽车维修工技能考试评分记录表

(一)发动机维护作业清洁、更换空气滤清器(40 分)

发动机维护作业清洁、更换空气滤清器的评分记录见表 4-1。

表 4-1 评分记录表

序号	作业项目	考核内容	评分标准	规定分数	得分
1	考前准备	备齐所需工具、6S 等	工量具配备情况、6S 情况	2 分	
2	安全作业	巡检工位、安装车轮挡块、安装维护三件套、作业准备	(1)每项缺少扣分,巡检工位 2 分、安转车轮挡块 3 分、安装维护三件套 3 分; (2)处理方法不当扣 1~2 分	8 分	
3	空气滤清器的拆解和安装	按规定的拆装顺序拆解和安装空气滤清器	(1)拆装和安装工艺每错误一项扣 6 分; (2)掉一次工具或工件扣 1 分,此项最高配分 3 分	15 分	
4	空气滤清器的检查与判断	根据行驶里程及空气滤清器的使用状况检查滤芯,确定是否更换、或清洁使用	(1)判断结论错误扣 5 分; (2)吹尘方法不正确扣 5 分	10 分	
5	安全生产	安全生产	出现安全事故扣 5 分	5 分	
合计					

(二)汽车底盘螺栓、螺母的检查与紧固(30 分)

汽车底盘螺栓、螺母的检查与紧固的评分记录,见表 4-2。

表 4-2 评分记录表

序号	作业项目	考核内容	评分标准	规定分数	得分
1	考前准备	备齐所需工具、6S 等	工量具配备情况、6S 情况	2 分	
2	安全作业	巡检工位、按标准流程举升车辆作业	(1)巡检工位不到位扣 2 分、举升车辆不正确扣 4 分; (2)举升车辆方法不当扣 2 分,并重新开始,累计最多扣 4 分	6 分	

续表

序号	作业项目	考核内容	评分标准	规定分数	得分
3	螺栓的检查与紧固	(1)各总成外部螺栓、螺母、各锁销齐全有效; (2)车身、车架连接部件的检查与紧固; (3)悬架减振部件的检查与紧固; (4)转向连接件的检查与紧固; (5)各部件均按规定力矩拧紧,扭力扳手使用正确	(1)工具、仪器设备使用正确5分; (2)能正确找到检查位置并紧固12分	17分	
4	安全生产	安全生产	出现安全事故扣5分	5分	
合　计					

(三)汽车灯光系统功能的检查(30分)

汽车灯光系统功能的检查的评分记录,见表4-3。

表4-3　评分记录表

序号	作业项目	考核内容	评分标准	规定分数	得分
1	考前准备	备齐所需工具	工量具配备情况	2分	
2	安全作业	巡检工位、安装好车轮挡块、安装车内三件套	(1)每项缺少扣分,巡检工位2分、安转车轮挡块3分、安装维护三件套3分; (2)处理方法不当扣1～2分	8分	
3	灯光系统的检查	使用解码器读取灯光系统数据	(1)解码器连接、使用正确2分; (2)灯光数据读取准确3分	5分	
		小灯、近光灯、远光灯、变光灯、左右转向、制动灯、倒车灯、牌照灯、雾灯、危险报警闪光灯等	(1)检查方法得当,不漏项,每项扣1分; (2)应在着车情况下检查,不正确扣3分	10分	
4	安全生产	安全生产	出现安全事故扣5分	5分	
合　计					

(四)初级汽车维修工技能考试评分汇总表(见表4-4)

表4-4　评分汇总表

题　目	得　分	考评员
发动机维护作业清洁、更换空气滤清器(40分)		
汽车底盘螺栓、螺母的检查与紧固(30分)		

续表

题　　目	得　　分	考评员
汽车灯光系统功能的检查(30分)		
总　　计		

四、初级汽车维修工技能考试准备通知单

(一)设备准备

以下设备由鉴定站准备,见表4-5。

表4-5　所需设备

序号	设备名称	规格	数量	备　　注
1	汽油机轿车	辆	每工位一辆	发动机、底盘、车身电器各系统及附件完整,并能正常运行
2	举升机	个	每工位一个	各形式均可
3	尾气排放设备	套	每工位一套	

(二)工具、量具准备

以下工量具、检测仪器由鉴定站准备,见表4-6。

表4-6　所需工量具

序号	工量具名称	规格	数量	备　　注
1	常用工具	套	3	世达120件套
2	数字式万用表	块	3	如多一万用表等
3	故障诊断仪	个	1	汽车故障诊断仪,如道通或元征X431
4	维修三件套	套	3	
5	吹尘枪	个	1	
6	扭力扳手	个	1	
7	手灯	个	1	

(三)零部件准备

以下零部件由鉴定站准备,见表4-7。

表4-7　所需零件

零部件名称	规　　格	数　　量	备　　注
配件、材料	—	若干	视在作业内容而定,如空气滤清器、继电器、保险、机油、机滤等

(四)考场准备

①考核工位编号并注明考核项目。

②发动机起动时,运转工位应有安全消防、通风设备。

第二节　初级汽车维修工职业技能鉴定——实操技能部分(二)

一、技能试卷

说明

①本试卷的编制命题是以可行性、技术性、通用性为基本原则;

②本试卷适用于考核初级汽车维修工;

③本试卷无地域限制。

二、试题内容及评分标准

(一)汽车发动机机油的更换(40分)

1. 考场准备

①实训轿车一辆或电控汽油机实训台架一个;

②故障诊断仪一个;

③数字式万用表一个;

④世达120件套一套;

⑤机滤扳手一套。

2. 考核配分及评定

(1)考核目的

确保维护人员能够正确、安全地进行汽车发动机机油的更换,提高其操作技能和工作效率,特制定本考核评分细则。

(2)考核内容及评分标准

考前准备(2分)

考核内容:备齐所需工具及设备,包括6S等。

评分标准:工具具备情况,每项缺少扣分,最高扣2分。

安全作业(8分)

考核内容:巡检工位、安装车轮挡块、安装维护三件套、作业准备。

评分标准:巡检工位不到位扣2分。安转车轮胎挡块3分。安装维护三件套3分。处理方法不当扣1~2分。

机油的更换(20分)

考核内容:机油的更换。

评分标准:车辆预热正确2分。举升作业正确3分。油底螺栓的拆装与放油5分。机油滤清器的拆解与更换5分。机油的加注与检查5分。

发动机检查与保养归零(5分)

考核内容:解码器连接、使用正确,保养归零作业准确。

评分标准:解码器连接、使用正确2分。保养归零作业准确3分。

安全生产(5分)

考核内容:安全生产。

评分标准:出现安全事故扣5分。

(3)考核流程

①维护人员按照考核内容准备工具和设备。

②在考核人员的监督下,进行汽车发动机机油的更换作业。

③考核人员根据评分标准对维护人员的操作进行评分。

④汇总各项得分,得出总分。

(二)盘式制动器的检查与维护(30分)

1. 考场准备

①实训轿车一辆;

②世达120件套一套;

③举升机或地牛一套;

④制动分泵拆装工具一套;

⑤钢尺一把;

⑥百分表一套;

⑦磁力表座一套。

2. 考核配分及评定

(1)考核目的

为了确保盘式制动器的正确检查与维护,提高维护人员的专业技能和操作规范性,特制定本考核评分细则。

(2)考核内容及评分标准

考前准备(2分)

考核内容:备齐所需工具及设备,包括6S等。

评分标准:工具具备情况,每项缺少扣1分,最高扣2分。

安全作业(8分)

考核内容:巡检工位、安装车轮挡块、安装维护三件套、作业准备。

评分标准:巡检工位不到位扣2分。安转车轮挡块3分。安装维护三件套3分。处理方法不当扣1~2分。

盘式制动器的拆装(9分)

考核内容:盘式制动器拆装工艺顺序。各螺栓拧紧力矩标准。

评分标准:拆装工艺顺序不对,每错一项扣2分,共计7分。拧紧力矩不当,每错一项扣1分,共计2分。

盘式制动器的检查(6分)

考核内容:制动片的磨损量检查。制动盘圆跳动检查。

评分标准:磨损量检查方法不当,扣2分。圆跳动检查方法不当酌情扣2~4分。

安全生产(5分)

考核内容:正确使用工具、安全文明作业。

评分标准:操作过程中不注意安全不得分。

(3)考核流程

①维护人员按照考核内容准备工具和设备。

②在考核人员的监督下,进行盘式制动器的检查与维护作业。

③考核人员根据评分标准对维护人员的操作进行评分。

④汇总各项得分,得出总分。

(三)喇叭、雨刮、中控门锁、电动后视镜、电动座椅的检查(30分)

1. 考场准备

①实训轿车一辆;

②车内维修三件套一套。

2. 考核配分及评定

(1)考核目的

确保车辆附件如喇叭、雨刮、中控门锁、电动后视镜、电动座椅等功能的正常运行,提高维护人员对车辆附件检查的专业技能和操作规范性,特制定本考核评分细则。

(2)考核内容及评分标准

考前准备(2分)

考核内容:备齐所需工具及设备、6S等。

评分标准:考前准备完成情况:每项缺少扣分,最高扣2分。

安全作业(5分)

考核内容:巡检工位、车内维修三件套。

评分标准:不巡检工位扣2分。未安装三件套扣3分。

作业检查(18分)

考核内容:对喇叭、雨刮、中控门锁、电动后视镜、电动座椅进行功能性检查。

评分标准:喇叭检查不正确扣3分。雨刮检查不正确扣3分。中控门锁检查不准确扣5分。电动后视镜检查不准确扣3分。电控座椅检查不准确扣4分。

安全生产(5分)

考核内容:正确使用工具、安全文明作业。

评分标准:操作过程中不注意安全不得分。

(3)考核流程

①维护人员按照考核内容准备工具和设备。

②在考核人员的监督下,进行车辆附件功能的检查作业。

③考核人员根据评分标准对维护人员的操作进行评分。

④汇总各项得分,得出总分。

三、评分记录表

(一)汽车发动机机油的更换(40分)

汽车发动机机油的更换评分记录见表4-8。

表 4-8 汽车发动机机油的更换评分记录

序号	考核内容	评分标准	规定分数	得分
1	考前准备	备齐所需工具及设备、6S 等	2 分	
2	巡检工位、安装车轮挡块、安装维护三件套、作业准备	(1)每项缺少扣分。巡检工位 2 分、安转车轮挡块 3 分、安装维护三件套 3 分； (2)处理方法不当扣 1～2 分	8 分	
3	机油的更换	各项配分： (1)车辆预热正确 2 分； (2)举升作业正确 3 分； (3)油底螺栓的拆装与放油 5 分； (4)机油滤清器的拆解与更换 5 分； (5)机油的加注与检查 5 分	20 分	
4	发动机检查与保养归零	(1)解码器连接、使用正确 2 分； (2)保养归零作业准确 3 分	5 分	
5	安全生产	出现安全事故扣 5 分	5 分	
合　计				

(二)盘式制动器的检查与维护(30 分)

盘式制动器的检查与维护评分记录见表 4-9。

表 4-9 盘式制动器的检查与维护评分记录

序号	作业项目	考核内容	评分标准	规定分数	得分
1	考前准备	备齐所需工具及设备、6S 等	考前准备完成情况	2 分	
2	安全作业	巡检工位、安装车轮挡块、安装维护三件套、作业准备	(1)每项缺少扣分。巡检工位 2 分、安转车轮挡块 3 分、安装维护三件套 3 分； (2)处理方法不当扣 1～2 分	8 分	
3	盘式制动器的拆装	(1)盘式制动器拆装工艺顺序； (2)各螺栓拧紧力矩标准	(1)拆装工艺顺序不正确，每错一项扣两分，共计 7 分； (2)拧紧力矩不当，每错一项扣 1 分，共计 2 分	9 分	
4	盘式制动器的检查	(1)制动片的磨损量检查； (2)制动盘圆跳动检查	(1)磨损量检查方法不当，扣 2 分； (2)圆跳动检查方法不当酌情扣 2～4 分	6 分	
5	安全生产	正确使用工量具、安全文明作业	操作过程中不注意安全不得分	5 分	
合　计					

(三)喇叭、雨刮、中控门锁、电动后视镜、电动座椅的检查(30分)

喇叭、雨刮、中控门锁、电动后视镜、电动座椅的检查的评分见表4-10。

表4-10 喇叭、雨刮、中控门锁、电动后视镜、电动座椅的检查评分记录表

序号	作业项目	考核内容	评分标准	规定分数	得分
1	考前准备	备齐所需工具及设备、6S等	考前准备完成情况	2分	
2	安全作业	巡检工位、车内维修三件套	(1)不巡检工位扣2分; (2)未安装三件套扣3分	5分	
3	作业检查	对喇叭、雨刮、中控门锁、电动后视镜、电动座椅进行功能性检查	(1)喇叭检查不正确扣3分; (2)雨刮检查不正确扣3分; (3)中控门锁检查不准确扣5分; (4)电动后视镜检查不准确扣3分; (5)电控座椅检查不准确扣4分	18分	
4	安全生产	正确使用工量具、安全文明作业	操作过程中不注意安全不得分	5分	
合计					

四、准备通知单

(一)设备准备

以下设备由鉴定站准备,见表4-11。

表4-11 准备设备

序号	设备名称	规格	数量	备注
1	汽油机轿车	辆	每工位一辆	发动机、底盘、车身电器各系统及附件完整,并能正常运行
2	举升机	个	每工位一个	各形式均可
3	尾气排放设备	套	每工位一套	

(二)工具、量具准备

以下工量具、检测仪器由鉴定站准备,见表4-12。

表4-12 准备工量具

序号	工量具名称	规格	数量	备注
1	常用工具	套	三	世达120件套
2	数字式万用表	块	3	如多一万用表等
3	故障诊断仪	个	1	汽车故障诊断仪,如道通或元征X431

续表

序号	工量具名称	规格	数量	备　注
4	维修三件套	套	3	
5	机滤扳手	套	1	
6	机油接油机	个	1	
7	百分表	个	1	
8	钢尺	个	1	
9	磁力表座	个	1	
10	制动分泵拆装工具	套	1	
11	扭力扳手	个	1	

(三)零部件准备

以下零部件由鉴定站准备,见表4-13。

表4-13　准备零部件

零部件名称	规格	数量	备　注
配件、材料	—	若干	视作业内容而定,如机油机滤、制动片等

五、考场准备

①考核工位编号并注明考核项目;

②发动机起动时,运转工位应有安全消防、通风设备;

③考评人员要求:考评人员应由汽车维修初级考评员组成。

第三节　初级汽车维修工职业技能鉴定——实操技能部分(三)

一、技能试卷

说明

①本试卷的编制命题是以可行性、技术性、通用性为基本原则;

②本试卷适用于考核初级汽车维修工;

③本试卷无地域限制。

二、试题内容及评分标准

(一)电控汽油发动机的总体认知(40分)

1. 考场准备

①实训轿车一辆或电控汽油机实训台架一个;

②维护三件套一套。

2. 考核配分及评定

(1)考核目的

为了确保维护人员能够全面了解电控汽油发动机的结构和功能,提高其对发动机维护的专业技能和操作规范性,特制定本考核评分细则。

(2)考核内容及评分标准

考前准备(2 分)

考核内容:备齐所需工具,6S 等。

评分标准:工具具备情况,每项缺少扣分,最高扣 2 分。

安全作业(8 分)

考核内容:巡检工位、安装车轮挡块、安装维护三件套、作业准备。

评分标准:巡检工位不到位扣 2 分。安转车轮胎挡块 3 分。安装维护三件套 3 分。处理方法不当扣 1～2 分。

发动机的总体认知(25 分)

考核内容:两大机构五大系统的认知。传感器及相关附件的认知。

评分标准:每一部件认识错误扣 2 分。每一部件位置指示错误扣 2 分。

安全生产(5 分)

考核内容:安全生产。

评分标准:出现安全事故扣 5 分。

(3)考核流程

①护人员按照考核内容准备工具和设备。

②在考核人员的监督下,进行电控汽油发动机的总体认知作业。

③考核人员根据评分标准对维护人员的操作进行评分。

④汇总各项得分,得出总分。

(二)汽车轮胎的检查(30 分)

1. 考场准备

①实训轿车一辆或汽车专用轮胎一个;

②轮胎气压表一个;

③轮胎花纹深度尺一个;

④世达 120 件套一套;

⑤地牛一个。

2. 考核配分及评定

(1)考核目的

确保维护人员能够正确、全面地检查汽车轮胎,提高其对轮胎维护的专业技能和操作规范性,特制定本考核评分细则。

(2)考核内容及评分标准

考前准备(5 分)

考核内容:备齐所需工具,包括 6S 等。

评分标准:工具具备情况,每项缺少扣分,最高扣 5 分。

轮胎的外观检查(6 分)

考核内容:检查轮胎的型号及尺寸参数。检查轮胎的损伤情况。

评分标准:型号及尺寸参数不准确扣 1～3 分。损伤情况不准确扣 1～3 分。

轮胎花纹深度的检查(6 分)

考核内容:会确认轮胎的磨损极限。用轮胎花纹深度尺检查轮胎的磨损情况。

评分标准:磨损极限不正确扣 3 分。花纹深度和磨损情况不准确扣 3 分。

轮胎气压的检查与补充(8 分)

考核内容:用胎压表检查轮胎气压并确定是否充足或补充。

评分标准:检查方法不正确扣 3 分。胎压表认知错误扣 2 分。充气方法不正确扣 3 分。

安全生产(5 分)

考核内容:安全生产。

评分标准:出现安全事故扣 5 分。

(3)考核流程

①维护人员按照考核内容准备工具和设备。

②在考核人员的监督下,进行汽车轮胎的检查作业。

③考核人员根据评分标准对维护人员的操作进行评分。

④汇总各项得分,得出总分。

(三)汽车空调系统功能的检查(30 分)

1. 考场准备

①实训轿车一辆;

②维护三件套一套;

③风速仪一套;

④温度计一个。

2. 考核配分及评定

(1)考核目的

为了确保汽车空调系统的正常运行,提高维护人员对空调系统检查的专业技能和操作规范性,特制定本考核评分细则。

(2)考核内容及评分标准

考前准备(2 分)

考核内容:备齐所需工具及设备,包括 6S 等。

评分标准:工具具备情况,每项缺少扣分,最高扣 2 分。

安全作业(8 分)

考核内容:巡检工位、安装车轮挡块、安装维护三件套、作业准备。

评分标准:巡检工位不到位扣 2 分。安转车轮胎挡块 2 分。安装维护三件套 2 分。方法不当扣 1～2 分。

空调使用功能的检查(15 分)

考核内容:空调风量的检查。空调冷暖的检查。空调各出风口切换的检查。

评分标准:空调功能按键的使用方法不正确,一项扣 2 分。风速仪方法不当扣 3 分。温度检查方法不当扣2分。各出风口切换的检查不当扣3分。

安全生产(5分)

考核内容:安全生产。

评分标准:出现安全事故扣5分。

(3)考核流程

①维护人员按照考核内容准备工具和设备。

②在考核人员的监督下,进行汽车空调系统功能的检查作业。

③考核人员根据评分标准对维护人员的操作进行评分。

④汇总各项得分,得出总分。

三、评分记录表

(一)电控汽油发动机的总体认知(40分)

电控汽油发动机的总体认知评分见表4-14。

表4-14　电控汽油发动机的总体认知评分

序号	作业项目	考核内容	评分标准	规定分数	得分
1	考前准备	备齐所需工具、6S等	工量具配备情况、6S情况	2分	
2	安全作业	巡检工位、安装车轮挡块、安装维护三件套、作业准备	(1)每项缺少扣分。巡检工位2分、安装车轮挡块3分、安装维护三件套3分; (2)处理方法不当扣1～2分	8分	
3	发动机的总体认知	(1)两大机构五大系统的认知; (2)传感器及相关附件的认知	(1)每一部件认识错误扣2分; (2)每一部件位置指示错误扣2分	25分	
4	安全生产	安全生产	出现安全事故扣5分	5分	
合　计					

备注:本题涉及面较广,考评员可根据实际情况进行考察,建议至少考察5～8个部件点。

(二)汽车轮胎的检查(30分)

汽车轮胎的检查评分见表4-15。

表4-15　汽车轮胎的检查评分

序号	作业项目	考核内容	评分标准	规定分数	得分
1	考前准备	备齐所需工具、6S等	工量具配备情况、6S情况	5分	
2	轮胎的外观检查	(1)检查轮胎的型号及尺寸参数; (2)检查轮胎的损伤情况	(1)检查轮胎的型号及尺寸参数不准确,扣1～3分; (2)检查轮胎的损伤情况不准确,扣1～3分	6分	

续表

序号	作业项目	考核内容	评分标准	规定分数	得分
3	轮胎花纹深度的检查	(1)会确认轮胎的磨损极限; (2)用轮胎花纹深度尺检查轮胎的磨损情况	(1)轮胎的磨损极限不正确,扣3分; (2)轮胎花纹深度和磨损情况测量不准确,扣3分	6分	
4	轮胎气压的检查与补充	用胎压表检查轮胎气压并确定是否充足并补充	(1)检查方法不正确,3分; (2)胎压表认知错误,扣2分; (3)充气方法不正确,扣3分	8分	
5	安全生产	安全生产	出现安全事故扣5分	5分	
合　计					

(三)汽车空调系统功能的检查(30分)

汽车空调系统功能的检查评分见表4-16。

表4-16　汽车空调系统功能检查评分

序号	作业项目	考核内容	评分标准	规定分数	得分
1	考前准备	备齐所需工具、6S等	工量具配备情况、6S情况	2分	
2	安全作业	巡检工位、安装车轮挡块、安装维护三件套、作业准备	(1)每项缺少扣分。巡检工位2分、安装车轮挡块2分、安装维护三件套2分; (2)方法不当扣1~2分	8分	
3	空调使用功能的检查	(1)空调风量的检查; (2)空调冷暖的检查; (3)空调各出风口切换的检查	(1)空调功能按键的使用方法不正确,一项扣2分; (2)风速仪使用方法不当扣3分; (3)温度检查方法不当扣2分; (4)各出风口切换的检查,不当扣3分	15分	
4	安全生产	安全生产	出现安全事故扣3分	5分	
合　计					

四、汇总表

总分汇总表,见表4-17。

表4-17　汇总表

题　目	得　分	考评员
电控汽油发动机的总体认知(40分)		
汽车轮胎的检查(30分)		
汽车空调系统功能的检查(30分)		
总　计		

五、准备通知单

1. 设备准备

以下设备由鉴定站准备，见表4-18。

表4-18　准备设备

序号	设备名称	规格	数量	备　注
1	汽油机轿车	辆	每工位一辆	发动机、底盘、空调等功能正常完整
2	举升机	个	每工位一个	各形式均可
3	尾气排放设备	套	每工位一套	

2. 工具、量具准备

以下工量具、检测仪器由鉴定站准备，见表4-19。

表4-19　准备工量具

序号	工量具名称	规格	数量	备　注
1	常用工具	套	3	世达120件套
2	风速仪	个	1	
3	维护三件套	套	3	
4	轮胎气压表	个	1	
5	轮胎花纹深度尺	个	1	
6	地牛	个	1	
7	温度计	个	1	

3. 零部件准备

以下零部件由鉴定站准备，见表4-20。

表4-20　准备零部件

零部件名称	规格	数量	备　注
配件、材料	—	若干	视在考试现场情况

4. 考场准备

①考核工位编号并注明考核项目。

②发动机起动时，运转工位应有安全消防、通风设备。

③考评人员要求：考评人员应由汽车维修初级考评员组成。

汽车维修工职业技能鉴定(中级工)实操试题

张呼努斯图

第一节　中级汽车维修工职业技能鉴定——实操技能部分(一)

一、技能试卷

说明

①本试卷的编制命题以可行性、技术性、通用性为基本原则;

②本试卷适用于考核中级汽车维修工;

③本试卷无地域限制。

二、试题内容及评分标准

(一)燃油喷射系统电路无电压故障诊断与排除(40分)

1. 考场准备

①电控汽油轿车一辆或电控汽油机实训台架一个;

②故障诊断仪一个;

③数字式万用表一个;

④世达120件套一套。

2. 考核配分及评定

(1)考核目的

为了确保维护人员能够有效地诊断和排除燃油喷射系统电路无电压的故障,提高其对燃油喷射系统维护的专业技能和操作规范性,特制定本考核评分细则。

(2)考核内容及评分标准

考前准备(2分)

考核内容:备齐所需工具及设备,包括6S等。

评分标准:工具具备情况,每项缺少扣分,最高扣2分。

电压检测(8分)

考核内容:测量ECU的10°、20°、30°各端子到车体之间的电压。

评分标准:诊断结论错误扣5分。诊断处理方法不当扣5分。

检查电路(10 分)

考核内容:检查保险丝或点火开关。

评分标准:诊断结论错误扣 5 分。诊断方法不正确扣 5 分。

零件检测(10 分)

考核内容:检查每个喷油器的电阻值。

评分标准:诊断结论错误扣 5 分。测量数据不准确扣 5 分。

电路检查(5 分)

考核内容:检查 ECU 的 10°、20°、30°各端子与蓄电池正极之间的电路连接情况。

评分标准:诊断结论错误扣 5 分。诊断方法不正确扣 5 分。

安全生产(5 分)

考核内容:安全生产。

评分标准:出现安全事故扣 5 分。

(3)考核流程

①维护人员按照考核内容准备工具和设备。

②在考核人员的监督下,进行燃油喷射系统电路无电压故障的诊断与排除作业。

③考核人员根据评分标准对维护人员的操作进行评分。

④汇总各项得分,得出总分。

(二)汽车空调系统不制冷故障诊断与排除(30 分)

1. 考场准备

①实训轿车一辆或空调实验台架一个;

②故障诊断仪一个;

③数字式万用表一个;

④世达 120 件套一套;

⑤冷媒表一套;

⑥真空泵一个;

⑦冷媒检漏工具一套。

2. 考核配分及评定

(1)考核目的

为了确保维护人员能够有效地诊断和排除汽车空调系统不制冷的故障,提高其对空调系统维护的专业技能和操作规范性,特制定本考核评分细则。

(2)考核内容及评分标准

考前准备(2 分)

考核内容:备齐所需工具及设备,包括 6S 等。

评分标准:工具具备情况,每项缺少扣分,最高扣 2 分。

空调系统不制冷故障诊断与排除(23 分)

考核内容:检查空压机皮带。检查储液干燥瓶有无堵塞。检查空调系统电路,包括保险、继电器。检查空调系统有无泄漏、制冷剂是否充足。检查电磁离合器、空压机。检查鼓风机电路、控制开关。检查膨胀阀。检查高低压开关。检查蒸发器、冷凝器。检查空调控制器、空调系统传感器。

评分标准:工具、仪器设备使用正确5分。正确找到故障点并排除18分。

安全生产(5分)

考核内容:安全生产。

评分标准:出现安全事故扣5分。

(3)考核流程

①维护人员按照考核内容准备工具和设备。

②在考核人员的监督下,进行汽车空调系统不制冷故障的诊断与排除作业。

③考核人员根据评分标准对维护人员的操作进行评分。

④汇总各项得分,得出总分。

(三)汽车ABS系统故障诊断与排除(30分)

1. 考场准备

①实训轿车一辆或ABS系统实训台架一个;

②故障诊断仪一个;

③数字式万用表一个;

④世达120件套一套;

⑤示波器一个。

2. 考核配分及评定

(1)考核目的

确保维护人员能够有效地诊断和排除汽车ABS系统的故障,提高其对ABS系统维护的专业技能和操作规范性,特制定本考核评分细则。

(2)考核内容及评分标准

考前准备(2分)

考核内容:备齐所需工具。

评分标准:工具具备情况,每项缺少扣分,最高扣2分。

ABS系统故障诊断与排除(15分)

考核内容:使用万用表采集轮速传感器电压值(随机抽取一个车轮)。使用示波器查看轮速传感器信号波形,使用解码器读取故障码,查找故障原因并进行排除。

评分标准:轮速传感器信号电压读取准确3分。轮速传感器信号波形读取准确5分。故障原因查找准确5分。故障排除10分。

安全生产(5分)

考核内容:安全生产。

评分标准:出现安全事故扣5分。

(3)考核流程

①维护人员按照考核内容准备工具和设备。

②在考核人员的监督下,进行汽车ABS系统故障的诊断与排除作业。

③考核人员根据评分标准对维护人员的操作进行评分。

④汇总各项得分,得出总分。

三、评分记录表

(一)燃油喷射系统电路无电压故障诊断与排除(40分)

燃油喷射系统电路无电压故障诊断与排除评分记录见表4-21。

表4-21 燃油喷射系统电路无电压故障诊断与排除评分记录

序号	作业项目	考核内容	评分标准	规定分数	得分
1	电压检测	测量ECU的10#、20#、30#各端子到车体之间的电压	(1)诊断结论错误扣5分; (2)诊断处理方法不当扣5分	10分	
2	检查电路	检查保险丝或点火开关	(1)诊断结论错误扣5分; (2)诊断方法不正确扣5分	10分	
3	零件检测	检查每个喷油器的电阻值	(1)诊断结论错误扣5分; (2)测量数据不准确扣5分	10分	
4	电路检查	检查ECU的10#、20#、30#各端子与蓄电池正极之间的电路连接情况	(1)诊断结论错误扣5分; (2)诊断方法不正确扣5分	10分	
合计					

(二)汽车空调系统不制冷故障诊断与排除(30分)

汽车空调系统不制冷故障诊断与排除记录,见表4-22。

表4-22 汽车空调系统不制冷故障诊断与排除记录

序号	作业项目	考核内容	评分标准	规定分数	得分
1	考前准备	备齐所需工具	工量具配备情况	2分	
2	空调系统不制冷故障诊断与排除	(1)检查空压机皮带; (2)检查储液干燥瓶有无堵塞; (3)检查空调系统电路,包括保险、继电器; (4)检查空调系统有无泄漏、制冷剂是否充足; (5)检查电磁离合器、空压机; (6)检查鼓风机及电路、控制开关; (7)检查膨胀阀; (8)检查高低压开关; (9)检查蒸发器、冷凝器; (10)检查空调控制器、空调系统传感器	(1)工具、仪器设备使用正确(5分); (2)正确找到故障点并排除(18分)	23分	
3	安全生产	安全生产	不注意安全扣5分	5分	
合计					

(三)汽车ABS系统故障诊断与排除(30分)

汽车ABS系统故障诊断与排除的记录,见表4-23。

表 4-23 汽车 ABS 系统故障诊断与排除的记录

序号	作业项目	考核内容	评分标准	规定分数	得分
1	考前准备	备齐所需工具	工量具配备情况	2 分	
2	ABS 系统故障诊断与排除	(1)用万用表采集轮速传感器电压值(随机抽取一个车轮); (2)使用示波器查看轮速传感器信号波形	(1)轮速传感器信号电压读取准确(5 分); (2)轮速传感器信号波形读取准确(5 分)	10 分	
		使用解码器读取故障码,查找故障原因并进行排除	(1)故障原因查找准确(5 分); (2)故障排除(10 分)	15 分	
合　计					

四、汇总表

评分项目汇总,见表 4-24。

表 4-24 评分项目汇总表

题　目	得　分	考评员
燃油喷射系统电路无电压故障诊断与排除(40 分)		
汽车空调系统不制冷故障诊断与排除(30 分)		
汽车 ABS 系统故障诊断与排除(30 分)		
总　计		

五、准备通知单

(一)设备准备

以下设备由鉴定站准备,见表 4-25。

表 4-25 所需设备

设备名称	规格	数量	备　注
汽油机轿车	辆	每工位一辆	带有空调系统、ABS 系统、电控发动机系统

(二)工具、量具准备

以下工量具、检测仪器由鉴定站准备,见表 4-26。

表 4-26 所需工量具

序号	工量具名称	规格	数量	备　注
1	常用工具	套	3	世达 120 件套
2	数字式万用表	块	3	

续表

序号	工量具名称	规格	数量	备　注
3	故障诊断仪	个	1	汽车故障诊断仪，如道通或元征 X431
4	示波器	个	1	汽车示波器，如 KT600 或汉泰系列示波器
5	冷媒表	块	1	
6	冷媒检漏仪	个	1	
7	真空泵	个	1	

(三)零部件准备

以下零部件由鉴定站准备，见表 4-27。

表 4-27　所需零件

零部件名称	规格	数量	备　注
配件、材料	—	若干	视在燃油喷射电路中设置故障而定，如继电器、保险等

(四)考场准备

①考核工位编号并注明考核项目。

②发动机起动时，运转工位应有安全消防、通风设备。

③考评人员要求：考评人员应由汽车维修中级考评员组成。

第二节　中级汽车维修工职业技能鉴定——实操技能部分(二)

一、技能试卷

说明

①本试卷的编制命题以可行性、技术性、通用性为基本原则；

②本试卷适用于考核中级汽车维修工；

③本试卷无地域限制。

二、试题内容及评分标准

(一)汽车发动机技术状况检测(40 分)

1. 考场准备

①实训轿车一辆或电控汽油机实训台架一个；

②示波器一个；

③数字式万用表一个；

④世达 120 件套一套；

⑤气缸压力表一个；

⑥真空度表一个；

⑦红外测温仪一个；

⑧汽车听诊器一个。

2. 考核配分及评定

(1)考核目的

确保维护人员能够准确评估汽车发动机的技术状况，提高其对发动机检测的专业技能和操作规范性，特制定本考核评分细则。

(2)考核内容及评分标准

考前准备(2分)

考核内容：备齐所需工具及设备，包括6S等。

评分标准：工具具备情况，每项缺少扣分，最高扣2分

测量气缸压缩压力(8分)

考核内容：正确测量发动机气缸的压缩压力。

评分标准：操作失误扣4分。测量结果错误扣4分。

测量进气歧管真空度(6分)

考核内容：正确测量进气歧管的真空度。

评分标准：操作失误扣3分。测量结果错误扣3分。

检查点火系工作质量(6分)

考核内容：检查点火系统的工作质量。

评分标准：操作失误扣3分。测量结果错误扣3分。

检查发动机温度(4分)

考核内容：检查发动机的温度。

评分标准：操作失误扣2分。测量结果错误扣2分

检查发动机异响(8分)

考核内容：检查发动机是否存在异响。

评分标准：操作失误扣4分。测量结果错误扣4分。

安全生产(6分)

考核内容：安全生产。

评分标准：出现安全事故扣6分。

(3)考核流程

①维护人员按照考核内容准备工具和设备。

②在考核人员的监督下，进行汽车发动机技术状况的检测作业。

③考核人员根据评分标准对维护人员的操作进行评分。

④汇总各项得分，得出总分。

(二)起动机解体检测(30分)

1. 考场准备

①起动机一个；

②蓄电池一个；

③百分表一块；

④卡尺和弹簧秤各一个；

⑤数字式万用表一个；

⑥世达120件套一套。

2. 考核配分及评定

(1)考核目的

为了确保维护人员能够正确地对起动机进行解体检测，提高其对起动机维护的专业技能和操作规范性，特制定本考核评分细则。

(2)考核内容及评分标准

考前准备(3分)

考核内容：备齐所需工具及设备，包括6S等。

评分标准：工具具备情况，每项缺少扣分，最高扣3分。

电枢检查(6分)

考核内容：电枢绕组的检查。换向器的检查。电枢轴弯曲度的检查。

评分标准：每项2分，共计6分。每个小项操作失误扣1分，测量结果错误扣2分。

检查电刷(6分)

考核内容：检查电刷长度。用弹簧秤检查电刷弹簧的弹力。检查搭铁电刷是否接铁。

评分标准：每项2分，共计6分。每个小项操作失误扣1分，测量结果错误扣2分。

检查电磁开关(6分)

考核内容：检查吸拉线圈。检查保持线圈。检查触盘。

评分标准：每项2分，共计6分。每个小项操作失误扣1分，测量结果错误扣2分。

检查单向离合器(6分)

考核内容：确保驱动齿轮有无损坏。检查单向离合器。

评分标准：操作过程正确无误，如有错误每项扣3分。

安全生产(3分)

考核内容：正确使用工具、安全文明作业。

评分标准：操作过程中不注意安全不得分。

(3)考核流程

①维护人员按照考核内容准备工具和设备。

②在考核人员的监督下，进行起动机解体检测作业。

③考核人员根据评分标准对维护人员的操作进行评分。

④汇总各项得分，得出总分。

(三)手动变速器拆装与检验(30分)

1. 考场准备

①手动变速器一个；

②紫铜棒一个；

③塞尺一把；

④橡胶锤及手锤各一把；

⑤錾子一个；

⑥卡簧钳一把；

⑦压床一个；

⑧扭力扳手一;个

⑨拉马一个；

⑩机油壶一个；

⑪世达120件一套。

2. 考核配分及评定

(1)考核目的

确保维护人员能够正确地对手动变速器进行拆装和检验，提高其对变速器维护的专业技能和操作规范性，特制定本考核评分细则。

(2)考核内容及评分标准

考前准备(2分)

考核内容：备齐所需工具及设备，包括6S等。

评分标准：工具具备情况，每项缺少扣分，最高扣2分。

变速器拆解(10分)

考核内容：手动变速器拆解。

评分标准：无安全事故，有安全事故此项为0分。是否按照规范进行拆解，每错一项扣5分。

变速器部件检测(6分)

考核内容：检查轴承有无异响。检查齿轮有无损坏、打齿等。检查同步器。

评分标准：是否检查轴承有无异响，未检查扣2分。检查齿轮有无损坏齿等，未检查扣2分。检查同步器，检测数据不准确扣2分。

手动变速器装配(10分)

考核内容：手动变速器装配。

评分标准：无安全事故，有安全事故此项为0分。是否按照规范进行装配，每错一项扣5分。

安全生产(2分)

考核内容：正确使用工具、安全文明作业。

评分标准：操作过程中不注意安全不得分。

(3)考核流程

①维护人员按照考核内容准备工具和设备。

②在考核人员的监督下，进行手动变速器的拆装与检验作业。

③考核人员根据评分标准对维护人员的操作进行评分。

④汇总各项得分，得出总分。

三、评分记录表

(一)汽车发动机技术状况检测(40分)

汽车发动机技术状况检测评分记录见表4-28。

表 4-28 汽车发动机技术状况检测评分记录

序号	考核内容	评分标准	规定分数	得分
1	考前准备	备齐所需工具及设备、6S 等	2 分	
2	测量气缸压缩压力	(1)操作失误扣 4 分; (2)测量结果错误扣 4 分	8 分	
3	测量进气歧管真空度	(1)操作失误扣 3 分; (2)测量结果错误扣 3 分	6 分	
4	检查点火系统工作质量	(1)操作失误扣 3 分; (2)测量结果错误扣 3 分	6 分	
5	检查发动机温度	(1)操作失误扣 2 分; (2)测量结果错误扣 2 分	4 分	
6	检查发动机异响	(1)操作失误扣 4 分; (2)测量结果错误扣 4 分	8 分	
7	安全生产	出现安全事故扣 6 分	6 分	
合　计				

(二)起动机解体检测(30 分)

起动机解体检测评分记录见表 4-29。

表 4-29 起动机解体检测评分记录

序号	作业项目	考核内容	评分标准	规定分数	得分
1	考前准备	备齐所需工具及设备、6S 等	考前准备完成情况	3 分	
2	检查电枢	(1)电枢绕组的检查; (2)换向器的检查; (3)电枢轴弯曲度的检查	(1)考核内容中,每项 2 分,共计 6 分; (2)每个小项操作失误扣 1 分; (3)每个小项测量结果错误扣 2 分	6 分	
3	检查电刷	(1)检查电刷长度; (2)用弹簧秤检查电刷弹簧的弹力; (3)检查搭铁电刷是否搭铁	(1)考核内容中,每项 2 分,共计 6 分; (2)每个小项操作失误扣 1 分; (3)每个小项测量结果错误扣 2 分	6 分	
4	检查电磁开关	(1)检查吸拉线圈; (2)检查保持线圈; (3)检查触盘	(1)考核内容中,每项 2 分,共计 6 分; (2)每个小项操作失误扣 1 分; (3)每个小项测量结果错误扣 2 分	6 分	

续表

序号	作业项目	考核内容	评分标准	规定分数	得分
5	检查单向离合器	(1)检查驱动齿轮有无损坏; (2)检查单向离合器	操作过程正确无误,如有错误每项扣3分	6分	
6	安全生产	正确使用工量具、安全文明作业	操作过程中不注意安全不得分	3分	
合　计					

(三)手动变速器拆装与检验(30分)

手动变速器拆装与检验评分记录见表4-30。

表4-30　手动变速器拆装与检验评分记录

序号	作业项目	考核内容	评分标准	规定分数	得分
1	考前准备	备齐所需工具及设备、6S等	考前准备完成情况	2分	
2	变速器拆解	手动变速器拆解	(1)无安全事故,有安全事故此项为0分; (2)是否按照规范进行拆解,每错一项扣5分	10分	
3	变速器部件检测	(1)检查轴承有无异响; (2)检查齿轮有无破损、打齿等; (3)检查同步器	(1)是否检查轴承有无异响,未检查扣2分; (2)检查齿轮有无损坏齿等,未检查扣2分; (3)检查同步器,检测数据不准确扣2分	6分	
4	手动变速器装配	手动变速器装配	(1)无安全事故,有安全事故此项为0分; (2)是否按照规范进行装配,每错一项扣5分	10分	
5	安全生产	正确使用工量具、安全文明作业	操作过程中不注意安全不得分	2分	
合　计					

(四)汇总表(见表 4-31)

表 4-31　项目得分汇总表

题　　目	得　　分	考 评 员
汽车发动机技术状况检测(40 分)		
起动机解体检测(30 分)		
手动变速器拆装与检验(30 分)		
总　　计		

四、中级汽车维修工技能考试准备准备通知单

(一)设备准备

以下设备由鉴定站准备,见表 4-32。

表 4-32　所需设备

序号	设备名称	规格	数量	备　　注
1	汽油机轿车	辆	每工位一辆	带有空调系统、ABS 系统、电控发动机系统
2	压床	个	1	用于压变速器轴套等

(二)工具、量具准备

以下工量具、检测仪器由鉴定站准备,见表 4-33。

表 4-33　所需工量具

序号	工量具名称	规格	数量	备　　注
1	常用工具	套	3	世达 120 件套
2	数字式万用表	块	3	
3	故障诊断仪	个	1	汽车故障诊断仪,如道通或元征 X431
4	示波器	个	1	汽车示波器,如 KT600 或汉泰系列示波器
5	气缸压力表一个	个	1	
6	红外测温仪	个	1	
7	百分表	个	1	
8	游标卡尺	个	1	
9	汽车听诊器	个	1	
10	真空度表	个	1	
11	扭力扳手	个	1	0～300 N·m

(三)零部件准备

以下零部件由鉴定站准备,见表 4-34。

表 4-34 所需零件

序号	零部件名称	规格	数量	备　注
1	配件、材料	—	若干	视在电控轿车电路中设置故障而定，如继电器、保险等
2	起动机	个	1	
3	蓄电池	个	1	
4	手动变速器	个	1	

五、考场准备

①考核工位编号并注明考核项目。

②发动机起动时，运转工位应有安全消防、通风设备。

③考评人员要求：考评人员应由汽车维修中级考评员组成。

第三节　中级汽车维修工职业技能鉴定——实操技能部分(三)

一、技能试卷

说明

①本试卷的编制命题以可行性、技术性、通用性为基本原则；

②本试卷适用于考核中级汽车维修工；

③本试卷无地域限制。

二、试题内容及评分标准

(一)电控汽油机燃油压力检测(40 分)

1. 考场准备

①实训轿车一辆或电控汽油机实训台架一个；

②燃油压力表一个；

③面纱若干；

④故障诊断仪一个；

⑤万用表一块；

⑥世达 120 件套一套。

2. 考核配分及评定

(1)考核目的

确保维护人员能够正确地进行电控汽油机燃油压力的检测，提高其对燃油系统维护的专业技能和操作规范性，特制定本考核评分细则。

(2)考核内容及评分标准

考前准备(2 分)

考核内容：备齐所需工具及设备，包括 6S 等。

评分标准:工具具备情况,每项缺少扣分,最高扣 2 分。

泄压(3 分)

考核内容:卸除燃油系统的残余油压。

评分标准:未泄压扣 3 分。

燃油压力数值读取(10 分)

考核内容:燃油压力表安装。燃油压力数值读取。

评分标准:燃油表安装错误扣 2 分。怠速时未读取数值扣 2 分。怠速时拔下真空管未读取数值扣 2 分。怠速时接上真空管,未读取加速踏板的数值扣 2 分。未读取 10 min 后的汽油保持压力数值扣 2 分。

故障诊断与排除(20 分)

考核内容:准确找出故障并进行排除。

评分标准:诊断结论错误扣 5 分。检测方法不正确扣 10 分。故障未排除扣 5 分。

安全生产(5 分)

考核内容:安全生产。

评分标准:出现安全事故扣 5 分。

(3)考核流程

①维护人员按照考核内容准备工具和设备。

②在考核人员的监督下,进行电控汽油机燃油压力的检测作业。

③考核人员根据评分标准对维护人员的操作进行评分。

④汇总各项得分,得出总分。

(二)汽车灯光与信号系统故障诊断与排除(30 分)

1. 考场准备

①实训轿车一辆或汽车灯光与信号系统实训台架一个;

②LED 测电笔一个;

③数字式万用表一个;

④世达 120 件套一套;

⑤故障诊断仪一个。

2. 考核配分及评定

(1)考核目的

确保维护人员能够有效地诊断和排除汽车灯光与信号系统的故障,提高其对灯光系统维护的专业技能和操作规范性,特制定本考核评分细则。

(2)考核内容及评分标准

考前准备(5 分)

考核内容:备齐所需工具及设备,包括 6S 等。

评分标准:工具具备情况:每项缺少扣分,最高扣 5 分。

检查系统工作情况(6 分)

考核内容:大灯的检查。转向灯的检查。制动灯的检查。雾灯的检查。倒车灯的检查。停车灯(小灯)的检查。

评分标准：每项 1 分，少检查一项扣 1 分。

故障诊断与排除（14 分）

考核内容：准确找出故障并进行排除。

评分标准：诊断结论错误扣 3 分。检测方法不正确扣 5 分。故障未排除扣 5 分。

安全生产（5 分）

考核内容：安全生产。

评分标准：出现安全事故扣 5 分。

（3）考核流程

①维护人员按照考核内容准备工具和设备。

②在考核人员的监督下，进行汽车灯光与信号系统故障的诊断与排除作业。

③考核人员根据评分标准对维护人员的操作进行评分。

④汇总各项得分，得出总分。

（三）轮胎动平衡的检测与调整（30 分）

1. 考场准备

①实训轿车一辆；

②动平衡机一个；

③铅块若干；

④世达 120 件套一套。

2. 考核配分及评定

（1）考核目的

确保维护人员能够正确地进行轮胎动平衡的检测与调整，提高其对轮胎维护的专业技能和操作规范性，特制定本考核评分细则。

（2）考核内容及评分标准

考前准备（3 分）

考核内容：备齐所需工具及设备，包括 6S 等。

评分标准：工具具备情况，每项缺少扣分，最高扣 3 分。

检测（12 分）

考核内容：拆卸轮胎。拆除轮胎上的旧铅块。将轮胎装上动平衡机。

数据的录入填写：轮辋距离。轮辋直径。轮辋宽度。开起动平衡机并读出不平衡量。

评分标准：每项 2 分，共计 6 分，每项操作不规范扣 2 分。每项 4 分，共计 12 分，每项操作错误扣 4 分。

调整（4 分）

考核内容：嵌入或粘贴平衡铅块。

评分标准：粘贴不正确未达到动平衡扣 4 分。

安全生产（3 分）

考核内容：安全生产。

评分标准：出现安全事故扣 3 分。

（3）考核流程

①维护人员按照考核内容准备工具和设备。

②在考核人员的监督下，进行轮胎动平衡的检测与调整作业。

③考核人员根据评分标准对维护人员的操作进行评分。

④汇总各项得分，得出总分。

三、评分记录表

（一）电控汽油机燃油压力检测（40分）

电控汽油机燃油压力检测评分记录见表4-35。

表4-35　电控汽油机燃油压力检测评分记录

序号	作业项目	考核内容	评分标准	规定分数	得分
1	考前准备	备齐所需工具、6S等	工量具配备情况、6S情况	2分	
2	泄压	卸除燃油系统的残余油压	未泄压扣3分	3分	
3	燃油压力数值读取	（1）燃油压力表安装； （2）燃油压力数值读取	（1）燃油表安装错误扣2分； （2）怠速时未读取数值扣2分； （3）怠速时拔下真空管未读取数值扣2分； （4）怠速时接上真空管，未读取加速踏板的数值扣2分； （5）未读取10 min后的汽油保持压力数值扣2分	10分	
4	故障诊断与排除	准确找出故障并进行排除	（1）诊断结论错误扣5分； （2）检测方法不正确扣10分； （3）故障未排除扣5分	20分	
5	安全生产	安全生产	出现安全事故扣5分	5分	
合　计					

备注：本题涉及面较广，考评员可根据实际情况进行故障设置，建议设置1～3个故障点，如在线路方面，可更换坏的继电器或保险等。

（二）汽车灯光与信号系统故障诊断与排除（30分）

汽车灯光与信号系统故障诊断与排除评分记录见表4-36。

表4-36　汽车灯光与信号系统故障诊断与排除评分记录

序号	作业项目	考核内容	评分标准	规定分数	得分
1	考前准备	备齐所需工具、6S等	工量具配备情况、6S情况	5分	
2	检查系统工作情况	（1）大灯的检查； （2）转向灯的检查； （3）制动灯的检查； （4）雾灯的检查； （5）倒车灯的检查； （6）停车灯(小灯)的检查	每项1分，少检查一项扣1分	6分	

续表

序号	作业项目	考核内容	评分标准	规定分数	得分
3	故障诊断与排除	准确找出故障并进行排除	(1)诊断结论错误扣3分； (2)检测方法不正确扣5分； (3)故障未排除扣5分	14分	
4	安全生产	安全生产	出现安全事故扣5分	5分	
合　计					

备注:本题涉及面较广,考评员可根据实际情况进行故障设置,建议设置1～3个故障点,如在线路方面,可更换坏的继电器或保险等。

(三)轮胎动平衡的检测与调整(30分)

轮胎动平衡的检测与调整评分记录见表4-37。

表4-37　轮胎动平衡的检测与调整评分记录

序号	作业项目	考核内容	评分标准	规定分数	得分
1	考前准备	备齐所需工具、6S等	工量具配备情况、6S情况	3分	
2	检测	(1)拆卸轮胎； (2)拆除轮胎上的旧铅块； (3)将轮胎装上动平衡机	每项2分,共计6分,每项操作不规范扣2分	6分	
		数据的录入填写： (1)轮辋距离； (2)轮辋直径； (3)轮辋宽度	每项4分,共计12分,每项操作错误扣4分	12分	
		开起动平衡机并读出不平衡量	操作错误扣2分	2分	
3	调整	嵌入或粘贴平衡铅块	粘贴不正确未达到动平衡扣4分	4分	
4	安全生产	安全生产	出现安全事故扣3分	3分	
合　计					

(四)汇总表(见表4-38)

表4-38　项目得分汇总表

题　目	得　分	考评员
电控汽油机燃油压力检测(40分)		
汽车灯光与信号系统故障诊断与排除(30分)		
轮胎动平衡的检测与调整(30分)		
总　计		

四、准备通知单

（一）设备准备

以下设备由鉴定站准备，见表4-39。

表4-39　准备设备

序号	设备名称	规格	数量	备　注
1	汽油机轿车	辆	每工位一辆	带有空调系统、ABS系统、电控发动机系统
2	动平衡机	个	一个	

（二）工具、量具准备

以下工量具、检测仪器由鉴定站准备，见表4-40。

表4-40　准备工量具等

序号	工量具名称	规格	数量	备　注
1	常用工具	套	3	世达120件套
2	数字式万用表	块	3	如多一万用表等
3	故障诊断仪	个	1	汽车故障诊断仪，如道通或元征X431
4	LED试电笔	个	1	

（三）零部件准备

以下零部件由鉴定站准备，见表4-41。

表4-41　准备零部件

序号	零部件名称	规格	数量	备　注
1	配件、材料	—	若干	视在燃油系统电路中设置故障而定，如继电器、保险等
2	动平衡铅块	块	若干	

五、考场准备

①考核工位编号并注明考核项目。

②发动机起动，运转工位应有安全消防、通风设备。

③考评人员要求：考评人员应由汽车维修中级考评员组成。

汽车维修工职业技能鉴定(高级工)实操试题

段凤刚　黄大江　郝　魁

第一节　高级汽车维修工职业技能鉴定——实操技能部分(一)

一、技能试卷

说明

①本试卷的编制命题是以可行性、技术性、通用性为基本原则;

②本试卷适用于考核高级汽车维修工;

③本试卷无地域限制。

二、试题内容及评分标准

(一)点火系统无高压输出故障诊断与排除(40分)

1. 考场准备

①电控汽油轿车一辆或电控汽油机实训台架一个;

②故障诊断仪一个;

③数字式万用表一个;

④世达120件套一套。

2. 考核配分及评定

(1)考核目的

确保维护人员能够有效地诊断和排除点火系统无高压输出的故障,提高其对点火系统维护的专业技能和操作规范性,特制定本考核评分细则。

(2)考核内容及评分标准

考前准备(2分)

考核内容:备齐所需工具及设备,包括6S等。

评分标准:工具具备情况,每项缺少扣分,最高扣2分。

电压检测(8分)

考核内容:测量ECU的凸轮轴、曲轴位置信号各端子到车体之间的电压。

评分标准:诊断结论错误扣5分。诊断处理方法不当扣5分。

检查电路(10 分)

考核内容:检查保险丝或点火开关。

评分标准:诊断结论错误扣 5 分。诊断方法不正确扣 5 分。

零件检测(10 分)

考核内容:检查每个点火线圈初、次级的电阻值,检查 ECU 的凸轮轴、曲轴位置信号端子与各传感器、执行器间的连接。

评分标准:诊断结论错误扣 5 分。测量数据不准确扣 5 分。

电路检查(5 分)

考核内容:检查 ECU 的凸轮轴、曲轴位置信号端子与蓄电池正极之间的电路连接情况。

评分标准:诊断结论错误扣 5 分。诊断方法不正确扣 5 分。

安全生产(5 分)

考核内容:安全生产。

评分标准:出现安全事故扣 5 分。

(3)考核流程

①维护人员按照考核内容准备工具和设备。

②在考核人员的监督下,进行点火系统无高压输出故障的诊断与排除作业。

③考核人员根据评分标准对维护人员的操作进行评分。

④汇总各项得分,得出总分。

(二)汽车空调系统不制冷故障诊断与排除(30 分)

1. 考场准备

①实训轿车一辆或空调实验台架一个;

②故障诊断仪一个;

③数字式万用表一个;

④世达 120 件套一套;

⑤冷媒表一套;

⑥真空泵一个;

⑦冷媒检漏工具一套。

2. 考核配分及评定

(1)考核目的

确保维护人员能够有效地诊断和排除汽车空调系统不制冷的故障,提高其对空调系统维护的专业技能和操作规范性,特制定本考核评分细则。

(2)考核内容及评分标准

考前准备(2 分)

考核内容:备齐所需工具及设备,包括 6S 等。

评分标准:工具具备情况,每项缺少扣分,最高扣 2 分。

空调系统不制冷故障诊断与排除(23 分)

考核内容:检查空压机皮带。检查储液干燥瓶有无堵塞。检查空调系统电路,包括保险、继电器。检查空调系统有无泄漏、制冷剂是否充足。检查电磁离合器、空压机。检查鼓风机及电路、控制开关。

检查膨胀阀。检查高低压开关。检查蒸发器、冷凝器。检查空调控制器、空调系统传感器。

评分标准：工具、仪器设备使用正确5分。正确找到故障点并排除18分。

安全生产(5分)

考核内容：安全生产。

评分标准：出现安全事故扣5分。

(3)考核流程

①维护人员按照考核内容准备工具和设备。

②在考核人员的监督下，进行汽车空调系统不制冷故障的诊断与排除作业。

③考核人员根据评分标准对维护人员的操作进行评分。

④汇总各项得分，得出总分。

(三)汽车EHPS系统故障诊断与排除(30分)

1. 考场准备

①实训轿车一辆或EHPS系统实训台架一个；

②故障诊断仪一个；

③数字式万用表一个；

④世达120件套一套；

⑤示波器一个。

2. 考核配分及评定

(1)考核目的

确保维护人员能够有效地诊断和排除汽车EHPS(电子液压助力转向)系统的故障，提高其对EHPS系统维护的专业技能和操作规范性，特制定本考核评分细则。

(2)考核内容及评分标准

考前准备(2分)

考核内容：备齐所需工具及设备，包括6S等。

评分标准：工具具备情况，每项缺少扣分，最高扣2分。

EHPS系统故障诊断与排除(15分)

考核内容：使用万用表采集转向角传感器电压值。使用示波器查看转向角传感器信号波形。使用解码器读取故障码，查找故障原因并进行排除。

评分标准：转向角传感器信号电压读取准确3分。转向角传感器信号波形读取准确5分。故障原因查找准确5分。

故障排除(10分)。

安全生产(5分)

考核内容：安全生产。

评分标准：出现安全事故扣5分。

(3)考核流程

①维护人员按照考核内容准备工具和设备。

②在考核人员的监督下，进行汽车EHPS系统故障的诊断与排除作业。

③考核人员根据评分标准对维护人员的操作进行评分。

④汇总各项得分，得出总分。

三、评分记录表

(一)点火系统无高压输出故障诊断与排除(40分)

点火系统无高压输出故障诊断与排除评分记录见表4-42。

表4-42　点火系统无高压输出故障诊断与排除评分记录

序号	作业项目	考核内容	评分标准	规定分数	得分
1	电压检测	测量ECU的凸轮轴、曲轴位置信号各端子到车体之间的电压	(1)诊断结论错误扣5分； (2)诊断处理方法不当扣5分	10分	
2	检查电路	检查保险丝或点火开关	(1)诊断结论错误扣5分； (2)诊断方法不正确扣5分	10分	
3	零件检测	检查每个点火线圈初、次级的电阻值	(1)诊断结论错误扣5分； (2)测量数据不准确扣5分	10分	
4	电路检查	检查ECU的凸轮轴、曲轴位置信号端子与各传感器、执行器之间的电路连接情况	(1)诊断结论错误扣5分； (2)诊断方法不正确扣5分	10分	
合　计					

(二)汽车空调系统不制冷故障诊断与排除(30分)

汽车空调系统不制冷故障诊断与排除记录，见表4-43。

表4-43　汽车空调系统不制冷故障诊断与排除记录

序号	作业项目	考核内容	评分标准	规定分数	得分
1	考前准备	备齐所需工具	工量具配备情况	2分	
2	空调系统不制冷故障诊断与排除	(1)检查空压机皮带； (2)检查储液干燥瓶有无堵塞； (3)检查空调系统电路，包括保险、继电器； (4)检查空调系统有无泄漏、制冷剂是否充足； (5)检查电磁离合器、空压机； (6)检查鼓风机及电路、控制开关； (7)检查膨胀阀； (8)检查高低压开关； (9)检查蒸发器、冷凝器； (10)检查空调控制器、空调系统传感器	(1)工具、仪器设备使用正确(5分)； (2)正确找到故障点并排除(18分)	23分	
3	安全生产	安全生产	不注意安全扣5分	5分	
合　计					

(三)汽车 EHPS 系统故障诊断与排除(30分)

汽车 EHPS 系统故障诊断与排除的记录,见表4-44。

表4-44　汽车 EHPS 系统故障诊断与排除的记录

序号	作业项目	考核内容	评分标准	规定分数	得分
1	考前准备	备齐所需工具	工量具配备情况	2分	
2	ABS系统故障诊断与排除	(1)用万用表采集转向角传感器电压值; (2)使用示波器查看转向角传感器信号波形	(1)转向角传感器信号电压读取准确(5分); (2)转向角传感器信号波形读取准确(5分)	10分	
		使用解码器读取故障码,查找故障原因并进行排除	(1)故障原因查找准确(5分); (2)故障排除(10分)	15分	
合　计					

四、汇总表

评分项目汇总,见表4-45。

表4-45　评分项目汇总

题　目	得　分	考评员
点火系统无高压输出故障诊断与排除(40分)		
汽车空调系统不制冷故障诊断与排除(30分)		
汽车 EHPS 系统故障诊断与排除(30分)		
总　计		

五、准备通知单

(一)设备准备

以下设备由鉴定站准备,见表4-46。

表4-46　所需设备

设备名称	规格	数量	备　注
汽油机轿车	辆	每工位一辆	带有空调系统、EHPS系统、电控汽油发动机系统

(二)工具、量具准备

以下工量具、检测仪器由鉴定站准备,见表4-47。

表 4-47　所需工量具

序号	工量具名称	规　格	数　量	备　注
1	常用工具	套	3	世达 120 件套
2	数字式万用表	块	3	
3	故障诊断仪	个	1	汽车故障诊断仪,如道通或元征 X431
4	示波器	个	1	汽车示波器,如 KT600 或汉泰系列示波器
5	冷媒表	块	1	
6	冷媒检漏仪	个	1	
7	真空泵	个	1	

(三)零部件准备

以下零部件由鉴定站准备,见表 4-48。

表 4-48　所需零件

零部件名称	规　格	数　量	备　注
配件、材料	—	若干	视在燃油喷射电路中设置故障而定,如继电器、保险等

(四)考场准备

①考核工位编号并注明考核项目。

②发动机起动,运转工位应有安全消防、通风设备。

③考评人员要求:考评人员应由汽车维修高级考评员组。

第二节　高级汽车维修工职业技能鉴定——实操技能部分(二)

一、技能试卷

说明

①本试卷的编制命题是以可行性、技术性、通用性为基本原则;

②本试卷适用于考核高级汽车维修工;

③本试卷无地域限制。

二、试题内容及评分标准

(一)发动机无法起动的电路检测(40 分)

1. 考场准备

①电控汽油轿车一辆或电控汽油机实训台架一个;

②数字式万用表一个；

③世达120件套一套；

④数字式万用表一个。

2. 考核配分及评定

(1)考核目的

确保维护人员能够准确诊断发动机无法起动的电路问题，提高其对发动机电路维护的专业技能和操作规范性，特制定本考核评分细则。

(2)考核内容及评分标准

考前准备(2分)

考核内容：备齐所需工具及设备，包括6S等。

评分标准：工具具备情况，每项缺少扣分，最高扣2分。

电压检测(10分)

考核内容：测量ECU凸轮轴、曲轴位置传感器的各端子到车体之间的电压。

评分标准：诊断结论错误扣5分。诊断处理方法不当扣5分。

检查电路(10分)

考核内容：检查保险丝或点火开关、继电器间的线路。

评分标准：诊断结论错误扣5分。诊断方法不正确扣5分。

零件检测(10分)

考核内容：检查起动继电器、点火开关。

评分标准：诊断结论错误扣5分。测量数据不准确扣5分。

电路检查(5分)

考核内容：检查ECU凸轮轴、曲轴位置传感器端子与传感器之间的电路连接情况，检查ECU与起动继电器之间的电路连接情况。

评分标准：诊断结论错误扣5分。诊断方法不正确扣5分。

安全生产(3分)

考核内容：正确使用工具、安全文明作业。

评分标准：操作过程中不注意安全不得分。

(3)考核流程

①维护人员按照考核内容准备工具和设备。

②在考核人员的监督下，进行发动机无法起动的电路检测作业。

③考核人员根据评分标准对维护人员的操作进行评分。

④汇总各项得分，得出总分。

(二)汽车灯光与信号系统故障诊断与排除(30分)

1. 考场准备

①实训轿车一辆或汽车灯光与信号系统实训台架一个；

②LED测电笔一个；

③数字式万用表一个；

④世达120件套一套；

⑤故障诊断仪一个。

2. 考核配分及评定

(1)考核目的

确保维护人员能够有效地诊断和排除汽车灯光与信号系统的故障,提高其对灯光系统维护的专业技能和操作规范性,特制定本考核评分细则。

(2)考核内容及评分标准

考前准备(5分)

考核内容:备齐所需工具及设备,包括6S等。

评分标准:工具具备情况,每项缺少扣分,最高扣5分。

检查系统工作情况(6分)

考核内容:大灯的检查。转向灯的检查。制动灯的检查。雾灯的检查。倒车灯的检查。停车灯(小灯)的检查。

评分标准:每项1分,少检查一项扣1分。

故障诊断与排除(14分)

考核内容:准确找出故障并进行排除。

评分标准:诊断结论错误扣3分。检测方法不正确扣5分。故障未排除扣5分。

安全生产(5分)

考核内容:安全生产。

评分标准:出现安全事故扣5分。

(3)考核流程

①维护人员按照考核内容准备工具和设备。

②在考核人员的监督下,进行汽车灯光与信号系统故障的诊断与排除作业。

③考核人员根据评分标准对维护人员的操作进行评分。

④汇总各项得分,得出总分。

(三)手动变速器拆装与检验(30分)

1. 考场准备

①手动变速器一个;

②紫铜棒一个;

③塞尺一把;

④橡胶锤及手锤各一把;

⑤錾子一个;

⑥卡簧钳一把;

⑦压床一个;

⑧扭力扳手一个;

⑨拉马一个;

⑩机油壶一个;

⑪世达120件套一套。

2. 考核配分及评定

(1)考核目的

确保维护人员能够正确地对手动变速器进行拆装与检验,提高其对变速器维护的专业技能和操作规范性,特制定本考核评分细则。

(2)考核内容及评分标准

考前准备(2分)

考核内容:备齐所需工具及设备,包括6S等。

评分标准:工具具备情况,每项缺少扣分,最高扣2分。

变速器拆解(10分)

考核内容:手动变速器拆解。

评分标准:无安全事故,有安全事故此项为0分。是否按照规范进行拆解,每错一项扣5分。

变速器部件检测(6分)

考核内容:检查轴承有无异响。检查齿轮有无损坏、打齿等。检查同步器。

评分标准:是否检查轴承有无异响,未检查扣2分。检查齿轮有无损坏齿等,未检查扣2分。检查同步器,检测数据不准确扣2分。

手动变速器装配(10分)

考核内容:手动变速器装配。

评分标准:无安全事故,有安全事故此项为0分。是否按照规范进行装配,每错一项扣5分。

安全生产(2分)

考核内容:正确使用工具、安全文明作业。

评分标准:操作过程中不注意安全不得分。

(3)考核流程

①维护人员按照考核内容准备工具和设备。

②在考核人员的监督下,进行手动变速器的拆装与检验作业。

③考核人员根据评分标准对维护人员的操作进行评分。

④汇总各项得分,得出总分。

三、评分记录表

(一)发动机无法起动的电路检测(40分)

发动机无法起动的电路检测评分记录见表4-49。

表4-49 发动机无法起动的电路检测评分记录

序号	作业项目	评分标准	规定分数	得分
1	考前准备	考前准备完成情况	2分	
2	电压检测	(1)诊断结论错误扣5分; (2)诊断处理方法不当扣5分	10分	
3	检查电路	(1)诊断结论错误扣5分; (2)诊断方法不正确扣5分	10分	

续表

序号	作业项目	评分标准	规定分数	得分
4	零件检测	(1)诊断结论错误扣5分； (2)测量数据不准确扣5分	10分	
5	电路检查	(1)诊断结论错误扣5分； (2)诊断方法不正确扣5分	5分	
6	安全生产	操作过程中不注意安全不得分	3分	
合　计				

(二)汽车灯光与信号系统故障诊断与排除(30分)

汽车灯光与信号系统故障诊断与排除评分记录见表4-50。

表4-50　汽车灯光与信号系统故障诊断与排除评分记录

序号	作业项目	评分标准	规定分数	得分
1	考前准备	工量具配备情况、6S情况	5分	
2	检查系统工作情况	每项1分,少检查一项扣1分	6分	
3	故障诊断与排除	(1)诊断结论错误扣4分； (2)检测方法不正确扣5分； (3)故障未排除扣5分	14分	
4	安全生产	出现安全事故扣5分	5分	
合　计				

(三)手动变速器拆装与检验(30分)

手动变速器拆装与检验评分记录见表4-51。

表4-51　手动变速器拆装与检验评分记录

序号	作业项目	考核内容	评分标准	规定分数	得分
1	考前准备	备齐所需工具及设备、6S等	考前准备完成情况	2分	
2	变速器拆解	手动变速器拆解	(1)无安全事故,有安全事故此项为0分； (2)是否按照规范进行拆解,每错一项扣5分	10分	
3	变速器部件检测	(1)检查轴承有无异响； (2)检查齿轮有无破损、打齿等； (3)检查同步器	(1)是否检查轴承有无异响,未检查扣2分； (2)检查齿轮有无损坏齿等,未检查扣2分； (3)检查同步器,检测数据不准确扣2分	6分	

续表

序号	作业项目	考核内容	评分标准	规定分数	得分
4	手动变速器装配	手动变速器装配	(1)无安全事故,有安全事故此项为0分; (2)是否按照规范进行装配,每错一项扣5分	10分	
5	安全生产	正确使用工量具、安全文明作业	操作过程中不注意安全不得分	2分	
合　计					

(四)汇总表(见表4-52)

表4-52　项目得分汇总表

题　目	得　分	考评员
发动机无法起动的电路检测(40分)		
汽车灯光与信号系统故障诊断与排除(30分)		
手动变速器拆装与检验(30分)		
总　计		

四、高级汽车维修工技能考试准备通知单

(一)设备准备

以下设备由鉴定站准备,见表4-53。

表4-53　所需设备

序号	设备名称	规格	数量	备　注
1	汽油机轿车	辆	每工位一辆	车辆一台,包含电控汽油发动机系统、灯光系统
2	压床	个	1	用于压变速器轴套等
3	手动变速器	台	1	桑塔纳5速或其他变速器

(二)工具、量具准备

以下工量具、检测仪器由鉴定站准备,见表4-54。

表4-54　所需设备

序号	工量具名称	规格	数量	备　注
1	常用工具	套	3	世达120件套
2	数字式万用表	块	3	
3	故障诊断仪	个	1	汽车故障诊断仪,如道通或元征X431

续表

序号	工量具名称	规格	数量	备　注
4	继电器测试仪	个	1	
5	扭力扳手	个	1	0～300 N·m

(三)零部件准备

以下零部件由鉴定站准备,见表 4-55。

表 4-55　所需零件

序号	零部件名称	规格	数量	备　注
1	配件、材料	—	若干	视在电控轿车电路中设置故障而定,如继电器、保险等
2	蓄电池	个	1	

五、考场准备

①考核工位编号并注明考核项目。

②发动机起动,运转工位应有安全消防、通风设备。

③考评人员要求:考评人员应由汽车维修高级考评员组成。

第三节　高级汽车维修工职业技能鉴定——实操技能部分(三)

一、技能试卷

说明

①本试卷的编制命题是以可行性、技术性、通用性为基本原则;

②本试卷适用于考核高级汽车维修工;

③本试卷无地域限制。

二、试题内容及评分标准

(一)燃油喷射系统电路不喷油故障诊断与排除(40 分)

1. 考场准备

①电控汽油轿车一辆或电控汽油机实训台架一个;

②故障诊断仪一个;

③数字式万用表一个;

④世达 120 件套一套。

2. 考核配分及评定

(1)考核目的

确保维护人员能够有效地诊断和排除燃油喷射系统电路不喷油的故障,提高其对燃油喷射系统维护的专业技能和操作规范性,特制定本考核评分细则。

(2)考核内容及评分标准

考前准备(2分)

考核内容:备齐所需工具及设备,包括6S等。

评分标准:工具具备情况,每项缺少扣分,最高扣2分。

电压检测(8分)

考核内容:测量ECU的凸轮轴、曲轴位置传感器的各端子到车体之间的电压。

评分标准:诊断结论错误扣5分。诊断处理方法不当扣5分。

检查电路(10分)

考核内容:检查保险丝或点火开关。

评分标准:诊断结论错误扣5分。诊断方法不正确扣5分。

零件检测(10分)

考核内容:检查每个喷油器的电阻值。

评分标准:诊断结论错误扣5分。测量数据不准确扣5分。

电路检查(5分)

考核内容:检查ECU的凸轮轴、曲轴位置传感器端子与传感器之间的电路连接情况,ECU与喷油器之间的连接情况。

评分标准:诊断结论错误扣5分。诊断方法不正确扣5分。

安全生产(5分)

考核内容:安全生产。

评分标准:出现安全事故扣5分。

(3)考核流程

①维护人员按照考核内容准备工具和设备。

②在考核人员的监督下,进行燃油喷射系统电路不喷油故障的诊断与排除作业。

③考核人员根据评分标准对维护人员的操作进行评分。

④汇总各项得分,得出总分。

(二)汽车电动玻璃升降系统故障诊断与排除(30分)

1. 考场准备

①实训轿车一辆或汽车电动玻璃升降系统实训台架一个;

②LED测电笔一个;

③数字式万用表一个;

④世达120件套一套;

⑤故障诊断仪一个。

2. 考核配分及评定

(1)考核目的

确保维护人员能够有效地诊断和排除汽车电动玻璃升降系统的故障,提高其对电动玻璃升降系统维护的专业技能和操作规范性,特制定本考核评分细则。

(2)考核内容及评分标准

考前准备(2分)

考核内容:备齐所需工具及设备,包括 6S 等。

评分标准:工具具备情况,每项缺少扣分,最高扣 2 分。

电压检测(5 分)

考核内容:测量车身电脑 ECU 与电动车窗开关各端子到车体之间的电压。

评分标准:诊断结论错误扣 5 分。诊断处理方法不当扣 5 分。

检查电路(8 分)

考核内容:检查保险丝或点火开关。

评分标准:诊断结论错误扣 5 分。诊断方法不正确扣 5 分。

零件检测(8 分)

考核内容:按压玻璃升降开关检查窗控开关输出电阻值。

评分标准:诊断结论错误扣 5 分。测量数据不准确扣 5 分。

电路检查(5 分)

考核内容:检查窗控开关与车身电脑之间的电路连接情况。

评分标准:诊断结论错误扣 5 分。诊断方法不正确扣 5 分。

安全生产(2 分)

考核内容:安全生产。

评分标准:出现安全事故扣 5 分。

(3)考核流程

①维护人员按照考核内容准备工具和设备。

②在考核人员的监督下,进行汽车电动玻璃升降系统故障的诊断与排除作业。

③考核人员根据评分标准对维护人员的操作进行评分。

④汇总各项得分,得出总分。

(三)汽车 ABS 系统故障诊断与排除(30 分)

1. 考场准备

①实训轿车一辆或 ABS 系统实训台架一个;

②故障诊断仪一个;

③数字式万用表一个;

④世达 120 件套一套;

⑤示波器一个。

2. 考核配分及评定

(1)考核目的

确保维护人员能够有效地诊断和排除汽车 ABS 系统的故障,提高其对 ABS 系统维护的专业技能和操作规范性,特制定本考核评分细则。

(2)考核内容及评分标准

考前准备(2 分)

考核内容:备齐所需工具。

评分标准:工具具备情况,每项缺少扣分,最高扣 2 分。

ABS 系统故障诊断与排除(8 分)

考核内容:使用万用表采集轮速传感器电压值(随机抽取一个车轮)。使用示波器查看轮速传感器信号波形。使用解码器读取故障码,查找故障原因并进行排除。

评分标准:轮速传感器信号电压读取准确3分。轮速传感器信号波形读取准确5分。

零件检测(15分)

考核内容:检查每个喷油器的电阻值。检查ECU的凸轮轴、曲轴位置传感器端子与传感器之间的电路连接情况。

评分标准:诊断结论错误扣5分。测量数据不准确扣5分。

安全生产(5分)

考核内容:安全生产。

评分标准:出现安全事故扣5分。

(3)考核流程

①维护人员按照考核内容准备工具和设备。

②在考核人员的监督下,进行汽车ABS系统故障的诊断与排除作业。

③考核人员根据评分标准对维护人员的操作进行评分。

④汇总各项得分,得出总分。

三、评分记录表

(一)燃油喷射系统电路不喷油故障诊断与排除(40分)

燃油喷射系统电路不喷油故障诊断与排除评分记录见表4-56。

表4-56 燃油喷射系统电路不喷油故障诊断与排除评分记录

序号	作业项目	考核内容	评分标准	规定分数	得分
1	考前准备	备齐所需工具、6S等	工量具配备情况、6S情况	2分	
2	电压检测	测量ECU凸轮轴、曲轴位置传感器的各端子到车体之间的电压	(1)诊断结论错误扣5分; (2)诊断处理方法不当扣5分	8分	
3	检查电路	检查保险丝或点火开关	(1)诊断结论错误扣5分; (2)诊断方法不正确扣5分	10分	
4	零件检测	检查每个喷油器的电阻值	(1)诊断结论错误扣5分; (2)测量数据不准确扣5分	10分	
5	电路检查	检查ECU凸轮轴、曲轴位置传感器端子与传感器之间的电路连接情况;ECU与喷油器之间的连接情况	(1)诊断结论错误扣5分; (2)诊断方法不正确扣5分	5分	
6	安全生产	安全生产	出现安全事故扣5分	5分	
合　计					

备注:本题涉及面较广,考评员可根据实际情况进行故障设置,建议设置1～3个故障点,如在线路方面,可更换坏的继电器或保险等。

(二)汽车电动玻璃升降系统故障诊断与排除(30 分)

汽车电动玻璃升降系统故障诊断与排除评分记录见表 4-57。

表 4-57　汽车电动玻璃升降系统故障诊断与排除评分记录

序号	作业项目	考核内容	评分标准	规定分数	得分
1	考前准备	备齐所需工具、6S 等	工量具配备情况、6S 情况	2 分	
2	电压检测	测量车身电脑 ECU 与电动车窗开关各端子到车体之间的电压	(1)诊断结论错误扣 5 分; (2)诊断处理方法不当扣 5 分	5 分	
3	检查电路	检查保险丝或点火开关	(1)诊断结论错误扣 5 分; (2)诊断方法不正确扣 5 分	8 分	
4	零件检测	按压玻璃升降开关检查窗控开关输出电阻值	(1)诊断结论错误扣 5 分; (2)测量数据不准确扣 5 分	8 分	
5	电路检查	检查窗控开关与车身电脑之间的电路连接情况	(1)诊断结论错误扣 5 分; (2)诊断方法不正确扣 5 分	5 分	
6	安全生产	安全生产	出现安全事故扣 2 分	2 分	
合　计					

备注:本题涉及面较广,考评员可根据实际情况进行故障设置,建议设置 1～3 个故障点,如在线路方面,可更换坏的继电器或保险等。

(三)汽车 ABS 系统故障诊断与排除(30 分)

汽车 ABS 系统故障诊断与排除评分记录见表 4-58。

表 4-58　汽车 ABS 系统故障诊断与排除评分记录

序号	作业项目	考核内容	评分标准	规定分数	得分
1	考前准备	备齐所需工具	工量具配备情况	2 分	
2	ABS 系统故障诊断与排除	(1)用万用表采集轮速传感器电压值(随机抽取一个车轮); (2)使用示波器查看轮速传感器信号波形	(1)轮速传感器信号电压读取准确(3 分); (2)轮速传感器信号波形读取准确(5 分)	8 分	
		使用解码器读取故障码,查找故障原因并进行排除	(1)故障原因查找准确(5 分); (2)故障排除(10 分)	15 分	
3	安全生产	安全生产	出现安全事故扣 5 分	5 分	
合　计					

(四)汇总表(见表4-59)

表4-59 项目得分汇总表

题　目	得　分	考评员
燃油喷射系统电路不喷油故障诊断与排除(40分)		
汽车电动玻璃升降系统故障诊断与排除(30分)		
汽车ABS系统故障诊断与排除(30分)		
总　计		

四、准备通知单

(一)设备准备

以下设备由鉴定站准备,见表4-60。

表4-60 准备设备

设备名称	规格	数量	备　注
汽油机轿车	辆	每工位一辆	带有电动玻璃升降系统、ABS系统、电控发动机系统

(二)工具、量具准备

以下工量具、检测仪器由鉴定站准备,见表4-61。

表4-61 准备工量具等

序号	工量具名称	规格	数量	备　注
1	常用工具	套	3	世达120件套
2	数字式万用表	块	3	如多一万用表等
3	故障诊断仪	个	1	汽车故障诊断仪,如道通或元征X431
4	LED试电笔	个	1	

(三)零部件准备

以下零部件由鉴定站准备,见表4-62。

表4-62 准备零部件

零部件名称	规格	数量	备　注
配件、材料	—	若干	视在燃油系统电路中设置故障而定,如继电器、保险等

五、考场准备

①考核工位编号并注明考核项目。

②发动机起动,运转工位应有安全消防、通风设备。

③考评人员要求:考评人员应由汽车维修高级考评员组成。

第五篇

汽车维修工职业技能鉴定理论试题

汽车维修工职业技能鉴定(初级工)理论试题

吴　政　吴　娟

理论试题(一)

姓名：　　　　　　　　　　单位：

请将正确答案写在答题卡内。

1	2	3	4	5	6	7	8	9	10	11	12	13	14	15	16	17	18	19	20
21	22	23	24	25	26	27	28	29	30	31	32	33	34	35	36	37	38	39	40
41	42	43	44	45	46	47	48	49	50	51	52	53	54	55	56	57	58	59	60
61	62	63	64	65	66	67	68	69	70	71	72	73	74	75	76	77	78	79	80
81	82	83	84	85	86	87	88	89	90	91	92	93	94	95	96	97	98	99	100

一、单项选择题(每题1分,共80分)

1. 职业道德是一种(　　)规范,受社会普遍的认可。

A. 行业　　B. 职业　　C. 社会　　D. 国家

2. 发动机(　　)时,挂上低速挡,慢慢地放松离合器踏板,若车身有明显的抖振,并伴有撞击,即是离合器发抖。

A. 怠速运转　　B. 高速运转　　C. 超速运转　　D. 任意转速运转

3. 离合器最容易磨损的零件为(　　)。

A. 分离轴承　　B. 从动盘　　C. 压盘　　D. 膜片弹簧

4. 汽车高速行驶时感到方向不稳、颤振的原因是(　　)。

A. 前束过大　　B. 车轮外倾角过大
C. 主销后倾角过大　　D. 轮胎动不平衡

5. 转向时有明显噪声,发动机加速时更明显,且打方向时有沉重感,是(　　)引起的。
A. 转向柱有异物卡住
B. 转向助力油中有空气
C. 转向助力泵轴承间隙过大导致输出压力不够
D. 转向助力泵皮带松动

6. 制动传动装置引起的不正常制动的现象是踏下制动踏板感觉(　　)。
A. 低而硬　　B. 低而软　　C. 高而硬　　D. 高而软

7. (　　)是由制动传动装置引发的不正常制动的原因之一。
A. 制动踏板自由行程符合技术要求　　B. 制动踏板无自由行程
C. 复位弹簧过硬　　D. 制动蹄复位弹簧过硬

8. 汽车在行驶过程中,如果个别车轮的制动作用不能立即完全解除,会造成(　　)。
A. 动力增加　　B. 燃油量减少　　C. 动力不足　　D. 燃油温度下降

9. 检查转向盘自由转动量时,首先装上方向盘自由转动量测量装置,将带测力扳手的刻度盘束在转向盘轮缘上,向(　　)转动转向盘至测力扳手指示力为 10 N 时,将测量装置指针调零。
A. 逆时针　　B. 后　　C. 左　　D. 右

10. 离合器分离杠杆内端面与分离轴承的间隙是靠改变(　　)进行调整。
A. 踏板高度　　B. 分泵推杆的长度
C. 轴承的厚度　　D. 调整螺母位置

11. 轮胎换位的方法常用的有(　　)法和“交叉换位”法。
A. “循环换位”　　B. “对角换位”　　C. “平行换位”　　D. “垂直换位”

12. 离合器在拆装时,应在离合器盖与压盘间、平衡片与压盘间、离合器盖与(　　)间做装配记号。
A. 飞轮　　B. 变速器输入轴　　C. 从动盘　　D. 曲轴

13. 下列关于转向系统的叙述,正确的是(　　)。
A. 带有动力转向系统的车辆,检查液体泄漏时,在发动机运转时方向盘必须保持在极限位置超过 10 s
B. 在方向盘处于正前方位置时测量方向盘自由行程
C. 如果是循环球式手动转向,必须定期更换转向机壳中的机油
D. 当转向传动机构的球节严重磨损时,方向盘自由行程将变小

14. 以下是关于离合器踏板自由行程和高度的表述,正确的是(　　)。
A. 离合器踏板自由行程指踩下踏板直到分离缸推杆推动分离拨叉的距离
B. 调节离合器踏板高度时,将自动调节踏板自由行程
C. 使用自调节分离缸的车型上,通过调节分离缸推杆的长度来调节踏板高度
D. 当离合器盘磨损时,离合器踏板自由行程将减小

15. 以下关于同步机构的表述,错误的是(　　)。
A. 同步器防止换挡时齿轮损坏
B. 同步器利用同步环的摩擦使换挡时两个转速不同的齿轮同步

C. 换挡时,踩下离合器踏板两次来操作同步机构
D. 同步机构使换挡更平顺

16. 手动挡汽车的离合器接合时,压紧离合器片的力来自(　　)。
A. 液压力　B. 弹簧力　C. 飞轮的扭力　D. 以上均有

17. 膜片式离合器压紧力是(　　)。
A. 自动调节　B. 手动调节　C. 不可调节　D. 无意义

18. 下列选项中属于企业文化功能的是(　　)。
A. 体育锻炼　B. 整合功能　C. 歌舞娱乐　D. 社会交际

19. 团队意识含义包括(　　)和合作能力两个方面。
A. 集体力量　B. 行为规定　C. 集体意识　D. 规范意识

20. 全心全意为人民服务是社会主义职业道德的(　　)。
A. 前提　B. 关键　C. 核心　D. 基础

21. 职业道德标准(　　),代表了不同企业可能具有不同的价值观。
A. 多元化　B. 人生观　C. 职业道德　D. 多样性

22. 所谓职业道德评价,就是根据一定(　　)或阶级的道德原则或规范,对他人或自己的行为进行善恶判断,表明褒贬态度。
A. 职业守则　B. 社会　C. 从业人员　D. 道德品质

23. 中国共产党领导的多党合作和政治协商制度是一项具有中国特色的(　　)。
A. 基本制度　B. 政治制度
C. 社会主义制度　D. 基本政治制度

24. 职业道德是(　　)体系的重要组成部分。
A. 社会责任　B. 社会意识　C. 社会道德　D. 社会公德

25. 由于各种职业的职业责任和义务不同,从而形成各自特定的(　　)的具体规范。
A. 制度规范　B. 法律法规　C. 职业道德　D. 行业标准

26. 划线时当发现毛坯误差不大,但用找正方法不能补救时,可用(　　)方法来予以补救,使加工后的零件仍能符合要求。
A. 找正　B. 借料　C. 变换基准　D. 改图样尺寸

27. 剪板机是剪割(　　)的专用设备。
A. 棒料　B. 块状料　C. 板料　D. 软材料

28. 钻头上缠绕铁屑时,应及时停车,用(　　)清除。
A. 手　B. 工件　C. 钩子　D. 嘴吹

29. 用百分表测量时,测量杆压入量应控制在0.3～1 mm,以保证有一定的初始测力,以免(　　)测不出来。
A. 尺寸　B. 公差　C. 形状公差　D. 负偏差

30. 游标高度尺一般用来(　　)。
A. 测直径　B. 测齿高　C. 测高和划线　D. 测高和测深度

31. 台虎钳夹紧工件时,只允许(　　)手柄。
A. 用手锤敲击　B. 用手扳　C. 套上长管子扳　D. 两人同时扳

32. 常用的台虎钳有(　　)和固定式两种。

A. 齿轮式　　B. 回转式　　C. 蜗杆式　　D. 齿条式

33. 用游标卡尺测量工件,读数时先读出游标零刻线对(　　)刻线左边格数为多少毫米,再加上尺身上的读数。

A. 尺身　　B. 游标　　C. 活动套筒　　D. 固定套筒

34. 在均匀磁场中,原来通电导体所受磁场力为F,如果电流强度增加到原来的2倍而导线长度减少一半,则通电导体所受磁场力为(　　)。

A. 2F　　B. F/2　　C. F　　D. 4F

35. 开磁路点火线圈内充满沥青的作用是(　　)。

A. 散热　　B. 绝缘、防潮和散热

C. 绝缘　　D. 防潮

36. 磁感应线上任一点的(　　)方向与该点的磁场方向一致。

A. 切线　　B. 曲线　　C. S极　　D. 直线

37. 正弦交流电的有效值等于最大值的(　　)。

A. 1/3　　B. 1/2　　C. 2　　D. 0.707

38. 正弦交流电的幅值就是(　　)。

A. 正弦交流电最大值的2倍　　B. 正弦交流电最大值

C. 正弦交流电波形正负之和　　D. 正弦交流电最大值的3倍

39. 下列个单位中,属于电功率的单位的是(　　)。

A. 瓦·秒　　B. 伏/安　　C. 焦/秒　　D. 伏·库

40. 甲、乙两个灯泡,串联起来接到电源上,甲比乙亮,若改成并联电路,则(　　)。

A. 甲亮些,甲的电阻大　　B. 甲亮些,乙的电阻大

C. 乙亮些,甲的电阻大　　D. 乙亮些,乙的电阻大

41. 电流在一段电路上做功的多少取决于电路中的(　　)。

A. 电流和电压

B. 电路的电流和这段电路两端的电压和通电时间

C. 电阻和通电时间

D. 电路的电荷和电阻

42. NPN、PNP三极管作放大时, 其发射极(　　)。

A. 均加反向电压

B. 均加正向电压

C. NPN管加正向电压、PNP管加反向电压

D. PNP管加正向电压、NPN管加反向电压

43. 电路主要由负载、线路、电源、(　　)组成。

A. 变压器　　B. 开关　　C. 发电机　　D. 仪表

44. 阻值不随外加电压或电流的大小而改变的电阻叫(　　)。

A. 固定电阻　　B. 可变电阻　　C. 线性电阻　　D. 非线性电阻

45. 当加在硅二极管两端的正向电压从0开始逐渐增大时,硅二极管(　　)。

A. 立即导通　　B. 超过 1 V 时才开始导通
C. 超过开启电压时才开始导通　　D. 不导通

46. 三桥式整流电路由三相绕组、六个二极管和(　　)组成。
A. 三极管　　B. 电阻　　C. 电容　　D. 负载

47. 三极管的(　　)作用是三极管基本的和最重要的特性。
A. 电流放大　　B. 电压放大　　C. 功率放大　　D. 单向导电

48. 中心引线为负极,管壳为正极的二极管是(　　)。
A. 励磁二极管　　B. 正极二极管　　C. 稳压二极管　　D. 负极二极管

49. 液压传动对油温的变化(　　)。
A. 不确定　　B. 很敏感　　C. 不敏感　　D. 比较敏感

50. 可以承受负值负载的节流调速回路是(　　)。
A. 进油路节流调速回路　　B. 旁油路节流调速回路
C. 回油路节流调速回路　　D. 三种回路都可以

51. 液压阀是液压系统中的(　　)。
A. 控制元件　　B. 执行元件　　C. 动力元件　　D. 辅助元件

52. 开关控制的普通方向控制阀包括(　　)两类。
A. 单向阀和换向阀　　B. 双向阀和换向阀
C. 溢流阀和减压阀　　D. 减压阀和单向阀

53. 液压泵分为(　　)、齿轮泵、叶片泵、柱塞泵等四种。
A. 低压泵　　B. 高压泵　　C. 喷油泵　　D. 螺杆泵

54. 液压缸是液压系统中的(　　)。
A. 动力元件　　B. 执行元件　　C. 辅助元件　　D. 控制元件

55. 控制阀是用来控制或调节液压系统中液流的流动方向、压力和流量,从而控制执行元件的运动方向、推力、(　　)、动作顺序以及限制和调节液压系统的工作压力等。
A. 动力　　B. 运动速度　　C. 速度　　D. 阻力

56. 在易燃易爆场所穿(　　)最危险。
A. 布鞋　　B. 胶鞋　　C. 带钉鞋　　D. 工作鞋

57. 从业人员发现直接危及人身安全的紧急情况时,应(　　)。
A. 停止作业,撤离危险现场　　B. 继续作业
C. 向上级汇报,等待上级命令　　D. 以上均不正确

58. 为防止高温场所人员中暑,应多饮(　　)。
A. 纯净水　　B. 汽水　　C. 淡盐水　　D. 自来水

59. 进行腐蚀品的装卸作业时应戴(　　)手套。
A. 帆布　　B. 橡胶　　C. 棉布　　D. 以上都不正确

60. 易燃易爆场所不能穿(　　)。
A. 纯棉工作服　　B. 化纤工作服　　C. 防静电工作服　　D. 以上都不正确

61. 当空气中氧含量低于(　　)时,不能使用自吸过滤式防毒面具。
A. 18%　　B. 20%　　C. 21%　　D. 28%

62. 电焊工使用的防护面罩,应(　　)。

A. 耐燃、导电　　B. 耐燃、不导电、不导热

C. 耐燃、不导电、但导热　　D. 以上都不正确

63. 静电电压最高可达(　　),可现场放电,产生静电火花,引起火灾。

A. 50 V　　B. 数万伏　　C. 220 V　　D. 380 V

64. 静电设备的高压电缆悬空吊架与其他电力电缆至少要保持(　　)的距离。

A. 20 cm　　B. 30 cm　　C. 50 cm　　D. 60 cm

65. 在触电事故中,通过人体电流达(　　)可致人死亡。

A. 1 mA　　B. 50 mA　　C. 100 mA　　D. 150 mA

66. (　　)不是工伤事故。

A. 上下班途中受到机动车伤害　　B. 喝醉酒操作导致机床伤手

C. 工作中违反操作规程受伤　　D. 以上都不正确

67. 粉尘爆炸属于(　　)。

A. 物理爆炸　　B. 化学爆炸　　C. 气体爆炸　　D. 蒸汽爆炸

68. 离合器接合过程中,其主、从动部分转速也渐趋(　　),直至离合器完全接合而停止打滑时,接合过程即告结束。

A. 增大　　B. 不相等　　C. 相等　　D. 减小

69. 发生火灾时(　　)。

A. 不能随便开启门窗　　B. 只能开门

C. 只能开窗　　D. 门窗都不能打开

70. 发生火灾时,首先要保持冷静,并用(　　)捂住口鼻,采取匍匐前进或低头弯腰的方法迅速朝安全出口的方向逃离火灾现场。

A. 湿毛巾　　B. 手　　C. 干毛巾　　D. 被子

71. 大型油罐应设置(　　)自动灭火系统。

A. 泡沫灭火系统　　B. 二氧化碳灭火系统

C. 卤代烷灭火系统　　D. 喷淋灭火系统

72. 消火栓距路边不应超过(　　)m,距建筑物外墙不宜小于(　　)m。

A. 3,4　　B. 4,3　　C. 5,2　　D. 2,5

73. 闪点为(　　)的物品,称为三级火灾危险品。

A. 21 ℃以下　　B. 21~70 ℃　　C. 70 ℃以上　　D. 70~100 ℃

74. 汽修厂燃油烤房烘烤时,要求易燃气体和溶剂蒸气体积控制在(　　)。

A. 爆炸浓度和 25% 以下　　B. 爆炸上限浓度的 25% 以下

C. 爆炸下限浓度的 25% 以下　　D. 以上都不正确

75. 所谓大气质量标准,是借用一个量化的指标,来反映大气质量状况与(　　)的关系。

A. 人体健康　　B. 工业污染　　C. 汽车排放　　D. 生存环境

76. 汽车的排放污染物绝大多数来自(　　)。

A. 曲轴箱窜气　　B. 燃油箱溢出的燃油蒸汽

C. 变速器中的油雾　　D. 发动机排出的废气

77. 在电动座椅中,一般一个电动机可以完成座椅的(　　)。

A. 一个方向的调整　　B. 两个方向的调整

C. 三个方向的调整　　D. 四个方向的调整

78. 每个电动后视镜的后面都有(　　)电动机驱动。

A. 一个　　B. 两个　　C. 三个　　D. 四个

79. 中控门锁系统中的门锁控制开关用于控制所有车门锁的开关,安装在(　　)。

A. 驾驶员侧门的内侧扶手上　　B. 每个车门上

C. 门锁总成中　　D. 左后车门的内侧扶手上

80. 门锁控制开关的作用是(　　)。

A. 在任意一车门内侧实现开锁和锁门动作

B. 在任意一车门外侧实现开锁和锁门动作

C. 在驾驶员侧车门内侧实现开锁和锁门动作

D. 在左后车门内侧实现开锁和锁门动作

二、判断题(每题 1 分,共 20 分)

81. (　　)千斤顶缺油时,可以用制动液或其他油液代替液压油。

82. (　　)举升器按控制方式只分为电动式、气动式两种。

83. (　　)气门弹簧拆装钳是一种专门用来拆装下置式气门弹簧的工具。

84. (　　)开口扳手是汽车拆装中最常用的工具之一,开口扳手的特点是方便、快捷。

85. (　　)在安全生产工作中,通常所称的"三违"是指违章指挥、违章操作、违反劳动纪律。

86. (　　)所有机械的危险部分,应安装合适的安全防护装置来确保工作安全。

87. (　　)机动车维修车间及仓库区,严禁烟火。

88. (　　)电气设备失火时,不能用水灭火,只能用泡沫灭火器灭火。

89. (　　)使用手提式化学泡沫灭火器时,手提筒体上部的提环,迅速跑到火场,应注意在奔跑过程中要将灭火器过分倾斜,以便两种药剂充分混合,达到更好的灭火效果。

90. (　　)禁止使用含铅汽油和其他危害人体健康的清洗剂。

91. (　　)《民法典》规定,当事人订立合同,应当具有相应的民事权利能力和民事义务能力。

92. (　　)节温器通过改变冷却液浓度来调节冷却液的温度。

93. (　　)发动机润滑系统一般由油底壳、机油泵、机油滤清器、主油道、阀类等组成。

94. (　　)离合器装在发动机与变速器之间,通过离合器的分离与接合,来控制发动机与变速器之间动力的切断与传递。

95. (　　)职业道德是同人们的职业活动紧密联系的符合职业特点所要求的道德准则、道德情操与道德品质的总和。

96. (　　)圆锉刀的尺寸规格是以锉身的直径大小规定的。

97. (　　)常用的錾子有扁錾、尖錾、油槽錾和圆口錾四种。

98. (　　)锉削时,要及时清理锉纹中的铁屑,可用嘴吹,也可以用手清除。

99. (　　)游标卡尺内量爪测量外表面,外量爪测量内表面。

100. (　　)轮胎气压低于 80%,轮辋组件有明显裂纹时,不应该对轮胎进行充气。

理论试题(二)

姓名: 单位:

请将正确答案写在答题卡内。

1	2	3	4	5	6	7	8	9	10	11	12	13	14	15	16	17	18	19	20
21	22	23	24	25	26	27	28	29	30	31	32	33	34	35	36	37	38	39	40
41	42	43	44	45	46	47	48	49	50	51	52	53	54	55	56	57	58	59	60
61	62	63	64	65	66	67	68	69	70	71	72	73	74	75	76	77	78	79	80
81	82	83	84	85	86	87	88	89	90	91	92	93	94	95	96	97	98	99	100

一、选择题(每题1分,共80分)

1. 各种职业道德往往采取简洁明快的形式,对本职业人员提出具体的道德要求,以保证职业活动的顺利开展,这体现了职业道德的(　　)。

A. 稳定性　B. 专业性　C. 具体性　D. 适用性

2. 职业道德对企业起到(　　)的作用。

A. 增强员工独立意识　B. 缓和企业上级与员工关系

C. 使员工规矩做事情　D. 增强企业凝聚力

3. 蓄电池正常使用一段时间后电解液亏损时应添加(　　)。

A. 硫酸　B. 蒸馏水　C. 自来水　D. 井水

4. 自动变速器内的制动器的作用是(　　)。

A. 联接　B. 固定　C. 锁止　D. 制动

5. 关于喇叭触点经常烧坏故障,甲说喇叭触点经常烧坏故障的原因可能是电容断路;乙说喇叭触点经常烧坏故障的原因可能是电容量过小。你认为以上观点(　　)。

A. 甲正确　B. 乙正确　C. 甲乙都正确　D. 甲乙都不正确

6. 两前轮车轮制动器间隙不一致会导致汽车(　　)。

A. 制动失效　B. 制动跑偏　C. 制动过热　D. 轮胎异常磨损

7. 对液压制动的汽车连续踏几次制动踏板,始终到底且无力是因为(　　)。

A. 制动主缸皮碗损坏、顶翻　B. 制动蹄片和制动鼓间隙过大

C. 制动系统渗入空气或制动液气化　D. 制动液牌号不对

8. 关于起动机不能与飞轮结合故障,甲说故障的原因主要是起动机的电磁开关不良;乙说故

障的原因主要是起动机的电流过小。你认为以上观点(　　)。

A. 甲正确　　B. 乙正确　　C. 甲乙都正确　　D. 甲乙都不正确

9. 对汽车电器故障维修需要拆下蓄电池时,首先要断开(　　)的接线电缆。

A. 蓄电池正极　　B. 蓄电池负极

C. 断开点火开关　　D. 断开保险丝供电

10. 当线圈中磁场减弱时,产生感应电流的磁通(　　)。

A. 与原磁通的方向相反　　B. 方向不能确定

C. 与原磁通的方向无关　　D. 与原磁通的方向相同

11. 汽车修理工艺卡片的技术规范不包括(　　)。

A. 零件尺寸　　B. 表面粗糙度值　　C. 热处理　　D. 配合公差

12. 氧传感器电压偏低,而喷油脉冲宽度高于指定值。甲说 PCM 可能有故障;乙说进气歧管内可能有真空泄漏。请问谁正确?(　　)

A. 甲正确　　B. 乙正确　　C. 两人均正确　　D. 两人均不正确

13. 点火信号发生器产生的信号使点火模块的大功率管由导通状态变为截断状态,切断点火线圈中初级线圈的(　　),在点火线圈次级绕组产生高压电。

A. 高压电　　B. 电压　　C. 电阻　　D. 电流

14. 一辆捷达,当转向开关打到左右两侧时,转向灯均不亮,检查故障时应首先做的事是(　　)。

A. 检查继电器　　B. 检查保险丝

C. 检查转向开关　　D. 按下紧急报警开关观看转向灯是否亮

15. 某轿车起动时发现起动机发烫但是电动机根本不转,最可能的原因是(　　)。

A. 直流电动机内部对搭铁短路　　B. 电磁开关触点烧蚀

C. 起动继电器触点粘连　　D. 换向器片间断路

16. 以下哪种(　　)原因不会引起汽车发动机怠速不稳。

A. 车速传感器损坏　　B. 水温传感器损坏

C. 空气流量计损坏　　D. 节气门位置传感器损坏

17. 柴油机排气冒黑烟的主要原因之一是(　　)。

A. 喷油时间过早　　B. 喷油时间过迟　　C. 喷油量过小　　D. 速燃期过短

18. (　　)不是悬架系统损坏引起的常见故障。

A. 轮胎异常磨损　　B. 后桥异响　　C. 车身倾斜　　D. 汽车行驶跑偏

19. 发动机汽缸体裂纹和破损检测最常用的方法是(　　)法。

A. 磁力探伤　　B. 荧光探伤　　C. 敲击　　D. 水压试验

20. 在任何挡位和车速情况下,变速器均有“咝咝”声,说明(　　)。

A. 变速器缺油　　B. 中间轴弯曲　　C. 第一轴变形　　D. 啮合齿轮间隙过大

21. 合理选择(　　)可以提高发动机的充气效率。

A. 进气迟开角　　B. 排气迟开角　　C. 排气早闭角　　D. 进气迟闭角

22. 有关錾削叙述正确的是(　　)。

A. 不需戴任何眼镜　　B. 不得錾削淬火的工件

C. 錾子头部需要淬火　　D. 一般情况使用高速钢材做錾子

23. 关于ABS系统,甲技师说:“在进行电动机驱动测试时,应先确认蓄电池电压是否正常。”乙技师说:“进行电动机驱动测试时,车辆须在静止状态下。”你认为(　　)。

A. 仅甲正确　　B. 仅乙正确

C. 甲和乙都正确　　D. 甲和乙都不正确

24. 发动机冷却系统的水泵是由哪个部件带动的(　　)。

A. 曲轴　　B. 压缩机　　C. 电瓶　　D. 曲轴位置传感器

25. 汽车后桥某一部位的齿轮啮合间隙过小,会使汽车在(　　)时发响。

A. 下坡　　B. 上坡　　C. 上、下坡　　D. 起步

26. 电控发动机控制系统中,(　　)存放了发动机各种工况的最佳喷油持续时间。

A. 电控单元　　B. 执行器　　C. 温度传感器　　D. 压力调节器

27. 在行驶中气制动力的大小是驾驶员通过(　　)控制。

A. 空压机　　B. 制动气室　　C. 继动阀　　D. 制动阀

28. 汽车发动机冷却液液位降低时,应添加(　　)。

A. 自来水　　B. 蒸馏水

C. 同等规格的冷却液　　D. 矿泉水

29. 汽车发电机皮带松动,可能会导致(　　)。

A. 发电机发电不足　　B. 轮胎磨损加剧

C. 发动机动力下降　　D. 车辆加速无力

30. 关于空调压缩机不运转故障,甲说空调压缩机不运转故障的原因可能是空调系统内无制冷剂;乙说空调压缩机不运转故障的原因可能是传动皮带过松。你认为以上观点(　　)。

A. 甲正确　　B. 乙正确　　C. 甲乙都正确　　D. 甲乙都不正确

31. 在测量发动机汽缸磨损程度时,为准确起见,应在不同的位置和方向共测出至少(　　)个值。

A. 2　　B. 4　　C. 6　　D. 8

32. 发动机凸轮轴轴颈磨损后,主要产生(　　)误差。

A. 圆度　　B. 圆柱度　　C. 圆跳动　　D. 圆度和圆柱度

33. 六缸发动机怠速运转不稳,拔下第二缸高压线后,运转状况无变化,故障在(　　)。

A. 第二缸　　B. 相邻缸　　C. 中央高压线　　D. 化油器

34. 发动机汽缸轴线方向磨损量最大部位是在活塞上止点时(　　)所对应的缸壁。

A. 活塞顶　　B. 第一道活塞环　　C. 活塞销　　D. 第二道活塞环

35. 发动机汽缸体裂纹和破损检测最常用的方法是(　　)法。

A. 磁力探伤　　B. 荧光探伤　　C. 敲击　　D. 水压试验

36. 检测诊断汽车的主要技术性能一般不包括(　　)。

A. 安全性　　B. 可靠性　　C. 经济性　　D. 乘坐舒适性

37. 汽车竣工验收路试中要进行的检验是(　　)。

A. 滑行试验　　B. 喇叭音质

C. 灯光性能　　D. 离合器踏板自由行程

38. 由柴油机负荷特性可知,随功率的增加排气烟度(　　)。

A. 增加　B. 减小　C. 与速度成正比　D. 与速度成反比

39. 下列选项中,可作为汽车制动效能评价指标的是(　　)。

A. 制动距离　B. 制动释放时间　C. 制动时间　D. 制动协调时间

40. 目前,多数汽车 ABS 均采用(　　)的控制方式。

A. 以车轮减速度为控制参数

B. 以车轮滑移率为控制参数

C. 以车轮减速度、加速度及滑移率为控制参数

D. 模仿

41. 冷却液温度传感器安装在(　　)。

A. 进气道上　B. 排气管上　C. 水道上　D. 油底壳上

42. 安装在曲轴皮带轮附近或飞轮齿圈附近的曲轴位置传感器一般为(　　)。

A. 电磁感应式　B. 光电式　C. 霍尔效应式　D. 电子机械式

43. 汽车 SRS 气体发生剂引燃后产生大量的(　　)。

A. NO_2　B. N_2　C. O_2　D. CO_2

44. 检验发动机曲轴裂纹的最好方法是选用(　　)。

A. 磁力探伤法或渗透法　B. 敲击法

C. 检视法　D. 超声波检测法

45. 有电子燃油喷射系统的发动机在冷车时怠速不稳,甲说氧传感器损坏可引起此现象;乙说可能是怠速空气控制系统有故障。请问谁正确?(　　)

A. 甲正确　B. 乙正确　C. 两人均正确　D. 两人均不正确

46. (　　)的作用是按发动机的工作顺序依次分配高压电至各缸火花塞上。

A. 分火头　B. 断电器　C. 点火线圈　D. 点火器

47. 发动机冷却系统的组成部件中用来改变冷却水的循环路线及流量的是(　　)。

A. 节温器　B. 散热器　C. 水泵　D. 风扇

48. 在紧急制动时,(　　)情况最危险。

A. 前轮先于后轮抱死　B. 后轮先于前轮抱死

C. 前后轮滑移率很小时　D. 车轮将要抱死时

49. 以下不是发动机回火的原因的是(　　)。

A. 混合气过稀　B. 汽油滤清器滤网过脏

C. 进气门关闭不严　D. 节气门清洗次数过多

50. 在讨论检查喷油器时,甲说有故障的喷油器能使怠速时发动机熄火;乙说喷油器堵塞可能使发动机加速缓慢。试问谁正确?(　　)

A. 甲正确　B. 乙正确　C. 两人均正确　D. 两人均不正确

51. 发动机冷却系统的组成部件中用来检测水温的是(　　)。

A. 水温传感器　B. 散热器　C. 水泵　D. 风扇

52. (　　)是活塞销松旷造成异响的特征。

A. 单缸断(油)时,声音减弱或消失,恢复工作时,声音明显或连续两声响声

B. 温度升高,声音减弱或消失

C. 较沉闷连续的当当金属敲击声

D. 随发动机转速增加，声音加大

53. 发动机活塞环选配的间隙检验项目至少应有(　　)项。

A. 五　　B. 四　　C. 三　　D. 二

54. 以下不属于曲轴变形的主要原因的是(　　)。

A. 曲轴受到冲击　　B. 按规定力矩拧紧螺栓力矩

C. 未按规定力矩拧紧螺栓　　D. 材料缺陷

55. (　　)是导致转向沉重的主要原因。

A. 转向轮轮胎气压过高　　B. 转向轮轮胎气压过低

C. 汽车空气阻力过大　　D. 汽车坡道阻力过大

56. 在17位的VIN码中，表示车辆出厂年份的是第(　　)位。

A. 9　　B. 10　　C. 11　　D. 16

57. 采用三效催化转化器系统的发动机通常装用(　　)控制燃油喷射系统。

A. 开环　　B. 闭环　　C. 自学习　　D. 模糊控制

58. 水温传感器作为控制喷油的(　　)。

A. 修正信号　　B. 基本信号　　C. 固定信号　　D. 辅助信号

59. 用诊断仪对发动机进行检测时，点火开关应(　　)。

A. 关闭　　B. 打开　　C. 位于起动挡　　D. 位于锁止挡

60. 电控燃油喷射发动机燃油压力检测时，将油压表接在供油管和(　　)之间。

A. 燃油泵　　B. 燃油滤清器　　C. 分配油管　　D. 喷油器

61. 汽车分离轴承缺少润滑油，会造成(　　)异响。

A. 离合器　　B. 变速器　　C. 驱动桥　　D. 万向传动轴

62. 自动变速器油液呈极度深暗红色说明(　　)。

A. 正常　　B. 未及时更换油液　　C. 过热　　D. 油面过高

63. 传动轴严重凹陷，会导致汽车在高速行驶中(　　)。

A. 异响　　B. 振动　　C. 异响和振动　　D. 车速不稳

64. 交流发电机转子线圈及两个滑环与外壳的电阻值为(　　)时，表示交流发电机转子性能良好。

A. 无限大　　B. 零　　C. 20 kΩ　　D. 80 Ω

65. 转向失控时，需要检查的项目是(　　)。

A. 两前轮胎压　　B. 钢板弹簧是否折断

C. 两侧轴矩是否相等　　D. 以上都正确

66. 在汽车电控单元中，输入信号处理电路的(　　)功能，使I/O装置与微处理器在数据传送速度上得到匹配。

A. 识别各指示数据传送的地址　　B. 数据缓冲和暂存

C. 信息格式转换　　D. 传送主机控制命令

67. 当讨论自动变速器主油路油压时，技师甲说："变速器中的所有油压都是由主油路油压调节后形成的。"技师乙说："主油路油压是经调节后的油泵输出压力。"你认为(　　)。

A. 仅甲正确 B. 仅乙正确 C. 甲和乙都正确 D. 甲和乙都不正确

68. 当讨论四轮转向原理时,技师甲说:“四轮转向系统会使汽车高速时侧滑减轻。”技师乙说:“在车速较低或转向盘转角很大时,后轮的转向与前轮相反。”你认为( )。

A. 仅甲正确 B. 仅乙正确 C. 甲和乙都正确 D. 甲和乙都不正确

69. 在电子控制动力转向(EPS)系统的控制方式中,( )是根据车速操纵电磁阀,直接改变动力转向控制阀的液压增益来控制油压的方法。

A. 流量控制式 B. 阀灵敏度可变控制式

C. 功率灵敏度控制式 D. 反力控制式

70. 柴油机共轨式电控喷射采用( )原理,控制燃油喷射系统。

A. 压力-时间式的计量 B. 柱塞泵脉动供油

C. 速度-时间式的计量 D. 温度-时间式的计量

71. 自动变速器主油路油压,在下列哪种情况下应有所降低( )。

A. 海拔高度下降时 B. 节气门开度增大时

C. 油温过低时 D. 换挡瞬间

72. 最佳空燃比闭环控制是在开环控制的基础上,在一定条件下,由计算机根据( )输出的氧浓度信号,修正燃油供应量使混合气空燃比保持在理想状态。

A. 空气流量计 B. 进气歧管压力传感器

C. 氧传感器 D. 节气门位置传感器

73. 检查制动鼓时,用( )测量,制动鼓内圆面的圆度误差不得超过规定值。

A. 直尺 B. 角尺 C. 弓形内径规 D. 深度尺

74. 安装好制动凸轮轴后,应使两轴轴向间隙不大于( )mm。

A. 0.6 B. 0.7 C. 0.65 D. 0.5

75. 关于曲轴位置传感器,甲技师说:“曲轴位置传感器信号反映发动机转速和某缸压缩上止点前的给定位置。”乙技师说:“电脑根据曲轴位置、凸轮轴位置两个传感器的信号判别第一缸及第六缸活塞的上止点位置。”你认为( )。

A. 仅甲正确 B. 仅乙正确 C. 甲和乙都正确 D. 甲和乙都不正确

76. 关于引起高速打摆现象的主要原因。甲认为:车架变形是打摆现象的主要原因。乙认为:前减振器失效是其中原因之一。丙认为:前束过大是其中原因之一。看法正确的是( )。

A. 甲和乙 B. 乙和丙 C. 丙和甲 D. 均错

77. 关于ABS系统,技师甲说:“齿圈安装于车轮或驱动轴差速器输入端,并跟随车轮或驱动轴一起转动。”技师乙说:“传感器固定于制动底板或转向节支架上,以间隙方式对准齿圈。”你认为( )。

A. 仅甲正确 B. 仅乙正确 C. 甲和乙都正确 D. 甲和乙都不正确

78. V带工作时,( )为工作面。

A. 下表面 B. 上表面 C. 两侧面 D. 下表面和侧面

79. 在讨论燃油压力调节器时,甲说在EFI(电子燃油喷射)系统中,与压力调节器相连的进气管真空度在节气门大开度时导致较高的燃油压力;乙说在EFI系统中,无论节气门开度如何,压力调节器都保持恒定的喷油压力差,试问谁正确?( )。

A. 甲正确　　B. 乙正确　　C. 两人均正确　　D. 两人均不正确

80. 汽车通风系统一般为(　　)。

A. 自然通风　　B. 强制通风

C. 自然通风和强制通风　　D. 行车通风

二、判断题(每题1分,共20分)

81. (　　)进油节流调速回路的节流阀安装在液压泵的出口上,液压油经节流阀进入液压缸。

82. (　　)柴油机排出的白烟,通常是由凝结的水蒸气和润滑油的微滴形成的。

83. (　　)对待职业和岗位,一职定终身,不改行是爱岗敬业所要求的。

84. (　　)加速行驶时,后轴驱动车辆有较大的附着率,因此,加速性能要求高的车辆都采用后轮驱动。

85. (　　)只有通过自诊断系统将故障码及有关信息资料调出并诊断出故障原因后,才可将蓄电池从电路中断开或拔下相应的保险丝。

86. (　　)水温传感器内部是一个半导体热敏电阻,它具有负的温度电阻系数,水温越低电阻越低,水温越高电阻越高。

87. (　　)换挡阀的作用是根据换挡时的汽车行驶速度与节气门开度的关系特性,自动地将变速器从某一个挡位换到相邻的挡位。

88. (　　)起动发动机后,有时候会从发动机舱中传出类似碰击的声音,这是ABS进行自检的声音。

89. (　　)自动变速器油面过低,因齿轮等零件搅拌而形成泡沫,将使换挡过程中出现打滑和接合延迟现象,并加速油液的氧化。

90. (　　)汽车巡航控制开关有四个挡位,其中一个是“Resume”,其中文的意思是“恢复巡航”。

91. (　　)汽车在路面上行驶,行驶阻力与驱动力相平衡时达到的稳定车速称为最高车速。

92. (　　)发动机转速与曲轴位置传感器安装位置,可安装在曲轴前部或飞轮上,也可安装在分电器上,且装在分电器上的较多。

93. (　　)人工读取丰田电喷发动机的故障码时,应将诊断插座上的TE1和E1插孔短接。

94. (　　)对于全液力自动变速器,车速调节器阀将汽车行驶速度的变化转换成为相应的控制液压,并作用于换挡阀,实现自动换挡。

95. (　　)在装有氧传感器的空燃比反馈控制系统中,必须使用无铅汽油,否则会损坏氧传感器。

96. (　　)电控自动变速器故障诊断应按照电子控制系统、液压控制系统和机械系统依次诊断,确定故障部位。

97. (　　)SRS系统电路装车配线时,点火器(电雷管)和转向线盘电缆引线内部装有短路棒,是为了防止电路通电时点火器误动作点火。

98. (　　)顺序回路用以控制多缸液压系统的动作顺序,使各缸严格按顺序依次动作。

99. (　　)光化学烟雾是CO和CO_2在阳光紫外线作用下,发生光化学反应所产生的烟雾。

100. (　　)附着力就是指汽车直线行驶时要求的最小地面附着系数。

理论试题(三)

姓名：　　　　　　　　　　单位：

请将正确答案写在答题卡内。

1	2	3	4	5	6	7	8	9	10	11	12	13	14	15	16	17	18	19	20
21	22	23	24	25	26	27	28	29	30	31	32	33	34	35	36	37	38	39	40
41	42	43	44	45	46	47	48	49	50	51	52	53	54	55	56	57	58	59	60
61	62	63	64	65	66	67	68	69	70	71	72	73	74	75	76	77	78	79	80
81	82	83	84	85	86	87	88	89	90	91	92	93	94	95	96	97	98	99	100

一、选择题(每题1分,共80分)

1. (　　)是指调整劳动关系及与劳动关系密切联系的其他社会关系的法律规范的总称。

A. 狭义的劳动法　B. 广义的劳动法　C. 职业道德　D. 道德规范

2. 正确阐述职业道德与人的事业的关系的选项是(　　)。

A. 没有职业道德的人不会获得成功

B. 要取得事业的成功,前提条件是要有职业道德

C. 事业成功的人往往并不需要较高的职业道德

D. 职业道德是人获得成功的重要条件

3. (　　)平衡机按静平衡原理工作。

A. 就车式　B. 离车式　C. 气压式　D. 液压式

4. 过量空气系数 α(　　)时为浓混合气。

A. >1　B. <1　C. $=1$　D. $=2$

5. 柴油机燃烧室按结构形式可分为(　　)燃烧室和统一式燃烧室。

A. 球形式　B. 分开式　C. U形式　D. W形式

6. 有关起动系统叙述正确的是(　　)。

A. 可连续起动　B. 一般有起动继电器

C. 电动机电流很小　D. 不受控于点火开关

7. 转向失控时,需要检查的项目是(　　)。

A. 两前轮胎压　B. 钢板弹簧是否折断

C. 两侧轴矩是否相等　D. 以上都正确

8. 汽车维护中常用扭力扳手的规格为(　　)。

A. 0～300 N·m　B. 0～500 N·m　C. 0～1 000 N·M　D. 0～2 000 N·m

9. 一般压缩比较高的发动机应选用(　　)的汽油。

A. 辛烷值较高　B. 辛烷值较低　C. 凝点较高　D. 凝点较低

10. 当线圈中磁场减弱时,产生感应电流的磁通(　　)。

A. 与原磁通的方向相反　B. 与原磁通的方向相同

C. 与原磁通的方向无关　D. 方向不能确定

11. 主要对汽车进行局部举升的装置是(　　)。

A. 举升器　B. 千斤顶　C. 木块　D. 金属块

12. 汽车制动系统中,(　　)制动器属于盘式制动器的一种。

A. 鼓式　B. 浮钳式　C. 全盘式　D. 领从蹄式

13. 汽车变速器的挡位数增加,通常会(　　)。

A. 提高燃油经济性　B. 降低动力性

C. 增加噪音　D. 减少使用寿命

14. 汽车的四轮驱动系统(4WD)通常用于(　　)。

A. 城市通勤　B. 越野行驶　C. 高速公路行驶　D. 停车场低速行驶

15. 在大功率的发动机上由于热负荷大必须安装(　　)。

A. 机油泵　B. 过滤器　C. 汽油泵　D. 散热器

16. 变速器操纵机构有(　　)、拨叉、拨叉轴、锁止装置和变速器盖等组成。

A. 变速器操纵杆　B. 输入轴　C. 变速器壳体　D. 控制系统

17. 下列选项中可以承担整车大部分载重的是(　　)。

A. 离合器　B. 变速器　C. 万向传动装置　D. 驱动桥

18. (　　)的结构特点是两侧车轮由一根整体式车桥相连,车轮连同车桥一起通过弹性悬架悬挂在车架下面。

A. 独立悬架　B. 非独立悬架　C. 前桥　D. 后桥

19. (　　)转向器主要由壳体、转向螺杆、摇臂轴、转向螺母等组成。

A. 循环球式　B. 齿轮-齿条式　C. 蜗杆指销式　D. 双指销式

20. 在使用时靠起动机磁极的电磁吸力使电枢轴向移动而使传动小齿轮与飞轮齿环进入啮合的起动机是(　　)。

A. 直接操纵式　B. 惯性啮合式

C. 移动电枢啮合式　D. 强制啮合式

21. 当线圈中通电时,电磁继电器上的衔铁带动活动触点与固定(　　)断开。

A. 常开触点　B. 常闭触点　C. 铁芯　D. 以上都不对

22. 有关錾削叙述正确的是(　　)。

A. 不需戴任何眼镜　B. 不得錾削淬火的工件

C. 錾子头部需要淬火　D. 一般情况使用高速钢材做錾子

23. 制动失灵时,需要检查的项目是(　　)。

A. 制动液液位是否过低　B. 制动盘是否磨损过度

C. 制动踏板自由行程是否过大 D. 以上都正确

24. ( )是保证和提高维修质量的先决条件。

A. 加强教育 B. 抓技术管理 C. 应用新技术 D. 推行管理新经验

25. 发动机气门座圈异响比气门异响稍大,呈( )嚓嚓声。

A. 没有规律的忽大、忽小 B. 有规律、大小一样

C. 无规律、大小一样 D. 有规律

26. 变速器竣工验收时,应进行( )试验。

A. 有负荷 B. 无负荷 C. 热磨合 D. 无负荷和有负荷

27. 校正发动机曲轴平衡时,一般是在曲轴( ),用钻孔去除材料的方法获得平衡。

A. 主轴颈 B. 曲拐 C. 曲柄臂 D. 连杆轴颈

28. 将报废件定为可用件将影响汽车的修理质量;如果将可用件定为报废件,将影响汽车的修理( )。

A. 质量 B. 工艺 C. 成本 D. 技术要求

29. 关于喇叭触点经常烧坏故障,甲说喇叭触点经常烧坏故障的原因可能是电容断路;乙说喇叭触点经常烧坏故障的原因可能是电容量过小。你认为以上观点( )。

A. 甲正确 B. 乙正确 C. 甲乙都正确 D. 甲乙都不正确

30. 关于空调压缩机不运转故障,甲说空调压缩机不运转故障的原因可能是空调系统内无制冷剂;乙说空调压缩机不运转故障的原因可能是传动皮带过松。你认为以上观点( )。

A. 甲正确 B. 乙正确 C. 甲乙都正确 D. 甲乙都不正确

31. 在测量发动机汽缸磨损程度时,为准确起见,应在不同的位置和方向共测出至少( )个值。

A. 2 B. 4 C. 6 D. 8

32. 发动机凸轮轴轴颈磨损后,主要产生( )误差。

A. 圆度 B. 圆柱度 C. 圆跳动 D. 圆度和圆柱度

33. 六缸发动机怠速运转不稳,拔下第二缸高压线后,运转状况无变化,故障在( )。

A. 第二缸 B. 相邻缸 C. 中央高压线 D. 化油器

34. 发动机汽缸轴线方向磨损量最大部位是在活塞上止点时( )所对应的缸壁。

A. 活塞顶 B. 第一道活塞环 C. 活塞销 D. 第二道活塞环

35. 发动机汽缸体裂纹和破损检测最常用的方法是( )法。

A. 磁力探伤 B. 荧光探伤 C. 敲击 D. 水压试验

36. 检测诊断汽车的主要技术性能一般不包括( )。

A. 安全性 B. 可靠性 C. 经济性 D. 乘坐舒适性

37. 汽车竣工验收路试中要进行的检验是( )。

A. 滑行试验 B. 喇叭音质

C. 灯光性能 D. 离合器踏板自由行程

38. 由柴油机负荷特性可知,随功率的增加排气烟度( )。

A. 增加 B. 减小 C. 与速度成正比 D. 与速度成反比

39. 下列选项中,可作为汽车制动效能评价指标的是( )。

A. 制动距离　B. 制动释放时间　C. 制动时间　D. 制动协调时间

40. 目前,多数汽车 ABS 均采用(　　)的控制方式。

A. 以车轮减速度为控制参数

B. 以车轮滑移率为控制参数

C. 以车轮减速度、加速度及滑移率为控制参数

D. 模仿

41. 用于汽车 ABS 系统的轮速传感器主要有(　　)。

A. 电磁式　B. 霍尔效应式

C. 光电式　D. 电磁式和霍尔效应式

42. 起动发动机时,每次接通起动机的时间不应超过(　　)s。

A. 5　B. 10　C. 15　D. 20

43. 按蓄电池生产厂家的要求或气温条件,在蓄电池内加注规定密度的电解液,静置 6～8 h 后,再将液面高度调整到高出极板(或防护片)顶部(　　)mm。

A. 5～10　B. 10～15　C. 15～20　D. 20～25

44. 起动机电磁开关吸拉线圈的电阻值为(　　)Ω。

A. 1.5～2.6　B. 1.6～2.6　C. 2.6～2.7　D. 2.7～2.9

45. 交流发电机单相桥式硅整流器每个二极管,在一个周期内的导通时间为(　　)周期。

A. 1/2　B. 1/3　C. 1/4　D. 1/6

46. 中心引线为负极,管壳为正极的二极管是(　　)。

A. 负极二极管　B. 励磁二极管　C. 正极二极管　D. 稳压二极

47. 电控发动机燃油喷射系统中的怠速旁通阀是(　　)系统组成部分。

A. 供气　B. 供油　C. 控制　D. 空调

48. 用来检测进气压力的传感器是(　　)传感器。

A. 进气温度　B. 进气压力　C. 曲轴位置　D. 进气温度

49. 制冷剂离开压缩机时的状态为(　　)。

A. 低压过热蒸气　B. 低压过冷蒸气　C. 高压过热蒸气　D. 高压过冷蒸气

50. 关于起动机运转无力故障的原因,甲说起动机运转无力的原因可能是起动机电枢轴弯曲与磁极碰擦;乙说起动机运转无力的原因可能是电枢绕组或磁场绕组短路。你认为以上观点(　　)。

A. 甲正确　B. 乙正确　C. 甲乙都正确　D. 甲乙都不正确

51. 点火信号发生器产生的信号使点火模块的大功率管由导通状态变为截止状态,切断点火线圈中初级线圈的(　　),在点火线圈次级绕组产生高压电。

A. 高压电　B. 电压　C. 电阻　D. 电流

52. 两侧转向灯闪烁频率不同的原因可能是(　　)。

A. 闪光器故障　B. 电源电压过高或过低

C. 两侧灯泡功率不同　D. 以上选项都有可能

53. 点火开关接通时,读识线圈把能量用(　　)的方式传送给脉冲转发器。

A. 导线传输　B. 互感　C. 感应　D. 数字

54. 从传感器输出的信号输入 ECU 后,首先通过输入回路,其中(　　)直接输入计算机。

A. 数字信号　　B. 模拟信号　　C. 频率信号　　D. 发射信号

55. 当 ECU 根据爆震传感器信号判定发动机发生爆震时,立即把点火时刻(　　)。

A. 推迟　　B. 提前　　C. 固定　　D. 不确定

56. 汽车发动机冷却液温度过高时,以下哪种措施是正确的(　　)?

A. 立即打开散热器盖,检查冷却液液位　　B. 立即熄火,等待发动机自然冷却

C. 继续行驶,打开暖风系统帮助散热　　D. 立即加注冷却液,确保液位正常

57. 当用示波器测试发动机时,一个气缸的击穿电压比正常的低,且火花持续时间比正常的长,其他气缸均正常,以下哪个原因可引起此类现象?(　　)

A. 火花塞积炭　　B. 火花塞电缆线端腐蚀

C. 空气与燃油混合气稀　　D. 火花塞间隙过小

58. 当从示波器上观察点火波形时,某一个缸的点火电压较低,可能是以下哪些原因引起的?(　　)

A. 火花塞间隙过大　　B. 次级电路电阻太大

C. 混合气过稀　　D. 该气缸的压缩压力较低

59. 用(　　)检查电控燃油汽油机各缸是否工作。

A. 数字式万用表　　B. 双缸断火法　　C. 模拟式万用表　　D. 单缸断火法

60. 所谓制动侧滑是指汽车制动时,(　　)。

A. 某一轴车轮或两轴车轮发生横向滑移现象

B. 某一轴车轮或两轴车轮发生纵向滑移现象

C. 发生偏离行驶方向的现象

D. 发生车轮急剧滑转现象

61. 液压行车制动系统在达到规定的制动效能时,对于座位数大于 9 的载客汽车踏板行程应不得超过(　　)mm。

A. 80　　B. 100　　C. 120　　D. 150

62. 识读装配图分析零件时,需要分离零件,分离零件的方法首先从(　　)开始。

A. 主视图　　B. 零件序号和明细表(栏)

C. 剖视图　　D. 标题栏

63. 在汽车电控单元中,输入信号处理电路的(　　)功能,使 I/O 装置与微处理器在数据传送速度上得到匹配。

A. 识别各指示数据传送的地址　　B. 数据缓冲和暂存

C. 信息格式转换　　D. 传送主机控制命令

64. 膜片弹簧式离合器的分离杠杆的平面度误差不得大于(　　)mm。

A. 0.1　　B. 0.3　　C. 0.5　　D. 0.7

65. 当讨论四轮转向原理时,技师甲说:“四轮转向系统会使汽车高速时侧滑减轻。”技师乙说:“在车速较低或转向盘转角很大时,后轮的转向与前轮相反。”你认为(　　)。

A. 仅甲正确　　B. 仅乙正确　　C. 甲和乙都正确　　D. 甲和乙都不正确

66. 变速器在换挡过程中,必须使即将啮合的一对齿轮的(　　)达到相同,才能顺利地挂上挡。

A. 角速度　　B. 线速度　　C. 转速　　D. 圆周速度

67. 变速器不常接合齿轮齿厚磨损不得超过(　　)mm。

A. 0.20　　B. 0.25　　C. 0.30　　D. 0.40

68. 在电子控制动力转向(EPS)系统的控制方式中,(　　)是根据车速操纵电磁阀,直接改变动力转向控制阀的液压增益来控制油压的方法。

A. 流量控制式　　B. 阀灵敏度可变控制式

C. 功率灵敏度控制式　　D. 反力控制式

69. 自动变速器试验后,应让发动机怠速运转(　　)s 左右,以使自动变速器油温正常。

A. 10　　B. 20　　C. 30　　D. 60

70. 柴油机共轨式电控喷射采用(　　)原理,控制燃油喷射系统。

A. 压力-时间式的计量　　B. 柱塞泵脉动供油

C. 速度-时间式的计量　　D. 温度-时间式的计量

71. 调整转向器啮合间隙时,转向器应处于(　　)位置。

A. 中间啮合　　B. 两端啮合　　C. 任意　　D. 前端

72. 如离合器间隙太大,离合器将出现(　　)的故障。

A. 打滑　　B. 分离不开　　C. 发抖　　D. 异响

73. 通常进气门的气门间隙是(　　)mm。

A. 0.10～0.20　　B. 0.25～0.30　　C. 0.30～0.35　　D. 0.40～0.45

74. 出现离合器分离不彻底故障时,应检查(　　)在变速器输入轴花键齿上移动是否灵活。

A. 主动盘　　B. 中间压盘　　C. 从动盘　　D. 离合器盖

75. 变速器挂入传动比大于 1 的挡位时,变速器实现(　　)。

A. 升速减扭　　B. 增扭升速　　C. 增速增扭　　D. 减速减扭

76. 离合器从动盘钢片破裂造成(　　)异响。

A. 离合器　　B. 变速器　　C. 驱动桥　　D. 万向传动轴

77. 单级主减速器(　　)齿轮安装在差速器壳上。

A. 主动圆锥　　B. 从动圆锥　　C. 行星　　D. 半轴

78. 差速器壳上安装着行星齿轮、半轴齿轮、从动圆锥齿轮和行星齿轮轴,其中不属差速器的是(　　)。

A. 行星齿轮　　B. 半轴齿轮　　C. 从动圆锥齿轮　　D. 行星齿轮轴

79. 正确的主减速器主、从动锥齿轮啮合印痕应位于齿长方向偏向(　　)端,齿高方向偏向顶端。

A. 小　　B. 大　　C. 中　　D. 以上都不正确

80. 前轮定位检测应该使用(　　)。

A. 线绳　　B. 米尺

C. 前束尺或前轮定位仪　　D. 水平仪

二、判断题(每题 1 分,共 20 分)

81. (　　)液压传动系统中的减压回路主要减主油路的压力。

82. (　　)在液压传动的基本回路中,换向阀换向适用于高换向精度的场合。

83. (　　)使用活塞环拆装钳拆装活塞环时用力必须均匀。

84. (　　)节温器是润滑系统的重要组成部件。

85. (　　)按滤清方式不同,润滑系统机油滤清器可分为过滤式和离心式两种。

86. (　　)离合器的功用之一是使发动机与传动系统逐渐接合,保证汽车平稳起步。

87. (　　)发电机在发动机各种运转状态下都不能向蓄电池充电。

88. (　　)进行连杆轴承间隙的调整时,如间隙超过极限时,则应更换连杆轴承。

89. (　　)一般的爆震是因为燃烧室内油气点火后,火焰波尚未完全扩散,未燃烧的混合气因为高温而自燃。

90. (　　)怠速或低速较明显是活塞销松旷造成异响的特征之一。

91. (　　)商用汽车包括乘用车。

92. (　　)汽车最小离地间隙是汽车在空载时,底盘部分最低点与地面间的距离。

93. (　　)当节气门开度到全开位置的 80%～85%时,发动机进入大负荷工况。

94. (　　)三相同步交流发电机的定子用来产生三相交流电,转子用来产生磁场。

95. (　　)ECU 是汽车上一种电子综合控制装置。

96. (　　)气门座圈承孔的表面粗糙度应小于 1.25 μm。

97. (　　)同一活塞环上漏光弧长所对应的圆心角总和不超过 30°。

98. (　　)发动机曲轴弯曲校正一般可采用压床热压校正,这种方法可省去时效处理。

99. (　　)高阻抗喷油器的阻值约为 0.8～1.5 Ω。

100. (　　)节气门位置传感器就是一个滑变电阻。

汽车维修工职业技能鉴定(中级工)理论试题

沈盛军

理论试题(一)

姓名：　　　　　　　　　　　单位：

请将正确答案写在答题卡内。

1	2	3	4	5	6	7	8	9	10	11	12	13	14	15	16	17	18	19	20
21	22	23	24	25	26	27	28	29	30	31	32	33	34	35	36	37	38	39	40
41	42	43	44	45	46	47	48	49	50	51	52	53	54	55	56	57	58	59	60
61	62	63	64	65	66	67	68	69	70	71	72	73	74	75	76	77	78	79	80
81	82	83	84	85	86	87	88	89	90	91	92	93	94	95	96	97	98	99	100

一、单项选择题(每题 1 分,共 80 分)

1. 各种职业道德往往采取简洁明快的形式,对本职业人员提出具体的道德要求,以保证职业活动的顺利开展,这体现了职业道德的(　　)。

A. 稳定性　　B. 专业性　　C. 具体性　　D. 适用性

2. 职业道德对企业起到(　　)的作用。

A. 增强员工独立意识　　B. 缓和企业上级与员工关系

C. 使员工规矩做事情　　D. 增强企业凝聚力

3. 下列选项中,关于职业道德与人的事业成功的关系的正确论述是(　　)。

A. 职业道德是人事业成功的重要条件

B. 职业道德水平高的人肯定能够取得事业的成功

C. 缺乏职业道德的人也会获得事业的成功

D. 人的事业成功与否与职业道德无关

4. (　　)是指调整劳动关系及与劳动关系密切联系的其他社会关系的法律规范的总称。

A. 狭义的劳动法　B. 广义的劳动法　C. 职业道德　D. 道德规范

5. 合同转让与合同变更的区别是(　　)。

A. 合同转让是合同的内容发生了变化

B. 合同转让是合同的主体发生了变更

C. 合同变更是合同的内容发生了实质变化

D. 合同变更是合同主体发生了变更

6.《中华人民共和国消费者权益保护法》是(　　)年通过的。

A. 1990　B. 1992　C. 1993　D. 1999

7. 在用台虎钳进行强力作业时,应尽力使受力的方向朝向(　　)。

A. 夹紧盘　B. 转盘座　C. 活动钳身　D. 固定钳身

8. 汽车维护中常用扭力扳手的规格为(　　)。

A. 0～300 N·m　B. 0～500 N·m　C. 0～1 000 N·m　D. 0～2 000 N·m

9. 一般压缩比较高的发动机应选用(　　)的汽油。

A. 辛烷值较高　B. 辛烷值较低　C. 凝点较高　D. 凝点较低

10. 当线圈中磁场减弱时,产生感应电流的磁通(　　)。

A. 与原磁通的方向相反　B. 与原磁通的方向相同

C. 与原磁通的方向无关　D. 方向不能确定

11. 主要对汽车进行局部举升的装置是(　　)。

A. 举升器　B. 千斤顶　C. 木块　D. 金属块

12. (　　)平衡机按静平衡原理工作。

A. 就车式　B. 离车式　C. 气压式　D. 液压式

13. 过量空气系数 α(　　)时为浓混合气。

A. >1　B. <1　C. $=1$　D. $=2$

14. 柴油机燃烧室按结构形式可分为(　　)燃烧室和统一式燃烧室。

A. 球形式　B. 分开式　C. U 形式　D. W 形式

15. 在大功率的发动机上由于热负荷大必须安装(　　)。

A. 机油泵　B. 过滤器　C. 汽油泵　D. 散热器

16. 变速器操纵机构由(　　)、拨叉、拨叉轴、锁止装置和变速器盖等组成。

A. 变速器操纵杆　B. 输入轴　C. 变速器壳体　D. 控制系统

17. 下列选项中可以承担整车大部分载重的是(　　)。

A. 离合器　B. 变速器　C. 万向传动装置　D. 驱动桥

18. (　　)的结构特点是两侧车轮由一根整体式车桥相连,车轮连同车桥一起通过弹性悬架悬挂在车架下面。

A. 独立悬架　B. 非独立悬架　C. 前桥　D. 后桥

19. (　　)转向器主要由壳体、转向螺杆、摇臂轴、转向螺母等组成。

A. 循环球式　　B. 齿轮-齿条式　　C. 蜗杆指销式　　D. 双指销式

20. 在使用时靠起动机磁极的电磁吸力使电枢轴向移动而使传动小齿轮与飞轮齿环进入啮合的起动机是(　　)。

A. 直接操纵式　　B. 惯性啮合式

C. 移动电枢啮合式　　D. 强制啮合式

21. 当线圈中通电时,电磁继电器上的衔铁带动活动触点与固定(　　)断开。

A. 常开触点　　B. 常闭触点　　C. 铁芯　　D. 以上都不对

22. 有关錾削叙述正确的是(　　)。

A. 不需戴任何眼镜　　B. 不得錾削淬火的工件

C. 錾子头部需要淬火　　D. 一般情况使用高速钢材做錾子

23. 转向失控时,需要检查的项目是(　　)。

A. 两前轮胎压　　B. 钢板弹簧是否折断

C. 两侧轴矩是否相等　　D. 以上都正确

24. (　　)是保证和提高维修质量的先决条件。

A. 加强教育　　B. 抓技术管理

C. 应用新技术　　D. 推行管理新经验

25. (　　)用于诊断发动机汽缸及进排气门的密封状况。

A. 汽缸漏气量检测仪　　B. 真空表

C. 发动机分析仪　　D. 尾气分析仪

26. 以下属于二级维护内容的是(　　)。

A. 检查、调整转向节　　B. 更换活塞环

C. 更换活塞销　　D. 检查曲轴轴向间隙

27. 汽车(　　)的行驶里程为 10 000～15 000 km。

A. 日常维护　　B. 一级维护　　C. 二级维护　　D. 三级维护

28. 将报废件定为可用件将影响汽车的修理质量;如果将可用件定为报废件,将影响汽车的修理(　　)。

A. 质量　　B. 工艺　　C. 成本　　D. 技术要求

29. 汽车半轴套管折断的原因之一是(　　)。

A. 高速行驶　　B. 传动系统过载　　C. 严重超载　　D. 轮毂轴承润滑不良

30. 以下属于汽缸体螺纹损伤的原因的是(　　)。

A. 装配时螺栓没有拧正　　B. 异物碰撞

C. 工具使用不当　　D. 汽缸盖过小

31. 以下不属于曲轴变形的主要原因的是(　　)。

A. 曲轴受到冲击　　B. 按规定力矩拧紧螺栓

C. 未按规定力矩拧紧螺栓　　D. 材料缺陷

32. 以下属于凸轮轴轴承螺纹损伤的原因的是(　　)。

A. 装配时螺栓没有拧正　　B. 异物碰撞

C. 工具使用不当　　D. 螺栓重复使用

33. 铝合金发动机汽缸盖的水道容易被腐蚀,轻者可(　　)修复。

A. 堆焊　　B. 镶补　　C. 环氧树脂粘补　　D. 以上均可

34. 在测量发动机汽缸磨损程度时,为准确起见,应在不同的位置和方向共测出至少(　　)个值。

A. 2　　B. 4　　C. 6　　D. 8

35. 发动机凸轮轴轴颈磨损后,主要产生(　　)误差。

A. 圆度　　B. 圆柱度　　C. 圆跳动　　D. 圆度和圆柱度

36. (　　)用于调节燃油压力。

A. 油泵　　B. 喷油器　　C. 油压调节器　　D. 油压缓冲器

37. 如空气流量计失效不会引起(　　)。

A. 不易起动　　B. 加速不良　　C. 怠速不稳　　D. 飞车

38. 如水温传感器失效,会导致(　　)。

A. 不易起动　　B. 怠速不稳　　C. 进气温度过高　　D. 进气温度过低

39. 一般来说,电动燃油泵的工作电压是(　　)V。

A. 5　　B. 12　　C. 24　　D. 42

40. 喷油器滴漏会导致发动机(　　)。

A. 不能起动　　B. 不易起动　　C. 怠速不稳　　D. 加速不良

41. 冷却液温度传感器安装在(　　)。

A. 进气道上　　B. 排气管上　　C. 水道上　　D. 油底壳上

42. (　　)的作用是密封冷却液以免泄漏,同时将冷却液与水泵轴承隔离,以保护轴承。

A. 水封　　B. 叶轮　　C. 泵轴　　D. 轴承

43. 风冷却系统为了更有效地利用空气流,加强冷却,一般都装有(　　)。

A. 导流罩　　B. 散热片　　C. 分流板　　D. 鼓风机

44. 安装汽油泵时,泵壳体与缸体间衬垫厚度要(　　)。

A. 加厚　　B. 减小　　C. 适当　　D. 以上均可

45. 霍尔元件产生的霍尔电压为(　　)级。

A. mV　　B. V　　C. kV　　D. μV

46. (　　)的作用是按发动机的工作顺序依次分配高压电至各缸火花塞上。

A. 分火头　　B. 断电器　　C. 点火线圈　　D. 点火器

47. (　　)是一种与套筒扳手中的套筒配合使用,能显示扭转力矩大小的专用工具。

A. 呆扳手　　B. 活扳手　　C. 扭力扳手　　D. 管子扳手

48. 六缸发动机怠速运转不稳,拔下第二缸高压线后,运转状况无变化,故障在(　　)。

A. 第二缸　　B. 相邻缸　　C. 中央高压线　　D. 油泵

49. 以下不是发动机回火的原因的是(　　)。

A. 混合气过稀　　B. 汽油滤清器滤网过脏

C. 进气门关闭不严　　D. 节气门清洗次数过多

50. 关于避免爆震的措施,甲说降低进气温度;乙说提前点火时刻。对于以上说法(　　)。

A. 甲正确　　B. 乙正确　　C. 甲乙都正确　　D. 甲乙都不正确

51. 关于发动机功率不足的原因,甲说燃油管道有阻塞或燃油有水分;乙说汽油泵有故障。对于以上说法(　　)。

A. 甲正确　　B. 乙正确　　C. 甲乙都正确　　D. 甲乙都不正确

52. (　　)是活塞销松旷造成异响特征。

A. 单缸断(油)时,声音减弱或消失,恢复工作时,声音明显或连续两声响声

B. 温度升高,声音减弱或消失

C. 较沉闷连续的当当金属敲击声

D. 随发动机转速增加,声音加大

53. 关于发动机缺火。甲说发动机分电器失效可导致发动机缺火。乙说发动机点火器损坏可导致发动机缺火。二人中正确的是(　　)。

A. 甲　　B. 乙　　C. 二者都正确　　D. 二者都不正确

54. (　　)不是电控燃油系统的电子控制系统组成部分。

A. 节气门位置传感器　　B. 曲轴位置传感器

C. 怠速旁通阀　　D. 进气压力传感器

55. 电控燃油系统中,燃油压力通过(　　)调节。

A. 喷油器　　B. 燃油泵　　C. 压力调节器　　D. 输油管

56. 检测排放时,取样探头插入排气管的深度不小于(　　)mm,否则排气管应加接。

A. 200　　B. 250　　C. 300　　D. 350

57. 电控汽油喷射发动机回火是指汽车行驶中,发动机有时回火,动力(　　)。

A. 明显下降　　B. 不变　　C. 有所下降　　D. 下降或不变

58. 电控汽油喷射发动机(　　)是指发动机进气歧管处有可燃混合气燃烧从而产生异响的现象,

A. 回火　　B. 放炮　　C. 行驶无力　　D. 失速

59. 用(　　)检查电控燃油汽油机各缸是否工作。

A. 数字式万用表　　B. 单缸断火法　　C. 模拟式万用表　　D. 双缸断火法

60. 改善喷油器喷雾质量可降低柴油机排放污染物中(　　)的含量。

A. 碳烟　　B. 水　　C. 二氧化硫　　D. 氮

61. 液压行车制动系统在达到规定的制动效能时,对于座位数大于 9 的载客汽车踏板行程应不得超过(　　)mm。

A. 80　　B. 100　　C. 120　　D. 150

62. 总质量不大于 3 500 kg 的低速货车在 30 km/h 的初速度下采用行车制动系统制动时,空载检验时制动距离要求≤(　　)m。

A. 8　　B. 18　　C. 28　　D. 38

63. (　　)在 30 km/h 的初速度下采用应急制动系统制动时,制动距离要求≤20 m。

A. 货车　　B. 客车　　C. 乘用车　　D. 特种车

64. 膜片弹簧式离合器的分离杠杆的平面度误差不得大于(　　)mm。

A. 0.1　　B. 0.3　　C. 0.5　　D. 0.7

65. 如离合器间隙太大，离合器将出现(　　)的故障。

A. 打滑　　B. 分离不开　　C. 发抖　　D. 异响

66. 变速器在换挡过程中，必须使即将啮合的一对齿轮的(　　)达到相同，才能顺利地挂上挡。

A. 角速度　　B. 线速度　　C. 转速　　D. 圆周速度

67. 变速器不常接合齿轮齿厚磨损不得超过(　　)mm。

A. 0.20　　B. 0.25　　C. 0.30　　D. 0.40

68. 变速器挂入传动比大于 1 的挡位时，变速器实现(　　)。

A. 减速增扭　　B. 增扭升速　　C. 增速增扭　　D. 减速减扭

69. 自动变速器试验后，应让发动机怠速运转(　　)s 左右，以使自动变速器油温正常。

A. 10　　B. 20　　C. 30　　D. 60

70. 单级主减速器(　　)齿轮安装在差速器壳上。

A. 主动圆锥　　B. 从动圆锥　　C. 行星　　D. 半轴

71. 差速器壳上安装着行星齿轮、半轴齿轮、从动圆锥齿轮和行星齿轮轴，其中不属差速器的是(　　)。

A. 行星齿轮　　B. 半轴齿轮　　C. 从动圆锥齿轮　　D. 行星齿轮轴

72. 正确的主减速器主、从动锥齿轮啮合印痕应位于齿长方向偏向(　　)端，齿高方向偏向顶端。

A. 小　　B. 大　　C. 中　　D. 以上都不正确

73. 检查制动鼓时，用(　　)测量，制动鼓内圆面的圆度误差不得超过规定值。

A. 直尺　　B. 角尺　　C. 弓形内径规　　D. 深度尺

74. 安装好制动凸轮轴后，应使两轴轴向间隙不大于(　　)mm。

A. 0.6　　B. 0.7　　C. 0.65　　D. 0.5

75. 汽车正常行驶时，总是偏向行驶方向的左侧或右侧，这种现象称为(　　)。

A. 行驶跑偏　　B. 制动跑偏　　C. 制动甩尾　　D. 车轮回正

76. 关于引起高速打摆现象的主要原因。甲认为：车架变形是打摆现象的主要原因。乙认为：前减振器失效是其中原因之一。丙认为：前束过大是其中原因之一。看法正确的是(　　)。

A. 甲和乙　　B. 乙和丙　　C. 丙和甲　　D. 均错

77. 动力转向液压助力系统缺少液压油会导致(　　)。

A. 行驶跑偏　　B. 转向沉重　　C. 制动跑偏　　D. 不能转向

78. V 带工作时，(　　)为工作面。

A. 下表面　　B. 上表面　　C. 两侧面　　D. 下表面和侧面

79. 半浮式活塞连杆组是指(　　)。

A. 销和连杆、活塞均有间隙　　B. 均为过盈配合

C. 一个间隙、一个过盈　　D. 均为过渡配合

80. 节气门控制电动机的驱动电路应保证节气门控制电动机能(　　)转动。

A. 双向　　B. 单向　　C. 多向　　D. 匀加速

二、**判断题**(每题1分,共20分)

81. (　　)企业文化对企业具有整合的功能。
82. (　　)勤劳是现代市场经济所需要的,而节俭则不宜提倡。
83. (　　)在日常接待工作中,根据性别给予服务符合平等尊重要求。
84. (　　)国家技术监督局负责全国产品监督管理工作。
85. (　　)可锻铸铁能承受一定的冲击载荷。
86. (　　)基本偏差一般是指远离零线的那个偏差。
87. (　　)位置公差无基准要求。
88. (　　)电流所做的功与它加在负载两端的电压、通过负载的电流及负载通电时间成正比。
89. (　　)液压传动易实现精确的定比传动。
90. (　　)常流式液压动力转向装置因泄漏大、消耗功率高,故目前应用较少。
91. (　　)商用汽车包括乘用车。
92. (　　)汽车最小离地间隙是汽车在空载时,底盘部分最低点与地面间的距离。
93. (　　)当节气门开度到全开位置的80%～85%时,发动机进入大负荷工况。
94. (　　)三相同步交流发电机的定子用来产生三相交流电,转子用来产生磁场。
95. (　　)ECU是汽车上一种电子综合控制装置。
96. (　　)气门座圈承孔的表面粗糙度应小于1.25 μm。
97. (　　)同一活塞环上漏光弧长所对应的圆心角总和不超过30°。
98. (　　)发动机曲轴弯曲校正一般可采用压床热压校正,这种方法可省去时效处理。
99. (　　)高阻抗喷油器的阻值约为0.8～1.5 Ω。
100. (　　)节气门位置传感器就是一个滑变电阻。

理论试题(二)

姓名：　　　　　　　　　　　单位：

请将正确答案写在答题卡内。

1	2	3	4	5	6	7	8	9	10	11	12	13	14	15	16	17	18	19	20
21	22	23	24	25	26	27	28	29	30	31	32	33	34	35	36	37	38	39	40
41	42	43	44	45	46	47	48	49	50	51	52	53	54	55	56	57	58	59	60
61	62	63	64	65	66	67	68	69	70	71	72	73	74	75	76	77	78	79	80
81	82	83	84	85	86	87	88	89	90	91	92	93	94	95	96	97	98	99	100

一、单项选择题(每题1分,共80分)

1. 各种职业道德往往采取简洁明快的形式,对本职业人员提出具体的道德要求,以保证职业活动的顺利开展,这体现了职业道德的(　　)。

A. 稳定性　　B. 专业性　　C. 具体性　　D. 适用性

2. 职业道德对企业起到(　　)的作用。

A. 增强员工独立意识　　B. 缓和企业上级与员工关系

C. 使员工规矩做事情　　D. 增强企业凝聚力

3. 下列选项中,关于职业道德与人的事业成功的关系的正确论述是(　　)。

A. 职业道德是人事业成功的重要条件

B. 职业道德水平高的人肯定能够取得事业的成功

C. 缺乏职业道德的人也会获得事业的成功

D. 人的事业成功与否与职业道德无关

4. (　　)是指调整劳动关系及与劳动关系密切联系的其他社会关系的法律规范的总称。

A. 狭义的劳动法　　B. 广义的劳动法　　C. 职业道德　　D. 道德规范

5. 合同转让与合同变更的区别是(　　)。

A. 合同转让是合同的内容发生了变化

B. 合同转让是合同的主体发生了变更

C. 合同变更是合同的内容发生了实质变化

D. 合同变更是合同主体发生了变更

6.《中华人民共和国消费者权益保护法》是(　　)年通过的。

A. 1990　　B. 1992　　C. 1993　　D. 1999

7. 在用台虎钳进行强力作业时,应尽力使受力的方向朝向(　　)。

A. 夹紧盘　B. 转盘座　C. 活动钳身　D. 固定钳身

8. (　　)是保证和提高维修质量的先决条件。

A. 加强教育　B. 抓技术管理　C. 应用新技术　D. 推行管理新经验

9. 下面哪些原因可能会使发动机在加速时出现爆震？(　　)

A. 点火提前角过大　B. 单缸缺火　C. 点火正时过迟　D. 发动机冷却液过高

10. 发动机活塞环开口间隙过小,会导致活塞环(　　)。

A. 对口　B. 折断　C. 泵油　D. 变形

11. 下列选项中会引起机油压力过高的是(　　)。

A. 曲轴轴承间隙过小　B. 轴承间隙过大

C. 机油黏度过小　D. 传感器之前油路堵塞

12. 活塞顶上标有一定的记号,装配时记号必须朝向发动机的(　　)。

A. 前方　B. 后方

C. 不同的发动机有不同规定　D. 中间

13. 一般来说,缺少了(　　)信号,电子点火系统将不能点火。

A. 进气量　B. 水温　C. 曲轴转速　D. 节气门开度

14. 目前,多数汽车 ABS 均采用(　　)的控制方式。

A. 以车轮减速度为控制参数

B. 以车轮滑移率为控制参数

C. 以车轮减速度、加速度及滑移率为控制参数

D. 模仿

15. 属于发动机点火系统部件是(　　)。

A. 机油泵　B. 过滤器　C. 汽油泵　D. 分电器

16. 自动变速器因其变矩器的滑转,一般要比机械变速器费油,其经济性差的主要原因是由于在(　　)工作性能变差的缘故。

A. 低速区锁止机构　B. 中速区锁止机构

C. 高速区锁止机构　D. 低速或高速区锁止机构

17. 车用计算机根据传输信号的不同,总线的分类中不包括(　　)。

A. 数据总线　B. 地址总线　C. 读取总线　D. 控制总线

18. 电控汽油喷射发动机喷油器喷油量由(　　)决定。

A. 喷油时间　B. 进气管真空　C. 系统油压　D. 驱动电压或电流

19. 汽车仪表作用是(　　)。

A. 人机交互界面　B. 起动车辆

C. 控制正时　D. 显示车辆行驶状态和系统信息

20. 技师甲说车身修竣后整车的装备质量及轴荷分配不得超过原设计的 3%;技师乙说不得超过原设计的 2.5%。你认为(　　)。

A. 仅甲正确　B. 仅乙正确　C. 甲和乙都正确　D. 甲和乙都不正

21. 汽车后桥某一部位的齿轮啮合间隙过小,会使汽车在(　　)时发响。

A. 下坡　B. 上坡　C. 上、下坡　D. 起步

22. 起动机的组成中(　　)是将蓄电池的电能转换为机械能,产生转矩,起动发动机。

A. 单向离合器　B. 直流串励式电动机

C. 控制装置　D. 换向器

23. 柴油发动机动力不足,可在发动机运转中,运用(　　)法,观察和察听发动机转速变化,找出故障缸。

A. 多缸断油　B. 单缸断油　C. 多缸断火　D. 单缸断火

24. 变速器自锁装置的主要作用是防止(　　)。

A. 变速器乱挡　B. 变速器跳挡

C. 变速器误挂倒挡　D. 挂挡困难

25. 汽车后桥某一部位的齿轮啮合间隙过小,会使汽车在(　　)时发响。

A. 下坡　B. 上坡　C. 上、下坡　D. 起步

26. 电控发动机控制系统中,(　　)存放了发动机各种工况的最佳喷油持续时间。

A. 电控单元　B. 执行器　C. 温度传感器　D. 压力调节器

27. 在行驶中气制动力的大小是驾驶员通过(　　)控制。

A. 空压机　B. 制动气室　C. 继动阀　D. 制动阀

28. 蓄电池正常使用一段时间后电解液亏损时应添加(　　)。

A. 硫酸　B. 蒸馏水　C. 自来水　D. 同等密度电解液

29. (　　)的作用是保持汽车直线行驶的稳定性,并促使转弯后的前轮自动回正。

A. 主销后倾　B. 主销内倾　C. 车轮外倾　D. 前轮前束

30. 间歇性失火将导致尾气中的(　　)增加。

A. CO　B. CO_2　C. HC　D. NO_X

31. 发动机运转一段时间后或转速超过 500 r/min,故障灯熄灭表明 (　　)。

A. 控制单元已有故障存储　B. 控制单元内无故障存储

C. 传感器发生故障　D. 故障代码清除

32. 氧化钛型氧传感器的半导体材料二氧化钛的阻值大小取决于(　　)。

A. 周围环境的氧浓度　B. 周围环境的二氧化碳浓度

C. 周围环境温度的高低　D. 周围环境气压的高低

33. 以下哪个不是变速器总成大修标志(　　)。

A. 变速器壳体变形、破裂　B. 变速器轴承孔磨损逾限

C. 变速器轴承有异响　D. 变速器轴及齿轮恶性磨损、损坏

34. 自动变速器因其变矩器的滑转,一般要比机械变速器费油,其经济性差的主要原因是由于在(　　)工作性能变差的缘故。

A. 低速区锁止机构　B. 中速区锁止机构

C. 高速区锁止机构　D. 低速或高速区锁止机构

35. 汽车制动,当制动踏板力足够大,而制动减速度系数接近附着系数时,汽车(　　)。

A. 前轮接近抱死拖滑状态　B. 后轮接近抱死拖滑状态

C. 前、后轮同时接近抱死拖滑状态　D. 车轮将抱死拖滑

36. 安装在曲轴皮带轮附近或飞轮齿圈附近的曲轴位置传感器一般为(　　)。

A. 电磁感应式　　B. 光电式　　C. 霍尔效应式　　D. 电子机械式

37. 不属于自动变速器液压操纵系统的部件是(　　)。

A. 液力变矩器　　B. 阀体　　C. 离合器　　D. 制动器

38. 汽车行驶中发出周期性的响声,且车速越高响声越大,并伴随有车身抖动,其原因可能是(　　)。

A. 伸缩叉配合副磨损松旷　　B. 中间轴轴承磨损严重

C. 滚针轴承磨损严重　　D. 传动轴不平衡值逾限

39. 甲技师说:"在自动变速器中,制动器使行星齿轮中某一元件与变速器壳体相连,达到改变传动比的目的。"乙技师说:"制动器连接行星齿轮中任意两个构件,使之为一个整体,实现直接传动。"你认为(　　)。

A. 仅甲正确　　B. 仅乙正确　　C. 甲和乙都正确　　D. 甲和乙都不正确

40. 甲技师说:"发动机曲轴转动,自动变速器油泵就转动。"乙技师说:"只有涡轮转动,自动变速器油泵才能转动。"你认为(　　)。

A. 仅甲正确　　B. 仅乙正确　　C. 甲和乙都正确　　D. 甲和乙都不正确

41. 如果发电机个别二极管击穿短路,发动机运转时发电机将(　　)。

A. 输出电压过高　　B. 输出电流过小　　C. 输出电流不稳　　D. 无电流输出

42. 在讨论热线式空气流量传感器时,甲说传感器的电子模块改变热线的温度;乙说传感器的电子模块使热线的温度维持在一个规定值。试问谁正确?(　　)

A. 甲正确　　B. 乙正确　　C. 两人均正确　　D. 两人均不正确

43. 不属于汽车安全气囊系统的部件是(　　)。

A. 碰撞传感器　　B. 螺旋导线　　C. 气囊组件　　D. 爆燃传感器

44. 汽车空调储液干燥过滤器视液镜有乳白色霜状物说明(　　)。

A. 制冷剂足量　　B. 制冷剂过多

C. 制冷剂不足　　D. 干燥剂从干燥过滤器中溢出

45. (　　)在电控自动变速器中对换挡起决定性作用。

A. 发动机转速和节气门位置传感器　　B. 节气门位置和车速传感器

C. 曲轴位置和节气门位置传感器　　D. 液压油温度和车速传感器

46. 在进行 EGR 系统的电子真空调节阀(EVR)诊断时,不可以使用以下哪种检测器材?(　　)

A. 电脑检测仪　　B. LED 试灯　　C. 12 V 试灯　　D. 数字式万用表

47. 有故障的 ECT 传感器(水温传感器)不会引起发动机以下哪种现象?(　　)

A. 低温起动困难　　B. 排放不正常　　C. 高温起动困难　　D. 油耗减少

48. (　　)制动传动装置具有所用构件少、灵敏度高、制动力较小等特点,常用于小型汽车。

A. 气压式　　B. 液压式　　C. 单管路　　D. 双管路

49. 拆下火花塞观察,如为赤褐色或铁锈色,表明火花塞(　　)。

A. 积碳　　B. 生锈　　C. 正常　　D. 腐蚀

50. 自动变速器发生频繁换挡的故障,甲说可能是控制线路接触不良所致;乙说可能是节气门位置传感器故障所致(　　)。

A. 甲正确　B. 乙正确　C. 两人均正确　D. 两人都不正确

51. 活塞销产生异响的原因有(　　)。

A. 活塞销装配正常　B. 活塞销松旷

C. 活塞销润滑良好　D. 活塞销材质符合要求

52. 在更换汽车发动机电脑的 PROM 时应该(　　)。

A. 将新的 PROM 保存在一个保护包装盒中,直到准备为 PCM 安装 PROM 为止

B. 将手腕用金属导线与一良好搭铁线连接起来

C. 穿防静电衣服

D. 以上均正确

53. 汽车修理中,应进行动平衡试验的零件或组合件是(　　)。

A. 连杆　B. 离合器从动盘　C. 传动轴　D. 制动鼓

54. 在讨论检查喷油器时,甲说有故障的喷油器能使怠速时发动机熄火;乙说喷油器堵塞可能使发动机加速缓慢。试问谁正确?(　　)

A. 甲正确　B. 乙正确　C. 两人均正确　D. 两人均不正确

55. 发动机飞轮齿圈一侧磨损,(　　)。

A. 应换新件　B. 可继续使用

C. 换向后,可继续使用　D. 应焊修

56. 检测排放时,取样探头插入排气管的深度不小于(　　)mm,否则排气管应加接。

A. 200　B. 250　C. 300　D. 350

57. 我国根据不同的试验车型制定了不同的试验工况。对总质量在 3 500～14 000 kg 的载货汽车的燃料经济性按(　　)进行试验。

A. 四工况　B. 六工况　C. 十工况　D. 十五工况

58. 关于发动机功率不足的原因,甲说燃油管道有阻塞或燃油有水分;乙说汽油泵性能工作不良。对于以上说法(　　)。

A. 甲正确　B. 乙正确　C. 甲乙都正确　D. 甲乙都不正确

59. 下面关于对汽车上的电子控制单元进行拆装时尤其应注意的问题是(　　)。

A. 环境噪声　B. 静电　C. 电磁辐射　D. 低温环境

60. 电控汽油喷射发动机怠速控制阀的作用是(　　)。

A. 冷起动　B. 测量进气量　C. 自动调整怠速　D. 海拔高度补偿器

61. 汽车空调储液干燥器的功用是(　　)。

A. 防止系统中水分与制冷剂发生化学作用

B. 防止膨胀阀处结冰和堵塞

C. 随时向系统补充制冷剂

D. 以上答案全对

62. 目前,多数汽车 ABS 均采用(　　)的控制方式。

A. 以车轮减速度为控制参数

B. 以车轮滑移率为控制参数

C. 以车轮减速度、加速度及滑移率为控制参数

D. 模仿

63. 汽油机活塞环槽与第一环侧隙为(　　)mm。

A. 0.05～0.11　　B. 0.08～0.36　　C. 0.10～0.25　　D. 0.05～0.30

64. 下列选项中,不能用泡沫灭火的是(　　)。

A. 汽油　　B. 电失火　　C. 氰化钠　　D. 酒精

65. 气门座铰削时,当气门密封面靠近气门杆处时应使用(　　)绞刀修正。

A. 15°　　B. 30°　　C. 45°　　D. 75°

66. 气门弹簧的自由长度及规定压缩长度内的相应压力,应符合原厂规定,一般自由长度的缩短不得超过(　　)。

A. 3%～4%　　B. 7%～8%　　C. 13%～14%　　D. 15%～16%

67. 一辆汽车在做排放测试中,HC 含量高,氧传感器电压值一直都高,然而传感器功能却是正常的,下面哪项是最不可能的问题?(　　)

A. 进气歧管漏气　　B. 燃油泵压力高

C. 喷油器漏油　　D. 空气滤清器滤芯太脏

68. 在 30 ℃气温时,汽油发动机正常工作,排气管排烟颜色应为(　　)。

A. 黑色　　B. 白色　　C. 蓝色　　D. 无色

69. 为与气门适当配合,气门座必须(　　)。

A. 有正确的宽度　　B. 在气门锥面上配合在正确的部位

C. 与导管同心　　D. 所有以上各项均正确

70. 下列哪项是发动机润滑系统的功用?(　　)

A. 产生足够的机油压力　　B. 除去杂质

C. 散热　　D. 上列各项都是

71. 差速器壳上安装着行星齿轮、半轴齿轮、从动圆锥齿轮和行星齿轮轴,其中不属差速器的是(　　)。

A. 行星齿轮　　B. 半轴齿轮　　C. 从动圆锥齿轮　　D. 行星齿轮轴

72. 正确的主减速器主、从动锥齿轮啮合印痕应位于齿长方向偏向(　　)端,齿高方向偏向顶端。

A. 小　　B. 大　　C. 中　　D. 以上都不正确

73. 检查制动鼓时,用(　　)测量,制动鼓内圆面的圆度误差不得超过规定值。

A. 直尺　　B. 角尺　　C. 弓形内径规　　D. 深度尺

74. 安装好制动凸轮轴后,应使两轴轴向间隙不大于(　　)mm。

A. 0.6　　B. 0.7　　C. 0.65　　D. 0.5

75. 汽车正常行驶时,总是偏向行驶方向的左侧或右侧,这种现象称为(　　)。

A. 行驶跑偏　　B. 制动跑偏　　C. 制动甩尾　　D. 车轮回正

76. 关于引起高速打摆现象的主要原因。甲认为:车架变形是打摆现象的主要原因。乙认为:前减振器失效是其中原因之一。丙认为:前束过大是其中原因之一。看法正确的是(　　)。

A. 甲和乙　　B. 乙和丙　　C. 丙和甲　　D. 均错

77. 动力转向液压助力系统缺少液压油会导致(　　)。

A. 行驶跑偏　B. 转向沉重　C. 制动跑偏　D. 不能转向

78. 采用液压挺柱后，发动机配气机构气门传动组的冲击和噪声减小或消除了，其主要原因是在此结构中没有了(　　)。

A. 推杆　B. 摇臂　C. 气门弹簧　D. 气门间隙

79. 半浮式活塞连杆组是指(　　)。

A. 销和连杆、活塞均有间隙　B. 均为过盈配合

C. 一个间隙、一个过盈　D. 均为过渡配合

80. 节气门控制电动机的驱动电路应保证节气门控制电动机能(　　)转动。

A. 双向　B. 单向　C. 多向　D. 匀加速

二、判断题(每题1分，共20分)

81. (　　)加速行驶时，后轴驱动车辆有较大的附着率，因此，加速性能要求高的车辆都采用后轮驱动。

82. (　　)只有通过自诊断系统将故障码及有关信息资料调出并诊断出故障原因后，才可将蓄电池从电路中断开或拔下相应的保险丝。

83. (　　)水温传感器内部是一个半导体热敏电阻，它具有负的温度电阻系数，水温越低电阻越低，水温越高电阻越高。

84. (　　)换挡阀的作用，是根据换挡时的汽车行驶速度与节气门开度的关系特性，自动地将变速器从某一个挡位换到相邻的挡位。

85. (　　)起动发动机后，有时候会从发动机舱中传出类似碰击的声音，这是ABS进行自检的声音。

86. (　　)自动变速器油面过低，因齿轮等零件搅拌而形成泡沫，将使换挡过程中出现打滑和接合延迟现象，并加速油液的氧化。

87. (　　)汽车巡航控制开关有四个挡位，其中一个是“Resume”，其中文的意思是“恢复巡航”。

88. (　　)在减压回路中，在与主油路串联的支油路上串联一个减压阀，主油路的压力由减压阀确定。

89. (　　)氮氧化物主要由一氧化氮(NO)和二氧化氮(NO_2)混合而成。

90. (　　)为促进企业的规范化发展，需要发挥企业文化的娱乐功能。

91. (　　)当电解液相对密度低于标准值时，应补加稍高相对密度的电解液并充电调整。

92. (　　)冬季采暖时，必须打开汽车A/C开关。

93. (　　)电压表用来指示发电机和蓄电池的端电压。

94. (　　)驾驶员侧门锁开关导线断路导致左后侧电动门锁不能锁定。

95. (　　)ECU是汽车上一种电子综合控制装置。

96. (　　)当蓄电池为塑料外壳时，呈半透明状，电解液液面应在厂方标明的上刻线之上。

97. (　　)膨胀阀开度过小，一般高、低压侧压力均低，制冷不足。

98. (　　)发电机内部定子或转子线圈某处有断路或短路导致充电电流不稳。

99. (　　)电磁离合器皮带盘与压力板接合面磨损严重而打滑会导致空调压缩机不运转故障。

100. (　　)当发动机机油压力正常时，机油压力过低报警灯报警开关触点分开，报警灯不亮。

理论试题(三)

姓名：　　　　　　　　　　单位：

请将正确答案写在答题卡内。

1	2	3	4	5	6	7	8	9	10	11	12	13	14	15	16	17	18	19	20
21	22	23	24	25	26	27	28	29	30	31	32	33	34	35	36	37	38	39	40
41	42	43	44	45	46	47	48	49	50	51	52	53	54	55	56	57	58	59	60
61	62	63	64	65	66	67	68	69	70	71	72	73	74	75	76	77	78	79	80
81	82	83	84	85	86	87	88	89	90	91	92	93	94	95	96	97	98	99	100

一、单项选择题(每题 1 分,共 80 分)

1. 各种职业道德往往采取简洁明快的形式,对本职业人员提出具体的道德要求,以保证职业活动的顺利开展,这体现了职业道德的(　　)。

A. 稳定性　　B. 专业性　　C. 具体性　　D. 适用性

2. 职业道德对企业起到(　　)的作用。

A. 增强员工独立意识　　B. 缓和企业上级与员工关系

C. 使员工规矩做事情　　D. 增强企业凝聚力

3. 下列选项中,关于职业道德与人的事业成功的关系的正确论述是(　　)。

A. 职业道德是人事业成功的重要条件

B. 职业道德水平高的人肯定能够取得事业的成功

C. 缺乏职业道德的人也会获得事业的成功

D. 人的事业成功与否与职业道德无关

4. (　　)是指调整劳动关系及与劳动关系密切联系的其他社会关系的法律规范的总称。

A. 狭义的劳动法　　B. 广义的劳动法　　C. 职业道德　　D. 道德规范

5. 合同转让与合同变更的区别是(　　)。

A. 合同转让是合同的内容发生了变化

B. 合同转让是合同的主体发生了变更

C. 合同变更是合同的内容发生了实质变化

D. 合同变更是合同主体发生了变更

6.《中华人民共和国消费者权益保护法》是(　　)年通过的。

A. 1990　　B. 1992　　C. 1993　　D. 1999

7. 在用台虎钳进行强力作业时,应尽力使受力的方向朝向(　　)。

A. 夹紧盘　　B. 转盘座　　C. 活动钳身　　D. 固定钳身

8. 汽车上的液压制动系统属于(　　)液压传动。

A. 动力式　　B. 容积式　　C. 压力式　　D. 体积式

9. 线性集成电路属于(　　)集成电路。

A. 模拟　　B. 数字　　C. 放大　　D. 任意

10. (　　)将金属物放在蓄电池壳体上。

A. 禁止　　B. 可以　　C. 必须　　D. 允许

11. "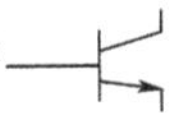"符号代表(　　)。

A. 二极管　　B. 三极管　　C. 稳压管　　D. 电阻

12. 穿透电流(　　),管子的稳定性越好,工作越稳定。

A. 越大　　B. 越小　　C. 不变　　D. 等于零

13. (　　)传动以油液作为工作介质,依靠油液内部的压力来传递动力。

A. 液压　　B. 气压　　C. 机械　　D. 电力

14. 节流阀属于(　　)。

A. 压力阀　　B. 流量阀　　C. 方向阀　　D. 液压辅件

15. "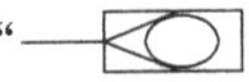"表示(　　)。

A. 换向阀　　B. 单向阀　　C. 顺序阀　　D. 液压缸

16. 液压油在管道中输送时压力信号反应与电信号相比(　　)。

A. 慢　　B. 快　　C. 相同　　D. 不相同

17. 发动机汽缸径向的磨损量最大的位置一般是在进气门(　　)略偏向排气门一侧。

A. 侧面　　B. 后面　　C. 对面　　D. 下面

18. 发动机汽缸体上平面翘曲后,应采用(　　)方法进行修理。

A. 刨削　　B. 磨削　　C. 冷压校正　　D. 加热校正

19. 采用液压挺柱后,发动机配气机构气门传动组的冲击和噪声减小或消除了,其主要原因是在此结构中没有了(　　)。

A. 推杆　　B. 摇臂　　C. 气门间隙　　D. 气门弹簧

20. 单级主减速器(　　)齿轮安装在差速器壳上。

A. 主动圆锥　　B. 从动圆锥　　C. 行星　　D. 半轴

21. 当汽车左转向时,由于差速器的作用,左右两侧驱动轮转速不同,那么转矩的分配是(　　)。

A. 左轮大于右轮　　B. 右轮大于左轮　　C. 左右轮相等　　D. 右轮为零

22. 轮胎的尺寸为 34×7,其中"×"表示(　　)。

A. 低压胎　　B. 高压胎　　C. 超低压胎　　D. 超高压胎

23. 汽车发动机需要传递较大转矩且起动机尺寸较大时,应使用(　　)式单向离合器。

A. 滚柱　　B. 摩擦片　　C. 弹簧　　D. 带式

24. 汽车起步,车身发抖并能听到嚓啦的撞击声是(　　)异响。

A. 万向传动装置　B. 变速器　C. 离合器　D. 驱动桥

25. (　　)用于诊断发动机汽缸及进排气门的密封状况。

A. 汽缸漏气量检测仪　B. 真空表

C. 发动机分析仪　D. 尾气分析仪

26. 汽车行驶中发出周期性的响声,且车速越高响声越大,并伴随有车身抖动,其原因可能是(　　)。

A. 伸缩叉配合副磨损松旷　B. 中间轴轴承磨损严重

C. 滚针轴承磨损严重　D. 传动轴不平衡值逾限

27. 为保证发动机的性能,电脑取消废气再循环控制的条件是(　　)。

A. 发动机冷却温度低于 50 ℃

B. 高速运转(大于 4 500 r/min)以及突然加速或减速时

C. 低速小负荷运转

D. 以上全是

28. (　　)是连接汽车左、右梯形臂的杆件,它与左、右梯形臂及前轴构成转向梯形机构。

A. 转向摇臂　B. 转向直拉杆　C. 转向横拉　D. 转向盘

29. 自动变速器的齿轮采用轮系是(　　)。

A. 定轴轮系　B. 周转轮系

C. 定轴轮系或周转轮系　D. 混合轮系

30. 液力变矩器变矩比一般为(　　)。

A. 1.5～2　B. 2～6　C. 6～8　D. 8～15

31. 甲技师说:“气缸压力与各缸平均压力的差,汽油机不超过 10%,柴油机不超过 8%。”乙技师说:“汽油机不超过 8%,柴油机不超过 10%。”你认为(　　)。

A. 仅甲正确　B. 仅乙正确　C. 甲和乙都正确　D. 甲和乙都不正确

32. 以下属于凸轮轴轴承螺纹损伤的原因的是(　　)。

A. 装配时螺栓没有拧正　B. 异物碰撞

C. 工具使用不当　D. 螺栓重复使用

33. 检修空调时进行加压试漏,一般加压压力为(　　)。

A. 250 kPa　B. 200 kPa　C. 150 kPa　D. 100 kPa

34. 自动变速器换挡执行元件中的制动带由于结构特点,在更换时应(　　)

A. 保持干燥状态

B. 在 ATF 中浸泡 5 mim 以上

C. 涂抹 ATFD 在 ATF 中浸泡 15 mim 以上

D. 在 ATF 中浸泡 15 min 以上

35. 发动机凸轮轴轴颈磨损后,主要产生(　　)误差。

A. 圆度　B. 圆柱度　C. 圆跳动　D. 圆度和圆柱度

36. 失速试验是自动变速器的一项重要试验,下列属于其规范要求是(　　)。

A. 加速踏板要踩到底　B. 试验运行时间应保持在 10 s 以上

C. 加速踏板踩下程度稳定在 2/3 位置　D. 标准转速在 3 000 r/min 以上

37. 从汽车定速燃油经济性的一般变化规律来看，经济性与动力性匹配较好的最佳车速区间为（　　）。

A. 40～60 km/h　　B. 60～80 km/h　　C. 80～100 km/h　　D. 70～90 km/h

38. 如水温传感器失效，会导致（　　）。

A. 发动机开锅　　B. 怠速不稳　　C. 进气温度过高　　D. 进气温度过低

39. 汽车制动，当制动踏板力足够大，而制动减速度系数接近附着系数时，汽车（　　）。

A. 前轮接近抱死拖滑状态　　B. 后轮接近抱死拖滑状态

C. 前、后轮同时接近抱死拖滑状态　　D. 车轮将抱死拖滑

40. 喷油器滴漏会导致发动机（　　）。

A. 不能起动　　B. 不易起动　　C. 怠速不稳　　D. 加速不良

41. 冷却液温度传感器安装在（　　）。

A. 进气道上　　B. 排气管上　　C. 水道上　　D. 油底壳上

42. （　　）的作用是密封冷却液以免泄漏，同时将冷却液与水泵轴承隔离，以保护轴承。

A. 水封　　B. 叶轮　　C. 泵轴　　D. 轴承

43. 风冷却系统为了更有效地利用空气流，加强冷却，一般都装有（　　）。

A. 导流罩　　B. 散热片　　C. 分流板　　D. 鼓风机

44. 安装汽油泵时，泵壳体与缸体间衬垫厚度要（　　）。

A. 加厚　　B. 减小　　C. 适当　　D. 以上均可

45. 霍尔元件产生的霍尔电压为（　　）级。

A. mV　　B. V　　C. kV　　D. μV

46. （　　）的作用是按发动机的工作顺序依次分配高压电至各缸火花塞上。

A. 分火头　　B. 断电器　　C. 点火线圈　　D. 点火器

47. （　　）是一种与套筒扳手中的套筒配合使用，能显示扭转力矩大小的专用工具。

A. 呆扳手　　B. 活扳手　　C. 扭力扳手　　D. 管子扳手

48. 六缸发动机怠速运转不稳，拔下第二缸高压线后，运转状况无变化，故障在（　　）。

A. 第二缸　　B. 相邻缸　　C. 中央高压线　　D. 油泵

49. 以下不是发动机回火的原因的是（　　）。

A. 混合气过稀　　B. 汽油滤清器滤网过脏

C. 进气门关闭不严　　D. 节气门清洗次数过多

50. 关于避免爆震的措施，甲说降低进气温度；乙说提前点火时刻。对于以上说法（　　）。

A. 甲正确　　B. 乙正确　　C. 甲乙都正确　　D. 甲乙都不正确

51. 关于发动机功率不足的原因，甲说燃油管道有阻塞或燃油有水分；乙说汽油泵有故障。对于以上说法（　　）。

A. 甲正确　　B. 乙正确　　C. 甲乙都正确　　D. 甲乙都不正确

52. （　　）是活塞销松旷造成异响特征。

A. 单缸断（油）时，声音减弱或消失，恢复工作时，声音明显或连续两声响声

B. 温度升高，声音减弱或消失

C. 较沉闷连续的当当金属敲击声

D. 随发动机转速增加，声音加大

53. 关于发动机缺火。甲说发动机分电器失效可导致发动机缺火。乙说发动机点火器损坏可导致发动机缺火。二人中正确的是(　　)。

A. 甲正确　　B. 乙正确　　C. 二者都正确　　D. 二者都不正确

54. (　　)不是电控燃油系统的电子控制系统组成部分。

A. 节气门位置传感器　　B. 曲轴位置传感器

C. 怠速旁通阀　　D. 进气压力传感器

55. 电控燃油系统中，燃油压力通过(　　)调节。

A. 喷油器　　B. 燃油泵　　C. 压力调节器　　D. 输油管

56. 在 ECU 控制的点火放大器中，有 1 个“IGf”信号，它属于(　　)。

A. 点火正时信号　　B. 点火反馈信号　　C. 点火的缸序信号　　D. 爆震信号

57. 电控汽油喷射发动机回火是指汽车行驶中，发动机有时回火，动力(　　)。

A. 明显下降　　B. 不变　　C. 有所下降　　D. 下降或不变

58. 电控汽油喷射发动机(　　)是指发动机进气歧管处有可燃混合气燃烧从而产生异响的现象。

A. 回火　　B. 放炮　　C. 行驶无力　　D. 失速

59. 用(　　)检查电控燃油汽油机各缸是否工作。

A. 数字式万用表　　B. 单缸断火法　　C. 模拟式万用表　　D. 双缸断火法

60. 改善喷油器喷雾质量可降低柴油机排放污染物中(　　)的含量。

A. 碳烟　　B. 水　　C. 二氧化硫　　D. 氮

61. 液压行车制动系统在达到规定的制动效能时，对于座位数大于 9 的载客汽车踏板行程应不得超过(　　)mm。

A. 80　　B. 100　　C. 120　　D. 150

62. 总质量不大于 3 500 kg 的低速货车在 30 km/h 的初速度下采用行车制动系统制动时，空载检验时制动距离要求≤(　　)m。

A. 8　　B. 18　　C. 28　　D. 38

63. 整流电路是利用二极管的(　　)把交流电变为直流电的电路。

A. 单向导电性　　B. 热敏特性　　C. 光敏特性　　D. 电阻特性

64. 膜片弹簧式离合器的分离杠杆的平面度误差不得大于(　　)mm。

A. 0.1　　B. 0.3　　C. 0.5　　D. 0.7

65. 如离合器间隙太大，离合器将出现(　　)的故障。

A. 打滑　　B. 分离不开　　C. 发抖　　D. 异响

66. 变速器在换挡过程中，必须使即将啮合的一对齿轮的(　　)达到相同，才能顺利地挂上挡。

A. 角速度　　B. 线速度　　C. 转速　　D. 圆周速度

67. 变速器不常接合齿轮齿厚磨损不得超过(　　)mm。

A. 0.20　　B. 0.25　　C. 0.30　　D. 0.40

68. 变速器挂入传动比大于 1 的挡位时，变速器实现(　　)。

A. 减速增扭　　B. 增扭升速　　C. 增速增扭　　D. 减速减扭

69. 自动变速器试验后,应让发动机怠速运转(　　)s 左右,以使自动变速器油温正常。

A. 10　　B. 20　　C. 30　　D. 60

70. 单级主减速器(　　)齿轮安装在差速器壳上。

A. 主动圆锥　　B. 从动圆锥　　C. 行星　　D. 半轴

71. 差速器壳上安装着行星齿轮、半轴齿轮、从动圆锥齿轮和行星齿轮轴,其中不属差速器的是(　　)。

A. 行星齿轮　　B. 半轴齿轮　　C. 从动圆锥齿轮　　D. 行星齿轮轴

72. 正确的主减速器主、从动锥齿轮啮合印痕应位于齿长方向偏向(　　)端,齿高方向偏向顶端。

A. 小　　B. 大　　C. 中　　D. 以上都不正确

73. 检查制动鼓时,用(　　)测量,制动鼓内圆面的圆度误差不得超过规定值。

A. 直尺　　B. 角尺　　C. 弓形内径规　　D. 深度尺

74. 汽车制动侧滑与(　　)有关。

A. 制动力大小　　B. 地面附着系数

C. 制动力增长快慢　　D. 同一轴上两车轮制动力的增长快慢

75. 汽车耗油量的测量采用(　　)。

A. 路试　　B. 台架　　C. 路试或台架　　D. 发动机测功仪

76. 发动机前置前驱动布置方案的缺点是在下坡行驶时,由于(　　),使前轮负荷过重,易发生翻车,故主要用于小轿车。

A. 重量前移　　B. 重量后移　　C. 重量不变　　D. 重心后移

77. 关于气压正常,但气压制动系统制动失效的原因。甲认为:制动软管、制动器室膜片破裂是上述故障的原因。乙认为:制动阀进气阀打不开是其中原因之一。丙认为:制动阀排气阀卡滞,关闭不严是其中原因之一。看法正确的是(　　)。

A. 甲和乙　　B. 乙和丙　　C. 丙和甲　　D. 均错

78. (　　)导致左后侧电动车窗都不能升降。

A. 熔断器故障　　B. 前乘客侧开关故障

C. 左后乘客侧开关故障　　D. 右后乘客侧开关故障

79. 汽车行驶中发出周期性的响声,且车速越高响声越大,并伴随有车身抖动,其原因可能是(　　)。

A. 伸缩叉配合副磨损松旷　　B. 中间轴轴承磨损严重

C. 滚针轴承磨损严重　　D. 传动轴不平衡值逾限

80. 关于汽油喷射方式,甲技师说:"同时喷射时,曲轴每转两转各缸喷油器同时喷射一次。"乙技师说:"顺序喷射的各缸喷油器喷射顺序与点火顺序相同。"你认为(　　)。

A. 仅甲正确　　B. 仅乙正确　　C. 甲和乙都正确　　D. 甲和乙都不正确

二、判断题(每题 1 分,共 20 分)

81. (　　)企业文化对企业具有整合的功能。

82. (　　)勤劳是现代市场经济所需要的,而节俭则不宜提倡。

83. (　　)在日常接待工作中,根据性别给予服务符合平等尊重要求。

84. (　　)国家技术监督局负责全国产品监督管理工作。

85. (　　)可锻铸铁能承受一定的冲击载荷。

86. (　　)基本偏差一般是指远离零线的那个偏差。

87. (　　)位置公差无基准要求。

88. (　　)电流所做的功与它加在负载两端的电压、通过负载的电流及负载通电时间成正比。

89. (　　)液压传动易实现精确的定比传动。

90. (　　)常流式液压动力转向装置因泄漏大、消耗功率高,故目前应用较少。

91. (　　)汽车在路面上行驶,行驶阻力与驱动力相平衡时达到的稳定车速称为最高车速。

92. (　　)气缸磨损量的测量以气缸中磨损量最大的气缸为准,一般出现在前、中两缸。

93. (　　)发动机大修的主要标志就是要进行气缸的镗磨,以恢复其技术性能。

94. (　　)发动机大修时,活塞应全部更换。

95. (　　)曲轴修磨前应进行探伤检查,若发现隐伤,应修复后再使用。

96. (　　)在对柴油机 CO 值进行监测的条件下对喷油泵的循环供油量进行精确调整。

97. (　　)在汽车维修质量管理中,控制图被用来反映汽车在使用维修过程中的动态。

98. (　　)节气门阀油压测试时,若测得油压值过低,其原因有节气门阀拉索过松、真空式节气门阀调整不当或节气门阀阀体有故障,或为该阀油路堵塞。

99. (　　)用光学式四轮定位仪测量前轮定位数据时,要在制动踏板上安装制动杆,以保证车轮转动时不滚动。

100. (　　)膜片弹簧离合器在分离时,膜片弹簧会产生反向锥形变形,使压盘与从动盘分离。

汽车维修工职业技能鉴定(高级工)理论试题

张呼努斯图　孙　丽

理论试题(一)

姓名：　　　　　　　　　　单位：

请将正确答案写在答题卡内。

1	2	3	4	5	6	7	8	9	10	11	12	13	14	15	16	17	18	19	20
21	22	23	24	25	26	27	28	29	30	31	32	33	34	35	36	37	38	39	40
41	42	43	44	45	46	47	48	49	50	51	52	53	54	55	56	57	58	59	60
61	62	63	64	65	66	67	68	69	70	71	72	73	74	75	76	77	78	79	80
81	82	83	84	85	86	87	88	89	90	91	92	93	94	95	96	97	98	99	100

一、单项选择题(每题1分，共80分)

1. 职业道德通过(　　)，起到增强企业凝聚力的作用。

A. 协调员工之间的关系　　B. 增加职工福利

C. 为员工创造发展空间　　D. 调节企业与社会的关系

2. 在市场经济条件下，职业道德具有(　　)的社会功能。

A. 鼓励人们自由选择职业　　B. 遏制牟利最大化

C. 促进人们的行为规范化　　D. 最大限度地克服人们受利益驱动

3. 不属于汽车维修工职业道德规范基本内容的选项是(　　)。

A. 服务用户、质量第一　　B. 遵章守纪、文明生产

C. 热爱企业、勤奋节约　　D. 团结友爱、勇于奉献

4. 正确阐述职业道德与人的事业的关系的选项是(　　)。

A. 没有职业道德的人不会获得成功

B. 要取得事业的成功,前提条件是要有职业道德

C. 事业成功的人往往并不需要较高的职业道德

D. 职业道德是人获得成功的重要条件

5. 合同转让与合同变更的区别是(　　)。

A. 合同转让是合同的内容发生了变化

B. 合同转让是合同的主体发生了变更

C. 合同变更是合同的内容发生了实质变化

D. 合同变更是合同主体发生了变更

6.《中华人民共和国消费者权益保护法》是(　　)年通过的。

A. 1990　　B. 1992　　C. 1993　　D. 1999

7. (　　)是企业诚实守信的内在要求。

A. 维护企业信誉　　B. 增加职工福利　　C. 注重经济效益　　D. 开展员工培训

8. 汽车竣工验收路试中要进行的检验是(　　)。

A. 滑行试验　　B. 喇叭音质　　C. 灯光性能　　D. 离合器踏板自由行程

9. 进气门(　　)充气系数最大值对应转速减小。

A. 迟闭角加大　　B. 迟闭角减小

C. 开启时期断面面积增大　　D. 开启时期断面面积减小

10. 当线圈中磁场减弱时,产生感应电流的磁通(　　)。

A. 与原磁通的方向相反　　B. 方向不能确定

C. 与原磁通的方向无关　　D. 与原磁通的方向相同

11. 汽车修理工艺卡片的技术规范不包括(　　)。

A. 零件尺寸　　B. 表面粗糙度值　　C. 热处理　　D. 配合公差

12. 氧传感器电压偏低,而喷油脉冲宽度高于指定值。甲说 PCM 可能有故障;乙说进气歧管内可能有真空泄漏。试问谁正确?(　　)

A. 甲正确　　B. 乙正确　　C. 两人均正确　　D. 两人均不正确

13. 点火信号发生器产生的信号使点火模块的大功率管由导通状态变为截断状态,切断点火线圈中初级线圈的(　　),在点火线圈次级绕组产生高压电。

A. 高压电　　B. 电压　　C. 电阻　　D. 电流

14. 最佳空燃比闭环控制是在开环控制的基础上,在一定条件下,由微机根据(　　)输出的氧浓度信号,修正燃油供应量使混合气空燃比保持在理想状态。

A. 空气流量计　　B. 氧传感器

C. 进气歧管压力传感器　　D. 节气门位置传感器

15. 在大功率的发动机上由于热负荷大必须安装(　　)。

A. 机油泵　　B. 过滤器　　C. 汽油泵　　D. 散热器

16. 自动变速器因其变矩器的滑转,一般要比机械变速器费油,其经济性差的主要原因是由于

在(　　)工作性能变差的缘故。

A. 低速区锁止机构　　B. 中速区锁止机构

C. 高速区锁止机构　　D. 低速或高速区锁止机构

17. 车用计算机根据传输信号的不同,总线的分类中不包括(　　)。

A. 数据总线　　B. 地址总线　　C. 读取总线　　D. 控制总线

18. 柴油机共轨式电控喷射采用(　　)原理,控制燃油喷射系统。

A. 压力-时间式的计量　　B. 柱塞泵脉动供油

C. 速度-时间式的计量　　D. 温度-时间式的计量

19. 桑塔纳轿车二级维护竣工技术要求规定,其转向轮的横向侧滑量应(　　)。

A. ≤5 m/km　　B. ≤5.5 m/km　　C. ≤6.5 m/km　　D. ≤6 m/km

20. 技师甲说:"车身修竣后整车的装备质量及轴荷分配不得超过原设计的3%。"技师乙说:"不得超过原设计的2.5%。"你认为(　　)。

A. 仅甲正确　　B. 仅乙正确　　C. 甲和乙都正确　　D. 甲和乙都不正确

21. 合理选择(　　)可以提高发动机的充气效率。

A. 进气迟开角　　B. 排气迟开角　　C. 排气早闭角　　D. 进气迟闭角

22. 有关錾削叙述正确的是(　　)。

A. 不需戴任何眼镜　　B. 不得錾削淬火的工件

C. 錾子头部需要淬火　　D. 一般情况使用高速钢材做錾子

23. 关于ABS系统,甲技师说:"在进行电动机驱动测试时,应先确认蓄电池电压是否正常。"乙技师说:"进行电动机驱动测试时,车辆须在静止状态下。"你认为(　　)。

A. 仅甲正确　　B. 仅乙正确　　C. 甲和乙都正确　　D. 甲和乙都不正确

24. 失速试验是自动变速器的一项重要试验,下列属于其规范要求是(　　)。

A. 加速踏板要踩到底　　B. 试验运行时间应保持在10 s以上

C. 加速踏板踩下程度稳定在2/3位置　　D. 标准转速在3 000 r/min以上

25. (　　)用于诊断发动机汽缸及进排气门的密封状况。

A. 汽缸漏气量检测仪　　B. 真空表

C. 发动机分析仪　　D. 尾气分析仪

26. 汽车行驶中发出周期性的响声,且车速越高响声越大,并伴随有车身抖动,其原因可能是(　　)。

A. 伸缩叉配合副磨损松旷　　B. 中间轴轴承磨损严重

C. 滚针轴承磨损严重　　D. 传动轴不平衡值逾限

27. 为保证发动机的性能,电脑取消废气再循环控制的条件是(　　)。

A. 发动机冷却温度低于50 ℃

B. 高速运转(大于4 500 r/min)以及突然加速或减速时

C. 低速小负荷运转

D. 以上全是

28. 将报废件定为可用件将影响汽车的修理质量;如果将可用件定为报废件,将影响汽车的修理(　　)。

A. 质量　　B. 工艺　　C. 成本　　D. 技术要求

29. 自动变速器的齿轮采用轮系是(　　)。

A. 定轴轮系　　B. 周转轮系

C. 定轴轮系或周转轮系　　D. 混合轮系

30. 液力变矩器变矩比一般为(　　)。

A. 1.5～2　　B. 2～6　　C. 6～8　　D. 8～15

31. 甲技师说:“气缸压力与各缸平均压力的差。汽油机不超过10%,柴油机不超过8%。”乙技师说:“汽油机不超过8%,柴油机不超过10%。”你认为(　　)。

A. 仅甲正确　　B. 仅乙正确　　C. 甲和乙都正确　　D. 甲和乙都不正确

32. 以下属于凸轮轴轴承螺纹损伤的原因的是(　　)。

A. 装配时螺栓没有拧正　　B. 异物碰撞

C. 工具使用不当　　D. 螺栓重复使用

33. 检修空调时进行加压试漏,一般加压压力为(　　)。

A. 250 kPa　　B. 200 kPa　　C. 150 kPa　　D. 100 kPa

34. 自动变速器换挡执行元件中的制动带由于结构特点,在更换时应(　　)。

A. 保持干燥状态　　B. 在 ATF 中浸泡 5 min 以上

C. 涂抹 ATF　　D. 在 ATF 中浸泡 15 min 以上

35. 发动机凸轮轴轴颈磨损后,主要产生(　　)误差。

A. 圆度　　B. 圆柱度　　C. 圆跳动　　D. 圆度和圆柱度

36. 失速试验是自动变速器的一项重要试验,下列属于其规范要求是(　　)。

A. 加速踏板要踩到底　　B. 试验运行时间应保持在 10 s 以上

C. 加速踏板踩下程度稳定在 2/3 位置　　D. 标准转速在 3 000 r/min 以上

37. 从汽车定距离燃油经济性的一般变化规律来看,经济性与动力性匹配较好的最佳车速区为(　　)。

A. 40～60 km/h　　B. 60～80 km/h　　C. 80～100 km/h　　D. 70～90 km/h

38. 如水温传感器失效,会导致(　　)。

A. 不易起动　　B. 怠速不稳　　C. 进气温度过高　　D. 进气温度过低

39. 汽车制动,当制动踏板力足够大,而制动减速度系数接近附着系数时,汽车(　　)。

A. 前轮接近抱死拖滑状态　　B. 后轮接近抱死拖滑状态

C. 前、后轮同时接近抱死拖滑状态　　D. 车轮将抱死拖滑

40. 以下哪项不是主动悬架汽车车身侧倾过大的原因(　　)。

A. 螺旋弹簧断裂　　B. 执行器阀门磨损

C. 液压电磁阀故障　　D. 液压泵有故障

41. 冷却液温度传感器安装在(　　)。

A. 进气道上　　B. 排气管上　　C. 水道上　　D. 油底壳上

42. 安装在曲轴皮带轮附近或飞轮齿圈附近的曲轴位置传感器一般为(　　)。

A. 电磁感应式　　B. 光电式　　C. 霍尔效应式　　D. 电子机械式

43. 属于我国汽车安全检测规定在用汽车的废气检测项目是(　　)。

A. NOx B. 总碳氢(HC) C. O_2 D. CO_2

44. 产生制动器缓慢拖滞作用的可能是下列哪种原因( )。

A. 液压系统中有空气 B. 制动轮缸或制动钳活塞被卡住

C. 制动踏板回位弹簧拉力过大 D. 制动蹄片磨损量过大

45. 有电子燃油喷射系统的发动机在冷车时怠速不稳,甲说氧传感器损坏可引起此现象;乙说可能是怠速空气控制系统有故障。试问谁正确( )?

A. 甲正确 B. 乙正确 C. 两人均正确 D. 两人均不正确

46. ( )的作用是按发动机的工作顺序依次分配高压电至各缸火花塞上。

A. 分火头 B. 断电器 C. 点火线圈 D. 点火器

47. 发动机冷却系统的组成部件中用来改变冷却水的循环路线及流量的是( )。

A. 节温器 B. 散热器 C. 水泵 D. 风扇

48. 造成冷却水温过低的原因之一可能是( )。

A. 水泵轴松旷 B. 百叶窗全开无法关闭

C. 节温器损坏 D. 混合气太浓

49. 以下不是发动机回火的原因的是( )。

A. 混合气过稀 B. 汽油滤清器滤网过脏

C. 进气门关闭不严 D. 节气门清洗次数过多

50. 在讨论检查喷油器时,甲说有故障的喷油器能使怠速时发动机熄火;乙说喷油器堵塞可能使发动机加速缓慢。试问谁正确?( )

A. 甲正确 B. 乙正确 C. 两人均正确 D. 两人均不正确

51. 汽车制动系统中,用来将踏板力放大并分配到各个车轮制动器的部件是( )。

A. 制动鼓 B. 制动主缸 C. 制动盘 D. 制动蹄

52. ( )是活塞销松旷造成异响特征。

A. 单缸断(油)时,声音减弱或消失,恢复工作时,声音明显或连续两声响声

B. 温度升高,声音减弱或消失

C. 较沉闷连续的当当金属敲击声

D. 随发动机转速增加,声音加大

53. 关于发动机缺火。甲说发动机分电器失效可导致发动机缺火。乙说发动机点火器损坏可导致发动机缺火。二人中正确的是( )。

A. 甲 B. 乙 C. 二者都正确 D. 二者都不正确

54. 以下不属于曲轴变形的主要原因的是( )。

A. 曲轴受到冲击 B. 按规定力矩拧紧螺栓

C. 未按规定力矩拧紧螺栓 D. 材料缺陷

55. ( )是导致转向沉重的主要原因。

A. 转向轮轮胎气压过高 B. 转向轮轮胎气压过低

C. 汽车空气阻力过大 D. 汽车坡道阻力过大

56. 检测排放时,取样探头插入排气管的深度不小于( )mm,否则排气管应加接。

A. 200 B. 250 C. 300 D. 350

57. 我国根据不同的试验车型制定了不同的试验工况。对总质量在 3 500～14 000 kg 的载货汽车的燃料经济性按(　　)进行试验。

A. 四工况　　B. 六工况　　C. 十工况　　D. 十五工况

58. 当从示波器上观察点火波形时,某一个缸的点火电压较低,可能是以下哪些原因引起的?(　　)

A. 火花塞间隙过大　　B. 次级电路电阻太大

C. 混合气过稀　　D. 该气缸的压缩压力较低

59. 用(　　)检查电控燃油汽油机各缸是否工作。

A. 数字式万用表　　B. 单缸断火法

C. 模拟式万用表　　D. 双缸断火法

60. 甲技师说汽车的滑行阻力应不得超过汽车整备质量的 1.5%;乙技师说转向轮侧滑量不得超过 3 m/km。你认为(　　)。

A. 仅甲正确　　B. 仅乙正确　　C. 甲和乙都正确　　D. 甲和乙都不正确

61. 液压行车制动系统在达到规定的制动效能时,对于座位数大于 9 的载客汽车踏板行程应不得超过(　　)mm。

A. 80　　B. 100　　C. 120　　D. 150

62. 识读装配图分析零件时,需要分离零件,分离零件的方法首先从(　　)开始。

A. 主视图　　B. 零件序号和明细表(栏)

C. 剖视图　　D. 标题栏

63. 在汽车电控单元中,输入信号处理电路的(　　)功能,使 I/O 装置与微处理器在数据传送速度上得到匹配。

A. 识别各指示数据传送的地址　　B. 数据缓冲和暂存

C. 信息格式转换　　D. 传送主机控制命令

64. 膜片弹簧式离合器的分离杠杆的平面度误差不得大于(　　)mm。

A. 0.1　　B. 0.3　　C. 0.5　　D. 0.7

65. 当讨论四轮转向原理时,技师甲说:“四轮转向系统会使汽车高速时侧滑减轻。”技师乙说:“在车速较低或转向盘转角很大时,后轮的转向与前轮相反。”你认为(　　)。

A. 仅甲正确　　B. 仅乙正确　　C. 甲和乙都正确　　D. 甲和乙都不正确

66. 变速器在换挡过程中,必须使即将啮合的一对齿轮的(　　)达到相同,才能顺利地挂上挡。

A. 角速度　　B. 线速度　　C. 转速　　D. 圆周速度

67. 变速器不常接合齿轮齿厚磨损不得超过(　　)mm。

A. 0.20　　B. 0.25　　C. 0.30　　D. 0.40

68. 在电子控制动力转向(EPS)系统的控制方式中,(　　)是根据车速操纵电磁阀,直接改变动力转向控制阀的液压增益来控制油压的方法。

A. 流量控制式　　B. 阀灵敏度可变控制式

C. 功率灵敏度控制式　　D. 反力控制式

69. 自动变速器试验后,应让发动机怠速运转(　　)s 左右,以使自动变速器油温正常。

A. 10　B. 20　C. 30　D. 60

70. 汽油发动机的燃油喷射系统中,用来根据发动机工况精确控制燃油喷射量的关键部件是(　　)。

A. 空气流量计　B. 喷油嘴

C. 电子控制单元(ECU)　D. 燃油泵

71. 自动变速器主油路油压,在下列哪种情况下应有所降低(　　)。

A. 海拔高度下降时　B. 节气门开度增大时

C. 油温过低时　D. 换挡瞬间

72. 最佳空燃比闭环控制是在开环控制的基础上,在一定条件下,由计算机根据(　　)输出的氧浓度信号,修正燃油供应量使混合气空燃比保持在理想状态。

A. 空气流量计　B. 进气歧管压力传感器

C. 氧传感器　D. 节气门位置传感器

73. 检查制动鼓时,用(　　)测量,制动鼓内圆面的圆度误差不得超过规定值。

A. 直尺　B. 角尺　C. 弓形内径规　D. 深度尺

74. 安装好制动凸轮轴后,应使两轴轴向间隙不大于(　　)mm。

A. 0.6　B. 0.7　C. 0.65　D. 0.5

75. 关于曲轴位置传感器,甲技师说:"曲轴位置传感器信号反映发动机转速和某缸压缩上止点前的给定位置。"乙技师说:"电脑根据曲轴位置、凸轮轴位置两个传感器的信号判别第一缸及第六缸活塞的上止点位置。"你认为(　　)。

A. 仅甲正确　B. 仅乙正确

C. 甲和乙都正确　D. 甲和乙都不正确

76. 关于引起高速打摆现象的主要原因。甲认为:车架变形是打摆现象的主要原因。乙认为:前减振器失效是其中原因之一。丙认为:前束过大是其中原因之一。看法正确的是(　　)。

A. 甲和乙　B. 乙和丙　C. 丙和甲　D. 均错

77. 关于 ABS 系统,技师甲说:"齿圈安装于车轮或驱动轴差速器输入端,并跟随车轮或驱动轴一起转动。"技师乙说:"传感器固定于制动底板或转向节支架上,以间隙方式对准齿圈。"你认为(　　)。

A. 仅甲正确　B. 仅乙正确

C. 甲和乙都正确　D. 甲和乙都不正确

78. V 带工作时,(　　)为工作面。

A. 下表面　B. 上表面　C. 两侧面　D. 下表面和侧面

79. 在讨论燃油压力调节器时,甲认为:在 EFI(电子燃油喷射)系统中,与压力调节器相连的进气管真空度在节气门大开度时导致较高的燃油压力;乙认为:在 EFI 系统中,无论节气门开度如何,压力调节器都保持恒定的喷油压力差。试问谁正确(　　)?

A. 甲正确　B. 乙正确　C. 两人均正确　D. 两人均不正确

80. 桑塔纳轿车二级维护竣工技术要求规定,在海拔 1 000 m 以下,怠速工况污染物排放标准(　　)。

A. CO 含量≤2.5%,HC 含量≤$1\ 000\times10^{-6}$

B. CO 含量≤4.5%,HC 含量≤1 200×10^{-6}

C. CO 含量≤2.5%,HC 含量≤1 200×10^{-6}

D. CO 含量≤4.5%,HC 含量≤1 000×10^{-6}

二、判断题(每题 1 分,共 20 分)

81. (　　)维护企业信誉是企业诚实守信的内在要求。

82. (　　)在汽车的驱动力-行驶阻力平衡图上,其最高挡行驶阻力功率与发动机功率相交点是对应最高车速的点。

83. (　　)柴油机喷油泵上的滚轮传动体高度增大时,供油提前角变小了。

84. (　　)最常用的 CAN 总线物理介质是双绞线,分为 CAN-H 和 CAN-L 两种,属于双向传输线。

85. (　　)顺序回路用以控制多缸液压系统的动作顺序,使各缸严格按顺序依次动作。

86. (　　)附着率就是汽车直线行驶时要求的最小地面附着系数。

87. (　　)霍尔转速传感器主要用于测量发动机曲轴的转速,它是利用霍尔效应原理工作的。

88. (　　)消除故障码时,关掉点火开关,拔下电脑上的所有插头,10 s 后,故障码自然消除,而不会影响时钟、音响等附件。

89. (　　)液压传动易实现精确的定比传动。

90. (　　)常流式液压动力转向装置因泄漏大、消耗功率高,故目前应用较少。

91. (　　)使用巡航控制系统,在同样的行驶条件下,对一个有经验的驾驶员,一般可节约燃料约 15%。

92. (　　)安全气囊系统报警灯在点火开关打开后闪亮几秒钟后熄灭为不正常。

93. (　　)电控汽油喷射发动机怠速空气阀调节的空气不经过空气流量计的计量。

94. (　　)拔下电控汽油喷射发动机燃油压力调节器的真空管,喷油压力会变小。

95. (　　)汽车 ABS 能有效地提高汽车制动时的方向稳定性。

96. (　　)气门座圈承孔的表面粗糙度应小于 1.25 μm。

97. (　　)同一活塞环上漏光弧长所对应的圆心角总和不超过 30°。

98. (　　)ABS 系统工作时,制动踏板有明显的反弹感是正常现象。

99. (　　)安全气囊系统的引爆主要取决于车速传感器和碰撞传感器。

100. (　　)从附着条件来看,汽车采用前轮驱动是合理的。

理论试题(二)

姓名：　　　　　　　　　　　单位：

请将正确答案写在答题卡内。

1	2	3	4	5	6	7	8	9	10	11	12	13	14	15	16	17	18	19	20
21	22	23	24	25	26	27	28	29	30	31	32	33	34	35	36	37	38	39	40
41	42	43	44	45	46	47	48	49	50	51	52	53	54	55	56	57	58	59	60
61	62	63	64	65	66	67	68	69	70	71	72	73	74	75	76	77	78	79	80
81	82	83	84	85	86	87	88	89	90	91	92	93	94	95	96	97	98	99	100

一、单项选择题(每题1分,共80分)

1. 正确阐述职业道德与人的事业的关系的选项是(　　)。

A. 没有职业道德的人不会获得成功

B. 要取得事业的成功,前提条件是要有职业道德

C. 事业成功的人往往并不需要较高的职业道德

D. 职业道德是人获得成功的重要条件

2. (　　)是企业诚实守信的内在要求。

A. 维护企业信誉　B. 增加职工福利　C. 注重经济效益　D. 开展员工培训

3. 职业道德与人的事业的关系是(　　)。

A. 有职业道德的人一定能够获得事业成功

B. 没有职业道德的人不会获得成功

C. 事业成功的人往往具有较高的职业道德

D. 缺乏职业道德的人往往更容易获得成功

4. 职业纪律是企业的行为规范,职业纪律具有(　　)的特点。

A. 明确的规定性　B. 高度的强制性　C. 通用性　D. 自愿性

5. 职业道德通过(　　),起到增强企业凝聚力的作用。

A. 增加职工福利　B. 增强员工的归属感和认同感

C. 协调员工之间的关系　D. 调节企业与社会的关系

6. (　　)回路的作用是使液压系统的某一支路获得低于系统主油路工作压力的压力油。

A. 调压　B. 减压　C. 增压　D. 换向

7. 目前,除少数重型汽车外,其余多采用(　　)动力转向装置。

A. 常流式　　B. 常压式　　C. 电动式　　D. 其他形式

8. 柴油车排放污染的防治方法有(　　)。

A. 前处理净化　　B. 机内净化　　C. 机后净化　　D. 前三者全是

9. 线性集成电路属于(　　)集成电路。

A. 模拟　　B. 数字　　C. 放大　　D. 任意

10. 发动机电控燃油喷射系统一般由(　　)个系统构成。

A. 2　　B. 3　　C. 4　　D. 5

11. “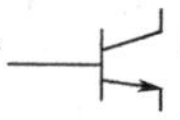”符号代表(　　)。

A. 二极管　　B. 三极管　　C. 稳压管　　D. 电阻

12. 根据电控汽油喷射发动机燃油泵结构的不同分为(　　)。

A. 滚柱式、叶片式　　B. 涡轮式　　C. 齿轮式　　D. 以上全是

13. 汽车竣工验收路试中要进行的检验是(　　)。

A. 滑行试验　　B. 喇叭音质　　C. 灯光性能　　D. 以上全是

14. . 用压力表测得的数值为气体的(　　)。

A. 表压力　　B. 绝对压力　　C. 真空度　　D. 大气压力

15. “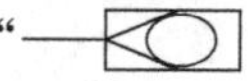”表示(　　)。

A. 换向阀　　B. 单向阀　　C. 顺序阀　　D. 液压缸

16. 正温度系数热敏电阻随温度升高阻值(　　)。

A. 不变　　B. 下降　　C. 上升　　D. 不确定

17. 当发动机进气门早开晚关角一定时,充气系数随转速变化的关系为(　　)。

A. 随转速增大而增大　　B. 随转速增大而减小

C. 在某一中间转速最大　　D. 常数

18. 发动机进气过程结束时,气缸内压力总是(　　)。

A. 大于大气压力　　B. 等于大气压力　　C. 小于大气压力　　D. 与大气压力无关

19. 采用液压挺柱后,发动机配气机构气门传动组的冲击和噪声减小或消除了,其主要原因是在此结构中没有了(　　)。

A. 推杆　　B. 摇臂　　C. 气门间隙　　D. 气门弹簧

20. 与汽油机相比,柴油机的混合气形成在(　　)。

A. 进气行程　　B. 整个压缩行程　　C. 压缩行程末期　　D. 进气与压缩行程

21. 当汽车左转向时,由于差速器的作用,左右两侧驱动轮转速不同,那么转矩的分配是(　　)。

A. 左轮大于右轮　　B. 右轮大于左轮　　C. 右轮为零　　D. 左、右轮相等

22. 子午线轮胎侧偏刚度比普通斜交胎(　　)。

A. 小　　B. 大　　C. 一样　　D. 不能确定

23. 汽车发动机需要传递较大转矩且起动机尺寸较大时,应使用(　　)单向离合器。

A. 滚柱式　　B. 摩擦片式　　C. 弹簧式　　D. 带式

24. 汽车主要零件修复方法有机械加工法、焊接法、振动堆焊法、刷镀、喷涂、电火花加工以及

(　　)。

A. 粘结法　B. 压力加工修复法　C. 调整翻转法　D. 以上答案都对

25. 发动机气缸体裂纹较小的修理方法,常采用(　　)。

A. 压力加工修复法　B. 焊接法　C. 补板法　D. 粘结法

26. 电控发动机控制系统中,(　　)存放了发动机各种工况的最佳喷油持续时间。

A. 电控单元　B. 执行器　C. 温度传感器　D. 压力调节器

27. 发动机的不正常燃烧包括(　　)。

A. 爆燃和表面点火　B. 爆燃　C. 表面点火　D. 其他

28. 蓄电池正常使用一段时间后电解液亏损时应添加(　　)。

A. 硫酸　B. 蒸馏水　C. 自来水　D. 同等密度电解液

29. 关于喇叭触点经常烧坏故障,甲说喇叭触点经常烧坏故障的原因可能是电容断路;乙说喇叭触点经常烧坏故障的原因可能是电容量过小。你认为以上观点(　　)。

A. 甲正确　B. 乙正确　C. 甲乙都正确　D. 甲乙都不正确

30. 关于空调压缩机不运转故障,甲说空调压缩机不运转故障的原因可能是空调系统内无制冷剂;乙说空调压缩机不运转故障的原因可能是传动皮带过松。你认为以上观点(　　)。

A. 甲正确　B. 乙正确　C. 甲乙都正确　D. 甲乙都不正确

31. 对车轮抱死的后果,以下哪种说法正确(　　)。

A. 车轮抱死后制动的方向稳定性变差

B. 车轮抱死后制动时汽车具有较好的转向能力

C. 车轮抱死后制动的方向稳定性好

D. 车轮抱死后制动距离最短

32. D型电控汽油喷射发动机喷油量由(　　)决定。

A. 驱动电压或电流　B. 系统油压

C. 进气管真空度　D. 喷油时间

33. 汽车电子控制防抱死制动系统由(　　)组成。

A. 传感器、电控单元、电磁阀　B. 传感器、电控单元、比例阀

C. 传感器、电控单元、制动液压调节器　D. 传感器、电控单元、液压调节器

34. 电控汽油喷射发动机怠速控制阀的作用是(　　)。

A. 测量进气量　B. 冷起动　C. 自动调整怠速　D. 海拔高度补偿器

35. 发动机汽缸体裂纹和破损检测最常用的方法是(　　)法。

A. 磁力探伤　B. 荧光探伤　C. 敲击　D. 水压试验

36. 检测诊断汽车的主要技术性能一般不包括(　　)。

A. 安全性　B. 可靠性　C. 经济性　D. 乘坐舒适性

37. 所谓制动侧滑是指汽车制动时,(　　)。

A. 某一轴车轮或两轴车轮发生横向滑移现象

B. 某一轴车轮或两轴车轮发生纵向滑移现象

C. 发生偏离行驶方向的现象

D. 发生车轮急剧滑转现象

38. 下列选项中,属于发动机经济性评价指标的是(　　)。

A. 油耗率　　B. 加速性能　　C. 发动机功率　　D. 底盘测功

39. 汽油机最大扭矩时的转速越低,汽车在不换挡的情况下,克服阻力的潜力(　　)。

A. 越小　　B. 不受转速影响　　C. 越大　　D. 一般

40. 目前,多数汽车 ABS 均采用(　　)的控制方式。

A. 以车轮减速度为控制参数

B. 以车轮滑移率为控制参数

C. 以车轮减速度、加速度及滑移率为控制参数

D. 模仿

41. 汽车变速器齿轮一般不采用(　　)处理。

A. 渗炭　　B. 退火　　C. 淬火　　D. 低温回火

42. 识读装配图分析零件时,需要分离零件,分离零件的方法首先从(　　)开始。

A. 主视图　　B. 零件序号和明细表(栏)

C. 剖视图　　D. 标题栏

43. 按蓄电池生产厂家的要求或气温条件,在蓄电池内加注规定密度的电解液,静置 6～8 h 后,再将液面高度调整到高出极板(或防护片)顶部(　　)mm。

A. 5～10　　B. 10～15　　C. 15～20　　D. 20～25

44. 起动机电磁开关吸拉线圈的电阻值为(　　)Ω。

A. 1.5～2.6　　B. 1.6～2.6　　C. 2.6～2.7　　D. 2.7～2.9

45. 下面描述不属于汽车维修业经营行为规则的选项是(　　)。

A. 车辆二级修护必须填写车辆技术档案

B. 汽车总成大修须按规定到指定汽车综合性能检测站检测

C. 维修业户应定期走访用户,开展跟踪服务

D. 维修业户有按客户需要改变车身颜色的义务和权利

46. 在讨论热线式空气流量传感器时,甲说传感器的电子模块改变热线的温度;乙说传感器的电子模块使热线的温度维持在一个规定值。试问谁正确(　　)。

A. 甲正确　　B. 乙正确　　C. 两人均正确　　D. 两人均不正确

47. 下列哪一项最不可能成为 ABS 系统出现间歇性故障的原因(　　)。

A. 在车轮传感器中电器接头损坏　　B. 电磁阀电器端子损坏

C. 控制装置接头松动　　D. 轮速传感器回路断开

48. 自动变速器换挡执行元件中的制动带由于结构特点,在更换时应(　　)。

A. 保持干燥状态　　B. 在 ATF 中浸泡 5 min 以上

C. 涂抹 ATF　　D. 在 ATF 中浸泡 15 min 以上

49. 下面哪些原因可能会使发动机在加速时出现爆震?(　　)。

A. 混合气太浓　　B. 单缸缺火　　C. 点火正时过迟　　D. 真空泄漏

50. 关于起动机运转无力故障的原因,甲说起动机运转无力的原因可能是起动机电枢轴弯曲与磁极碰擦;乙说起动机运转无力的原因可能是电枢绕组或磁场绕组短路。你认为以上观点(　　)。

A. 甲正确　　B. 乙正确　　C. 甲乙都正确　　D. 甲乙都不正确

51. 点火信号发生器产生的信号使点火模块的大功率管由导通状态变为截止状态，切断点火线圈中初级线圈的(　　)，在点火线圈次级绕组产生高压电。

A. 高压电　　B. 电压　　C. 电阻　　D. 电流

52. 两侧转向灯闪烁频率不同的原因可能是(　　)。

A. 闪光器故障　　B. 电源电压过高或过低

C. 两侧灯泡功率不同　　D. 线路故障或接触不良

53. 点火开关接通时，读识线圈把能量用(　　)的方式传送给脉冲转发器。

A. 导线传输　　B. 互感　　C. 感应　　D. 无线传输

54. 从传感器输出的信号输入 ECU 后，首先通过输入回路，其中(　　)直接输入计算机。

A. 数字信号　　B. 模拟信号　　C. 频率信号　　D. 脉冲信号

55. 甲技师说："汽车的滑行阻力应不得超过汽车整备质量的 1.5%。"乙技师说："转向轮侧滑量不得超过 3 m/km。"你认为(　　)。

A. 仅甲正确　　B. 仅乙正确

C. 甲和乙都正确　　D. 甲和乙都不正确

56. 当从示波器上观察点火波形时，某一个缸的点火电压较低，可能是以下哪些原因引起的？(　　)

A. 火花塞间隙过大　　B. 次级电路电阻太大

C. 混合气过稀　　D. 该气缸的压缩压力较低

57. 属于我国汽车安全检测规定在用汽车的废气检测项目是(　　)。

A. NOx　　B. 总碳氢(HC)　　C. O_2　　D. CO_2

58. 产生制动器缓慢拖滞作用的可能是下列哪种原因(　　)。

A. 液压系统中有空气　　B. 制动轮缸或制动钳活塞被卡住

C. 制动踏板回位弹簧拉力过大　　D. 制动蹄片磨损量过大

59. 用诊断仪对发动机进行检测时，点火开关应(　　)。

A. 关闭　　B. 打开　　C. 位于起动挡　　D. 位于锁止挡

60. 自动变速器主油路油压，在下列哪种情况下应有所降低(　　)。

A. 海拔高度下降时　　B. 节气门开度增大时

C. 油温过低时　　D. 换挡瞬间

61. 汽车分离轴承缺少润滑油，会造成(　　)异响。

A. 离合器　　B. 变速器　　C. 驱动桥　　D. 万向传动轴

62. 自动变速器油液呈极度深暗红色说明(　　)。

A. 正常　　B. 未及时更换油液

C. 过热　　D. 油面过高

63. 传动轴严重凹陷，会导致汽车在高速行驶中(　　)。

A. 异响　　B. 振动　　C. 异响和振动　　D. 车速不稳

64. 交流发电机转子线圈及两个滑环与外壳的电阻值为(　　)时，表示交流发电机转子性能良好。

A. 无限大　　B. 零　　C. 20 kΩ　　D. 80 Ω

65. 转向失控时,需要检查的项目是(　　)。

A. 两前轮胎压

B. 钢板弹簧是否折断

C. 两侧轴距是否相等

D. 两前轮胎压、钢板弹簧是否折断、两侧轴距是否相等都正确

66. 失速试验是自动变速器的一项重要试验,下列属于其规范要求是(　　)。

A. 加速踏板要踩到底　　B. 试验运行时间应保持在 10 s 以上

C. 加速踏板踩下程度稳定在 2/3 位置　　D. 标准转速在 3 000 r/min 以上

67. 当讨论自动变速器主油路油压时,技师甲说:"变速器中的所有油压都是由主油路油压调节后形成的。"技师乙说:"主油路油压是经调节后的油泵输出压力。"你认为(　　)。

A. 仅甲正确　　B. 仅乙正确　　C. 甲和乙都正确　　D. 甲和乙都不正确

68. 检修空调时进行加压试漏,一般加压压力为(　　)。

A. 250 kPa　　B. 200 kPa　　C. 150 kPa　　D. 100 kPa

69. 在电子控制动力转向(EPS)系统的控制方式中,(　　)是根据车速操纵电磁阀,直接改变动力转向控制阀的液压增益来控制油压的方法。

A. 流量控制式　　B. 阀灵敏度可变控制式

C. 功率灵敏度控制式　　D. 反力控制式

70. 柴油机共轨式电控喷射采用(　　)原理,控制燃油喷射系统。

A. 压力-时间式的计量　　B. 柱塞泵脉动供油

C. 速度-时间式的计量　　D. 温度-时间式的计量

71. 在讨论燃油压力调节器时,甲说在 EFI(电子燃油喷射)系统中,与压力调节器相连的进气管真空度在节气门大开度时导致较高的燃油压力;乙说在 EFI 系统中,无论节气门开度如何,压力调节器都保持恒定的喷油压力差,试问谁正确(　　)。

A. 甲正确　　B. 乙正确　　C. 两人均正确　　D. 两人均不正确

72. 装有电子燃油喷射系统的发动机在冷车时怠速不稳,甲说氧传感器损坏可引起此现象;乙说可能是怠速空气控制系统有故障。试问谁正确(　　)。

A. 甲正确　　B. 乙正确　　C. 两人均正确　　D. 两人均不正确

73. 下列关于汽车制动跑偏和制动侧滑关系的说法中,正确的是(　　)。

A. 制动跑偏不会引起制动侧滑　　B. 制动侧滑不会引起制动跑偏

C. 严重的制动跑偏会引起制动侧滑　　D. 二者在概念上是一致的

74. 以下哪项不是主动悬架汽车车身侧倾过大的原因(　　)。

A. 螺旋弹簧断裂　　B. 执行器阀门磨损

C. 液压电磁阀故障　　D. 液压泵有故障

75. 汽车耗油量的测量采用(　　)。

A. 路试　　B. 台架　　C. 路试或台架　　D. 发动机测功仪

76. 汽车自动变速器频繁跳挡故障原因之一是(　　)。

A. 曲轴位置传感器有故障　　B. 凸轮轴位置传感器有故障

C. 节气门位置传感器有故障　　D. 温度传感器有故障

77. 当讨论自动变速器主油路油压时，技师甲说：“变速器中的所有油压都是由主油路油压调节后形成的。”技师乙说：“主油路油压是经调节后的油泵输出压力。”你认为(　　)。

A. 仅甲正确　　B. 仅乙正确

C. 甲和乙都正确　　D. 甲和乙都不正确

78. 当讨论四轮转向原理时，技师甲说：“四轮转向系统会使汽车高速时侧滑减轻。”技师乙说：“在车速较低或转向盘转角很大时，后轮的转向与前轮相反。”你认为(　　)。

A. 仅甲正确　　B. 仅乙正确

C. 甲和乙都正确　　D. 甲和乙都不正确

79. 在电子控制动力转向(EPS)系统的控制方式中，(　　)是根据车速操纵电磁阀，直接改变动力转向控制阀的液压增益来控制油压的方法。

A. 流量控制式　　B. 阀灵敏度可变控制式

C. 功率灵敏度控制式　　D. 反力控制式

80. 车用计算机根据传输信号的不同，总线的分类中不包括(　　)。

A. 数据总线　　B. 地址总线　　C. 读取总线　　D. 控制总线

二、**判断题**(每题1分，共20分)

81. (　　)劳动合同的条款应包括劳动纪律和劳动合同终止条件等。

82. (　　)按行业规定汽车大修(总成大修)质量保证期一般为15个月或2 500 km。

83. (　　)安全式转向柱是在转向柱设置能量吸收装置，当汽车紧急制动或发生撞车事故时，吸收冲击能量，减轻或防止对驾驶员的伤害。

84. (　　)主动悬架可在车速很高时，使悬架的刚度和阻尼相应增大，以提高汽车高速行驶时的操纵稳定性。

85. (　　)柴油机使用分隔式燃烧室动力性好，但经济性差。

86. (　　)在CAN数据总线中，控制单元间所有信息的传递都不超过两条线。

87. (　　)二类汽车维修企业：主要从事汽车大修和总成修理，亦可从事汽车一、二级维护和汽车小修作业。

88. (　　)在汽车的驱动力-行驶阻力平衡图上，其最高挡行驶阻力功率与发动机功率相交点是对应最高车速的点。

89. (　　)安全气囊系统报警灯在点火开关打开后闪亮几秒钟后熄灭为不正常。

90. (　　)汽车ABS能有效地提高汽车制动时的方向稳定性。

91. (　　)汽车ABS系统出现故障时，由ECU控制ABS警告灯点亮。

92. (　　)安全气囊系统的引爆主要取决于车速传感器和碰撞传感器。

93. (　　)大多数安全气囊系统线束的颜色为黄色。

94. (　　)车架铆接件的结合面必须贴紧，铆钉应充满钉孔，铆钉头不得有裂纹、歪斜残缺，所有铆钉不得以螺栓代替。

95. (　　)在汽车电器万能实验台上实验晶体管电压调节器时，发电机在半载状态下晶体管电压调节器的电流应符合原厂规定，否则应予更换。

96. (　　)汽车竣工验收后，变速器、驱动桥、车轮轮毂不得过热。

97. (　　)汽车大修质量的评定采用关键项次合格率来衡量。

98. (　　)节气门阀油压测试时,若测得油压值过低,其原因有节气门阀拉索过松,真空式节气门阀调整不当,或节气门阀阀体有故障,或为该阀油路堵塞。

99. (　　)用光学式四轮定位仪测量前轮定位数据时,要在制动踏板上安装制动杆,以保证车轮转动时不滚动。

100.(　　)膜片弹簧离合器在分离时,膜片弹簧会产生反向锥形变形,使压盘与从动盘分离。

理论试题(三)

姓名:　　　　　　　　　　单位:

请将正确答案写在答题卡内。

1	2	3	4	5	6	7	8	9	10	11	12	13	14	15	16	17	18	19	20
21	22	23	24	25	26	27	28	29	30	31	32	33	34	35	36	37	38	39	40
41	42	43	44	45	46	47	48	49	50	51	52	53	54	55	56	57	58	59	60
61	62	63	64	65	66	67	68	69	70	71	72	73	74	75	76	77	78	79	80
81	82	83	84	85	86	87	88	89	90	91	92	93	94	95	96	97	98	99	100

一、单项选择题(每题 1 分,共 80 分)

1. 发动机冷却系统的组成部件中用来改变冷却水的循环路线及流量的是(　　)。

　A. 节温器　　B. 散热器　　C. 水泵　　D. 风扇

2. 汽车电子控制防抱死制动系统由(　　)组成。

　A. 传感器、电控单元、电磁阀　　B. 传感器、电控单元、比例阀

　C. 传感器、电控单元、液压调节器　　D. 传感器、电控单元、制动液压调节器

3. 电子控制防抱死制动系统在汽车紧急制动时,(　　)。

　A. 制动距离长,但稳定性好　　B. 制动距离短,但易跑偏

　C. 制动距离短,不易侧滑　　D. 在滑路上易侧滑

4. 正确阐述职业道德与人的事业的关系的选项是(　　)。

　A. 没有职业道德的人不会获得成功

　B. 要取得事业的成功,前提条件是要有职业道德

　C. 事业成功的人往往并不需要较高的职业道德

　D. 职业道德是人获得成功的重要条件

5. 合同转让与合同变更的区别是(　　)。

　A. 合同转让是合同的内容发生了变化

　B. 合同转让是合同的主体发生了变更

　C. 合同变更是合同的内容发生了实质变化

　D. 合同变更是合同主体发生了变更

6.《中华人民共和国消费者权益保护法》是(　　)年通过的。

A. 1990　　B. 1992　　C. 1993　　D. 1999

7. (　　)是企业诚实守信的内在要求。

A. 维护企业信誉　　B. 增加职工福利　　C. 注重经济效益　　D. 开展员工培训

8. 引起发动机冷却液温度过高的故障原因有(　　)。

A. 节温器卡在最大开度位置　　B. 冷却液温度传感器坏

C. 风扇冷却液温度开关坏　　D. 使用空调

9. 现测量出某6缸发动机缸磨损依次为0.38、0.33、0.35、0.31、0.33、0.37 mm,又知原气缸为标准尺寸,该发动机镗缸时的修理尺寸应为(　　)。

A. 0.50 mm　　B. 0.75 mm　　C. 0.80 mm　　D. 1.00 mm

10. 当线圈中磁场减弱时,产生感应电流的磁通(　　)。

A. 与原磁通的方向相反　　B. 方向不能确定

C. 与原磁通的方向无关　　D. 与原磁通的方向相同

11. “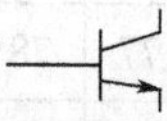”符号代表(　　)。

A. 二极管　　B. 三极管　　C. 稳压管　　D. 电阻

12. 环氧树脂胶是高分子有机化合物,它能与许多种材料表面形成(　　)。

A. 化学键　　B. 比较强的分子间力

C. 比较强的粘合力　　D. 化学键和较强的粘合力

13. 汽车空调储液干燥器的功用是(　　)。

A. 防止系统中水分与制冷剂发生化学作用

B. 防止膨胀阀处结冰和堵塞

C. 随时向系统补充制冷剂

D. 以上答案全对

14. 最佳空燃比闭环控制是在开环控制的基础上,在一定条件下,由计算机根据(　　)输出的氧浓度信号,修正燃油供应量使混合气空燃比保持在理想状态。

A. 空气流量计　　B. 氧传感器

C. 进气岐管压力传感器　　D. 节气门位置传感器

15. 关于电控燃油喷射系统中的氧传感器,以下哪种说法正确(　　)。

A. 氧传感器安装在缸体上　　B. 氧传感器用来检测排气中的氧含量

C. 汽油泵　　D. 散热器

16. 自动变速器因其变矩器的滑转,一般要比机械变速器费油,其经济性差的主要原因是由于在(　　)工作性能变差的缘故。

A. 低速区锁止机构　　B. 中速区锁止机构

C. 高速区锁止机构　　D. 低速或高速区锁止机构

17. 点火信号发生器产生的信号使点火模块的大功率管由导通状态变为截断状态,切断点火线圈中初级线圈的(　　),在点火线圈次级绕组产生高压电。

A. 高压电　　B. 电压　　C. 电阻　　D. 电流

18. 柴油机共轨式电控喷射采用(　　)原理,控制燃油喷射系统。

A. 压力-时间式的计量　　B. 柱塞泵脉动供油

C. 速度-时间式的计量　　D. 温度-时间式的计量

19. 采用液压挺柱后，发动机配气机构气门传动组的冲击和噪声减小或消除了，其主要原因是在此结构中没有了(　　)。

A. 推杆　　B. 摇臂　　C. 气门间隙　　D. 气门弹簧

20. 技师甲说："车身修竣后整车的装备质量及轴荷分配不得超过原设计的3%。"技师乙说："不得超过原设计的2.5%。"你认为(　　)。

A. 仅甲正确　　B. 仅乙正确　　C. 甲和乙都正确　　D. 甲和乙都不正确

21. 在汽车车轮制动力增长全过程中，左、右车轮制动力之差与该车左、右轮中制动力大者之比，对前轴不大于(　　)，对后轴不大于24%。

A. 30%　　B. 24%　　C. 20%　　D. 18%

22. 在用车辆的制动力应不低于原厂设计制动的(　　)。

A. 70%　　B. 80%　　C. 90%　　D. 95%

23. 关于ABS系统，甲技师说："在进行电动机驱动测试时，应先确认蓄电池电压是否正常。"乙技师说："进行电动机驱动测试时，车辆须在静止状态下。"你认为(　　)。

A. 仅甲正确　　B. 仅乙正确　　C. 甲和乙都正确　　D. 甲和乙都不正确

24. 汽车主要零件修复方法有机械加工法、焊接法、振动堆焊法、刷镀、喷涂、电火花加工以及(　　)。

A. 粘结法　　B. 压力加工修复法

C. 调整翻转法　　D. 以上答案都对

25. (　　)用于诊断发动机汽缸及进排气门的密封状况。

A. 汽缸漏气量检测仪　　B. 真空表

C. 发动机分析仪　　D. 尾气分析仪

26. 发动机气缸压力低时，会导致(　　)的含量增加。

A. CO　　B. HC　　C. NOx　　D. CO和HC

27. 为保证发动机的性能，电脑取消废气再循环控制的条件是(　　)。

A. 发动机冷却温度低于50 ℃

B. 高速运转(大于4 500 r/min)以及突然加速或减速时

C. 低速小负荷运转

D. 以上全是

28. 蓄电池正常使用一段时间后电解液亏损时应添加(　　)。

A. 硫酸　　B. 蒸馏水　　C. 自来水　　D. 同等密度电解液

29. 自动变速器的齿轮采用轮系是(　　)。

A. 定轴轮系　　B. 周转轮系

C. 定轴轮系或周转轮系　　D. 混合轮系

30. 液力变矩器变矩比一般为(　　)。

A. 1.5～2　　B. 2～6　　C. 6～8　　D. 8～15

31. 关于空调压缩机不运转故障，甲说空调压缩机不运转故障的原因可能是空调系统内无制冷剂;乙说空调压缩机不运转故障的原因可能是传动皮带过松。你认为以上观点(　　)。

A. 甲正确　　B. 乙正确　　C. 甲乙都正确　　D. 甲乙都不正确

32. 以下属于凸轮轴轴承螺纹损伤的原因的是(　　)。

A. 装配时螺栓没有拧正　　B. 异物碰撞

C. 工具使用不当　　D. 螺栓重复使用

33. 检修空调时进行加压试漏,一般加压压力为(　　)。

A. 250 kPa　　B. 200 kPa　　C. 150 kPa　　D. 100 kPa

34. 自动变速器换挡执行元件中的制动带由于结构特点,在更换时应(　　)。

A. 保持干燥状态　　B. 在 ATF 中浸泡 5 min 以上

C. 涂抹 ATF　　D. 在 ATF 中浸泡 15 min 以上

35. 发动机汽缸体裂纹和破损检测最常用的方法是(　　)法。

A. 磁力探伤　　B. 荧光探伤　　C. 敲击　　D. 水压试验

36. 检测诊断汽车的主要技术性能一般不包括(　　)。

A. 安全性　　B. 可靠性　　C. 经济性　　D. 乘坐舒适性

37. 从汽车定距离燃油经济性的一般变化规律来看,经济性与动力性匹配较好的最佳车速区为(　　)。

A. 40～60 km/h　　B. 60～80 km/h　　C. 80～100 km/h　　D. 70～90 km/h

38. 下列选项中,属于发动机经济性评价指标的是(　　)。

A. 油耗率　　B. 加速性能　　C. 发动机功率　　D. 底盘测功

39. 汽油机最大扭矩时的转速越低,汽车在不换挡的情况下,克服阻力的潜力(　　)。

A. 越小　　B. 不受转速影响　　C. 越大　　D. 一般

40. 以下哪项不是主动悬架汽车车身侧倾过大的原因(　　)。

A. 螺旋弹簧断裂　　B. 执行器阀门磨损

C. 液压电磁阀故障　　D. 液压泵有故障

41. 冷却液温度传感器安装在(　　)。

A. 进气道上　　B. 排气管上　　C. 水道上　　D. 油底壳上

42. 安装在曲轴皮带轮附近或飞轮齿圈附近的曲轴位置传感器一般为(　　)。

A. 电磁感应式　　B. 光电式　　C. 霍尔效应式　　D. 电子机械式

43. 识读装配图分析零件时,需要分离零件,分离零件的方法首先从(　　)开始。

A. 主视图　　B. 零件序号和明细表(栏)

C. 剖视图　　D. 标题栏

44. 起动机电磁开关吸拉线圈的电阻值为(　　)Ω。

A. 1.5～2.6　　B. 1.6～2.6　　C. 2.6～2.7　　D. 2.7～2.9

45. 有电子燃油喷射系统的发动机在冷车时怠速不稳,甲说氧传感器损坏可引起此现象;乙说可能是怠速空气控制系统有故障。试问谁正确(　　)。

A. 甲正确　　B. 乙正确　　C. 两人均正确　　D. 两人均不正确

46. 下面描述不属于汽车维修业经营行为规则的选项是(　　)。

A. 车辆二级修护必须填写车辆技术档案

B. 汽车总成大修须按规定到指定汽车综合性能检测站检测

C. 维修业户应定期走访用户，开展跟踪服务

D. 维修业户有按客户需要改变车身颜色的义务和权利

47. 发动机冷却系统的组成部件中用来改变冷却水的循环路线及流量的是（ ）。

A. 节温器 B. 散热器 C. 水泵 D. 风扇

48. 造成冷却水温过低的原因之一可能是（ ）。

A. 水泵轴松旷 B. 百叶窗全开无法关闭

C. 节温器损坏 D. 混合气太浓

49. 以下不是发动机回火的原因的是（ ）。

A. 混合气过稀 B. 汽油滤清器滤网过脏

C. 进气门关闭不严 D. 节气门清洗次数过多

50. 关于起动机运转无力故障的原因，甲说起动机运转无力的原因可能是起动机电枢轴弯曲与磁极碰擦；乙说起动机运转无力的原因可能是电枢绕组或磁场绕组短路。你认为以上观点（ ）。

A. 甲正确 B. 乙正确 C. 甲乙都正确 D. 甲乙都不正确

51. 发动机冷却系统的组成部件中用来改变冷却水的循环路线及流量的是（ ）。

A. 节温器 B. 散热器 C. 水泵 D. 风扇

52. （ ）是活塞销松旷造成异响的特征。

A. 单缸断（油）时，声音减弱或消失，恢复工作时，声音明显或连续两声响声

B. 温度升高，声音减弱或消失

C. 较沉闷连续的当当金属敲击声

D. 随发动机转速增加，声音加大

53. 点火开关接通时，读识线圈把能量用（ ）的方式传送给脉冲转发器。

A. 导线传输 B. 互感 C. 感应 D. 电磁感应

54. 全部修理作业是在几个连续的工位进行的，此种作业方式为（ ）。

A. 固定工位作业法 B. 流水作业法

C. 专业分工法 D. 就车修理法

55. （ ）是导致转向沉重的主要原因。

A. 转向轮轮胎气压过高 B. 转向轮轮胎气压过低

C. 汽车空气阻力过大 D. 汽车坡道阻力过大

56. 当从示波器上观察点火波形时，某一个缸的点火电压较低，可能是以下哪些原因引起的？（ ）

A. 火花塞间隙过大 B. 次级电路电阻太大

C. 混合气过稀 D. 该气缸的压缩压力较低

57. 我国根据不同的试验车型制定了不同的试验工况。对总质量在 3 500～14 000 kg 的载货汽车的燃料经济性按（ ）进行试验。

A. 四工况 B. 六工况 C. 十工况 D. 十五工况

58. 当从发动机故障诊断仪上检测到某缸的燃油喷射脉宽明显比其他缸长时，可能是以下哪些原因引起的？（ ）

A. 该缸的喷油嘴堵塞　　B. 该缸的进气量偏少
C. 油压过高　　D. 燃油滤清器堵塞

59. 用诊断仪对发动机进行检测时,点火开关应(　　)。
A. 关闭　　B. 打开　　C. 位于起动挡　　D. 位于锁止挡

60. 甲技师说:“汽车的滑行阻力应不得超过汽车整备质量的 1.5%。”乙技师说:“转向轮侧滑量不得超过 3 m/km。”你认为(　　)。
A. 仅甲正确　　B. 仅乙正确　　C. 甲和乙都正确　　D. 甲和乙都不正确

61. 自动变速器主油路油压,在下列哪种情况下应有所降低(　　)。
A. 海拔高度下降时　　B. 节气门开度增大时
C. 油温过低时　　D. 换挡瞬间

62. 自动变速器油液呈极度深暗红色说明(　　)。
A. 正常　　B. 未及时更换油液
C. 过热　　D. 油面过高

63. 在汽车电控单元中,输入信号处理电路的(　　)功能,使 I/O 装置与计算机在数据传送速度上得到匹配。
A. 识别各指示数据传送的地址　　B. 数据缓冲和暂存
C. 信息格式转换　　D. 传送主机控制命令

64. 膜片弹簧式离合器的分离杠杆的平面度误差不得大于(　　)mm。
A. 0.1　　B. 0.3　　C. 0.5　　D. 0.7

65. 当讨论四轮转向原理时,技师甲说:“四轮转向系统会使汽车高速时侧滑减轻”。技师乙说:“在车速较低或转向盘转角很大时,后轮的转向与前轮相反”。你认为(　　)。
A. 仅甲正确　　B. 仅乙正确　　C. 甲和乙都正确　　D. 甲和乙都不正确

66. 失速试验是自动变速器的一项重要试验,下列属于其规范要求是(　　)。
A. 加速踏板要踩到底　　B. 试验运行时间应保持在 10 s 以上
C. 加速踏板踩下程度稳定在 2/3 位置　　D. 标准转速在 3 000 r/min 以上

67. 变速器不常接合齿轮齿厚磨损不得超过(　　)mm。
A. 0.20　　B. 0.25　　C. 0.30　　D. 0.40

68. 检修空调时进行加压试漏,一般加压压力为(　　)。
A. 250 kPa　　B. 200 kPa　　C. 150 kPa　　D. 100 kPa

69. 自动变速器试验后,应让发动机怠速运转(　　)s 左右,以使自动变速器油温正常。
A. 10　　B. 20　　C. 30　　D. 60

70. 柴油机共轨式电控喷射采用(　　)原理,控制燃油喷射系统。
A. 压力-时间式的计量　　B. 柱塞泵脉动供油
C. 速度-时间式的计量　　D. 温度-时间式的计量

71. 在讨论燃油压力调节器时,甲说在 EFI(电子燃油喷射)系统中,与压力调节器相连的进气管真空度在节气门大开度时导致较高的燃油压力;乙说在 EFI 系统中,无论节气门开度如何,压力调节器都保持恒定的喷油压力差,试问谁正确(　　)。
A. 甲正确　　B. 乙正确　　C. 两人均正确　　D. 两人均不正确

72. 装有电子燃油喷射系统的发动机在冷车时怠速不稳,甲说氧传感器损坏可引起此现象;乙说可能是怠速空气控制系统有故障。试问谁正确(　　)。

A. 甲正确　　B. 乙正确　　C. 两人均正确　　D. 两人均不正确

73. 检查制动鼓时,用(　　)测量,制动鼓内圆面的圆度误差不得超过规定值。

A. 直尺　　B. 角尺　　C. 弓形内径规　　D. 深度尺

74. 安装好制动凸轮轴后,应使两轴轴向间隙不大于(　　)mm。

A. 0.6　　B. 0.7　　C. 0.65　　D. 0.5

75. 关于曲轴位置传感器,甲技师说:"曲轴位置传感器信号反映发动机转速和某缸压缩上止点前的给定位置。"乙技师说:"电脑根据曲轴位置,凸轮轴位置两个传感器的信号判别第一缸及第六缸活塞的上止点位置。"你认为(　　)。

A. 仅甲正确　　B. 仅乙正确

C. 甲和乙都正确　　D. 甲和乙都不正确

76. 关于引起高速打摆现象的主要原因。甲认为:车架变形是打摆现象的主要原因。乙认为:前减振器失效是其中原因之一。丙认为:前束过大是其中原因之一。看法正确的是(　　)。

A. 甲和乙　　B. 乙和丙　　C. 丙和甲　　D. 均错

77. 关于ABS系统,技师甲说:"齿圈安装于车轮或驱动轴差速器输入端,并跟随车轮或驱动轴一起转动。"技师乙说:"传感器固定于制动底板或转向节支架上,以间隙方式对准齿圈。"你认为(　　)。

A. 仅甲正确　　B. 仅乙正确

C. 甲和乙都正确　　D. 甲和乙都不正确

78. 当讨论四轮转向原理时,技师甲说:"四轮转向系统会使汽车高速时侧滑减轻。"技师乙说:"在车速较低或转向盘转角很大时,后轮的转向与前轮相反。"你认为(　　)。

A. 仅甲正确　　B. 仅乙正确　　C. 甲和乙都正确　　D. 甲和乙都不正确

79. 在电子控制动力转向(EPS)系统的控制方式中,(　　)是根据车速操纵电磁阀,直接改变动力转向控制阀的液压增益来控制油压的方法。

A. 流量控制式　　B. 阀灵敏度可变控制式

C. 功率灵敏度控制式　　D. 反力控制式

80. 车用计算机根据传输信号的不同,总线的分类中不包括(　　)。

A. 数据总线　　B. 地址总线　　C. 读取总线　　D. 控制总线

二、判断题(每题1分,共20分)

81. (　　)劳动合同的条款应包括劳动纪律和劳动合同终止条件等。

82. (　　)维护企业信誉是企业诚实守信的内在要求。

83. (　　)湿洗就是采用碱性或中性清洗剂清洗汽车零件表面的油类和脏物。

84. (　　)桑塔纳轿车火花塞的间隙为0.7～0.9 mm。

85. (　　)柴油机使用分隔式燃烧室动力性好,但经济性差。

86. (　　)在CAN数据总线中,控制单元间所有信息的传递都不超过两条线。

87. (　　)二类汽车维修企业:主要从事汽车大修和总成修理,亦可从事汽车一、二级维护和汽车小修作业。

88. (　　)功率增益表示放大器放大信号功率的能力。

89. (　　)汽车装用蒸发污染控制系统收集汽油蒸气。

90. (　　)汽车 ABS 能有效地提高汽车制动时的方向稳定性。

91. (　　)汽车 ABS 系统出现故障时,由 ECU 控制 ABS 警告灯点亮。

92. (　　)安全气囊系统的引爆主要取决于车速传感器和碰撞传感器。

93. (　　)大多数安全气囊系统线束的颜色为黄色。

94. (　　)车架铆接件的结合面必须贴金,铆钉应充满钉孔,铆钉头不得有裂纹、歪斜残缺,所有铆钉不得以螺栓代替。

95. (　　)在汽车电器万能实验台上实验晶体管电压调节器时,发电机在半载状态下晶体管电压调节器的电流应符合原厂规定,否则应予更换。

96. (　　)气门座圈承孔的表面粗糙度应小于 1.25 μm。

97. (　　)同一活塞环上漏光弧长所对应的圆心角总和不超过 30°。

98. (　　)节气门阀油压测试时,若测得油压值过低,其原因有节气门阀拉索过松,真空式节气门阀调整不当,或节气门阀阀体有故障,或为该阀油路堵塞。

99. (　　)安全气囊系统的引爆主要取决于车速传感器和碰撞传感器。

100.(　　)膜片弹簧离合器在分离时,膜片弹簧会产生反向锥形变形,使压盘与从动盘分离。

附录

附录

附录 A　威朗轿车参考波形

崔广磊　李　超

一、传感器类波形

1. 节气门 A 90 逻辑电路 3 号角的工作波形(见附图 A-1)

时基选择:0.2 ms/格。

测量电压:2 V/格。

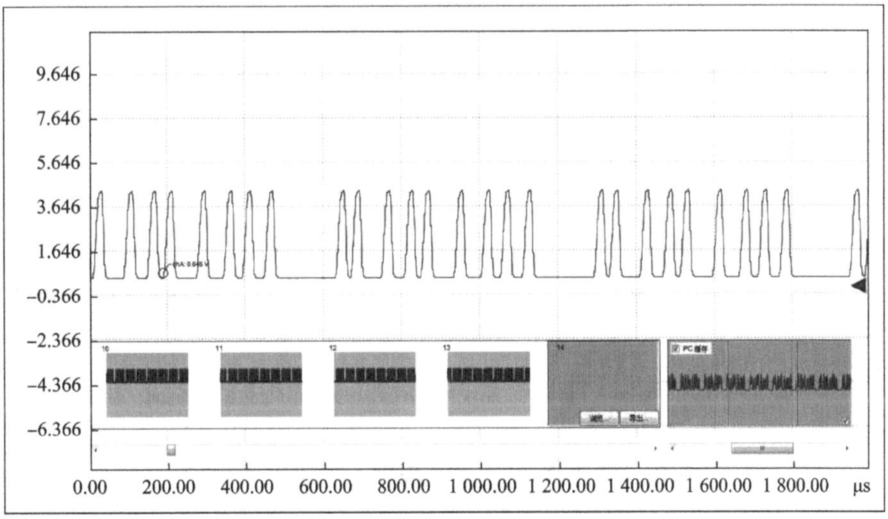

附图 A-1　节气门 A90 逻辑电路 3 号角工作波形

2. 曲轴位置传感器与进气 1 凸轮轴位置传感器的工作波形(见附图 A-2)

时基选择:20 ms/格。

测量电压:2 V/格。

3. 威朗轿车 B26 曲轴位置传感器 3 号脚的工作波形(见附图 A-3)

时基选择:10 ms/格。

测量电压:2 V/格。

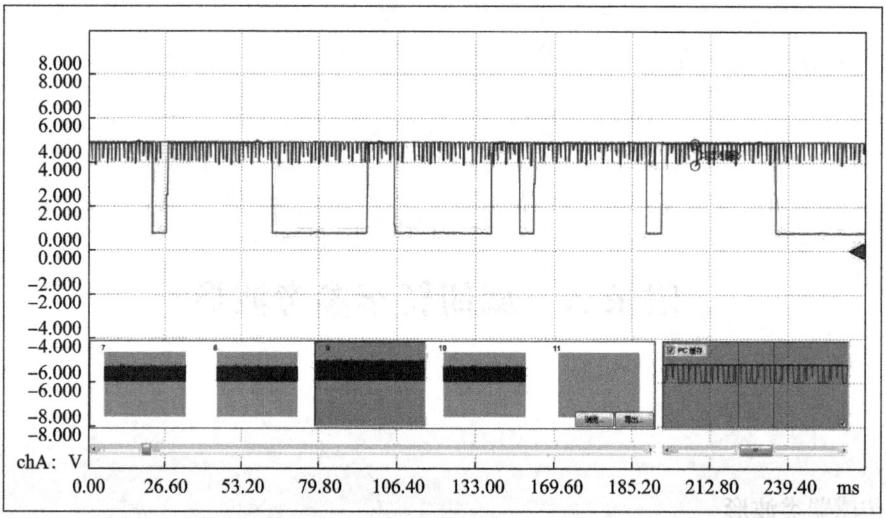

附图 A-2 曲轴位置传感器与进气 1 凸轮轴位置传感器工作波形

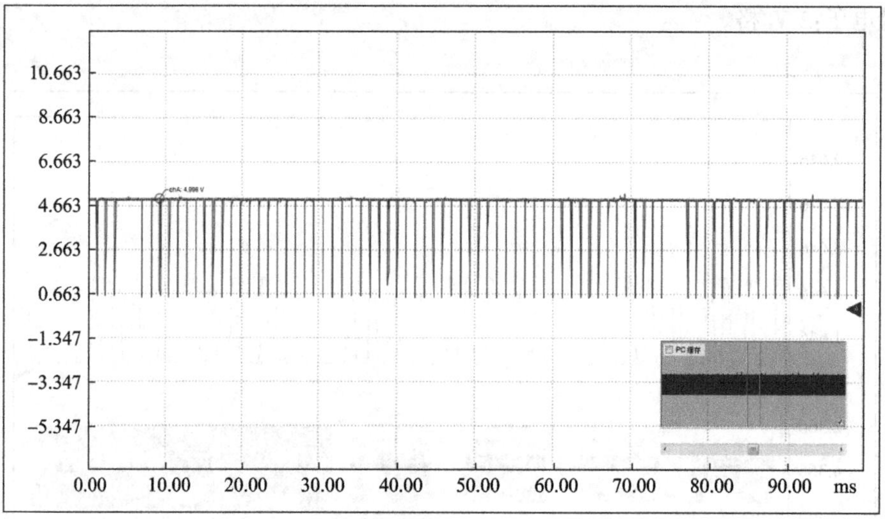

附图 A-3 B26 曲轴位置传感器 3 号脚的工作波形

4. 威朗轿车 B65 进气歧管压力和空气温度传感器 4 号角的工作波形(见附图 A-4)

时基选择:1 s/格。

测量电压:2 V/格。

5. 威朗轿车 B75C 多功能进气传感器 6 号脚的工作波形(见附图 A-5)

时基选择:1 s/格。

测量电压:2 V/格。

6. 威朗轿车 G13 发电机 2 号脚的工作波形(见附图 A-6)

时基选择:2 ms/格。

测量电压:5 V/格。

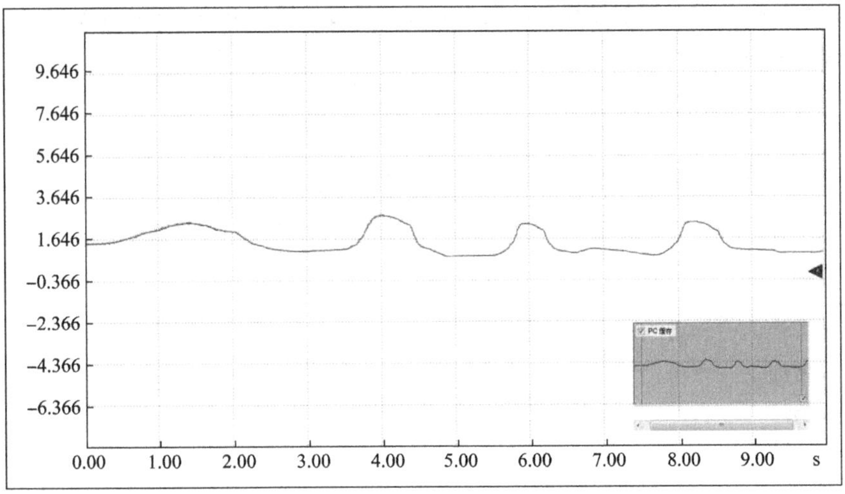

附图 A-4　B65 进气歧管压力和空气温度传感器 4 号角的工作波形

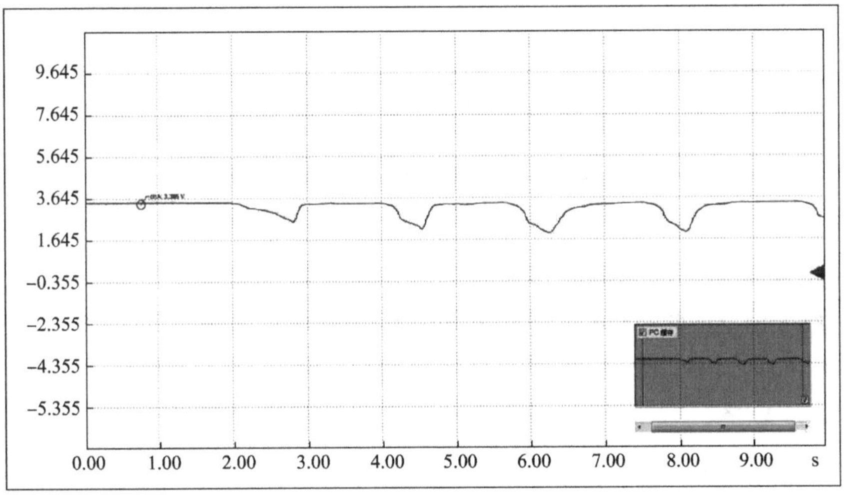

附图 A-5　B75C 多功能进气传感器 6 号脚的工作波形

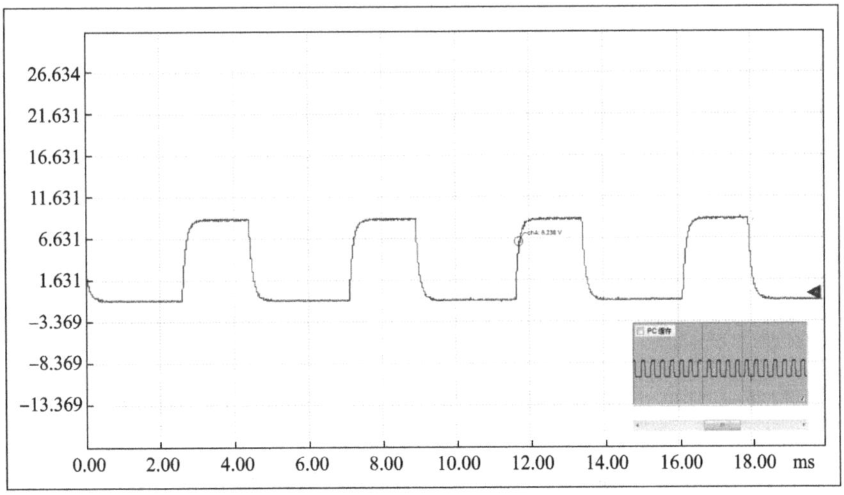

附图 A-6　G13 发电机 2 号脚工作波形

7. 威朗轿车 Q44 发动机机油压力控制电磁阀 2 号脚的工作波形(见附图 A-7)

时基选择:50 ms/格。

测量电压:2 V/格。

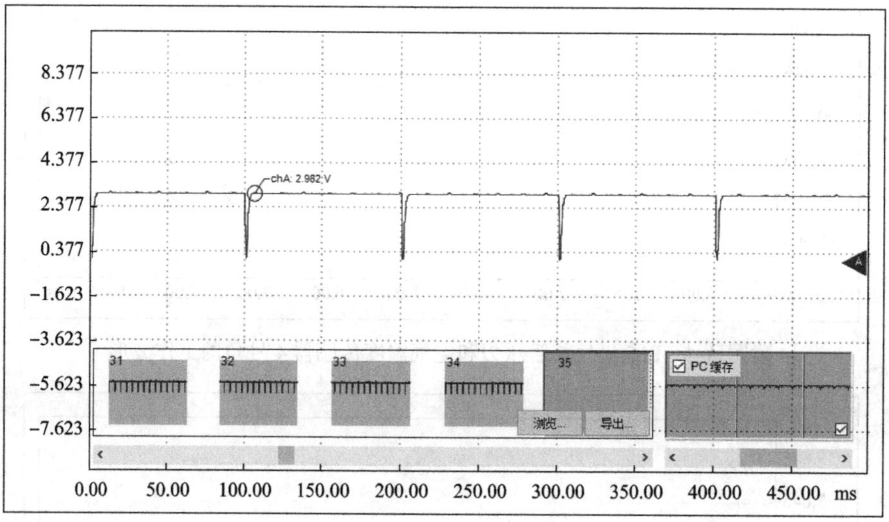

附图 A-7　Q44 发动机机油压力控制电磁阀 2 号脚的工作波形

二、继电器类波形

1. 威朗轿车 KR27c 起动继电器线圈 86 号脚的工作波形(见附图 A-8)

时基选择:500 ms/格。

测量电压:5 V/格。

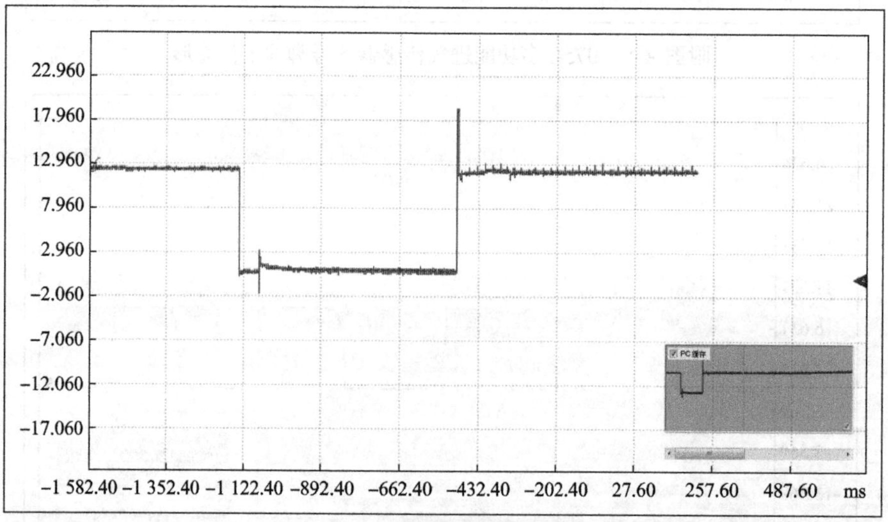

附图 A-8　威朗轿车 KR27c 起动继电器线圈 86 号脚工作波形

2. **威朗轿车 KR27 起动继电器线圈 1 号脚**(见附图 A-9)

时基选择:500 ms/格。

测量电压:5 V/格。

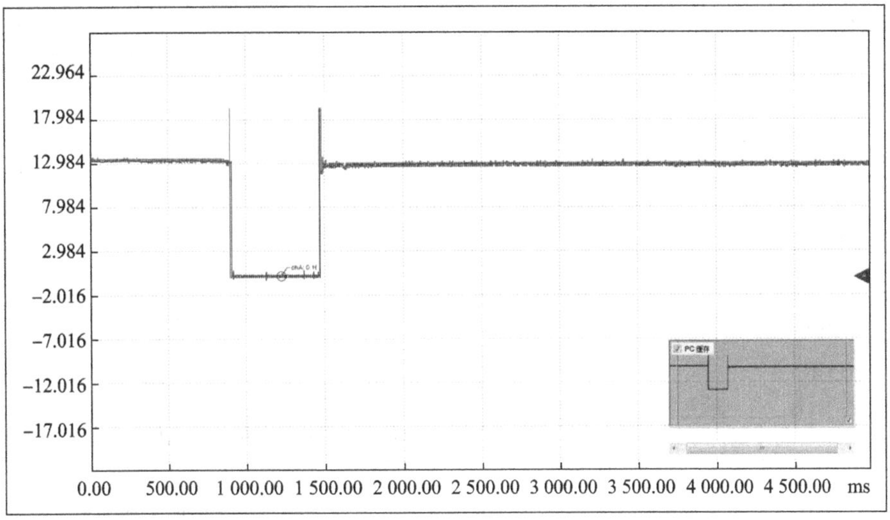

附图 A-9　威朗轿车 KR27 起动继电器线圈 1 号的脚工作波形

3. **威朗轿车发动机控制 KR75 点火继电器线圈的工作波形**(见附图 A-10)

时基选择:500 ms/格。

测量电压:5 V/格。

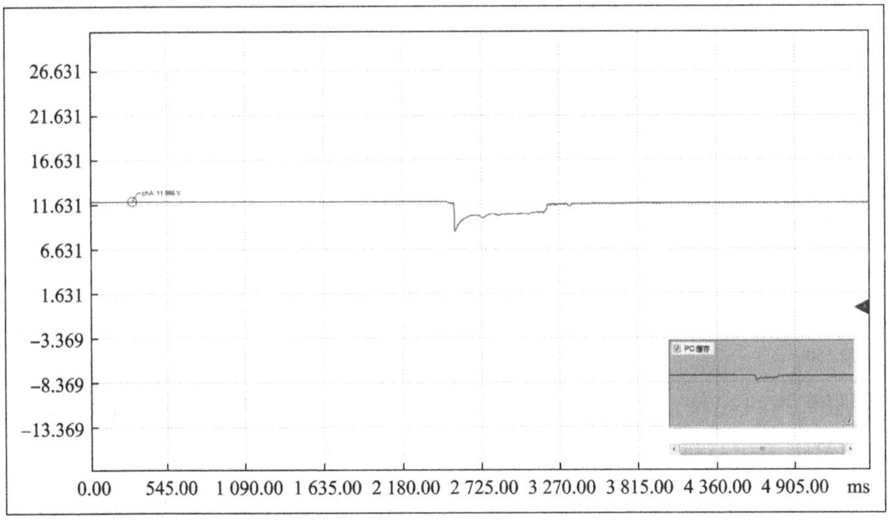

附图 A-10　威朗轿车发动机控制 KR75 点火继电器线圈的工作波形

三、开关类波形

(一)大灯开关

1. **威朗轿车大灯开关 S30 的 4 号脚小灯到近光再关闭的工作波形**(见附图 A-11)

时基选择:2 s/格。

测量电压:5 V/格。

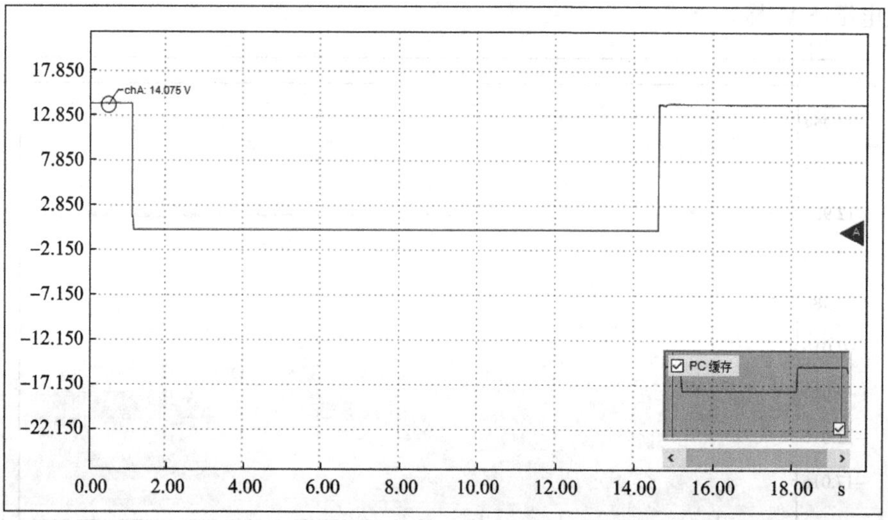

附图 A-11 威朗轿车大灯开关 S30 的 4 号脚小灯到近光再关闭的工作波形

2. 威朗轿车大灯开关 S30 的 7 号脚打开小灯到关闭小灯的工作波形(见附图 A-12)

时基选择:2 s/格。

测量电压:5 V/格。

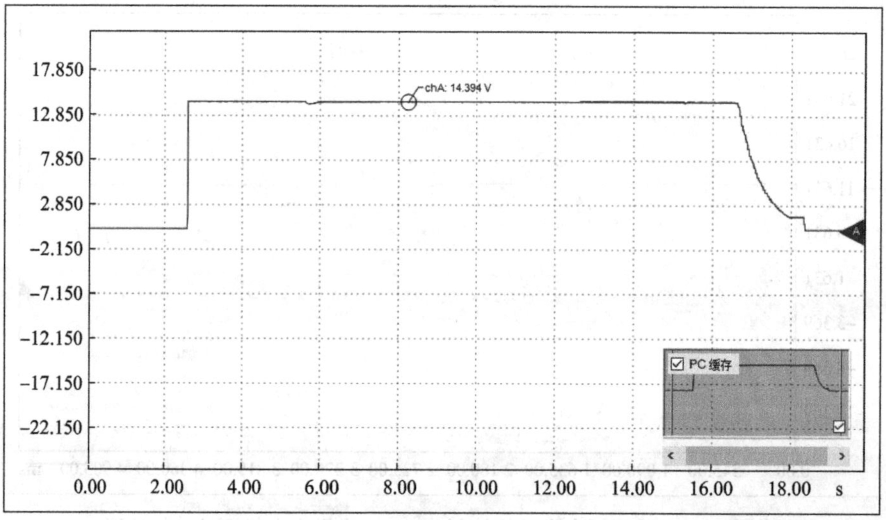

附图 A-12 威朗轿车大灯开关 S30 的 7 号脚打开小灯到关闭小灯的工作波形

3. 威朗轿车大灯开关 S30 的 9 号脚打开点火开关到关闭点火开关的工作波形(见附图 A-13)

时基选择:2 s/格。

测量电压:5 V/格。

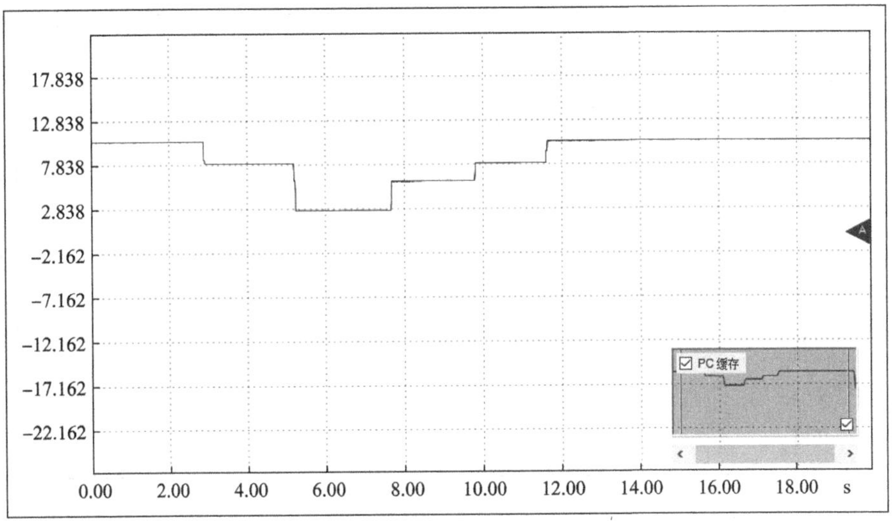

附图 A-13　威朗轿车大灯开关 S30 的 9 号脚打开点火开关到关闭点火开关的工作波形

4. 威朗轿车大灯开关 S30 的 10 号脚大灯高度调节的工作波形(见附图 A-14)

时基选择:2 s/格。

测量电压:5 V/格。

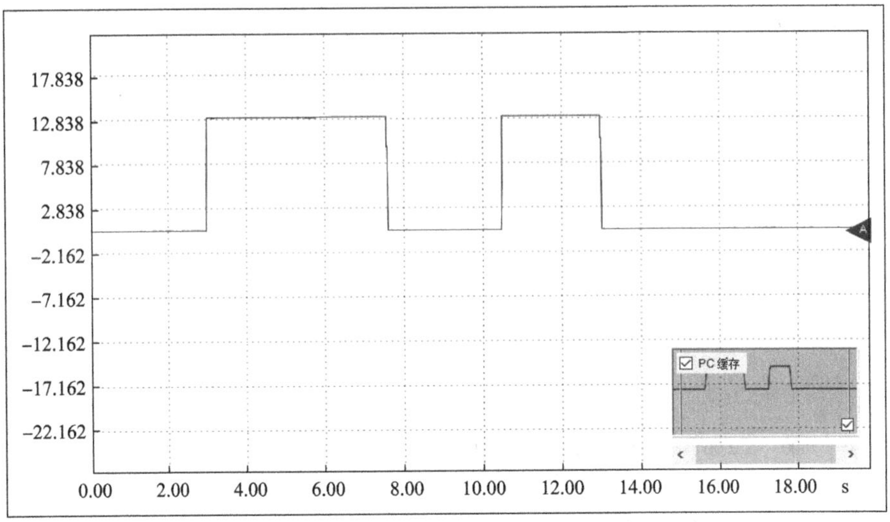

附图 A-14　威朗轿车大灯开关 S30 的 10 号脚大灯高度调节的工作波形

5. 威朗轿车大灯开关 S30 的 3 号脚从关闭状态打到小灯的工作波形(见附图 A-15)

时基选择:1 s/格。

测量电压:5 V/格。

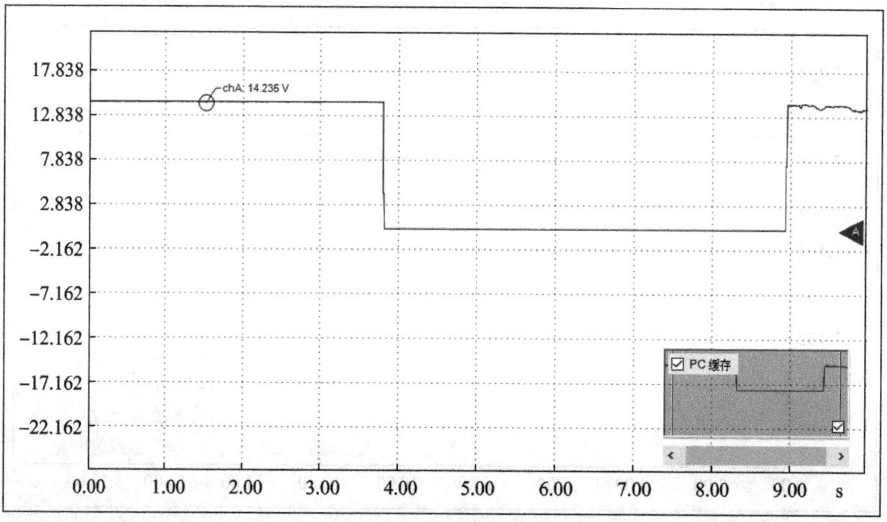

附图 A-15　威朗轿车大灯开关 S30 的 3 号脚从关闭状态打到小灯的工作波形

6. 威朗轿车大灯开关 S30 的 12 号脚调整亮度的工作波形(见附图 A-16)

时基选择:2 s/格。

测量电压:1 V/格。

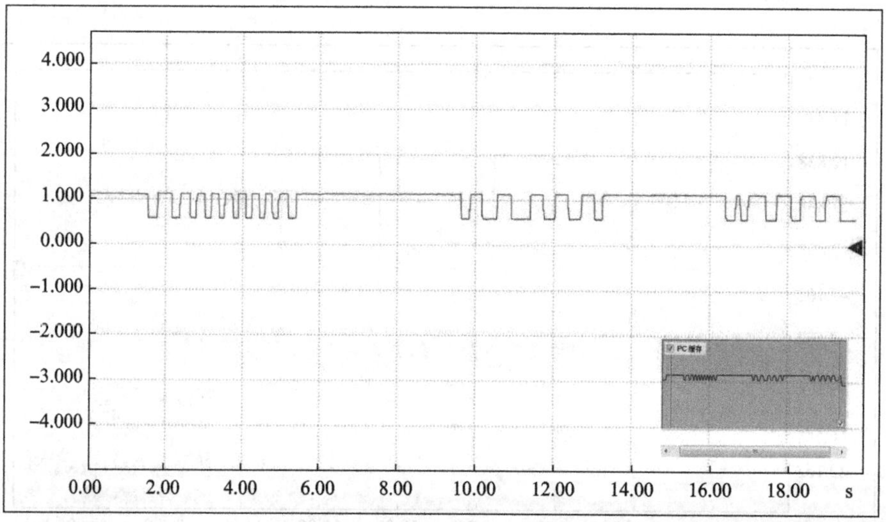

附图 A-16　威朗轿车大灯开关 S30 的 12 号脚调整亮度的工作波形

(二)驾驶员位置车窗开关

1. 威朗轿车驾驶员位置车窗开关的 2 号脚自动上升信号的工作波形(见附图 A-17)

时基选择:1 s/格。

测量电压:5 V/格。

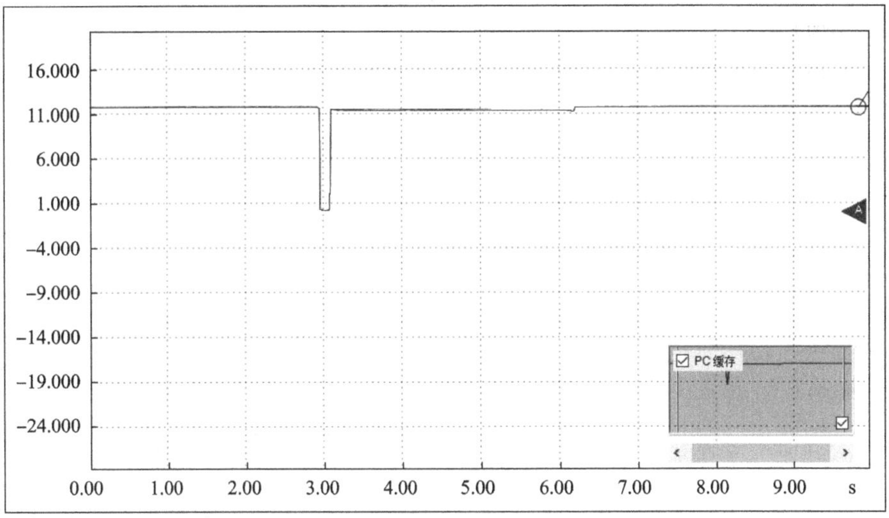

附图 A-17 威朗轿车驾驶员位置车窗开关的 2 号脚自动上升信号的工作波形

2. 威朗轿车驾驶员位置车窗开关的 2 号脚自动下降信号的工作波形(见附图 A-18)

时基选择:1 s/格。

测量电压:5 V/格。

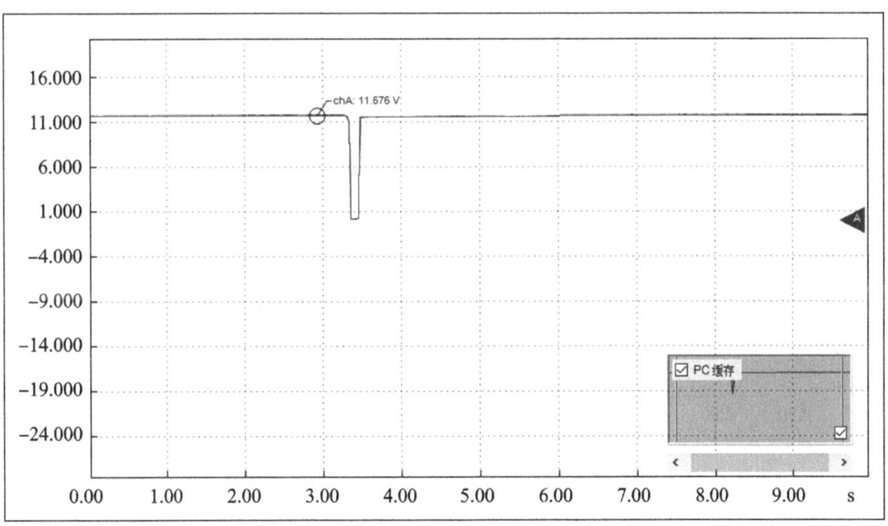

附图 A-18 威朗轿车驾驶员位置车窗开关的 2 号脚自动下降信号的工作波形

3. 威朗轿车驾驶员位置车窗开关的 3 号脚手动下降信号的工作波形(见附图 A-19)

时基选择:2 s/格。

测量电压:5 V/格。

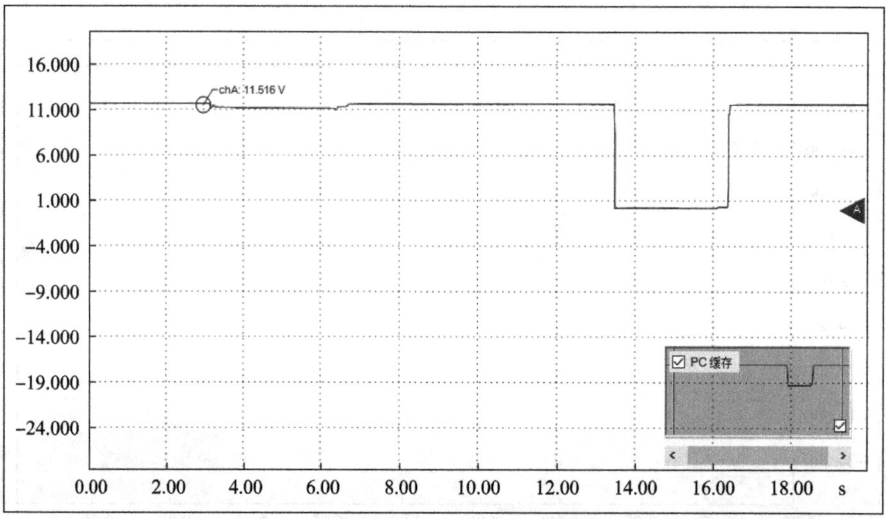

附图 A-19 威朗轿车驾驶员位置车窗开关的3号脚手动下降信号的工作波形

4. 威朗轿车驾驶员位置车窗开关的5号脚信号的工作波形(见附图 A-20)

时基选择:2 ms/格。

测量电压:5 V/格。

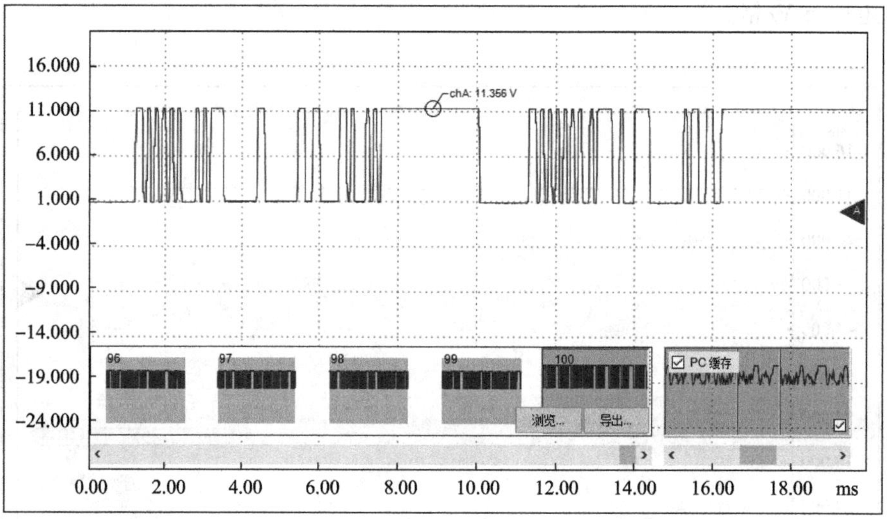

附图 A-20 威朗轿车驾驶员位置车窗开关的5号脚信号的工作波形

5. 威朗轿车驾驶员位置车窗开关的6号脚手动上升信号的工作波形(见附图 A-21)

时基选择:2 s/格。

测量电压:5 V/格。

6. 威朗轿车驾驶员位置车窗开关的7号脚按遥控器或拧钥匙时候开门和锁门信号的工作波形(见附图 A-22)

时基选择:2 s/格。

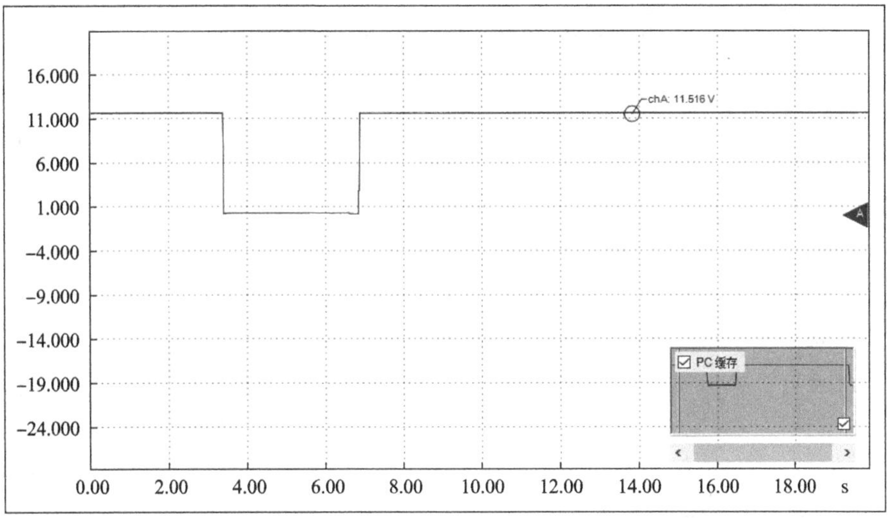

附图 A-21 威朗轿车驾驶员位置车窗开关的 6 号脚手动上升信号的工作波形

测量电压:5 V/格。

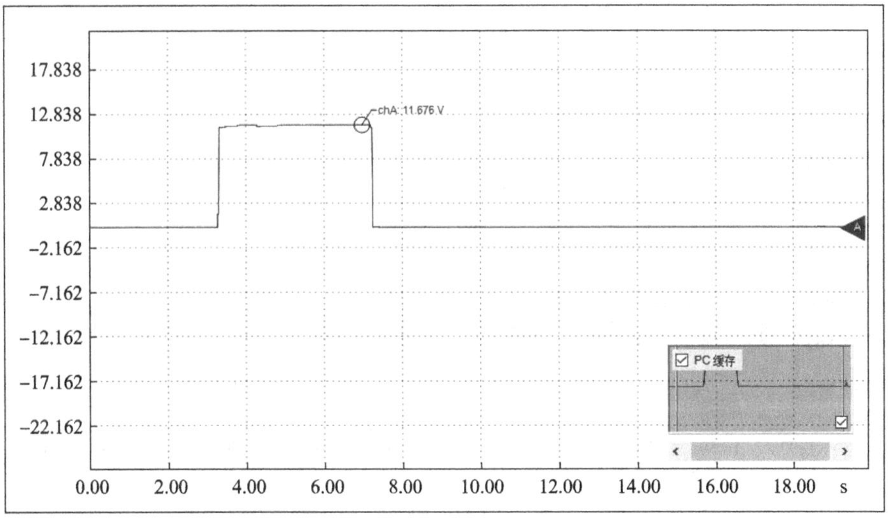

附图 A-22 威朗轿车驾驶员位置车窗开关的 7 号脚按遥控器或拧钥匙时候开门和锁门信号的工作波形

7. 威朗轿车驾驶员位置车窗开关的 8 号脚休眠到唤醒信号的工作波形(见附图 A-23)

时基选择:1 s/格。

测量电压:5 V/格。

8. 威朗轿车驾驶员位置车窗开关的 8 号脚休眠信号的工作波形(见附图 A-24)

时基选择:50 ms/格。

测量电压:2 V/格。

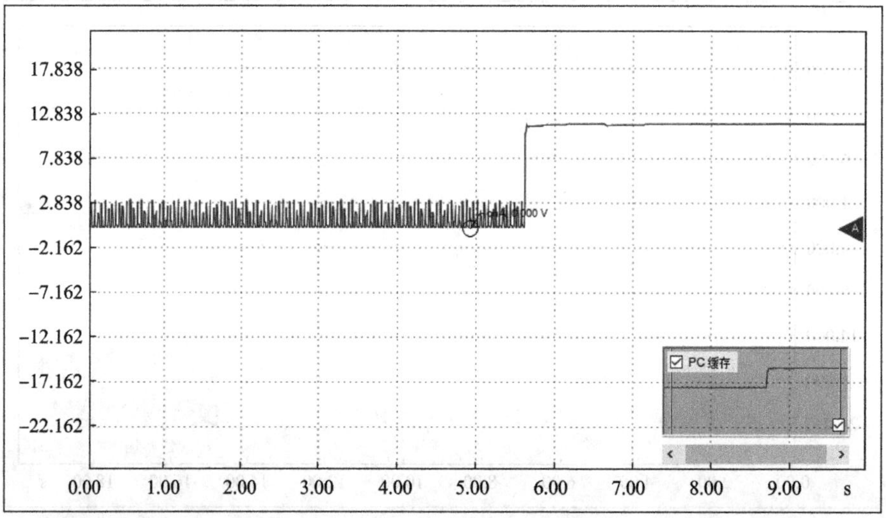

附图 A-23　威朗轿车驾驶员位置车窗开关的 8 号脚休眠到唤醒信号的工作波形

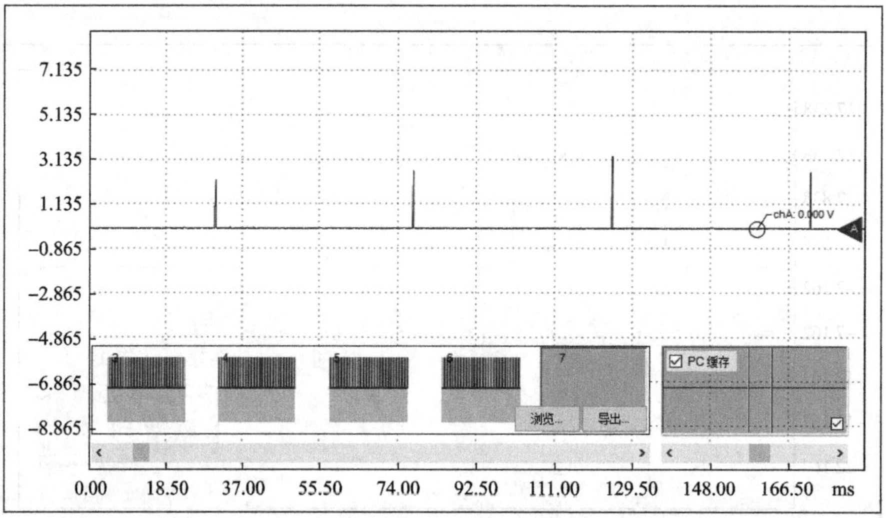

附图 A-24　威朗轿车驾驶员位置车窗开关的 8 号脚休眠信号的工作波形

(三)威朗轿车副驾驶位置车窗开关

1. 威朗轿车副驾驶车窗开关的 2 号手动上升的工作波形(见附图 A-25)

时基选择:2 s/格。

测量电压:5 V/格。

2. 威朗轿车副驾驶车窗开关的 3 号手动下降和自动下降的工作波形(见附图 A-26)

时基选择:2 s/格。

测量电压:5 V/格。

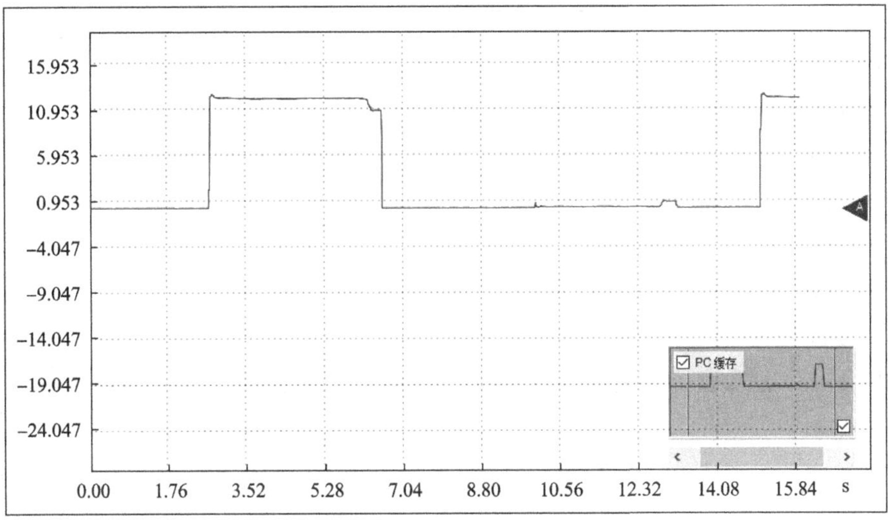

附图 A-25　威朗轿车副驾驶车窗开关的 2 号手动上升的工作波形

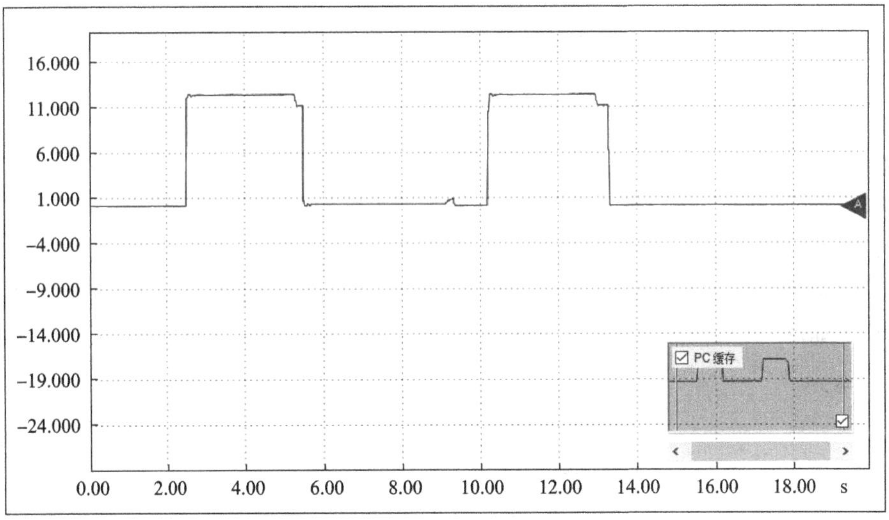

附图 A-26　威朗轿车副驾驶车窗开关的 3 号手动下降和自动下降的工作波形

3. 威朗轿车副驾驶车窗开关的 5 号信号传输线的工作波形(见附图 A-27)

时基选择:2 ms/格。

测量电压:5 V/格。

(四)点火开关

威朗轿车点火开关的 4 号脚的工作波形(见附图 A-28)

时基选择:1 s/格。

测量电压:5 V/格。

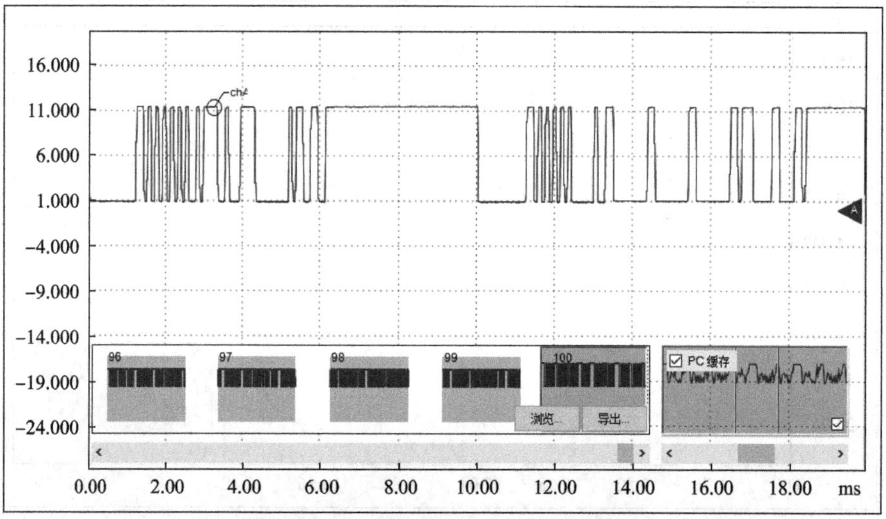

附图 A-27 威朗轿车副驾驶车窗开关的 5 号信号传输线的工作波形

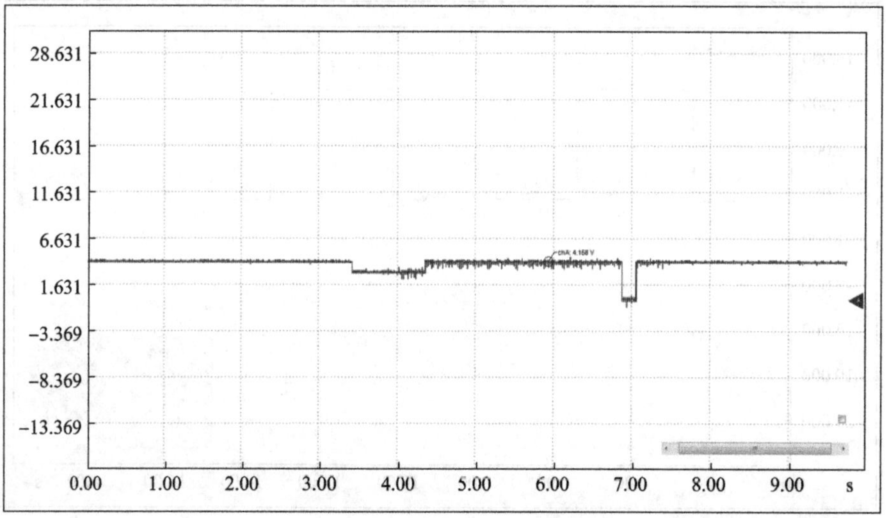

附图 A-28 威朗轿车点火开关的 4 号脚的工作波形

四、模块控制信号类波形

1. 威朗轿车 K9 车身控制模块 X1 的 16 号脚打开近光灯的工作波形(见附图 A-29)

时基选择:1 s/格。

测量电压:5 V/格。

2. 威朗轿车 K9 车身控制模块 X3 的 3 号脚起动时的工作波形(见附图 A-30)

时基选择:1 s/格。

测量电压:5 V/格。

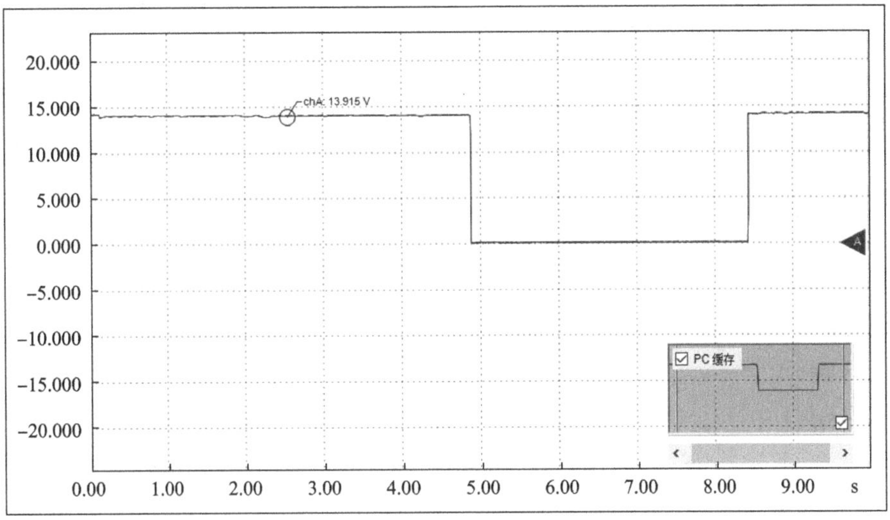

附图 A-29　威朗轿车 K9 车身控制模块 X1 的 16 号脚打开近光灯的工作波形

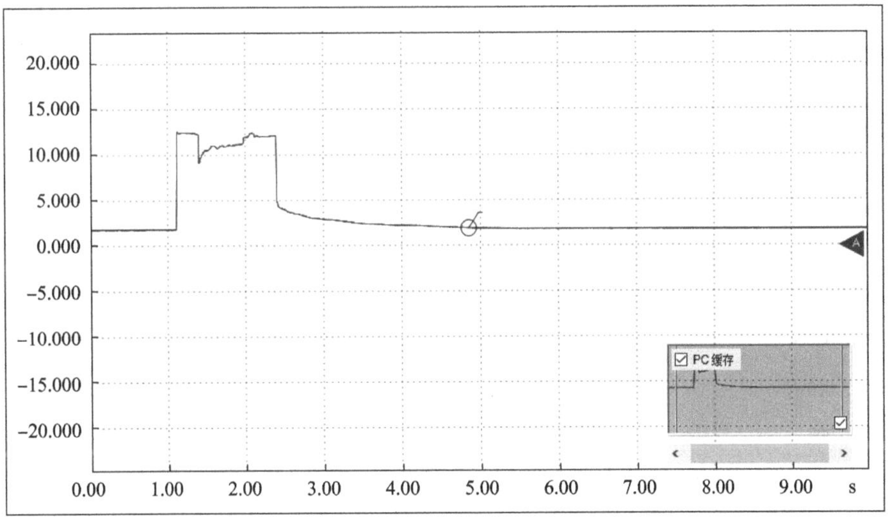

附图 A-30　威朗轿车 K9 车身控制模块 X3 的 3 号脚起动时的工作波形

3. 威朗轿车 K9 车身控制模块 X3 的 13 号脚打开雨刮慢挡，关闭，再打开间歇挡，再关闭（雨刮）的工作波形（见附图 A-31）

时基选择：2 s/格。

测量电压：5 V/格。

4. 威朗轿车 K9 车身控制模块 X3 的 17 号脚到危险报警灯开关的 6 号脚，按下危险报警灯开关的工作波形（见附图 A-32）

时基选择：500 ms/格。

测量电压：5 V/格。

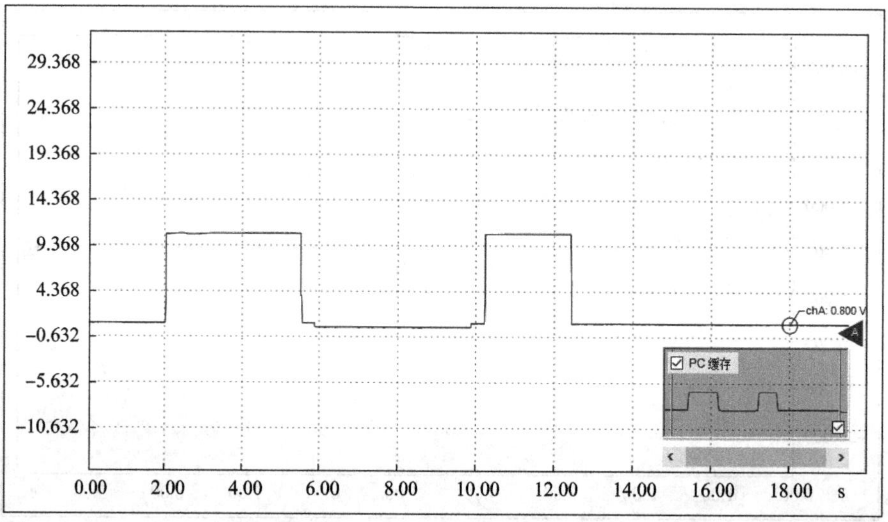

附图 A-31 威朗轿车 K9 车身控制模块 X3 的 13 号脚打开雨刮慢挡,关闭,再打开间歇挡,再关闭(雨刮)的工作波形

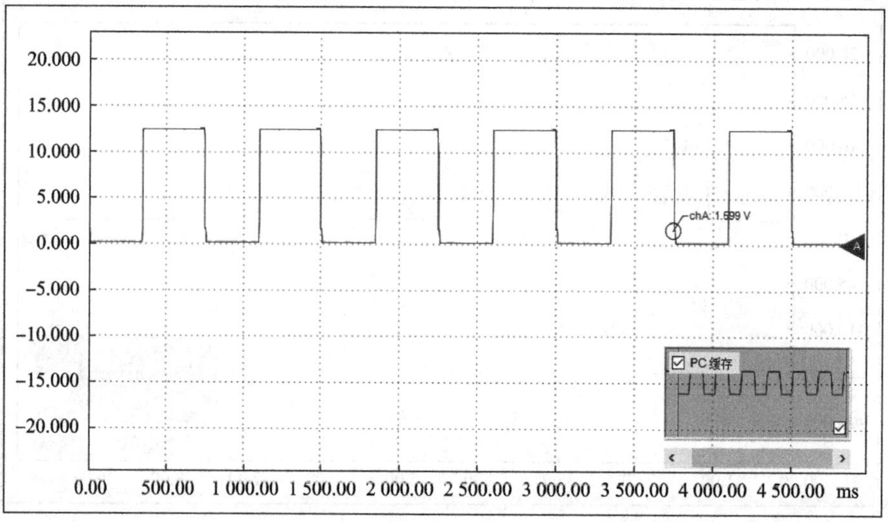

附图 A-32 威朗轿车 K9 车身控制模块 X3 的 17 号脚到危险报警灯开关的 6 号脚,按下危险报警灯开关的工作波形

5. 威朗轿车 K9 车身控制模块 X3 的 20 号脚打开雨刮快挡,关闭,再打开,再关闭(雨刮)的工作波形(见附图 A-33)

时基选择:2 s/格。

测量电压:5 V/格。

6. 威朗轿车 K9 车身控制模块 X3 的 22 号脚小灯打开后关闭的工作波形(见附图 A-34)

时基选择:1 s/格。

测量电压:5 V/格。

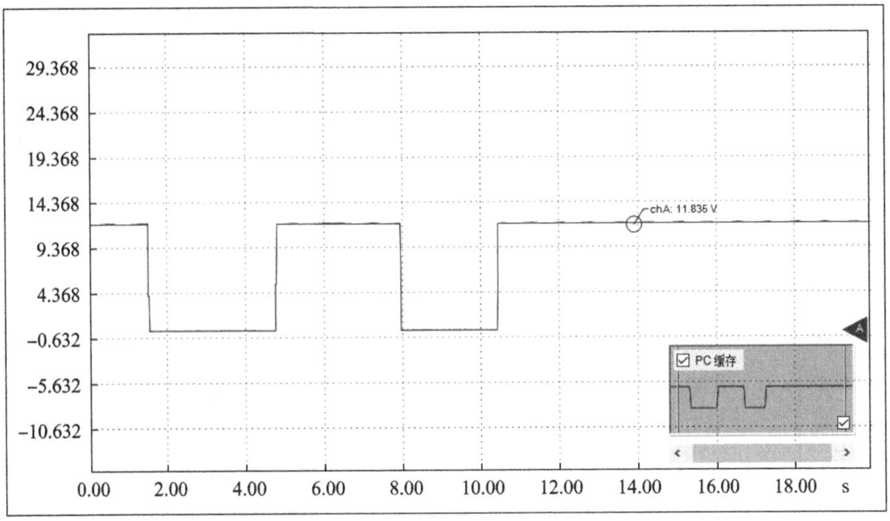

附图 A-33　威朗轿车 K9 车身控制模块 X3 的 20 号脚打开雨刮快挡,关闭,再打开,再关闭(雨刮)的工作波形

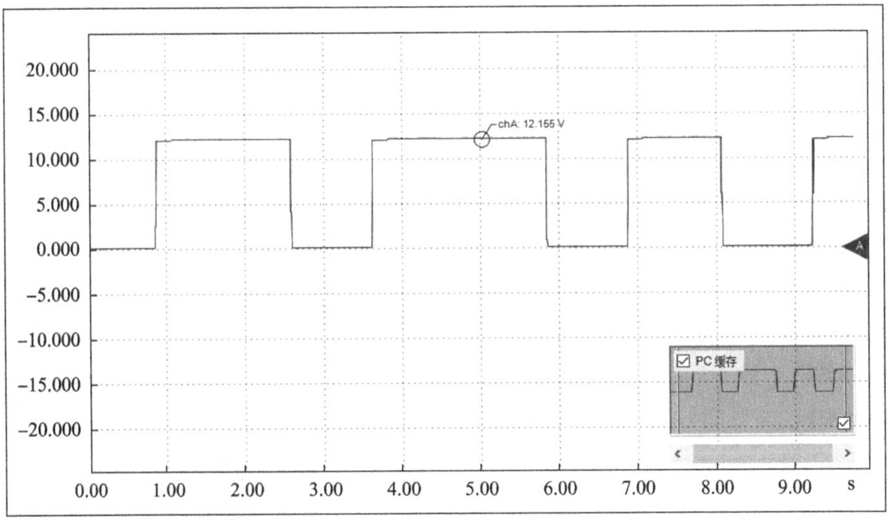

附图 A-34　威朗轿车 K9 车身控制模块 X3 的 22 号脚小灯打开后关闭的工作波形

7. 威朗轿车 K9 车身控制模块 X3 的 24 号脚,到 S78 转向信号,多功能开关的 2 号脚,打开危险报警灯的工作波形(见附图 A-35)

时基选择:1 s/格。

测量电压:5 V/格。

8. 威朗轿车 K9 车身控制模块 X3 的 25 号脚打开喷水电机开关(水量最大)的工作波形(见附图 A-36)

时基选择:2 s/格。

测量电压:5 V/格。

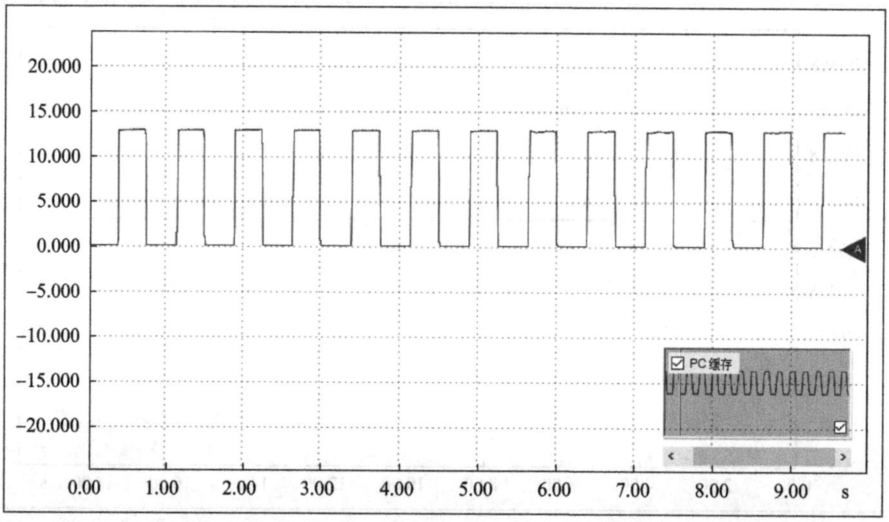

附图 A-35　威朗轿车 K9 车身控制模块 X3 的 24 号脚，到 S78 转向信号，多功能开关的 2 号脚，打开危险报警灯的工作波形

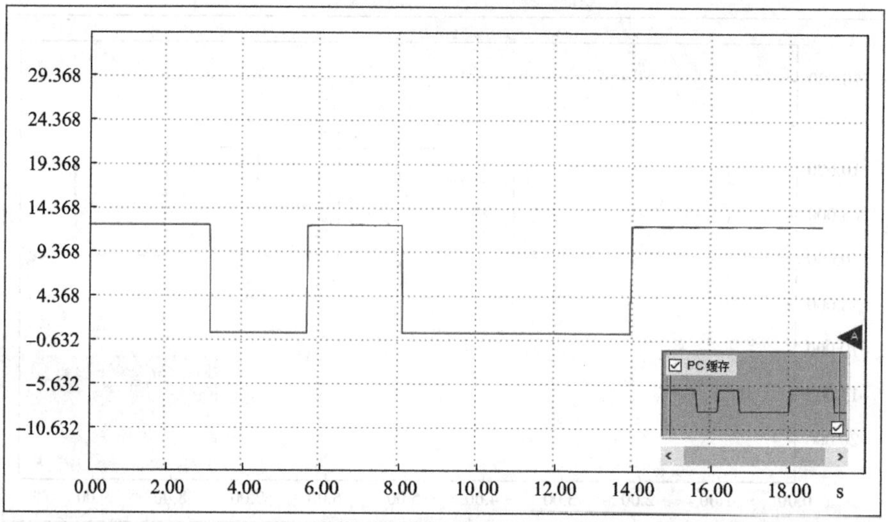

附图 A-36　威朗轿车 K9 车身控制模块 X3 的 25 号脚打开喷水电机开关(水量最大)的工作波形

9. 威朗轿车 K9 车身控制模块 X3 的 25 号脚打开喷水电机开关(水量最少)的工作波形(见附图 A-37)

时基选择:2 s/格。

测量电压:5 V/格。

10. 威朗轿车 K9 车身控制模块 X4 的 2 号脚 KR42L 左侧日间行车灯继电器 3 号脚起动车辆的工作波形(见附图 A-38)

时基选择:1 s/格。

测量电压:5 V/格。

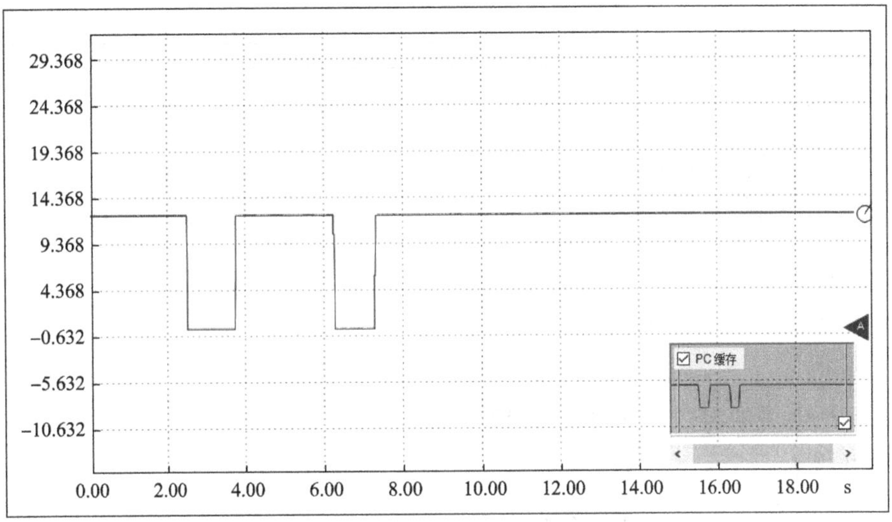

附图 A-37　威朗轿车 K9 车身控制模块 X3 的 25 号脚打开喷水电机开关(水量最少)的工作波形

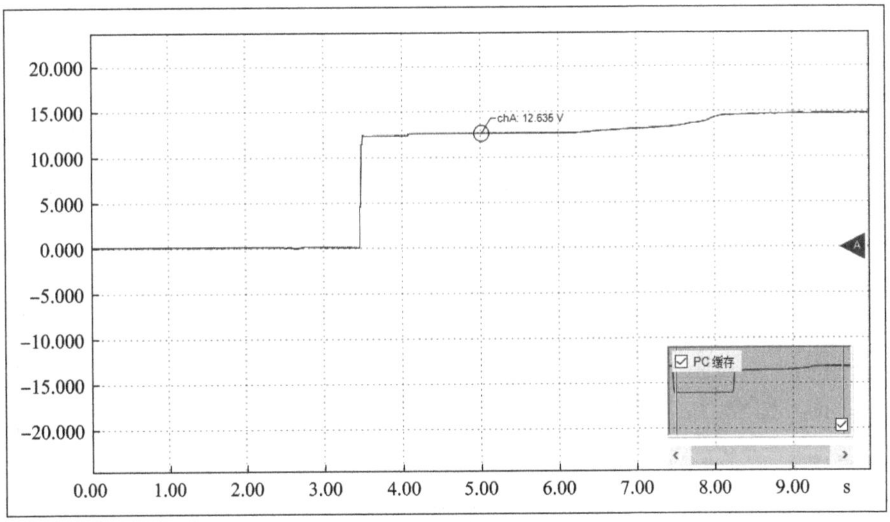

附图 A-38　威朗轿车 K9 车身控制模块 X4 的 2 号脚 KR42L 左侧日间行车灯继电器 3 号脚起动车辆的工作波形

五、威朗轿车 ODB 接头类波形

1. 威朗轿车 OBD 接头 1 号脚 K 线的工作波形(见附图 A-39)

时基选择:2 ms/格。

测量电压:2 V/格。

2. 威朗轿车 OBD 接头 6 号脚高速 CAN-H 线的工作波形(见附图 A-40)

时基选择:0. 1 ms/格。

测量电压:1 V/格。

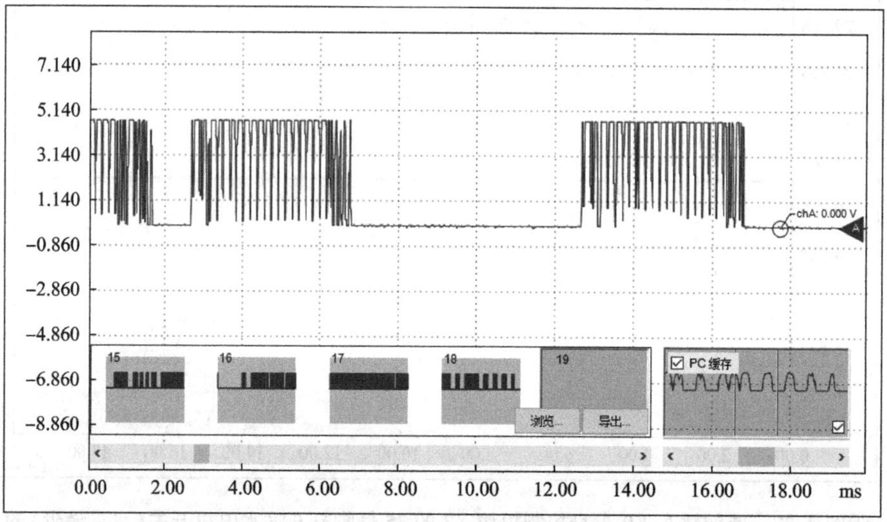

附图 A-39　威朗轿车 OBD 接头 1 号脚 K 线的工作波形

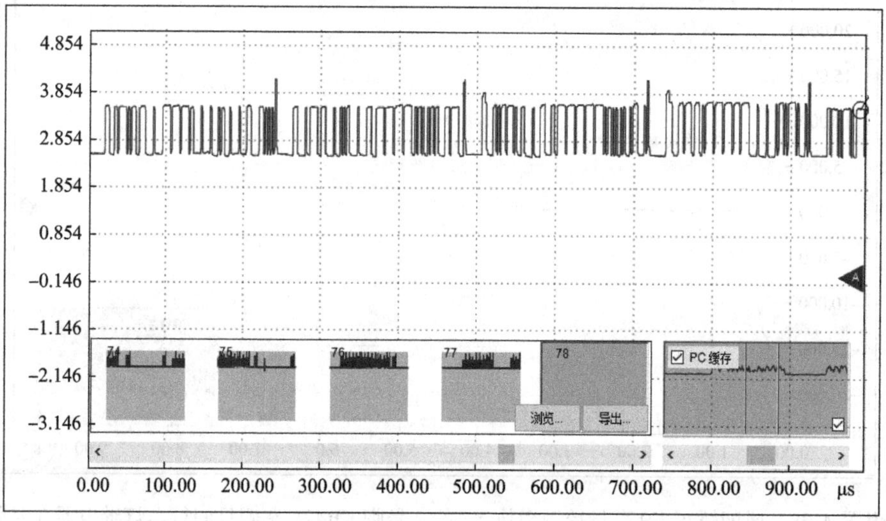

附图 A-40　威朗轿车 OBD 接头 6 号脚高速 CAN-H 线的工作波形

3. 威朗轿车 OBD 接头 6 号脚高速 CAN-L 线的工作波形(见附图 A-41)

时基选择:0.1 ms/格。

测量电压:1 V/格。

4. 威朗轿车 OBD 接头 12 号脚底盘高速 CAN-H 线的工作波形(见附图 A-42)

时基选择:0.1 ms/格。

测量电压:1 V/格。

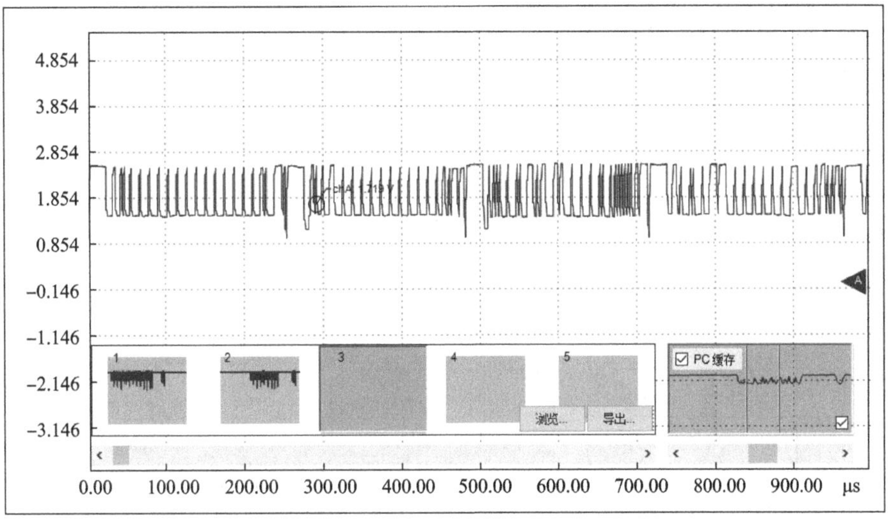

附图 A-41　威朗轿车 OBD 接头 6 号脚高速 CAN-L 线的工作波形

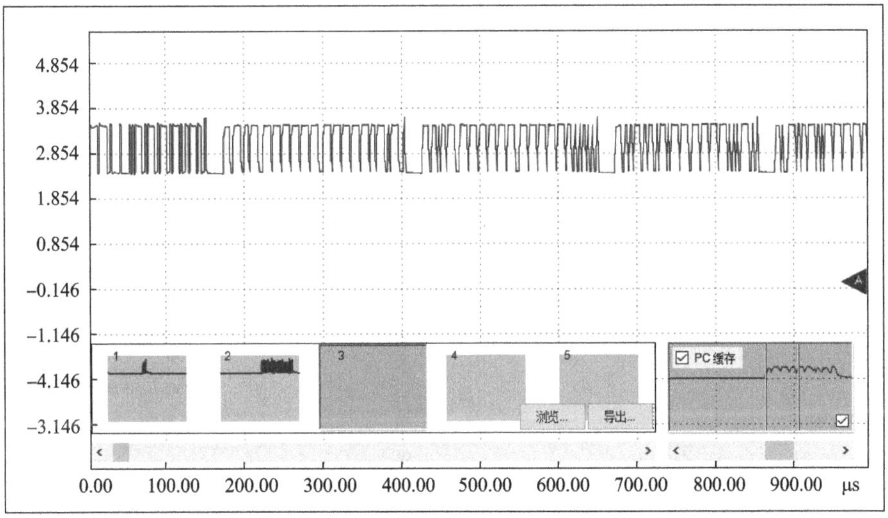

附图 A-42　威朗轿车 OBD 接头 12 号脚底盘高速 CAN-H 线的工作波形

5. 威朗轿车 OBD 接头 13 号脚底盘高速 CAN-L 线的工作波形(见附图 A-43)

时基选择:0.1 ms/格。

测量电压:1 V/格。

六、执行器类波形

1. 威朗轿车 Q6F 进气凸轮轴位置执行器电磁阀的工作波形(见附图 A-44)

时基选择:10 ms/格。

测量电压:5 V/格。

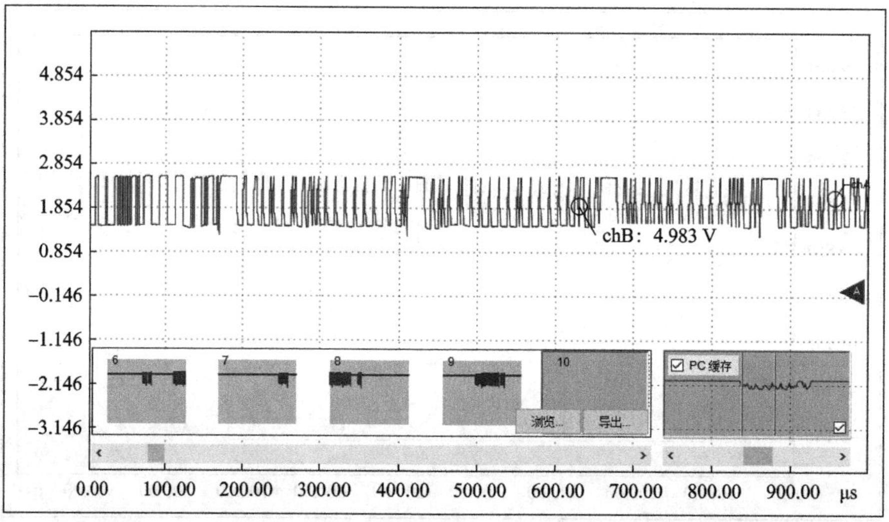

附图 A-43　威朗轿车 OBD 接头 13 号脚底盘高速 CAN-L 线的工作波形

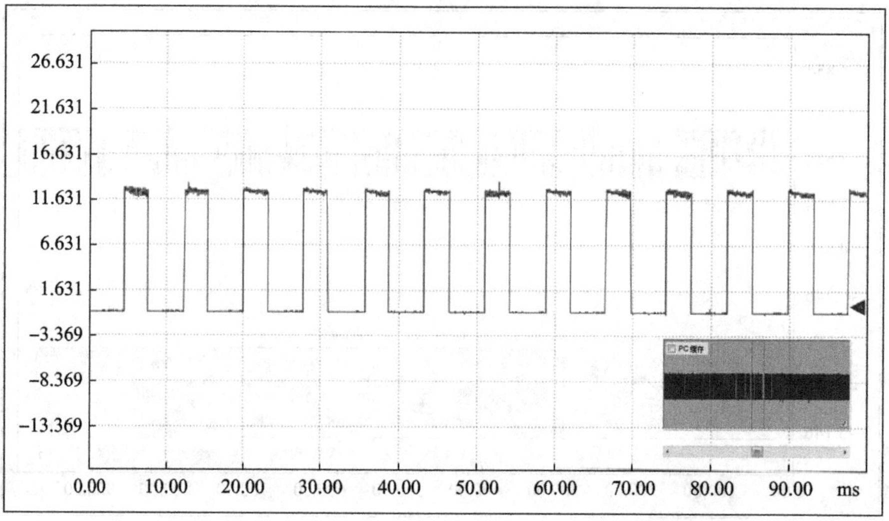

附图 A-44　威朗轿车 Q6F 进气凸轮轴位置执行器电磁阀的工作波形

2. 威朗轿车 Q38 节气门体电机的工作波形(见附图 A-45)

时基选择:0.2 ms/格。

测量电压:5 V/格。

3. 威朗轿车 Q46 空调压缩机电磁阀 1 号脚的工作波形(见附图 A-46)

时基选择:1 ms/格。

测量电压:5 V/格。

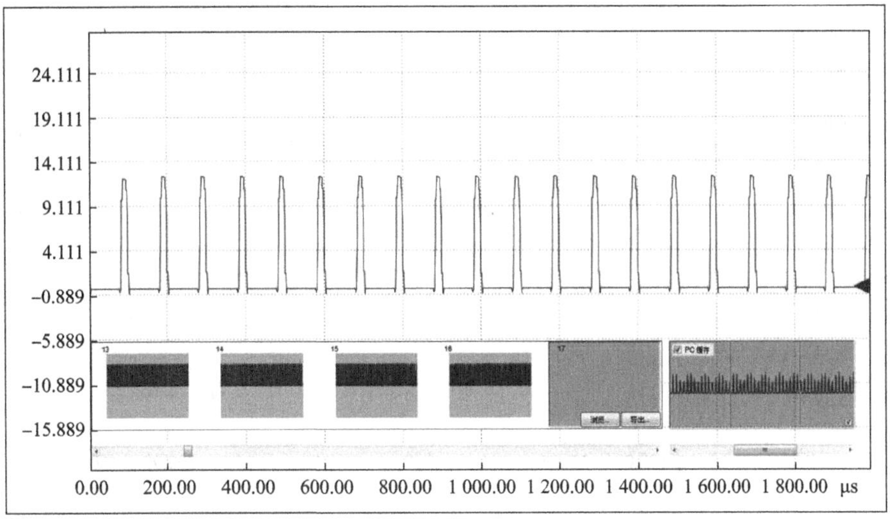

附图 A-45　威朗轿车 Q38 节气门体电机的工作波形

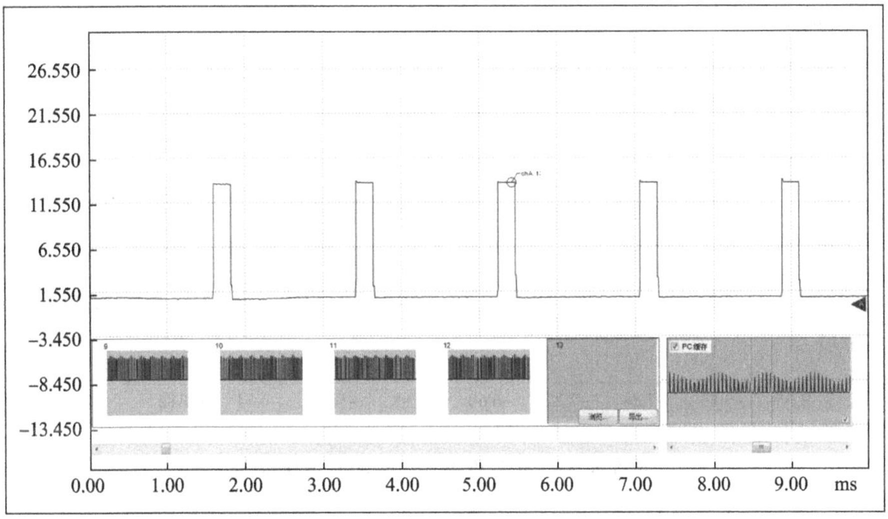

附图 A-46　威朗轿车 Q46 空调压缩机电磁阀 1 号脚的工作波形

4. 威朗轿车点火线圈 3 角的工作波形(见附图 A-47)

时基选择:50 ms/格。

测量电压:2 V/格。

5. 威朗轿车高压喷油器的工作波形(见附图 A-48)

时基选择:2 ms/格。

测量电压:1 V/格。

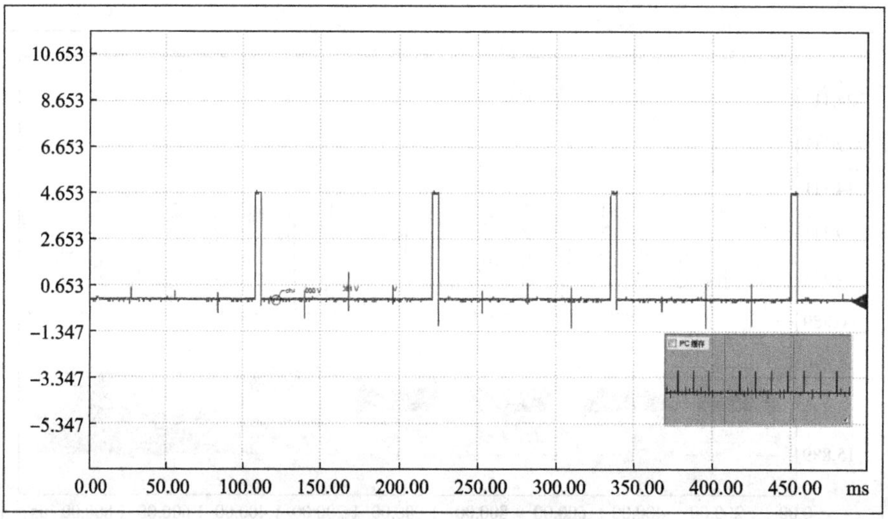

附图 A-47 威朗轿车点火线圈 3 角的工作波形

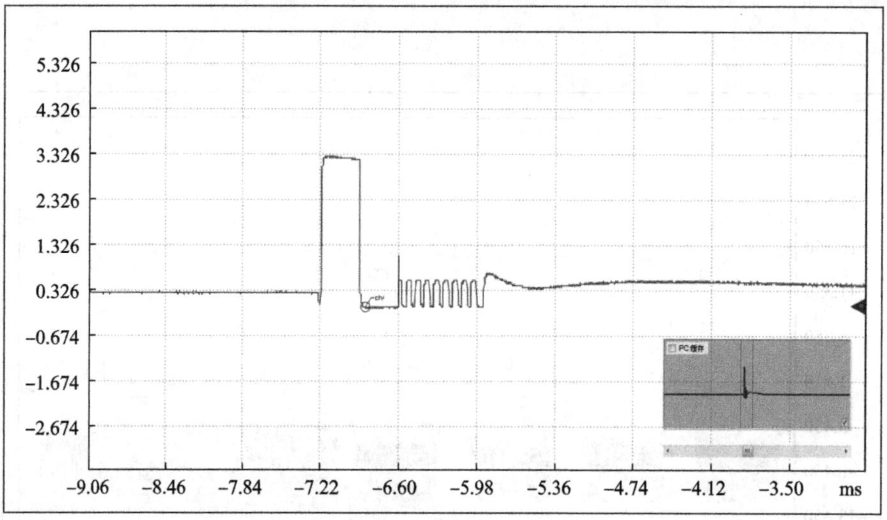

附图 A-48 威朗轿车高压喷油器工作波形

附录 B 迈腾 B8 轿车参考波形

吕 斌 高 鹤 朱 颖

一、J965 波形

1. T40 的 40 针脚的工作波形(见附图 B-1)

时基选择:2 s/格。

测量电压:5 V/格。

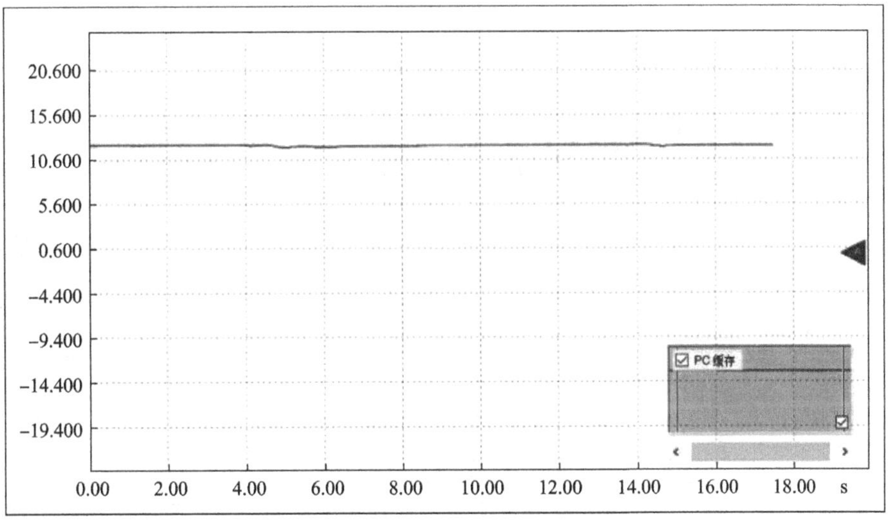

附图 B-1 T40 的 40 针脚的工作波形

2. T40 的 T 号针脚的工作波形(见附图 B-2)

时基选择:1 s/格。

测量电压:1 V/格。

3. T40 的 5 号针脚的工作波形(见附图 B-3)

时基选择:0. 1 s/格。

测量电压:1 V/格。

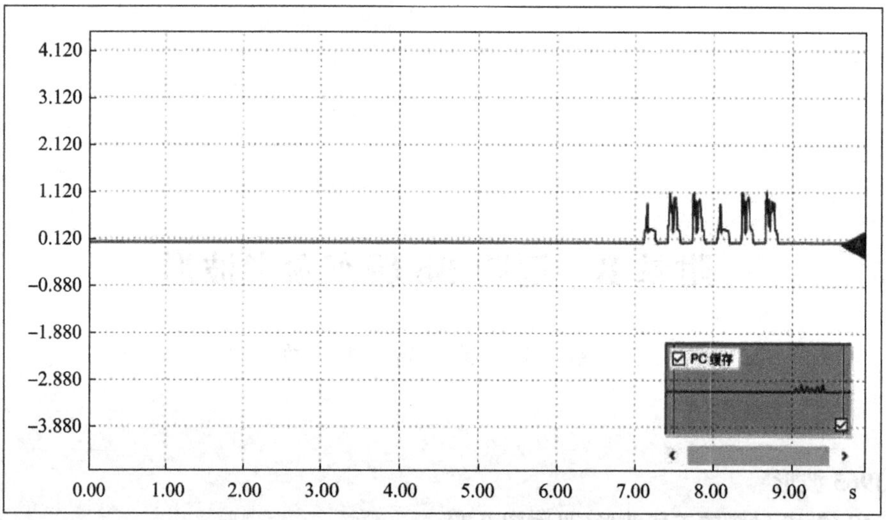

附图 B-2 T40 的 T 号针脚的工作波形

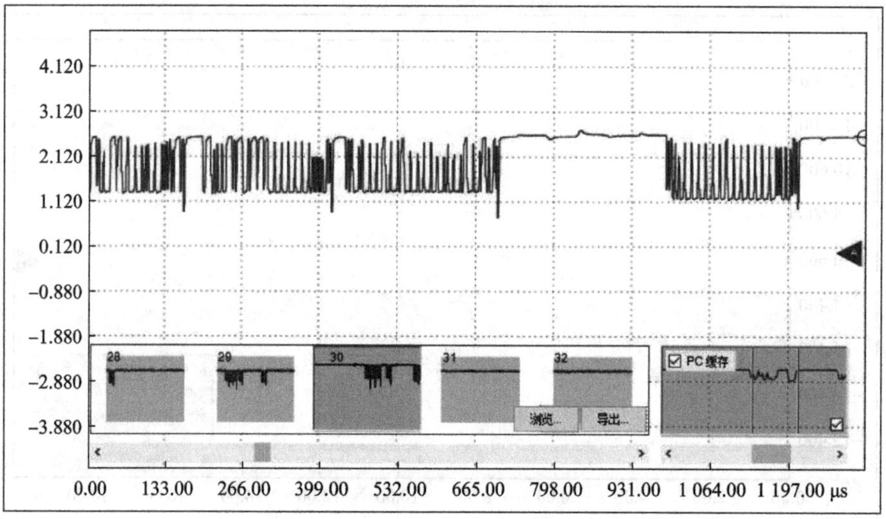

附图 B-3 T40 的 5 号针脚的工作波形

4. 按下微动开关门锁后,T40 的 22 号针脚的工作波形(见附图 B-4)

时基选择:1 s/格。

测量电压:1 V/格。

5. 按下副驾驶位门锁后,T40 的 22 号针脚的工作波形(见附图 B-5)

时基选择:1 s/格。

测量电压:1 V/格。

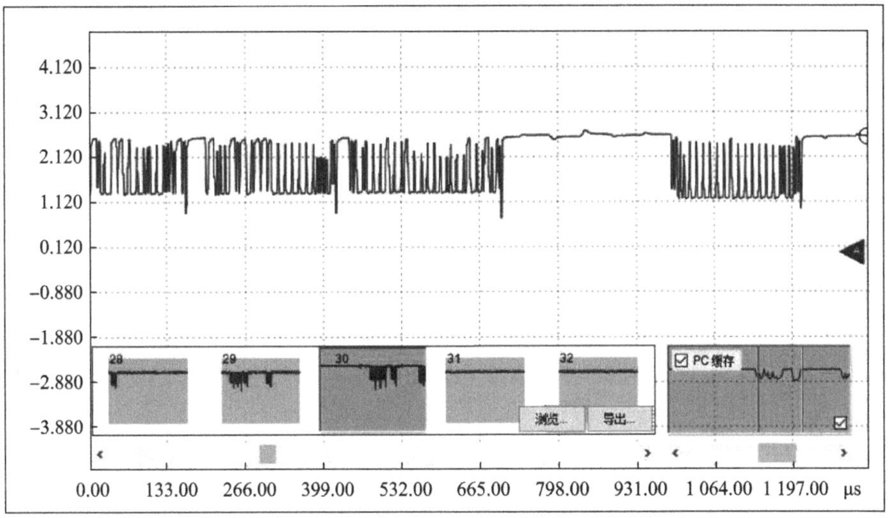

附图 B-4　按下微动开关门锁后,T40 的 22 号针脚的工作波形

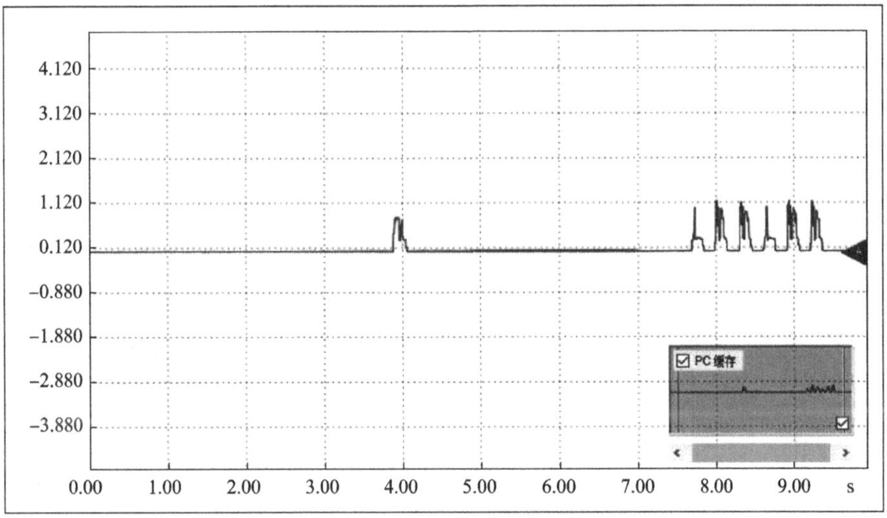

附图 B-5　按下副驾驶位门锁后,T40 的 22 号针脚的工作波形

6. 驾驶位开门后,T40 的 22 号针脚的工作波形(见附图 B-6)

时基选择:1 s/格。

测量电压:5 V/格。

7. 按下驾驶位遥控器门锁后,T40 的 22 号针脚的工作波形(见附图 B-7)

时基选择:1 s/格。

测量电压:5 V/格。

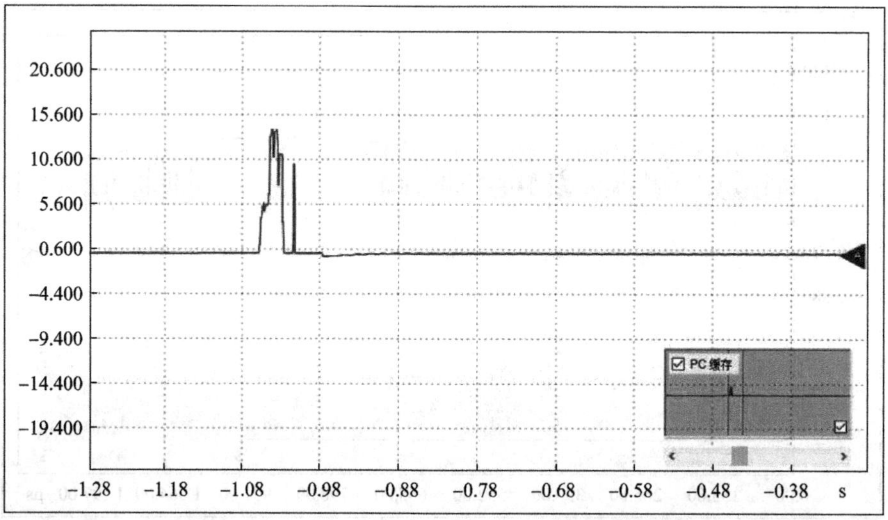

附图 B-6 驾驶位开门后,T40 的 22 号针脚的工作波形

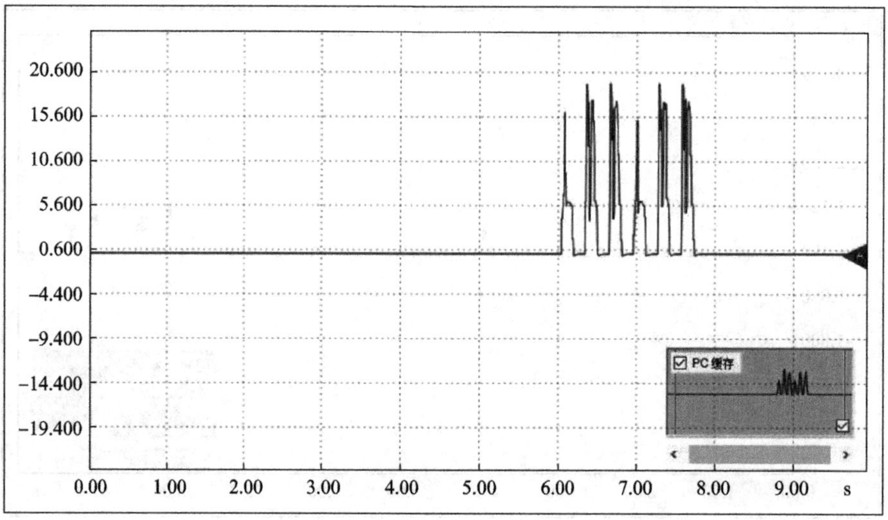

附图 B-7 按下驾驶位遥控器门锁后,T40 的 22 号针脚的工作波形

8. 按下驾驶员位门锁后,T40 的 22 针脚的工作波形(见附图 B-8)

时基选择:1 s/格。

测量电压:5 V/格。

9. 副驾驶位开门后,T40 的 22 号针脚的工作波形(见附图 B-9)

时基选择:1 s/格。

测量电压:1 V/格。

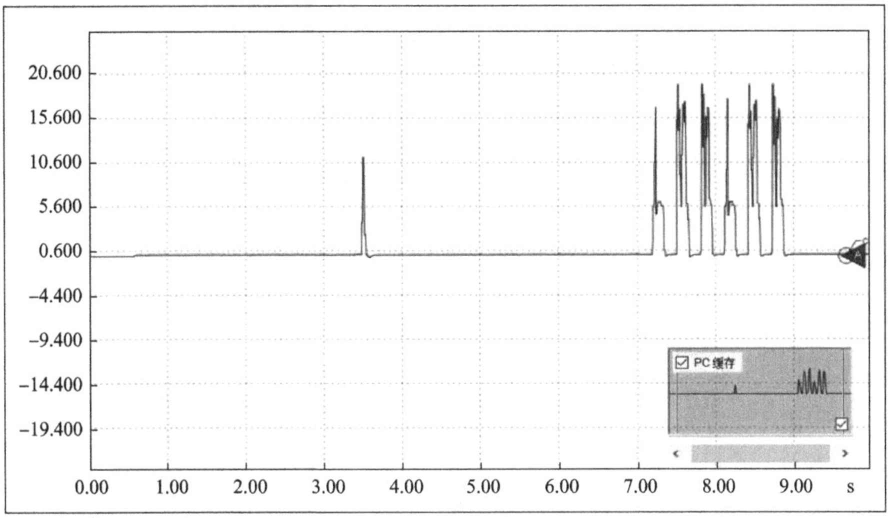

附图 B-8　按下驾驶员位门锁后,T40 的 22 针脚的工作波形

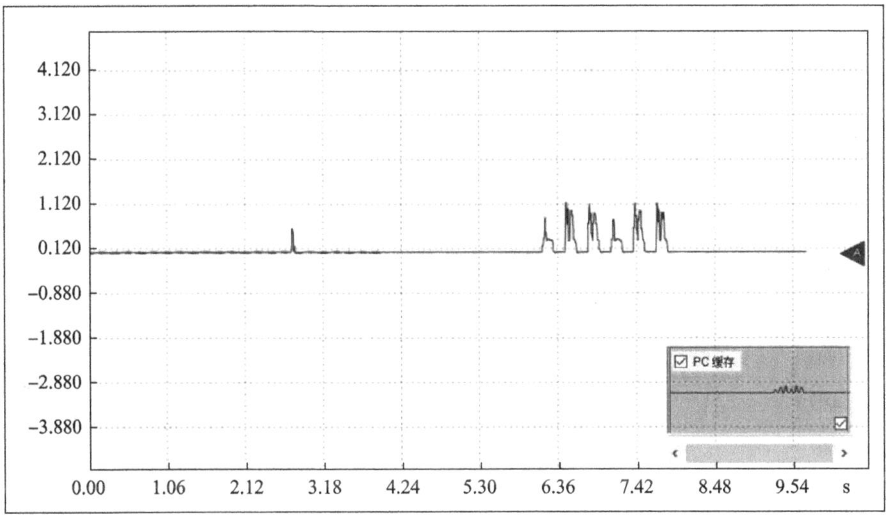

附图 B-9　副驾驶位开门后,T40 的 22 号针脚的工作波形

10. 按下点火开关,T6as 的 3 号针脚与 J965/T40 的 7 号针脚之间的工作波形(见附图 B-10)

时基选择:1 s/格。

测量电压:1 V/格。

二、传感器波形

1. G103 尾气催化净化器后的氧传感器 T4gy 的 4 号针脚到 T91 的 28 号针脚之间的工作波形(见附图 B-11)

时基选择:500 ms/格。

测量电压:2 V/格。

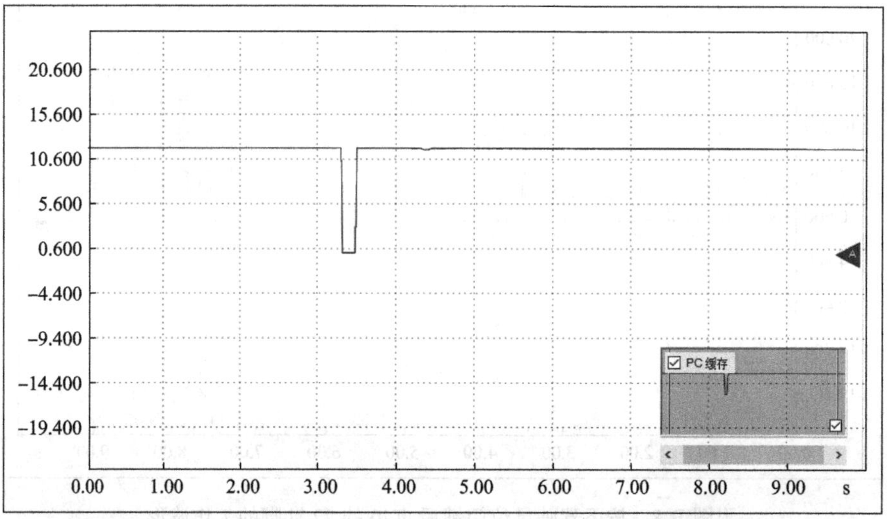

附图 B-10　按下点火开关,T6as 的 3 号针脚与 J965/T40 的 7 号针脚之间的工作波形

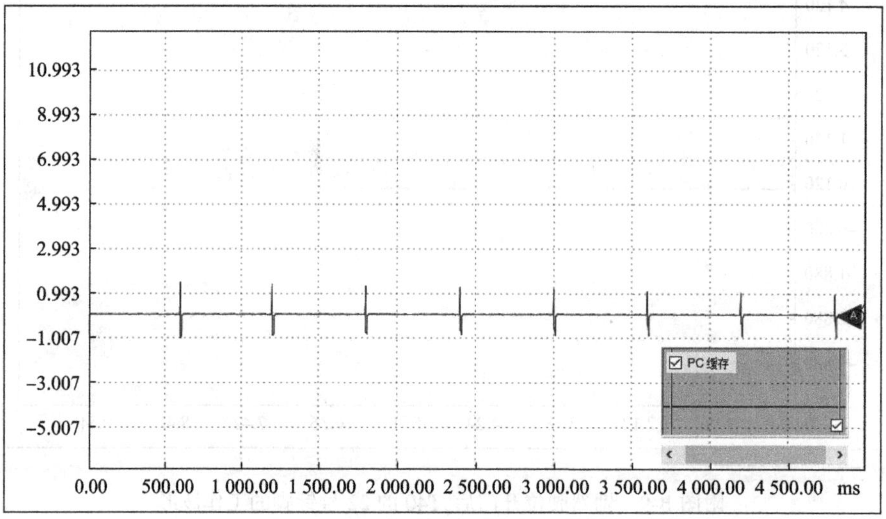

附图 B-11　T4gy 的 4 号针脚到 T91 的 28 号针脚之间的工作波形

2. G186 电控加速踏板操纵机构的节气门驱动装置 T6e 的 5 号针脚到 J623 的 T1056 端的工作波形(见附图 B-12)

时基选择:1 ms/格。

测量电压:5 V/格。

3. GX2 加速踏板传感器 T6bf 的 4 号针脚到 T91 的 67 号针脚的工作波形(见附图 B-13)

时基选择:2 s/格。

测量电压:2 V/格。

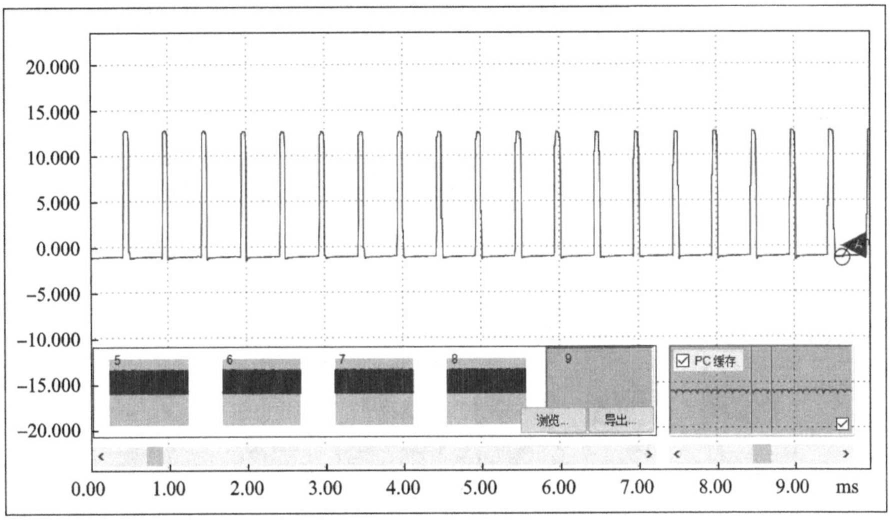

附图 B-12　T6e 的 5 号针脚到 J623 的 T1056 端的工作波形

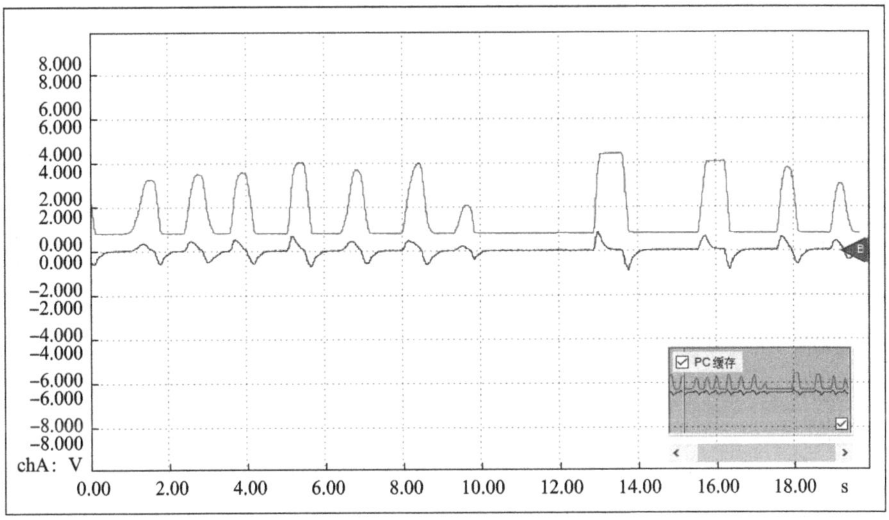

附图 B-13　T6bf 的 4 号针脚到 T91 的 67 号针脚的工作波形

4. 发动机转速传感器 T3m 的 2 号针脚的工作波形(见附图 B-14)

时基选择:20 ms/格。

测量电压:1 V/格。

5. 节气门电机 T6E 的 4 号针脚的工作波形(见附图 B-15)

时基选择:2 s/格。

测量电压:2 V/格。

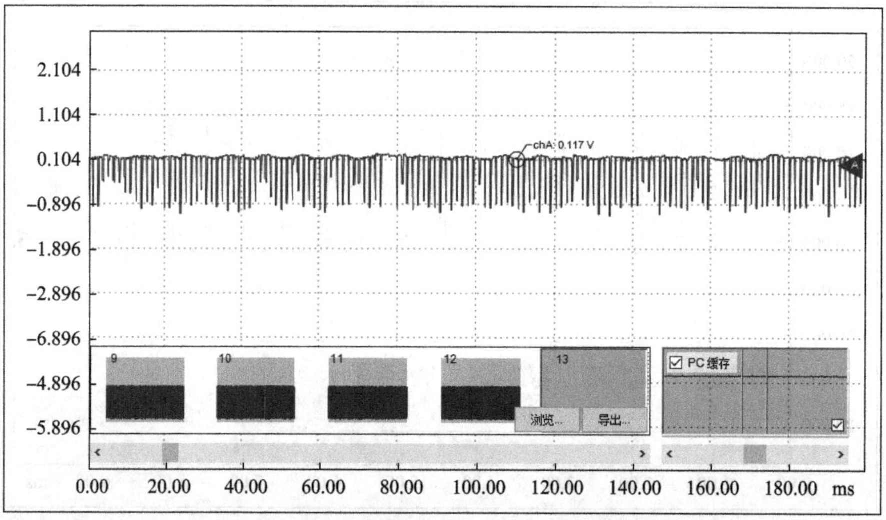

附图 B-14　发动机转速传感器 T3m 的 2 号针脚的工作波形

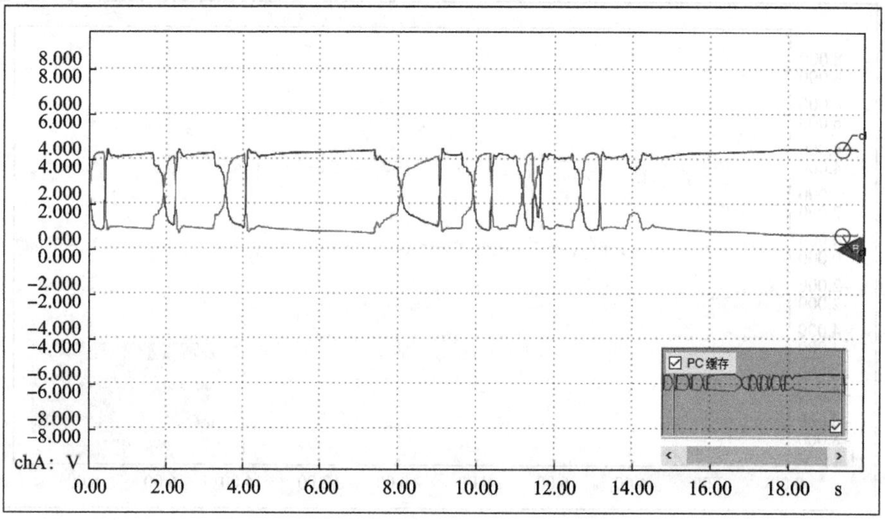

附图 B-15　节气门电机 T6E 的 4 号的工作波形

6. 进气歧管压力传感器 T4Q 的 4 号针脚的工作波形(见附图 B-16)

时基选择:1 s/格。

测量电压:1 V/格。

7. 空气流量计 T4D 的 1 号针脚的工作波形(见附图 B-17)

时基选择:1 ms/格。

测量电压:2 V/格。

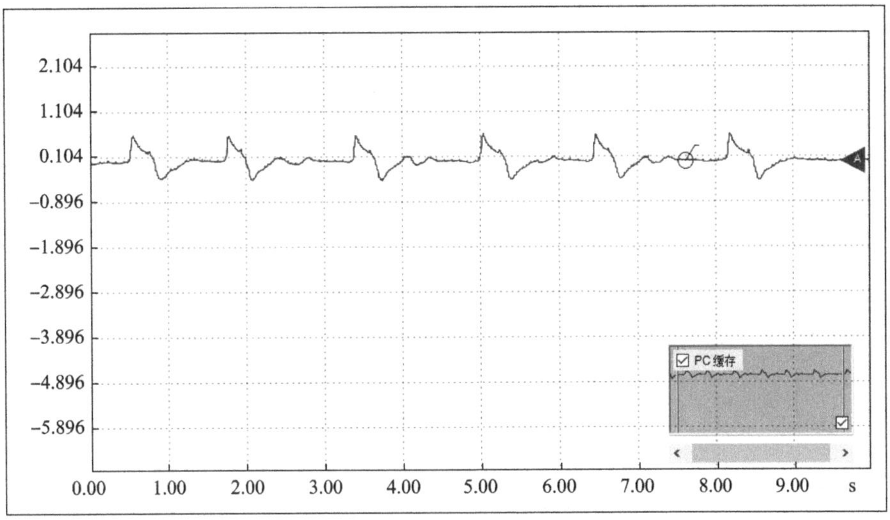

附图 B-16　进气歧管压力传感器 T4Q 的 4 号针脚的工作波形

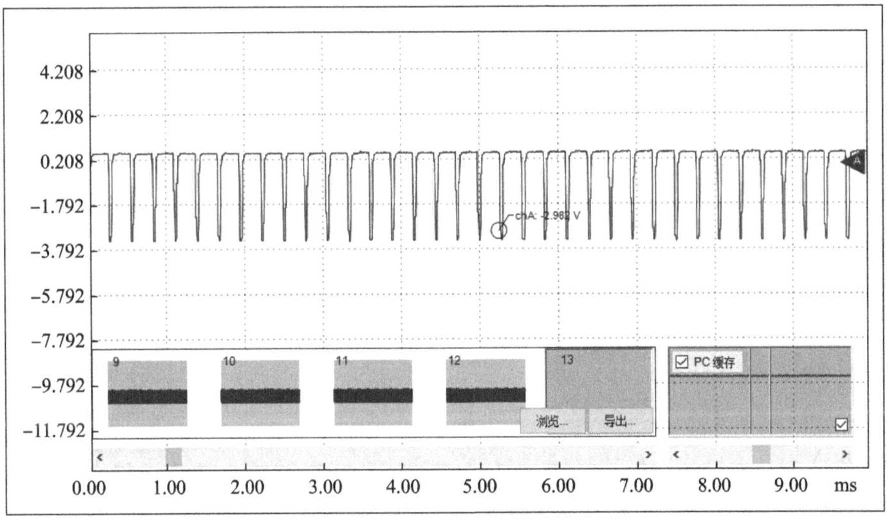

附图 B-17　空气流量计 T4D 的 1 号针脚的工作波形

8. 氧传感器 T4jy 的 4 号针脚的工作波形(见附图 B-18)

时基选择:5 ms/格。

测量电压:2 V/格。

三、故障类波形

1. J519 控制端 329 号针脚到 SC49 的 15 号针脚的工作波形(见附图 B-19)

时基选择:1 s/格。

测量电压:5 V/格。

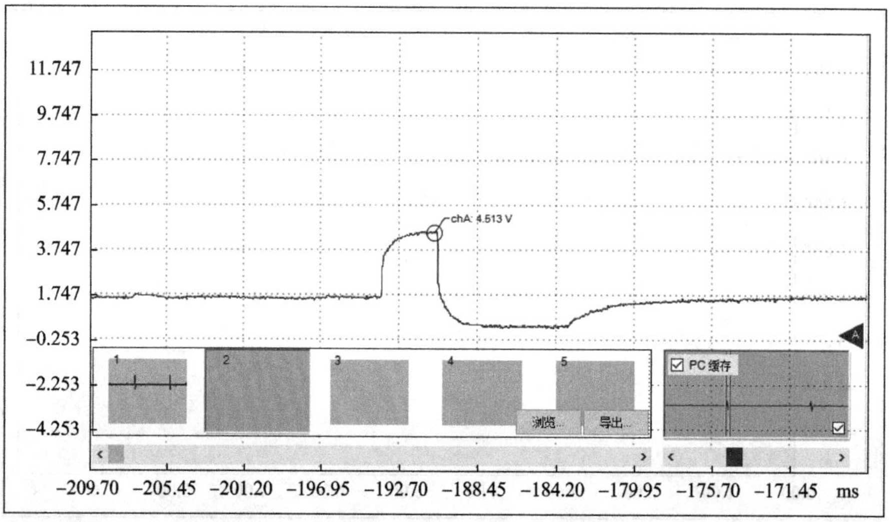

附图 B-18 氧传感器 T4jy 的 4 号针脚的工作波形

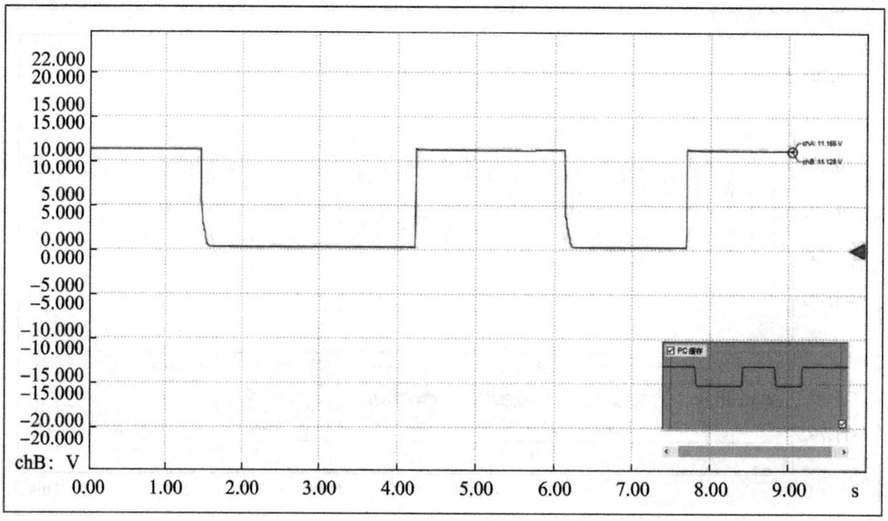

附图 B-19 J519 控制端 329 号针脚到 SC49 的 15 号针脚的工作波形

2. J906、J907 均坏的情况下，J623 的 87 号针脚与 88 号针脚之间的工作波形（见附图 B-20）

时基选择：1 s/格。

测量电压：5 V/格。

3. J906 损坏，电脑端的输出波形（见附图 B-21）

时基选择：1 s/格。

测量电压：5 V/格。

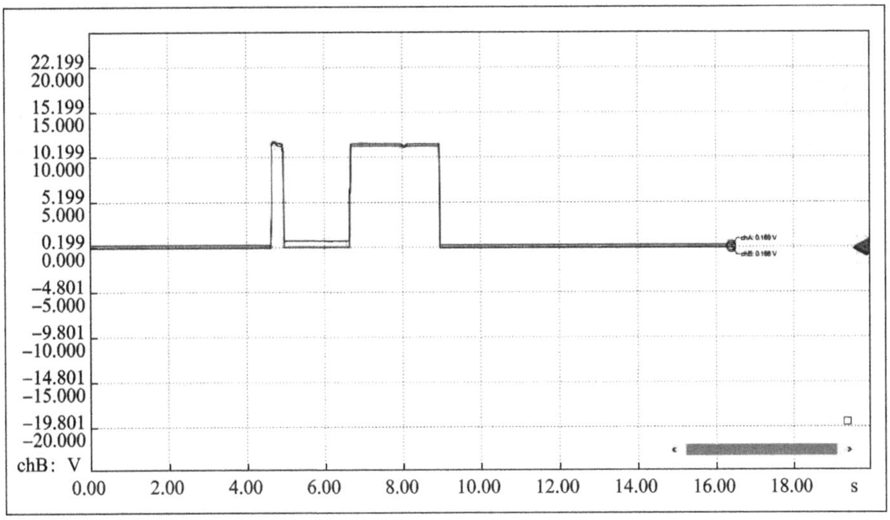

附图 B-20　J623 的 87 号针脚与 88 号针脚之间的工作波形

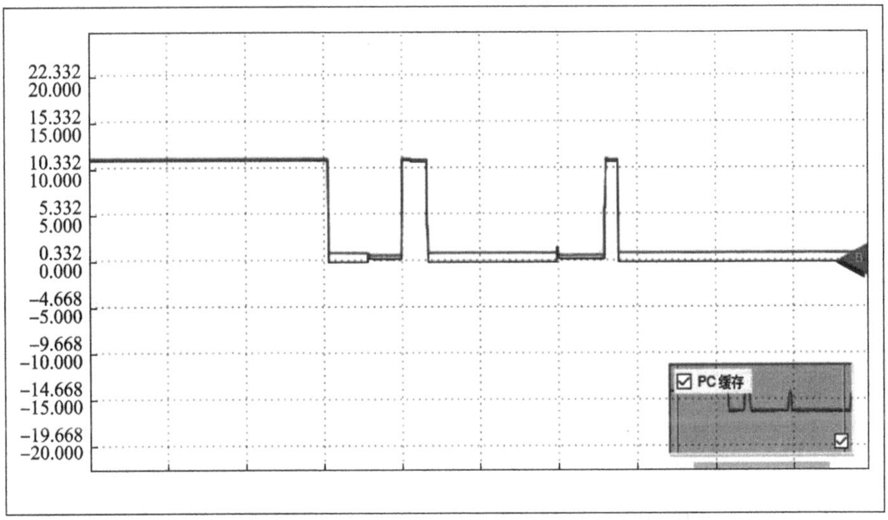

附图 B-21　电脑端的输出波形

4. J907 损坏,J623 电脑端输出波形(见附图 B-22)

时基选择:2 s/格。

测量电压:5 V/格。

5. 未装继电器时,J906 的 85 端子输出波形(见附图 B-23)

时基选择:1 s/格。

测量电压:5 V/格。

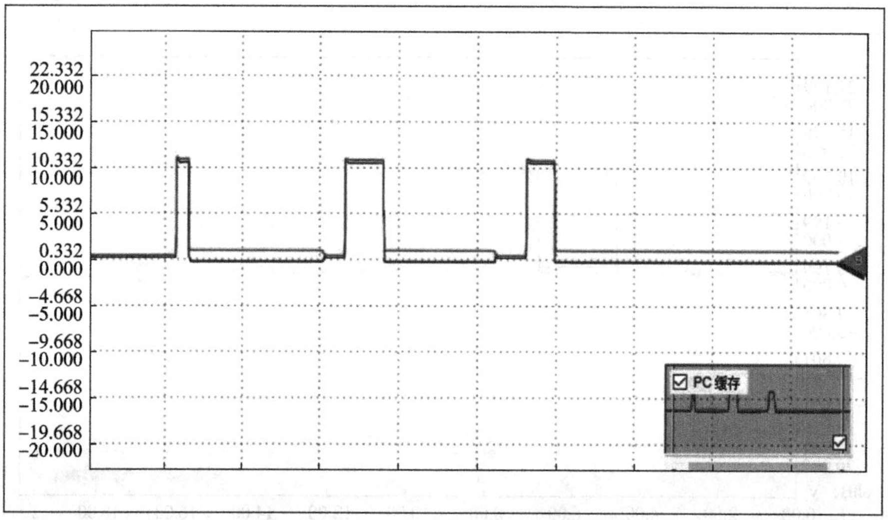

附图 B-22 J907 损坏，J623 电脑端输出波形

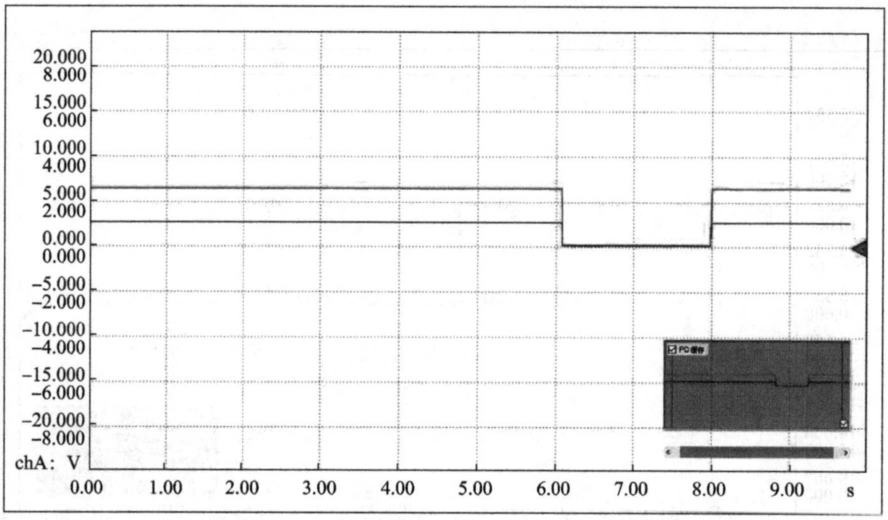

附图 B-23 未装继电器后，J906 的 85 端子输出波形

6. CAN-H 与 CAN-L 对 12 V 短路的输出波形（见附图 B-24）

时基选择：1 ms/格。

测量电压：5 V/格。

四、继电器类波形

1. 按下风窗玻璃加热按钮再关闭后，J9（可加热后窗玻璃继电器）**的 86 端到 J533 的 T73c 端的 24 号针脚的输出波形**（见附图 B-25）

时基选择：2 s/格。

测量电压：5 V/格。

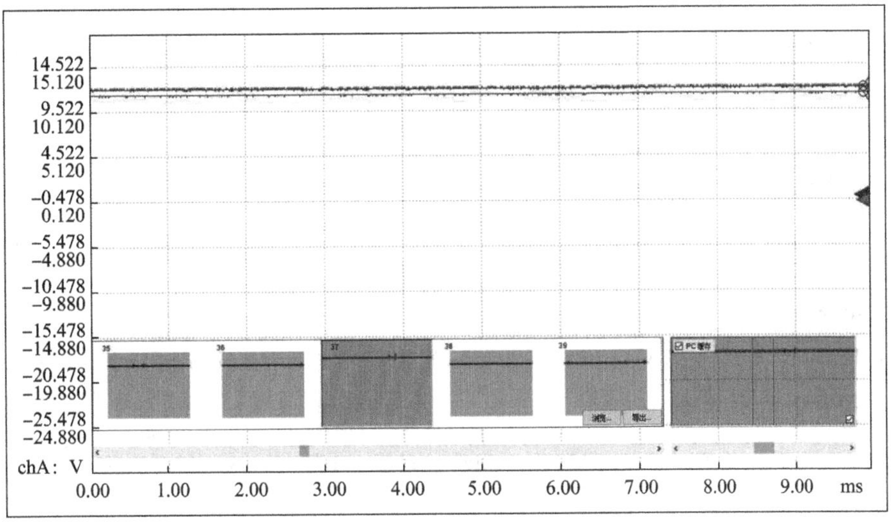

附图 B-24　CAN-H 与 CAN-L 对 12 V 短路的输出波形

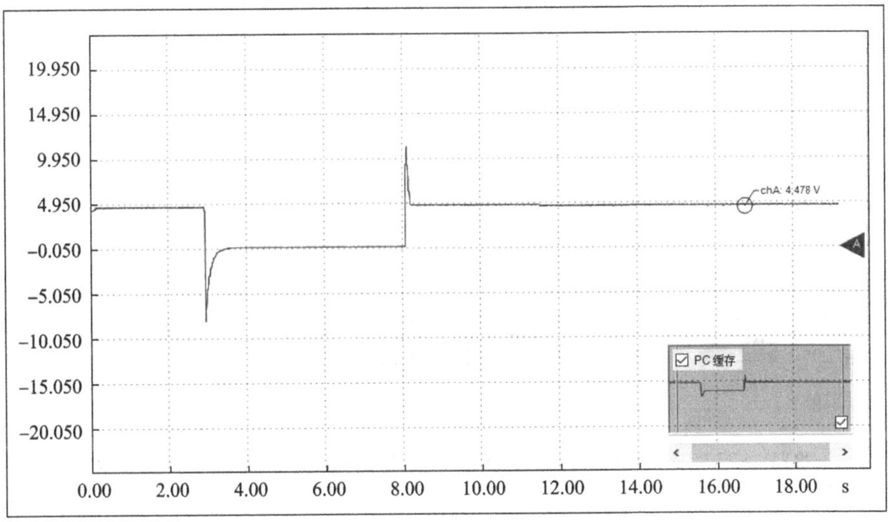

附图 B-25　J9(可加热后窗玻璃继电器)的 86 端到 J533 的 T73c 端的 24 号针脚的输出波形

2. 按下喇叭按钮,喇叭继电器 86 端到 J533 的 T46b 的 24 号针脚的输出波形(见附图 B-26)

时基选择:2 s/格。

测量电压:5 V/格。

五、执行器类波形

节气门电机 T6e 的 5 号针脚的输出波形(见附图 B-27)

时基选择:1 ms/格。

测量电压:5 V/格。

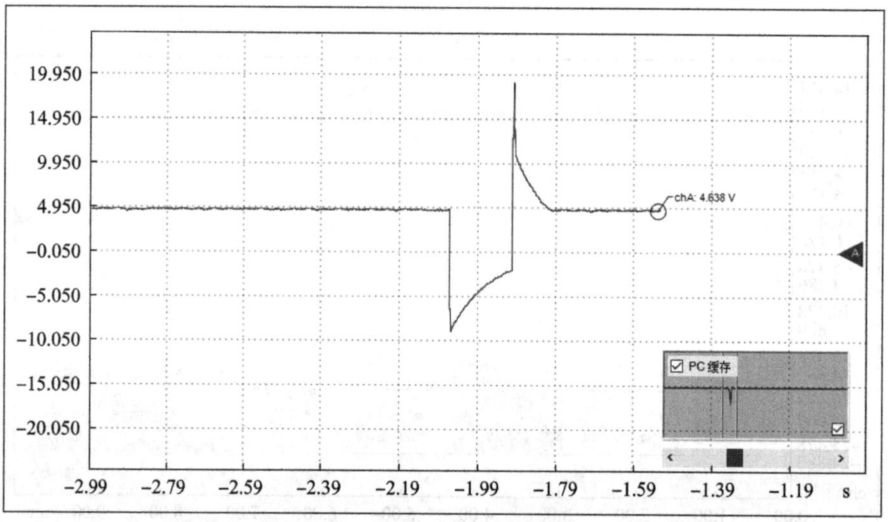

附图 B-26　喇叭继电器 86 端到 J533 的 T46b 的 24 号针脚的输出波形

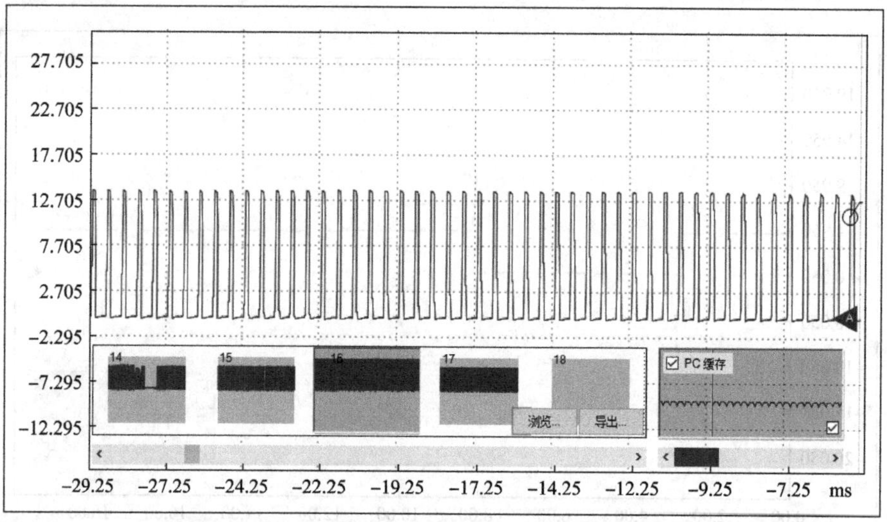

附图 B-27　节气门电机 T6e 的 5 号针脚的输出波形

六、发动机电控类波形

1. F22 机油压力开关中，当加速减速时，J623 到 T105 端的 50 号针脚的输出波形(见附图 B-28)

时基选择：50 ms/格。

测量电压：5 V/格。

2. F366 凸轮轴调节元件中，当发动机熄火后，J623 到 T105 端 19 号针脚的输出波形(见附图 B-29)

时基选择：10 ms/格。

测量电压：5 V/格。

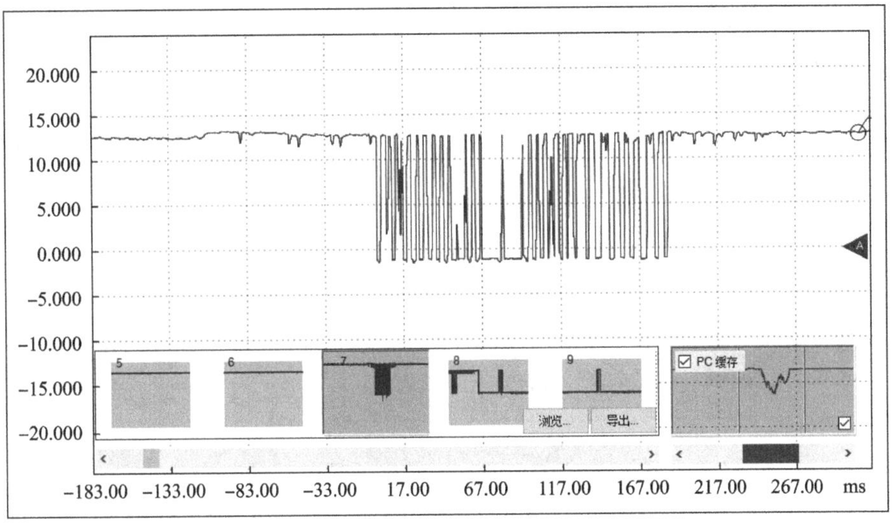

附图 B-28 J623 到 T105 端的 50 号针脚的输出波形

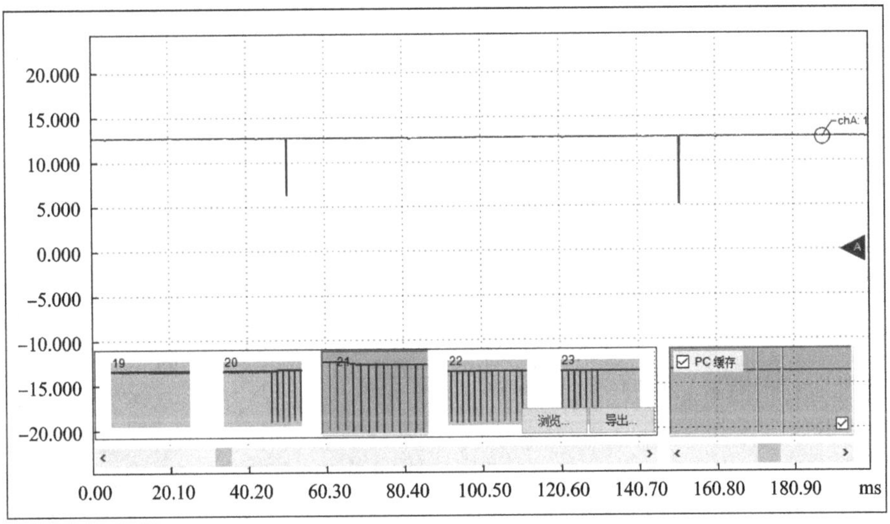

附图 B-29 J623 到 T105 端 19 号针脚的输出波形

3. G40 霍尔传感器中，T30 的 2 号针脚到 J623 端 T105 的 100 号针脚的输出波形（见附图 B-30）

时基选择：50 ms/格。

测量电压：2 V/格。

4. G163 霍尔传感器中，T3t 端的 2 号针脚到 J623 端的 T105 的 80 号针脚的输出波形（见附图 B-31）

时基选择：50 ms/格。

测量电压：2 V/格。

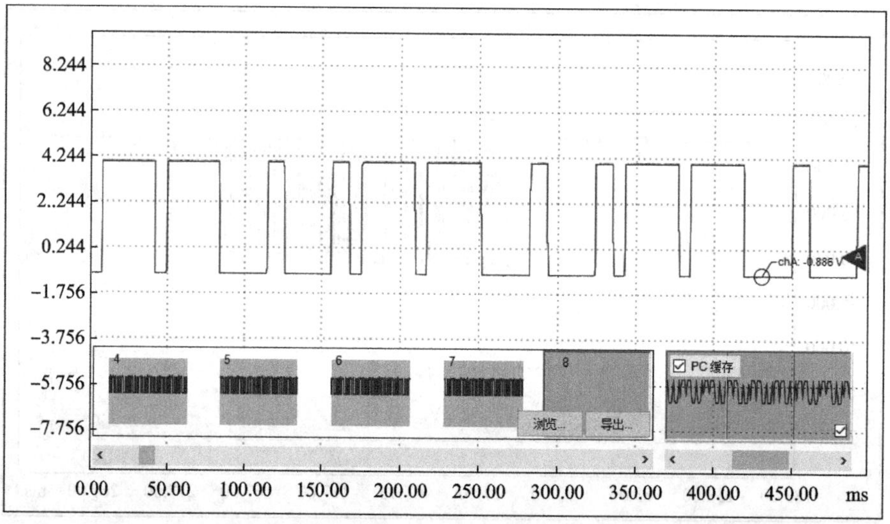

附图 B-30　T30 的 2 号针脚到 J623 端 T105 的 100 号针脚的输出波形

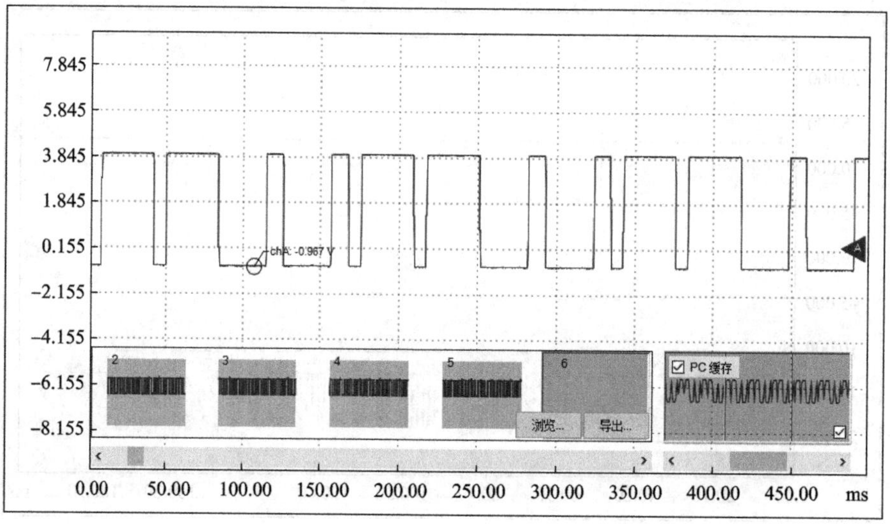

附图 B-31　T3t 端的 2 号针脚到 J623 端的 T105 的 80 号针脚的输出波形

5. 怠速情况下，G247 燃油压力传感器中，T3t 端的 2 号针脚到 J623 端的 T105 的 33 号针脚的输出波形(见附图 B-32)

时基选择：0.2 ms/格。

测量电压：2 V/格。

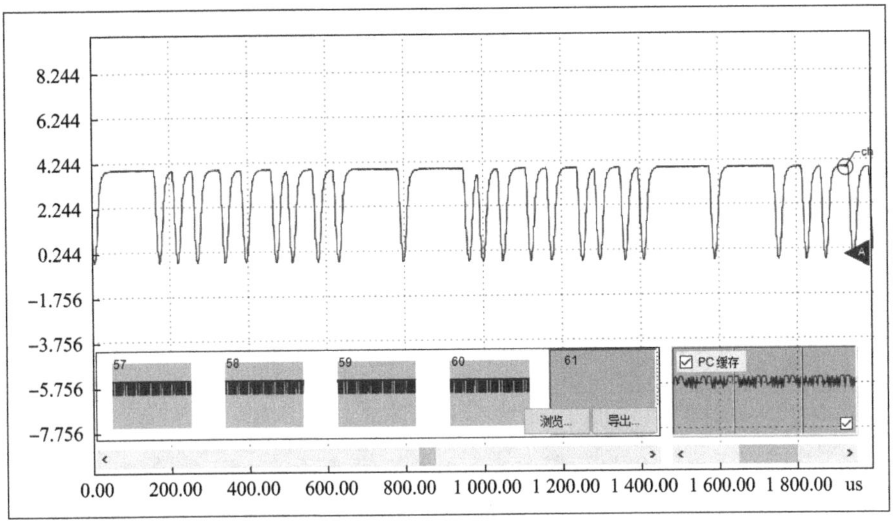

附图 B-32　T3t 端的 2 号针脚到 J623 端的 T105 的 33 号针脚的输出波形